MAHATMA JULIEN TAZI K. TIEN-A-BE

LA RÉPUBLIQUE DÉMOCRATIQUE DU CONGO ENTRE LES DEUX EAUX

De la balkanisation à la fusion avec le Rwanda

Éditeur: Upway Books

Auteurs: MAHATMA JULIEN TAZI K. TIEN-A-BE

Titre: LA RÉPUBLIQUE DÉMOCRATIQUE DU CONGO ENTRE LES DEUX EAUX, De la balkanisation à la fusion avec le Rwanda

ISBN: 978-1-917916-62-2

Couverture réalisée sur: www.canva.com

Ce livre est un ouvrage de non-fiction. Les informations qu'il contient sont basées sur les recherches, l'expérience et les connaissances des auteurs au moment de la publication. L'éditeur et les auteurs ont fait tout leur possible pour garantir l'exactitude et la fiabilité des informations, mais ils 'assument aucune responsabilité en cas d'erreurs, d'omissions ou d'interprétations contraires du sujet traité. Cette publication n'est pas destinée à se substituer à un avis ou à une consultation professionnelle. Les lecteurs sont encouragés à demander l'avis d'un professionnel si nécessaire.

contact@upwaybooks.com
www.upwaybooks.com

EPIGRAPHE

« Se révolter pour le compte d'un peuple ignorant, revient à s'immoler par le feu pour éclairer le chemin à un aveugle »

Mohamed Rachid Rida, réformateur Arabe Syrien

In Memoriam

À la mémoire des femmes, des hommes et des enfants tombés dans les collines, les forêts et les villages de l'Est du Congo, victimes silencieuses des guerres sans nom, des convoitises des puissants et de l'indifférence du monde.

À ceux dont les corps ont disparu dans l'anonymat des fosses, mais dont les âmes continuent de crier sous les pluies du Kivu et les brumes de l'Ituri.

À ces innocents dont le sang a nourri la terre convoitée du Congo, et dont le sacrifice appelle encore justice, mémoire et dignité. Puissent leurs souffrances rappeler à la conscience des nations que la paix n'est pas une faveur, mais une dette envers l'humanité.

Ce livre est un rappel pour que nul n'oublie, et que la vérité, un jour, devienne justice.

Dédicace

À tous ceux qui croient encore que la pensée peut sauver la souveraineté. À la jeunesse congolaise, gardienne du fleuve et de la mémoire qui a longtemps crue que la balkanisation n'est jamais la solution d'une paix durable pour ce pays.

À la terre du Congo, toujours déchirée, jamais vaincue.

À la mémoire de ceux qui ont rêvé d'un Congo debout, et à ceux qui continuent de croire que la souveraineté commence par la conscience.

Puisse ce livre contribuer à la reconstruction de son unité et de sa dignité.

Préface

La République Démocratique du Congo est l'un de ces rares pays dont la géographie impose une destinée et dont l'histoire pèse comme une énigme sur la conscience du monde. Elle est à la fois un continent au cœur du continent, un espace de promesses inépuisables et une scène d'épreuves récurrentes. De Léopoldville à Kinshasa, du fleuve majestueux aux collines meurtries du Kivu, le Congo demeure cette immensité paradoxale : riche de tout, mais privée d'elle-même.

Cet ouvrage, *La RDC entre les deux eaux : de la balkanisation à la fusion avec le Rwanda*, s'inscrit dans cette réflexion sur la souveraineté congolaise face aux forces contradictoires qui la menacent et la définissent. Il s'agit moins d'un pamphlet politique que d'une étude lucide et multidimensionnelle sur les fractures d'un État et les horizons possibles de sa refondation. L'auteur s'attache à démonter les logiques profondes d'un double processus : d'une part, la balkanisation, comme risque de morcellement du territoire sous l'effet des faiblesses internes et des appétits externes ; d'autre part, la fusion, comme possibilité d'un rapprochement stratégique, voire d'une intégration assumée, négociée et voulue, avec le Rwanda.

Ce livre ne se limite pas à décrire les crises : il en révèle les architectures invisibles. Il rappelle que la fragmentation du Congo n'est pas seulement le fruit de la guerre, mais aussi celui d'un imaginaire postcolonial qui n'a jamais reconnu au pays la plénitude de son autonomie politique et symbolique. Dans le même temps, il interroge la diplomatie régionale, les ambitions de Kigali, et le rôle souvent ambigu des grandes puissances dans la gestion du chaos congolais.

Mais ce travail ne se contente pas de diagnostiquer ; il appelle à repenser. Repenser la géopolitique congolaise, non plus en termes de survie, mais de puissance ; repenser la diplomatie, non plus comme réaction à la menace, mais comme anticipation créatrice ; repenser enfin la souveraineté, non comme un héritage défensif, mais comme une œuvre à reconstruire chaque jour par la volonté, la mémoire et la justice.

En situant la République Démocratique du Congo « entre les deux eaux », l'auteur ne renvoie pas seulement à la tension géographique entre les Grands Lacs et le fleuve Congo ; il évoque aussi une tension historique : celle d'un pays suspendu entre la dislocation et la renaissance, entre la dépendance et la réinvention. Car derrière la balkanisation se cache l'échec d'un État inachevé ; et derrière la fusion se profile le risque d'une absorption sans souveraineté.

Cette œuvre a le mérite de replacer le débat congolais dans le cadre plus large de la gouvernance mondiale, où les ressources, les territoires et les identités deviennent des enjeux de pouvoir planétaire. Elle montre que la question congolaise n'est pas une affaire locale, mais un révélateur du rapport entre l'Afrique et la mondialisation. Comprendre le Congo, c'est comprendre la lutte de l'Afrique pour redevenir sujet de son histoire.

La force de ce livre réside dans son équilibre : il conjugue la rigueur de l'analyse scientifique à la profondeur d'une méditation sur la destinée nationale. Il invite à voir dans chaque menace une possibilité de renaissance, dans chaque fragilité une voie de refondation. Car la vraie question n'est pas de savoir si la RDC sera balkanisée ou elle absorbera le Rwanda ; elle est de savoir quand et comment elle décidera enfin d'être pleinement elle-même.

Cet ouvrage est un appel. Un appel à la lucidité, à la responsabilité et à l'espérance. Il s'adresse aux chercheurs, aux décideurs, aux diplomates, mais aussi à chaque citoyen congolais et rwandais conscient que l'avenir de ces pays ne se jouera pas seulement sur les champs de bataille, mais dans la conquête intellectuelle et morale de leur souveraineté.

À travers ces pages, l'auteur nous rappelle une vérité simple : le Congo n'est pas un problème à résoudre, mais une civilisation à comprendre et à réhabiliter. Et c'est dans cette compréhension que réside peut-être la clé de sa renaissance.

L'originalité majeure de cet ouvrage réside dans la proposition audacieuse d'une refondation politique, à travers ce que l'auteur appelle la « démocratie rotative tropicalisée ». Ce concept novateur s'inscrit dans une vision de démocratie adaptée, née des réalités africaines, des rythmes sociaux, des structures communautaires et des impératifs d'équilibre territorial. Face aux limites du système représentatif classique, souvent inopérant dans un pays marqué par la diversité ethnique, la centralisation excessive et les fractures régionales, l'auteur propose une alternative fondée sur la rotation du pouvoir entre les provinces, comme mécanisme de cohésion, de légitimation et de stabilité.

Cette démocratie rotative ne renonce pas à l'idéal démocratique ; elle le réinvente en fonction des logiques africaines du partage, de la circularité du pouvoir et de la solidarité fédérative. Elle rompt avec la verticalité héritée du modèle occidental pour instaurer une horizontalité enracinée dans la culture politique africaine. Dans un contexte post-fusionnel où la coexistence des territoires et des peuples exigerait de nouveaux pactes de gouvernance, ce modèle se présente comme une solution d'ingénierie politique proprement congolaise : un outil de prévention des tensions, d'équité régionale et de reconstruction du contrat national.

À travers cette innovation, l'auteur inscrit son analyse dans le grand débat sur la tropicalisation de la démocratie, c'est-à-dire son adaptation aux conditions historiques, anthropologiques et institutionnelles des sociétés africaines. Loin d'un rejet des modèles universels, il plaide pour leur contextualisation, afin que la démocratie cesse d'être une greffe fragile pour devenir un organisme vivant au service du peuple.

Mais cet ouvrage ne s'arrête pas à la théorie politique. Il relie cette réforme institutionnelle à une lecture géopolitique et civilisationnelle du Congo : un État dont la refondation ne pourra se réaliser sans une reconfiguration de sa diplomatie, de sa gouvernance et de son rapport à la mémoire collective. L'auteur y déploie une réflexion interdisciplinaire où se croisent l'histoire, la science politique, la géographie du pouvoir et la philosophie de la souveraineté.

La puissance de ce livre tient donc dans sa double portée : diagnostique et programmatique. Diagnostic d'un système fragilisé par des décennies de crises et d'ingérences ; programme d'un projet national fondé sur la réinvention du politique. Le Congo, écrit l'auteur, ne pourra échapper ni à la balkanisation ni à l'absorption s'il ne repense pas le sens de sa démocratie. C'est par la création d'un modèle endogène, participatif et circulatoire qu'il retrouvera la maîtrise de son destin.

Cette œuvre ne s'adresse pas seulement aux Congolais : elle interpelle toute l'Afrique. Elle invite à reconnaître que la souveraineté politique n'est pas une copie, mais une création. Et qu'entre les deux eaux – entre la dislocation et la fusion – se dresse un troisième chemin : celui de la renaissance par la réinvention.

Lukiana Mabondo Felicien

Professeur Emérite

Introduction

La République Démocratique du Congo, l'un des plus vastes pays d'Afrique, est un terrain d'affrontements complexes, de luttes pour le pouvoir, mais aussi de tensions géopolitiques internes et externes. Depuis son indépendance en 1960, la RDC a traversé tant d'époques marquées par une succession de crises politiques, militaires et sociales, alimentées par des intérêts régionaux et internationaux. Cependant, l'histoire contemporaine de la RDC se différencie par une dynamique particulière, entre la menace de balkanisation et la tentation de rapprochement avec son voisin, et particulièrement le Rwanda. Dans une situation où le pays admet une instabilité chronique, exacerbée par des conflits armés internes et la présence de groupes rebelles dans l'Est, la RDC se trouve prise en étau entre deux forces opposées. D'une part, la balkanisation, est un processus de fragmentation du territoire national sous l'effet des tensions internes et des ingérences extérieures, qui semble parfois ne pas laisser de place à une véritable cohésion nationale.

D'autre part, la notion de fusion avec le Rwanda, est une notion plus diplomatique qui relève la question d'une possible intégration ou d'un rapprochement profond entre les deux nations, alimentée par des motifs de sécurité, d'économie et de politique régionale.[1] Cette tension entre l'hypothèse d'un rapprochement avec le Rwanda et le spectre d'une balkanisation persistante place la République Démocratique du Congo face à un dilemme stratégique majeur, dont les répercussions dépassent ses frontières pour concerner l'ensemble de la région des Grands Lacs. Ce contexte soulève une interrogation fondamentale : la RDC parviendra-t-elle à surmonter ses fractures internes et les influences extérieures pour préserver son intégrité territoriale ? Ou, à l'inverse, l'idée d'une fusion progressive avec le Rwanda pourrait-elle s'imposer comme une alternative inévitable dans un futur proche ?

Cet ouvrage propose d'analyser et d'examiner les implications de ces deux phénomènes balkanisation et fusion pour expliquer les causes historiques, géopolitiques et sociales de cette dynamique. Nous explorons les enjeux géostratégiques, les acteurs principaux, ainsi que les événements marquants, afin de mieux saisir et cerner ce tournant potentiellement capital pour l'avenir de la RDC et de la région. L'intérêt de traiter une thématique comme celui de la RDC entre les deux eaux : De la balkanisation à la fusion avec le Rwanda est multiple,

---

[1] VAN REYBROUCK, D., *Congo : The Epic History of a People*, Harper Collins, 2010.

11

tant sur le plan académique, historique que géopolitique. Une telle thématique permet non seulement d'aborder des enjeux d'actualité, mais également d'explorer des dimensions stratégiques importantes, tant pour la région des Grands Lacs que pour la stabilité de l'Afrique centrale dans son ensemble. La RDC, en raison de sa taille et de ses ressources naturelles, rempli une fonction importante dans la géopolitique de l'Afrique centrale. Faire une exploration de la question de la balkanisation et de la fusion avec le Rwanda, nous pouvons analyser les relations complexes entre ces deux pays, de manière dont les grandes puissances internationales comme les États-Unis, la Chine, la France, l'ONU, et tant d'autres, interagissent dans cette région. Cela permet de mieux comprendre et de saisir les motivations politiques et stratégiques qui sous-tendent l'ingérence étrangère, les alliances régionales, et la lutte pour le contrôle des ressources.

En revanche, une telle thématique ouvre le chemin à une réflexion sur l'impact de la géopolitique régionale sur la stabilité du continent africain. La RDC, avec ses tensions internes et ses relations fragiles avec ses voisins, incarne un espace où les rivalités internationales et régionales se croisent. La question de la balkanisation et de la fusion avec le Rwanda représente ainsi une illustration des forces qui façonnent les trajectoires politiques de la région[2]. La stabilité de la RDC a des répercussions directes sur la sécurité de toute la région des Grands Lacs. Depuis la chute du régime de Mobutu et les guerres qui ont déstabilisé le pays dans les années 1990 et 2000, la région a été confrontée à de multiples crises humanitaires et sécuritaires. La guerre de 1998-2003, qui a impliqué tant de pays voisins, dont le Rwanda, le Burundi, l'Ouganda, et même le Zimbabwe, est une illustration frappant des dangers d'une instabilité prolongée et programmée en RDC.

La question de la balkanisation relève donc des interrogations concernant la fragmentation de la RDC, qui donne lieu à des conflits interminables et à la perte de contrôle sur des régions stratégiques. L'intérêt d'aborder ce thème est d'examiner les dangers d'une désintégration de l'État, la prolifération des groupes armés, et l'extension des conflits vers les pays voisins. En outre, la perspective de fusion avec le Rwanda, à travers des accords bilatéraux ou des mécanismes de coopération renforcée, invite à penser sur des résolutions durables potentielles pour la paix et la stabilité régionale. Ce thème permet également de se pencher sur la question de la gouvernance en RDC. Après des décennies de régimes autoritaires et d'instabilité politique, la RDC est confrontée à des défis

---

[2] KENGE MUKINAYI, D., *Pistes de solution à la crise sécuritaire de l'est de la République Démocratique du Congo,* Études Caribéennes, 2023

importants concernant la démocratie, la pauvreté, les droits humains, l'efficacité des institutions et l'imposition de l'autorité de l'Etat sur toute l'étendue du territoire. L'idée d'une fusion avec le Rwanda est envisagée à travers la question de la gouvernance partagée ou de la coopération transfrontalière. Pour ouvrir un débat sur la manière dont les différents modèles politiques comme dictature, démocratie fragile, autoritarisme influencent la gestion des ressources naturelles et le développement économique dans la région. De plus, une analyse de la fusion avec le Rwanda permet de poser la question de la coopération régionale dans une circonstance de mondialisation. La RDC et le Rwanda ont des intérêts communs dans la gestion des frontières, des ressources naturelles et des problèmes transnationaux comme le terrorisme, les migrations, ou encore les enjeux environnementaux. Ce rapprochement pose des modèles nouveaux de coopération, mais aussi des risques liés à la perte de souveraineté ou à une dépendance excessive envers un acteur extérieur.

Un autre intérêt d'une telle thématique réside dans les dimensions ethniques et sociales de la question. La RDC est un pays extrêmement diversifié sur le plan ethnique, avec plus de 400 groupes ethniques différents, et les tensions communautaires, elle est aussi un facteur important dans les conflits internes. L'éventuelle fragmentation du pays, dans le cadre d'une balkanisation, exacerbe ces divisions ethniques, tout en soulevant des interrogations sur la gestion des minorités et des populations déplacées. De même, la relation avec le Rwanda, marquée par des épisodes historiques de violences interethniques notamment le génocide de 1994 au Rwanda, fait que les enjeux identitaires soient au cœur de la dynamique politique. Comment la RDC pourrait-elle gérer les relations avec son voisin rwandais tout en préservant sa propre unité et son intégrité territoriale ?

Cet interrogatoire invite à réfléchir sur les défis de la réconciliation, du dialogue interethnique, et de la construction de l'identité nationale congolaise.[3] La RDC est un trésor de ressources naturelles, et ses minerais, tels que le cobalt, le coltan et le cuivre, essentiellement pour l'économie mondiale, dans les secteurs des technologies de l'information et de la transition énergétique. Cependant, l'exploitation de ces ressources s'accompagne de nombreux défis comme corruption, mauvaise gestion, exploitation illégale et violente par des groupes armés, et externalités négatives pour les communautés locales. L'une des raisons pour lesquelles la RDC est un terrain de rivalités entre puissances étrangères et régionales est liée à l'accès à ces ressources.

---

[3] KENGE MUKINAYI, D., Op.cit.

Une analyse du processus de balkanisation ou de fusion avec le Rwanda soulève aussi la question de la gestion des ressources naturelles dans une situation de fragilité étatique. La question du contrôle des ressources et de la coopération entre la RDC et le Rwanda, ou d'autres pays de la région, serait une voie primordiale pour évaluer les possibilités de développement et de prospérité future. Enfin, cette thématique offre un espace pour explorer les différentes solutions politiques et diplomatiques possibles pour la RDC. Faut-il privilégier l'unité du pays face aux risques de fragmentation, ou faut-il envisager des solutions de gouvernance partagée, voire un rapprochement avec des pays voisins comme le Rwanda pour surmonter les défis? Ce questionnement permet de débattre des différentes approches de la paix, de la reconstruction, et de la réconciliation nationale dans la circonstance d'un pays rongé par les guerres et les divisions internes. Elle présente aussi un intérêt considérable tant sur le plan d'analyse géopolitique que sur celui des enjeux de gouvernance, de sécurité et de développement, tout en explorant les causes profondes des conflits, les relations bilatérales complexes avec le Rwanda, et les perspectives futures du pays, une telle thématique permet de mieux comprendre l'évolution de la RDC et de proposer des solutions concrètes à une situation qui n'a cessé de se complexifier au fil des décennies.

Première partie

Racines du conflit à l'Est de la RDC

CHAPITRE 1. MISE EN CONTEXTE DES RELATIONS CONFLICTUELLES ENTRE LA RDC ET LE RWANDA

L'histoire de la RDC est marquée par une succession de crises politiques, sociales et militaires, dont les racines remontent à la période coloniale. Depuis son indépendance en 1960, la RDC a traversé des périodes de turbulences marquées par des conflits internes, des ingérences étrangères et une gestion difficile de ses immenses ressources naturelles. Dans cette configuration complexe, l'avenir géopolitique de la RDC semble suspendu entre deux trajectoires possibles, métaphoriquement situées entre deux eaux. La première évoque un risque croissant de balkanisation, scénario dans lequel le pays, déjà fragilisé par une gouvernance défaillante, une centralisation inefficace et des fractures communautaires profondes, pourrait se morceler en entités régionales autonomes, voire indépendantes. Cette perspective trouve sa source dans l'intensification des conflits ethniques localisés, la prolifération de seigneurs de guerre, ainsi que dans la mise en place de structures d'administration parallèle dans plusieurs zones minières.

Le phénomène de balkanisation dépasse la seule dynamique centrifuge interne, il est nourri par les ambitions stratégiques extérieures, à celles de certains États voisins qui voient dans le chaos congolais une opportunité de projection de puissance, de sécurisation de leurs intérêts économiques, et d'extension de leur influence territoriale. [4] Dans ce processus, le Rwanda joue un rôle structurant. Sa politique de sécurité régionale, façonnée par la mémoire du génocide et par une doctrine d'intervention préventive, l'amène à adopter une posture proactive vis-à-vis de l'Est congolais. Officiellement motivée par la nécessité de neutraliser les menaces représentées par les FDLR et autres groupes armés hostiles, l'interventionnisme rwandais a également été associé à une logique d'exploitation des ressources, de contrôle indirect de certaines zones stratégiques, et de manipulation des dynamiques communautaires locales.

Cette imbrication entre enjeux sécuritaires, économiques et identitaires contribue à la perpétuation d'un désordre organisé, dans lequel les mécanismes classiques de souveraineté sont contournés ou affaiblis. La balkanisation de la RDC, si elle devait se concrétiser, ne serait donc pas le simple

---

[4] JIMENEZ LUQUE, T., *La République Démocratique du Congo et la région des Grands Lacs d'Afrique : entre l'instabilité politique et l'espoir*, Barcelone, Université de Barcelone, 2009

produit d'une implosion interne, mais le résultat d'une configuration régionale asymétrique, dans laquelle des acteurs étrangers au premier rang desquels le Rwanda influencent activement les paramètres du conflit. Elle renverrait à une géopolitique fragmentaire, où les lignes de fracture ethnique, les logiques de prédation économique, et les rivalités transfrontalières redessinent les contours de la souveraineté congolaise. Comprendre ce risque impose d'intégrer dans l'analyse l'ensemble des dynamiques régionales, historiques et économiques qui sous-tendent la crise de l'Est, afin de proposer des solutions durables fondées sur la justice, la sécurité collective, et la restauration de la légitimité étatique. La présence de groupes armés, le trafic de ressources naturelles et la compétition pour le contrôle du territoire exacerbent cette situation de fragilité. À l'heure actuelle, l'armée congolaise lutte pour imposer son autorité face à ces forces dissidentes, soutenues par des voisins comme le Rwanda.[5]

Section 1. Première eau : balkanisation de la République Démocratique du Congo, rattachement du Grand Kivu au Rwanda et de l'Ituri à l'Ouganda

Depuis plusieurs décennies, le grand Kivu, Ituri et d'autres provinces frontalières vivent au rythme des affrontements armés, des déplacements massifs de populations et d'une compétition féroce pour l'accès aux ressources minières, forestières et foncières. Dans ce contexte de fragmentation sécuritaire et institutionnelle, le concept de balkanisation s'est imposé dans les débats géopolitiques comme une grille de lecture inquiétante mais plausible du devenir territorial congolais. Cette notion renvoie à l'hypothèse d'une désintégration progressive de l'État central, au profit de structures régionales autonomes, voire de rattachements territoriaux à des puissances voisines. Parmi les scénarios projetés par certains analystes et cercles stratégiques régionaux, figure notamment l'idée d'un rattachement partiel du Grand Kivu au Rwanda, et de l'Ituri à l'Ouganda.

Ces propositions, bien que non officielles, trouvent écho dans les dynamiques de terrain où s'observent une présence militaire étrangère non déclarée, des réseaux d'exploitation transfrontalière des ressources, et des affinités communautaires qui traversent les frontières coloniales. Elles soulèvent de sérieuses interrogations sur la capacité de l'État congolais à maintenir sa souveraineté, sur la légitimité des revendications ethno-territoriales, ainsi que sur les implications d'un redécoupage géopolitique pour l'équilibre régional.

---

[5] KIBEL'BEL OKA, N., *Balkanisation de la RDC : Mythes et réalités*, Bruxelles, Éditions Scribe, 2020

Le débat sur la balkanisation de la RDC ne peut donc être dissocié des enjeux de pouvoir interne, de l'échec de la gouvernance centralisée, et des ambitions stratégiques de certains pays voisins qui perçoivent l'Est congolais non seulement comme une profondeur stratégique, mais aussi comme un espace d'opportunité économique. Dans ce climat d'incertitude et de compétition territoriale, la souveraineté congolaise est confrontée à un double défi. Le premier défi est de préserver son intégrité nationale face aux dynamiques centrifuges internes, et le deuxième défi est de résister aux pressions géopolitiques extérieures qui redessinent silencieusement les rapports de force dans la région des Grands Lacs.

§1. Grand Kivu au cœur de la confrontation Rwanda-RDC

Dans ce contexte de crises prolongées et d'impasses diplomatiques, certains acteurs évoquent la possibilité d'un rattachement du Grand Kivu au Rwanda comme issue potentielle à l'instabilité régionale. Les partisans de cette approche avancent l'argument selon lequel une intégration plus étroite entre le Rwanda et cette région historiquement connectée sur les plans ethnique, culturel et économique pourrait favoriser une meilleure gouvernance locale, renforcer la sécurité, et initier une dynamique de développement stabilisateur. Cette hypothèse, bien que controversée, traduit l'échec persistant de l'État congolais à pacifier durablement cette région et à y instaurer un modèle de gouvernance inclusif et souverain capable de répondre aux attentes sécuritaires et socioéconomiques des populations locales. Elle révèle aussi les tensions fondamentales entre le principe d'intangibilité des frontières héritées de la colonisation et la réalité mouvante des identités transfrontalières dans l'Afrique des Grands Lacs.

Le Rwanda aurait ainsi le privilège de stabiliser une zone qu'il considère comme stratégique, tout en ayant accès à ses ressources naturelles et en éradiquant les foyers de rébellion qui lui sont hostiles. Cependant, cette solution soulève des préoccupations profondes concernant la souveraineté de la RDC, la réaction des autres groupes ethniques locaux, et les tensions que cela peut provoquer, non seulement avec le gouvernement congolais, mais aussi avec d'autres puissances régionales. En outre, l'idée de rattacher le Kivu au Rwanda risque d'alimenter une balkanisation plus large de la RDC, et d'ouvrir la porte à des revendications similaires dans d'autres régions du pays.[6]

§2. Rattachement de l'Ituri à l'Ouganda comme solution à la violence

L'Ituri, une province située au nord-est de la RDC, est une autre région qui a longtemps souffert des effets dévastateurs de la guerre et des conflits interethniques. Historiquement, l'Ituri a été le foyer de rivalités violentes entre les groupes Lendu et Hema, dont les affrontements ont été exacerbés par des interventions extérieures. Depuis les années 1990, l'Ouganda a joué une fonction majeure dans la région, en soutenant certains groupes armés, lors de la guerre du Congo de 1998-2003, dans le cadre de l'AFDL. L'Ouganda a également occupé militairement l'Ituri pendant plusieurs années, et la région a été plongée dans un état de guerre quasi-permanente, avec des conséquences dramatiques pour la population civile. Pour ses partisans, une intégration de l'Ituri au territoire ougandais pourrait ouvrir la voie à une pacification durable, en désarmant les groupes armés locaux, en renforçant les dispositifs de gouvernance et en introduisant un système administratif plus stable et centralisé.[7]

Dans cette logique, l'Ouganda tirerait également profit d'un accès facilité aux ressources naturelles stratégiques de l'Ituri comme or, cobalt, cuivre, bois, dont l'exploitation constitue une source majeure de conflits et de convoitise. Le contrôle direct ou indirect de cette région renforcerait non seulement l'influence géoéconomique de Kampala dans la région des Grands Lacs, mais consoliderait également ses ambitions sécuritaires face aux menaces transfrontalières et aux réseaux de criminalité organisée opérant dans cette zone. Cependant, cette perspective soulève de sérieuses interrogations d'ordre identitaire, juridique et politique. L'Ituri est peuplée de communautés qui, dans leur majorité, revendiquent une appartenance pleine et entière à la nation congolaise.

L'idée d'un rattachement à l'Ouganda entre ainsi en contradiction avec le principe fondamental de souveraineté nationale, et ravive les craintes d'une fragmentation territoriale orchestrée de la RDC au profit de puissances voisines. En outre, cette hypothèse ne tient pas suffisamment compte des tensions ethniques internes à l'Ituri, ni de la pluralité culturelle de ses habitants, qui

---

[6] KIBEL'BEL OKA, N., *Les Rébellions rwandaises au Kivu : une stratégie de la balkanisation du Congo*, 2024,
[7] KIBEL'BEL OKA, N., Op.cit.

pourraient voir dans cette fusion forcée une nouvelle forme d'aliénation. Enfin, du point de vue ougandais, une telle expansion ne serait pas sans risques.

L'Ouganda, confronté à ses propres défis de gouvernance, de développement, et à des équilibres géopolitiques délicats au niveau régional et international, aurait à gérer un territoire historiquement instable, ethniquement complexe et économiquement disputé. Toute tentative d'annexion ou de fusion territoriale risquerait d'intensifier les tensions régionales, de susciter l'opposition de la communauté internationale, et d'ouvrir un nouveau cycle de contestation dans une région déjà profondément marquée par les conflits. Ainsi, si l'option d'un rattachement de l'Ituri à l'Ouganda peut apparaître comme une solution ponctuelle à certains dysfonctionnements locaux, elle demeure, dans les faits, une voie périlleuse qui soulève davantage de problèmes de légitimité, de droit et de stabilité que de réponses durables aux crises en cours.

§3. Conséquences d'une balkanisation de la RDC

L'idée de rattacher le Grand Kivu au Rwanda et l'Ituri à l'Ouganda représente une vision extrême de la balkanisation de la RDC, une fragmentation qui a des conséquences dévastatrices pour la stabilité de la région. Une telle solution risque de déclencher une guerre de sécession, avec d'autres provinces du pays qui revendiquent également leur indépendance ou leur rattachement à des pays voisins, comme le Kasaï à l'Angola, ou le Katanga, qui tente de se rapprocher de la Zambie. D'un point de vue géopolitique, toute dynamique de balkanisation de la République Démocratique du Congo constitue une menace majeure non seulement pour l'unité et la souveraineté de l'État congolais, mais également pour l'équilibre stratégique de l'ensemble de la région des Grands Lacs.[8]

Sur le plan humanitaire, ce processus de fragmentation aggraverait considérablement la situation des populations civiles, déjà confrontées à des décennies de violence. Les conflits armés, les déplacements forcés, les violences intercommunautaires et les atteintes aux droits fondamentaux alimenteraient une crise migratoire de grande ampleur, dépassant les frontières de la RDC pour affecter durablement ses voisins immédiats et l'équilibre démographique de la région. Les tensions transfrontalières en seraient exaspérées, tout comme les risques de contagion de l'instabilité à d'autres zones sensibles du continent. Dans ce contexte, les propositions de rattachement de certaines provinces congolaises, telles que le Grand Kivu au Rwanda ou l'Ituri à l'Ouganda, bien qu'avancées par

---

[8] POTTIER, J., *La guerre du Congo : L'histoire des conflits en République Démocratique du Congo*, Paris, Karthala, 2007

certains comme alternatives à l'impasse sécuritaire actuelle, posent de redoutables enjeux. Ces options soulèvent des questions fondamentales relatives à la légitimité des frontières héritées de la décolonisation, à la souveraineté nationale, à la reconnaissance des identités collectives et à l'intégrité territoriale. Si de telles hypothèses peuvent, sur le plan théorique, paraître prometteuses en termes de stabilisation immédiate, elles comportent un risque élevé de déstabilisation structurelle, en remettant en cause les fondements mêmes du cadre étatique et des équilibres régionaux. En effet, loin de garantir une paix durable, ces solutions pourraient déclencher un effet dominant, où d'autres régions contesteraient leur appartenance nationale, soutenant un cycle de revendications sécessionnistes et de redécoupages géopolitiques sans fin. La balkanisation de la RDC, loin de résoudre les tensions, peut au contraire en créer de nouvelles, avec des conséquences dramatiques pour les populations locales et pour la stabilité de toute la région.

Section 2. Deuxième eau : Rattachement territorial du Rwanda à la République Démocratique du Congo

La deuxième eau, plus radicale mais parfois évoquée dans certains cercles politiques et géopolitiques, se réfère à l'idée d'un rattachement territorial du Rwanda à la République Démocratique du Congo, voire de l'intégrer comme une province. Cette hypothèse prend racine dans un contexte où la République Démocratique du Congo, spécifiquement sa partie orientale, se présente en proie à une double pression, d'une part, une fragmentation interne entretenue par des conflits identitaires, des défaillances étatiques et des compétitions locales autour du pouvoir et des ressources ; d'autre part, une influence extérieure persistante, incarnée par l'activisme stratégique de certains États voisins, au premier rang desquels le Rwanda, dont l'implication politique et sécuritaire dans l'Est congolais est documentée de longue date. [9]

L'objectif de cette analyse n'est pas tant de valider ou de rejeter la faisabilité d'un tel scénario de rattachement que d'en éclairer les soubassements historiques, les logiques politiques sous-jacentes et les conséquences possibles pour les deux pays concernés, mais également pour l'ensemble de la région. Il s'agit de comprendre les motivations contemporaines qui ravitaillent cette idée qu'elles soient sécuritaires, économiques ou géostratégiques, tout en évaluant leurs implications sociales, diplomatiques, identitaires et militaires.

---

[9] NGOLET, F., *Le Congo et ses voisins : Enjeux géopolitiques et stratégies de balkanisation*, Paris, Éditions Karthala, 2021

En toile de fond, se pose la question indispensable de la construction d'un ordre régional juste, stable et inclusif, capable de dépasser les héritages de domination, de guerre et d'exclusion pour envisager des formes nouvelles de coopération ou d'intégration, respectueuses des souverainetés mais ouvertes à la codétermination régionale. Ainsi, le débat sur un éventuel rattachement territorial ne doit pas être réduit à une simple spéculation géopolitique, il cristallise les tensions entre mémoire et avenir, entre fractures coloniales et interdépendances contemporaines, et invite à repenser les formes d'organisation politique et de coexistence en Afrique centrale à l'aune des défis du 21ième siècle.

§1. Bases historiques et territoriales de la relation entre le Rwanda et la RDC

Les liens entre le Rwanda et la République Démocratique du Congo sont pour une part, forgés par des siècles d'interactions. Cependant, les événements du 20ème siècle, dans le contexte de la colonisation et des conflits régionaux, ont redéfini de manière prépondérante les relations entre ces deux pays voisins.

a) Colonisation et délimitations territoriales

À la fin du 19ème siècle, lors de la conférence de Berlin de 1884-1885, les puissances coloniales européennes, comme la Belgique et l'Allemagne, ont tracé des frontières artificielles en Afrique, sans tenir compte des réalités ethniques et culturelles. Le Rwanda, auparavant intégré à l'empire allemand, a été placé sous la main mise de la Belgique après la Première Guerre mondiale. De l'autre côté, la RDC, anciennement la propriété personnelle du roi Léopold II, est devenue une colonie belge. Le tracé des frontières entre le Rwanda et le Congo belge a laissé des zones de friction, en particulier à l'Est de la RDC, où des populations Rwandophones, notamment Tutsis, Hutus et Twa se sont retrouvées de part et d'autre de la frontière. Cette division artificielle a créé un terrain fertile pour les tensions, à cause des migrations massives, des conflits ethniques et des déplacements de population. À partir de la fin de la colonisation, avec l'indépendance du Rwanda en 1962 et celle du Congo en 1960, les tensions entre ces deux États ont continué d'être exacerbées, en particulier en raison des rivalités ethniques qui s'enracinent dans l'histoire coloniale.[10]

---

[10] KIMONYO, J.-P., *Le Rwanda et les guerres en République Démocratique du Congo*, Paris, L'Harmattan, 2010

b) Evénements du génocide Rwandais et leurs conséquences

Un des points de rupture majeurs dans les relations entre le Rwanda et la RDC, a été le génocide de 1994, où près de 800 000 Rwandais, notamment Tutsi et Hutu modérés ont été massacrés par les extrémistes Hutus au Rwanda. Après ce génocide, des centaines de milliers de réfugiés Hutus ont fui vers la RDC, dans les provinces du Kivu de l'est de la RDC, où ils ont été regroupés dans des camps. La présence massive de réfugiés hutus sur le sol congolais, à la suite du génocide de 1994 au Rwanda, a considérablement aggravé les tensions régionales et contribué à l'instabilité chronique de la République Démocratique du Congo. Ce contexte a servi de toile de fond à l'intervention militaire du Rwanda, qui a apporté son soutien à l'Alliance des Forces Démocratiques pour la Libération du Congo-Zaïre, AFDL en sigle lors de la première guerre du Congo en 1996. Si cette intervention a permis la chute du régime autoritaire de Mobutu Sese Seko, elle a aussi ouvert la voie à une pénétration prolongée des forces rwandaises sur le territoire congolais, marquant un tournant majeur dans la redéfinition des rapports de force dans la région.

L'éclatement de la deuxième guerre du Congo en 1998 souvent qualifiée de guerre des Grands Lacs a engagé une coalition d'États africains, dont le Rwanda, l'Ouganda, l'Angola, le Zimbabwe et la Namibie, dans un conflit aux ramifications régionales profondes. Ainsi, loin d'avoir permis une stabilisation régionale, l'intervention rwandaise et la militarisation de l'Est congolais ont entretenu une dynamique de conflit prolongé, où s'entrelacent enjeux sécuritaires, logiques d'influence géopolitique, et stratégies économiques autour du contrôle des ressources naturelles. Cette séquence historique reste au cœur des relations complexes entre la RDC et le Rwanda, et continue de structurer les perceptions, les tensions et les projections politiques dans la région des Grands Lacs.[11]

§2. Facteurs de tensions et d'opportunités pour un rattachement territorial

Le questionnement du rattachement territorial du Rwanda à la RDC est motivé par une série de facteurs géopolitiques, économiques et sécuritaires. Cependant, ces motivations sont mises en perspective avec la complexité des

---

[11] NSAL'ONANONGO OMELENGE, C., *Les guerres à l'est de la RD Congo, entre génocide et statocide*, Paris, L'Harmattan, 2023

relations entre les deux pays et les risques qu'un tel rapprochement territorial peut occasionner.

a) Préoccupations sécuritaires et la lutte contre les groupes armés

La région de l'est de la RDC est depuis longtemps en proie à une instabilité due à la présence de groupes armés, tels que les FDLR (Forces Démocratiques de Libération du Rwanda) et d'autres milices locales. Ces groupes armés, qui sont perçus comme des menaces par le Rwanda, ont pour beaucoup de leurs membres des liens avec les auteurs du génocide rwandais. De ce fait, le Rwanda a justifié ses incursions en RDC par la nécessité de sécuriser ses frontières et d'éradiquer ces groupes armés qui opèrent depuis le territoire congolais. Sur le plan sécuritaire, une telle configuration renforcerait également les mécanismes de coopération militaire entre les deux États. La mutualisation des efforts en matière de surveillance, de lutte contre les groupes armés non étatiques et de sécurisation des corridors économiques stratégiques pourrait contribuer à endiguer les réseaux terroristes et criminels opérant dans la région des Grands Lacs.[12]

b) Gestion des ressources naturelles et des infrastructures

La RDC regorge de ressources naturelles, notamment des minerais stratégiques comme le cobalt, le cuivre, le coltan et l'or, dont l'exploitation a attiré des intérêts étrangers et régionaux. Le Rwanda, bien que beaucoup plus petit en taille et en ressources naturelles, a réussi à maintenir une croissance économique importante en s'ouvrant aux investissements étrangers, en particulier dans les secteurs des services et des infrastructures pour établir des liens plus étroits avec la RDC, dans les régions riches en ressources du Kivu, le Rwanda bénéficie d'un accès plus direct à ces ressources. Un rattachement territorial permet également une intégration des infrastructures de transport entre les deux pays, facilitant les échanges commerciaux et renforçant la compétitivité économique. Cependant, il soulève des préoccupations complexes sur la gestion des ressources et sur l'équité du partage des bénéfices entre les populations locales congolaises et rwandaises.[13]

---

[12] REYNTJENS, F., *L'Afrique des Grands Lacs en crise : Rwanda, Burundi : 1988-1994*, Paris. Éditions Karthala, 1994
[13] BOGUMIL JEWSIEWICKI, *La première guerre du Congo-Zaïre (1996-1997) : Récits de soldats AFDL et FAR*, Paris, L'Harmattan, 2012

c) Facteur ethnique et les tensions régionales

Une des préoccupations majeures dans cette question est le facteur ethnique. En effet, dans l'est de la RDC, on trouve des communautés s'apparentant aux Rwandophones.

Ces populations se retrouvent dans une situation délicate, prise entre deux nations qui se sont affrontées, et sont parfois accusées d'allégeance au Rwanda. Les tensions ethniques se sont exacerbées par des conflits historiques et par la question du pouvoir local. Le rattachement territorial ravive ces tensions, en raison des rivalités entre les différentes communautés ethniques. Les populations congolaises perçoivent un tel rattachement comme une forme de domination étrangère, compromettant ainsi l'unité nationale de la RDC. De plus, d'autres pays voisins, comme l'Ouganda ou le Burundi, perçoivent ce processus comme une menace pour leurs propres intérêts stratégiques.

Le rattachement territorial du Rwanda à la République Démocratique du Congo est une logique de rapprochement géopolitique et de coopération sécuritaire, mais il soulève des sérieux soucis sur la souveraineté, l'unité nationale, l'identité et les rivalités régionales. Si certains éléments de ce rattachement contribuent effectivement à la stabilisation de la région, il reste que les risques d'instabilité, de tensions ethniques et de résistance interne en RDC et au Rwanda rendent une telle initiative extrêmement difficile à réaliser. Une réflexion en profondeur sur les conséquences de ce rattachement, ainsi qu'une prise en compte des aspirations des populations locales, serait importante avant d'envisager une telle évolution.

Section 3. Espace vital et ressources naturelles comme racines géopolitiques du conflit de la RDC

L'Est de la République Démocratique du Congo, est une région stratégique et richement dotée en ressources naturelles, constitue depuis plusieurs décennies l'épicentre d'un des conflits les plus dévastateurs et les plus complexes d'Afrique. Cette zone, bordée par plusieurs pays voisins, tels que le Rwanda, l'Ouganda, le Burundi et le Soudan du Sud, admet une instabilité chronique qui est alimentée par des dynamiques géopolitiques, économiques et ethniques profondément enracinées. Le conflit, qui a des racines historiques et une dimension régionale, est intimement lié à la lutte pour la mainmise de l'espace vital et des ressources naturelles.[14]

§1. Héritage historique et enjeux de souveraineté nationale

L'histoire du conflit dans l'Est de la RDC est d'abord marquée par les défaillances des processus d'indépendance et de décolonisation, qui ont laissé une empreinte durable sur la géopolitique de la région des Grands Lacs.

Dans le cas de la République Démocratique du Congo, cette configuration a eu des effets particulièrement déstabilisants dans la région orientale du pays, dans les provinces du Nord et du Sud-Kivu, historiquement connectées aux dynamiques transfrontalières avec les populations rwandophones. À l'issue de l'indépendance en 1960, les relations entre l'État central, installé à Kinshasa, et les communautés de l'Est congolais ont été marquées par une méfiance structurelle, avivée par une gestion centralisatrice du pouvoir et l'absence de reconnaissance institutionnelle des identités locales. Des centaines de milliers de Hutus, dont certains membres des ex-Forces armées rwandaises (ex-FAR) et des miliciens Interahamwe, responsables des massacres au Rwanda, ont trouvé refuge dans l'Est de la RDC.

Cette présence a créé un climat d'insécurité permanent, en contribuant à militariser les camps de réfugiés, à renforcer les clivages communautaires et à justifier, de la part du Rwanda, des interventions militaires répétées sur le sol congolais sous prétexte de neutraliser les forces génocidaires. Ainsi, la région du Kivu est devenue l'épicentre d'un enchevêtrement complexe de conflits identitaires, de rivalités géopolitiques et de luttes pour le contrôle des ressources, s'inscrivant dans une instabilité chronique dont les racines plongent profondément dans les héritages coloniaux mal déconstruits.[15] La chute de Mobutu en 1997, suite à la rébellion menée par Laurent-Désiré Kabila, soutenue par le Rwanda et l'Ouganda, n'a pas mis fin aux troubles dans la région. En fait, elle a exacerbé la fragilité politique, en raison du contrôle indirect des puissances voisines sur certaines régions de l'Est, marquées par des luttes pour la domination militaire, politique et économique.

---

[14] BOGUMIL JEWSIEWICKI, Op.cit.
[15] WILLAME, J.-C. « Pistes de solution à la crise sécuritaire de l'est de la République Démocratique du Congo », in *la revue Études Caribéennes*, 2020

§2. Espace vital et les dynamiques territoriales de la région

L'Est de la RDC, comprenant les provinces du Kivu (Nord et Sud), le Maniema, le Tanganyika et l'Ituri, est une région importante en raison de sa position géographique et de son accès aux frontières avec plusieurs pays voisins. Cet espace constitue un carrefour stratégique dans les relations entre les Grands Lacs africains, et il est doté de grandes ressources naturelles, mais aussi de conflits ethniques anciens.

a) Espace de transit et de confrontation géopolitique

Cette région frontalière, est au cœur des rivalités géopolitiques dans la région des Grands Lacs en raison de sa position géographique stratégique. Elle a été le théâtre d'affrontements entre les acteurs régionaux, précisément les gouvernements du Rwanda, de l'Ouganda et du Burundi, qui ont des intérêts divergents. L'instabilité à l'Est de la RDC a été exacerbée par des interventions militaires étrangères, des soutiens à des groupes armés locaux, et des accords de partage du pouvoir qui renforcent la fragmentation du territoire. Ces rivalités ont été alimentées par les désirs des pays voisins de contrôler cette zone, afin de sécuriser leur influence et leur position dans le domaine stratégique régional.[16]

b) Importance du contrôle des territoires miniers

Les ressources naturelles constituent l'un des principaux enjeux géopolitiques de la région de l'Est de la RDC. Le sol congolais regorge de minerais précieux, tels que le coltan, le cobalt, l'or, et le cuivre, qui sont précieux à l'industrie mondiale, dans les secteurs de la haute technologie et de l'électroménager. La province du Kivu est un centre majeur d'exploitation de ces minerais. Les ressources naturelles ont attiré des acteurs locaux, nationaux et internationaux qui cherchent à contrôler ces richesses pour financer des rébellions et pour alimenter des circuits commerciaux informels. Le contrôle des sites miniers a été au centre des affrontements, car la richesse des sous-sols devient un moteur fondamental des conflits. Des groupes armés tels que le M23, les Forces Démocratiques de Libération du Rwanda (FDLR) et d'autres milices ont longtemps utilisé l'exploitation minière illégale pour financer leurs opérations militaires et attiser les rivalités. Les multinationales et les acteurs extérieurs, notamment les entreprises chinoises, européennes et américaines, ont également

---

[16]WILLAME, J.-C., op.cit.

joué un rôle dans l'exploitation des ressources naturelles, dans des conditions opaques. L'accès à ces minerais a été le moteur de l'intervention d'acteurs étrangers, notamment le Rwanda et l'Ouganda, qui ont soutenu des rébellions locales afin de contrôler ces zones stratégiques.[17]

§3. Causes du conflit : luttes pour les ressources et les territoires

a) Rivalités ethniques et l'instrumentalisation politique des groupes armés

Les tensions ethniques entre les différents groupes de l'Est de la RDC, en particulier les Hutus, les Tutsis et les populations locales comme les Nyanga, ont toujours été une cause de conflit. Après le génocide de 1994, la présence de réfugiés Hutus au Congo ont exacerbé ces tensions.

Le Rwanda, sous le leadership de Paul Kagame, a longtemps justifié ses incursions en RDC pour éliminer les éléments des FDLR (Forces Démocratiques de Libération du Rwanda), des milices hutus responsables du génocide. Cette situation a engendré une série de conflits violents, qui se sont cristallisés autour de la question de l'ethnicité et des droits des populations locales. Les groupes armés ont pris le contrôle de nombreuses zones minières, imposant des taxes et créant des circuits économiques parallèles qui échappent au contrôle de l'État congolais. Ils ont été alimentés par des rivalités ethniques, mais aussi par des enjeux de pouvoir et de richesse. La présence de groupes armés rwandais et ougandais a continué de déstabiliser l'Est de la RDC, chacun cherchant à renforcer ses intérêts sur le terrain.[18]

b) Luttes pour le contrôle des ressources naturelles

Le contrôle des ressources naturelles stratégiques, en particulier le coltan, le cobalt, l'or et d'autres minerais rares présents en abondance dans l'est de la République Démocratique du Congo, constitue un outil majeur de pouvoir économique et géopolitique, attisant les convoitises d'acteurs régionaux et internationaux. Dans ce contexte, ces ressources ne sont pas seulement des vecteurs de développement potentiel, mais aussi des facteurs de conflictualité, cristallisant des dynamiques de guerre, de prédation et de compétition transfrontalière. Plusieurs puissances voisines et certains groupes armés ont

---

[17] MBATA BETUKUMESU MANGU, A., *Géopolitique de la balkanisation en Afrique centrale*, Paris, Karthala, 2021

[18] MBELU, J.-P., *La République Démocratique du Congo face à la balkanisation*, Paris, L'Harmattan, 2022

instrumentalement exploité cette richesse pour financer leurs opérations militaires et consolider leur emprise territoriale, dans une logique de guerre économique. Parallèlement, de nombreuses entreprises multinationales, impliquées dans les chaînes d'approvisionnement globales en minerais stratégiques, ont été pointées du doigt pour leur implication indirecte voire, dans certains cas, leur complicité tacite dans l'alimentation du cycle de violence.

En se procurant des minerais issus de circuits illégaux ou non traçables, extraits dans des zones de conflit sous le contrôle de groupes armés, certaines de ces compagnies ont contribué à perpétuer l'instabilité locale et à renforcer le pouvoir militaire et économique des milices. Ce lien entre extraction illégale, économie de guerre et exploitation transnationale crée un système de prédation organisé, dans lequel les ressources de la RDC sont converties en instruments de domination, au détriment du développement local, de la souveraineté nationale et de la sécurité régionale. Les ressources minières jouent un rôle pionniers dans la durabilité des groupes rebelles et des milices locales.

Parfois, les acteurs étrangers s'allient avec ces groupes pour accéder aux mines, dans un climat de corruption et de concurrence déloyale. La RDC est devenue le terrain d'une guerre pour les ressources, où les conflits militaires se superposent aux luttes économiques.

§4. Rôle du Rwanda et de l'Ouganda

Les voisins de la RDC, notamment le Rwanda et l'Ouganda, ont joué une fonction centrale dans l'intensification du conflit dans l'Est. Le Rwanda a régulièrement été accusé par des institutions internationales, des ONG et des chercheurs d'avoir soutenu activement certains groupes rebelles opérant à l'est de la République Démocratique du Congo, dans le but de défendre ses intérêts géostratégiques, en matière de sécurité frontalière et de neutralisation des éléments hutus présumés responsables du génocide de 1994 réfugiés en RDC. Cette stratégie sécuritaire, combinée à une volonté d'influence régionale, a conduit Kigali à adopter une posture d'interventionnisme direct et indirect dans les affaires congolaises, à travers un appui militaire, logistique et politique à des forces rebelles comme le M23. L'Ouganda, pour sa part, a également été un acteur prépondérant dans les dynamiques conflictuelles de la région des Grands Lacs, en intervenant militairement dans le cadre des deux guerres du Congo et en entretenant des liens étroits avec certaines milices locales.[19]

Si ses motivations reposaient en partie sur des préoccupations sécuritaires liées à la lutte contre des groupes armés hostiles, elles répondaient également à des intérêts économiques, tels que l'accès facilité aux ressources naturelles de l'Ituri et du Kivu. Les soutiens croisés apportés par ces États voisins aux différentes factions armées ont favorisé l'ancrage durable de ces groupes dans le tissu local, renforçant la fragmentation politico-militaire du territoire et complexifiant toute tentative de stabilisation. Ainsi, le conflit récurrent dans l'est de la RDC ne peut être compris en dehors d'une lecture géopolitique plus large qui articule les rivalités interétatiques, les tensions ethniques transfrontalières, les logiques d'accaparement des ressources stratégiques, et l'héritage colonial de frontières imposées. Par conséquent, résoudre ce conflit nécessite une approche multifacette, tenant compte des causes profondes, des dynamiques régionales et de la gouvernance interne de la RDC, tout en favorisant un processus de réconciliation qui intègre toutes les parties prenantes.

Section 4. Possible solution de Rwanda comme province de la RDC

Dans un tel contexte, l'idée de rattacher le Rwanda à la RDC, en le transformant en province de cette dernière, semble à première vue une solution radicale. Toutefois, il convient d'explorer cette possibilité sous l'angle de la réduction des tensions territoriales, de la gestion des ressources naturelles et de la régulation des flux migratoires et des réfugiés, tout en prenant en compte les implications politiques et sociales qui en découlent.

§1. Réduction des tensions territoriales et sécuritaires

Le rattachement du Rwanda à la RDC est vu comme une manière de mettre un terme à des décennies de rivalité et de guerre. L'intégration du Rwanda comme une province congolaise permettrait de neutraliser les causes de l'instabilité régionale, tout en supprimant l'un des principaux motifs de conflit, notamment la volonté du Rwanda de contrôler une partie du territoire congolais, en particulier les régions stratégiques du Kivu et de l'Ituri. Si le Rwanda devenait une province de la RDC, les revendications territoriales de ce pays seront pacifiées, ce qui contribuerait à une réduction majeure de la violence, car les tensions ethniques et politiques entre les deux États voisins seraient en grande

---

[19] BRAECKMAN, C., *L'enjeu congolais : L'Afrique centrale après Mobutu*, Paris. Fayard, 1999

partie atténuées. Les autorités congolaises et rwandaises collaborent plus efficacement pour assurer la sécurité de la région, par la mise en place de forces conjointes pour lutter contre les groupes armés qui opèrent encore dans l'Est de la RDC. La présence de l'armée rwandaise au sein d'un dispositif de défense unifiée sous le commandement congolais réduisait les affrontements et faciliter une transition pacifique.[20]

§2. Partage et gestion des ressources naturelles

La maitrise des ressources naturelles de l'Est de la RDC a été l'un des moteurs principaux des conflits dans la région. Un rattachement du Rwanda à la RDC favorise une gestion partagée et plus équitable de ces ressources, réduisant les motivations économiques qui sous-tendent les groupes armés et les puissances extérieures. Une gestion centralisée des ressources naturelles encadrée par des institutions étatiques robustes et un dispositif juridique souverain émanant de la République Démocratique du Congo, constitue un instrument fondamental pour garantir la transparence, l'équité et la redevabilité dans l'exploitation des richesses nationales.

En assurant une gouvernance publique cohérente des minerais, des hydrocarbures, des forêts et de l'eau, cette approche permet non seulement de limiter les pratiques illicites, les conflits liés au contrôle des gisements et les formes de prédation, mais également d'inscrire l'exploitation des ressources dans une logique d'intérêt général. En intégrant les régions frontalières riches en ressources dans un dispositif de répartition équilibrée des bénéfices à l'échelle nationale, l'État congolais peut mieux harmoniser les dynamiques de développement, réduire les fractures régionales et renforcer la solidarité territoriale. Dans cette perspective, une entité comme le Rwanda, envisagée dans une hypothèse fédérative ou confédérale avec la RDC, pourrait accéder à ces ressources de manière institutionnalisée et légitime, en participant au processus national de valorisation et de transformation des matières premières. Elle en tirerait des bénéfices économiques substantiels tout en contribuant de manière équitable au financement du budget de l'État central congolais, notamment à travers des mécanismes fiscaux partagés, des redevances minières, ou des investissements concertés dans les infrastructures stratégiques. Un tel modèle de gouvernance intégrée offrirait ainsi une réponse crédible aux tensions chroniques

---

[20] NDAYWEL E NZIEM, I., *Le Congo et la guerre des Grands Lacs : géopolitique et stratégie*, Paris, L'Harmattan, 2002.

liées à l'exploitation des ressources naturelles, tout en posant les bases d'un développement inclusif, durable et pacificateur dans la région des Grands Lacs.[21]

c) Réduction des flux migratoires et des tensions ethniques

Le conflit dans l'Est de la RDC est également alimenté par la présence de millions de réfugiés et de déplacés internes qui se déplacent entre la RDC et le Rwanda, à la suite des violences. Le rattachement du Rwanda comme province de la RDC aide également à apaiser les tensions ethniques, en formalisant les relations entre les différents groupes ethniques rwandais et congolais. Cependant, cette réconciliation ethnique, bien qu'idéale sur le plan théorique, serait d'autant plus complexe qu'elle impliquerait des efforts de réconciliation entre des populations avec des histoires marquées par des conflits sanglants.

§3. Défis d'une telle solution

Malgré les perspectives théoriques que pourrait offrir l'intégration du Rwanda au sein de la République Démocratique du Congo dans une optique de stabilisation régionale, cette proposition se heurte à une série d'obstacles majeurs qui compromettent sa faisabilité politique et sociale.

Le premier de ces obstacles réside dans la volonté politique des deux États concernés. Une telle transformation structurelle requiert un consensus stratégique entre les gouvernements congolais et rwandais, fondé sur une vision commune du futur, or une telle convergence se présente actuellement difficile à concevoir dans un climat de méfiance mutuelle, d'intérêts divergents et de tensions historiques non résolues. Au sein de la RDC, la question de la souveraineté nationale constitue une ligne rouge pour une grande partie de la classe politique et de la population, particulièrement dans les provinces déjà marginalisées, pour lesquelles toute proposition de rattachement extérieur peut être perçue comme une dilution de l'identité congolaise et une abdication de l'autorité étatique. Cette perception est d'autant plus sensible que la mémoire collective reste marquée par les épisodes d'ingérence, d'occupation et de pillage

---

[21] KRISTOF TITECA, « L'Ouganda et les guerres congolaises », in *revue Politique africaine*, n°75,1999

associés à la présence de forces rwandaises sur le sol congolais au cours des décennies précédentes. [22]

Sur le plan identitaire, l'union entre ces deux espaces requerrait la mise en place d'un système politique et institutionnel équilibré, capable de garantir la représentation équitable des différentes communautés, le respect des spécificités culturelles, ainsi qu'un partage rigoureux des ressources et du pouvoir. Proposer l'intégration du Rwanda à la RDC comme une province dans un ensemble fédéral ou confédéral relève donc d'une logique de rupture, visant à répondre de manière radicale aux logiques conflictuelles et aux déséquilibres géopolitiques persistants dans la région des Grands Lacs. Cependant, cette hypothèse, bien qu'intellectuellement stimulante, demeure extrêmement complexe à mettre en œuvre. Elle implique non seulement des ajustements institutionnels profonds, mais aussi une refondation du contrat social et du pacte national congolais, dans un contexte où la méfiance interethnique, les inégalités économiques et les ingérences extérieures fragilisent toute tentative de réconciliation durable.

Dans cette perspective, la RDC se retrouve à un carrefour historique où les choix à opérer oscillent entre des dynamiques centrifuges menaçant l'unité nationale telle que la balkanisation rampante dans l'Est et des tentatives de recomposition politique régionale qui supposeraient des concessions difficiles, voire un remodelage des paradigmes de souveraineté classiques. La question du rattachement du Rwanda n'est pas seulement une affaire de géopolitique ; elle engage l'avenir de l'intégrité territoriale congolaise, la stabilité de ses institutions, et la nature des rapports qu'elle souhaite entretenir avec ses voisins.

Au fond, ce dilemme reflète les contradictions non résolues de l'ordre régional postcolonial dans les Grands Lacs africains, où les aspirations à la sécurité, au développement et à l'unité s'entrechoquent avec les logiques de fragmentation, les revendications identitaires, et les appétits stratégiques autour des ressources naturelles. Il revient à la RDC, dans ce contexte, de penser un modèle de souveraineté repensée, inclusive, décentralisée mais forte, capable de conjurer les risques de dislocation tout en bâtissant des partenariats régionaux qui ne sacrifient ni la dignité nationale, ni l'impératif de paix.[23]

---

[22] CLARK, J. F., *The Congo: From Leopold to Kabila: A People's History*, New York, Princeton University Press, 2002
[23] CLARK, J. F., Op.cit.

CHAPITRE 2. DE L'IMPORTANCE GEOPOLITIQUE DE L'EST DE LA RDC ET DE SES CONSEQUENCES SUR L'ENSEMBLE DU PAYS

Section 1. Relations complexes et conflictuelles entre le Rwanda et la RDC

§1. Racines historiques des relations conflictuelles

Les origines des tensions actuelles entre la RDC et le Rwanda remontent à plusieurs siècles d'histoires partagées, mais elles se sont intensifiées au 20ème siècle, particulièrement après les événements du génocide rwandais de 1994. Avant cet évènement tragique, les relations entre les deux pays étaient déjà marquées par des rivalités ethniques et territoriales. Les populations Banyamulenge, d'ethnie Tutsi, établies dans l'est de la RDC, ont longtemps été vues comme un facteur de friction. Le Rwanda, comme d'autres voisins de la RDC, a utilisé ces groupes ethniques comme justification pour s'ingérer dans les affaires internes de la RDC, en prétendant défendre les droits des Tutsis congolais contre des groupes considérés comme hostiles. L'impact du génocide de 1994, durant lequel près de 800 000 Tutsi a été massacrés par le régime Hutu au Rwanda, a eu des conséquences profondes sur les relations entre les deux pays. Après la chute du régime génocidaire, des centaines de milliers de réfugiés hutus ont fui vers la RDC, particulièrement dans la région du Kivu, et ont formé des bases militaires de plus en plus puissantes. Ces réfugiés, et leurs descendants, ont alimenté une guerre prolongée en RDC, car des groupes armés Hutus se sont réfugiés dans la région et ont mené des attaques contre le Rwanda. Ce climat de méfiance et de représailles a eu un impact dévastateur sur la RDC, principalement sur ses provinces orientales.[24]

---

[24] PRUNIER G., *Africa's World War: Congo, the Rwandan Genocide, and the Making of a Continental Catastrophe,* Oxford, Oxford University Press, 2009

§2. Est de la RDC comme carrefour stratégique et zone de conflit

L'Est de la RDC, notamment les provinces du Nord-Kivu, du Sud-Kivu et de l'Ituri, occupe une position géopolitique stratégique de premier plan en Afrique centrale. Cette région regorge de ressources naturelles d'une valeur exceptionnelle, telles que le coltan, le cobalt, l'or et d'autres minerais critiques qui sont devenus des enjeux majeurs dans les dynamiques économiques et sécuritaires locales, régionales et internationales. Le système de prédation économique, couplé à l'absence d'un contrôle institutionnel efficace, a transformé l'Est congolais en un espace de compétition violente pour l'accès aux ressources, mettant en péril la stabilité nationale et régionale.

Dans ce contexte, la maîtrise et la sécurisation de l'exploitation des ressources naturelles apparaissent comme des impératifs stratégiques pour restaurer la souveraineté de l'État congolais, garantir la paix durable dans les zones affectées, et inscrire la région dans une trajectoire de développement équitable et partagé. Ces richesses sont non seulement une source de financement pour les groupes armés locaux, mais elles attirent également l'intérêt des voisins, dont le Rwanda, qui cherche à sécuriser l'accès à ces ressources, pour alimenter son économie de plus en plus dépendante de ces minéraux. Les problèmes de gouvernance en RDC, l'absence d'un contrôle effectif de l'État sur certaines régions et l'instabilité chronique de l'Est ont favorisé l'émergence de puissances régionales, comme le Rwanda, qui sont intervenues militairement pour poursuivre leurs propres objectifs stratégiques. Le Rwanda, un petit pays enclavé et densément peuplé, a été intéressé par la sécurisation de son espace vital et l'accès aux ressources naturelles de l'Est de la RDC, tout en cherchant à éliminer les menaces potentielles pour sa sécurité intérieure, comme le cas des réfugiés hutus et des groupes armés associés à eux.[25]

§3. Causes géopolitiques de l'implication du Rwanda

L'implication du Rwanda dans la guerre en RDC depuis le milieu des années 1990 repose sur plusieurs facteurs géopolitiques. Le premier est la sécurité nationale, après le génocide de 1994, le gouvernement rwandais a cherché à se protéger contre la possibilité de nouvelles attaques en provenance de la RDC. De nombreux génocidaires rwandais, ainsi que leurs partisans, ont trouvé refuge dans les forêts du Kivu, et le Rwanda a rapidement mobilisé son armée pour éliminer

---

[25] CHRETIEN, J.-P., *Les Grands Lacs africains : Une géopolitique de la guerre et de la paix*, Paris, L'Harmattan, 2004

ces groupes et sécuriser sa frontière. L'intervention militaire rwandaise a été justifiée par la nécessité de défendre les Tutsis du Rwanda et de mettre fin à la menace d'une balkanisation du pays voisin, qui serait d'autant plus déstabilisante pour le Rwanda.

§4. Impact de la guerre à l'Est de la RDC sur la RDC elle-même

Les conflits à l'Est ont eu des conséquences dramatiques pour la RDC, non seulement sur le plan militaire et politique, mais aussi socioéconomique. Des millions de Congolais ont été déplacés par les violences, créant l'une des plus grandes crises humanitaires du monde. Des milliers de personnes ont perdu la vie dans des affrontements entre forces gouvernementales, groupes armés locaux et armées étrangères, en revanche des millions d'autres vivent dans des conditions de grande précarité dans des camps de réfugiés ou parmi des populations déplacées internes. L'instabilité politique dans l'Est a alimenté aussi des appels à une plus grande autonomie de certaines régions, tels que Kivu, d'où la peur de la balkanisation de la RDC.

Les groupes ethniques de la région, particulièrement les Tutsis et les Hutus, sont pris dans des dynamiques de violence où les enjeux de sécurité, de ressources et d'identité se mêlent. Le soutien à des groupes armés comme les FDLR (Forces Démocratiques de Libération du Rwanda) et le M23 (Mouvement du 23 mars), qui bénéficient de l'appui de pays voisins, a exacerbé ces divisions internes, engendrant des souffrances humaines considérables et des violations des droits de l'homme[26]. La situation de l'Est de la RDC a des conséquences directes sur la stabilité de l'ensemble du pays. Le spectre de la balkanisation menace l'intégrité du pays, et la question de savoir si cette instabilité peut être résolue par une solution radicale, comme l'intégration du Rwanda dans la province de la RDC, devient une question à la fois géopolitique et stratégique, qui mérite une attention particulière.

Section 2. Guerre, risques de balkanisation de la RDC et idée d'une solution radicale par le rattachement du Rwanda comme province de la RDC

Depuis plusieurs décennies, la RDC est confrontée à une crise structurelle persistante, marquée par des défaillances de gouvernance, une

---

[26] VERONIQUE T.-M., *Guerre et génocide dans les Grands Lacs africains : Impacts sociaux et politiques en RDC*, Kinshasa, Presses Universitaires du Congo, 2015

insécurité chronique et une fragilisation continue de sa cohésion territoriale, particulièrement dans les provinces orientales. Les conflits qui secouent les régions du Kivu et de l'Ituri illustrent de manière aiguë cette instabilité multidimensionnelle, où se croisent des dynamiques ethniques complexes, une compétition acharnée pour l'accès et le contrôle des ressources naturelles, ainsi que des formes récurrentes d'ingérence régionale. Le Rwanda en tant qu'acteur frontalier directement impliqué, joue un rôle central dans l'évolution de ces tensions.

Par ses interventions militaires passées, son soutien présumé à certains groupes armés et ses intérêts géostratégiques dans l'Est congolais, il contribue à entretenir une situation de guerre prolongée qui mine gravement l'intégrité nationale de la RDC. À ce contexte de violence et de désagrégation sécuritaire s'ajoute une menace plus profonde et systémique, celle de la balkanisation du territoire congolais. Cette hypothèse, de plus en plus évoquée dans les milieux géopolitiques et diplomatiques, renvoie à une fragmentation politique et territoriale du pays, pouvant aboutir à l'émergence de micro-États indépendants ou de zones autonomes échappant au contrôle central de Kinshasa. Loin d'être une spéculation théorique, ce scénario s'ancre dans la réalité d'un État affaibli, dont l'autorité est largement contestée dans l'Est et dont les frontières sont devenues perméables aux ambitions hégémoniques régionales.

Dans ce contexte, la RDC se trouve à la croisée des chemins entre le risque d'un éclatement territorial irrémédiable et la nécessité urgente de repenser sa souveraineté à l'aune des mutations régionales, des impératifs de justice sociale et d'un projet national inclusif capable de restaurer la paix, la stabilité et l'unité du pays. Face à cette situation chaotique, une préoccupation radicale se pose, si l'intégration du Rwanda en tant que province de la RDC, plutôt qu'une séparation ou une balkanisation, était une solution viable pour mettre fin à la guerre à l'Est et garantir une paix durable dans la région des Grands Lacs ? Cette idée, certes audacieuse, soulève plusieurs interrogations, peut-elle réellement résoudre les tensions séculaires entre la RDC et le Rwanda ? L'unité de la RDC, au lieu de sa division, pourrait-elle être un moteur de stabilité pour l'ensemble du pays et la région ? Ou bien une telle solution engendrerait-elle de nouvelles tensions internes et des défis encore plus complexes ?.[27]

---

[27] N'DELA L., *Les cicatrices de la guerre : La RDC face à la déstabilisation et à la reconstruction*, Kinshasa, Presses Universitaires de Kinshasa, 2018

§1. Guerre à l'Est de la RDC

Le génocide rwandais de 1994 a irrité ces tensions, car une grande partie des responsables de ce massacre, les extrémistes hutus, ont trouvé refuge en RDC. Le Rwanda a justifié son implication dans la guerre de la RDC, en invoquant la nécessité de sécuriser ses frontières contre la menace des groupes armés hutus. Cependant, au-delà de la sécurité, la région du Kivu est riche en ressources naturelles, comme le coltan, l'or, le cobalt et le cuivre, des richesses convoitées par des acteurs locaux et internationaux, ce qui a également contribué à l'intensité du conflit. le Rwanda est accusé de soutenir certains de ces groupes armés, tel que le Mouvement du 23 mars (M23), et d'avoir mené des incursions militaires sur le sol congolais, Kigali est fréquemment désigné comme l'un des principaux catalyseurs de l'instabilité dans cette partie du pays.

Néanmoins, le gouvernement rwandais justifie ses actions par la nécessité de neutraliser les Forces Démocratiques de Libération du Rwanda (FDLR), composées en partie d'éléments hutus impliqués dans le génocide de 1994, ainsi que par la défense de ses intérêts sécuritaires et géostratégiques dans la région des Grands Lacs.

Cette position, bien que compréhensible dans une logique de sécurité nationale, demeure source de fortes tensions diplomatiques et renforce la perception d'un déséquilibre régional entretenu par des logiques de puissance. Cet interventionnisme rwandais, couplé à des faiblesses internes du pouvoir congolais, a accentué l'instabilité de la région, rendant la situation encore plus complexe et difficile à résoudre.[28]

§2. RDC un pays sur le point de se fragmenter et risques de balkanisation

La balkanisation de la RDC est un scénario de plus en plus évoqué par les analystes géopolitiques, en raison de la fragilité de l'État congolais et de l'absence de contrôle effectif du gouvernement central sur certaines parties du territoire. Le gouvernement de la RDC, fragilisé par des tensions internes, des conflits d'intérêts au sein des élites et une insuffisance chronique de capacités institutionnelles et logistiques, éprouve de grandes difficultés à exercer une autorité effective sur les provinces orientales du pays. Dans cette perspective, le projet de balkanisation de la RDC compris comme un processus de fragmentation du territoire national en plusieurs entités étatiques distinctes, est parfois présenté

---

[28] BOSSON, S., *La guerre à l'Est du Congo : D'une instabilité chronique à la balkanisation du pays*, Paris, L'Harmattan, 2016

par certains analystes ou acteurs régionaux comme une issue plausible aux conflits récurrents dans l'Est.

L'argument avancé est que la création d'États plus homogènes sur le plan ethnique et plus proches des réalités socioculturelles locales permettrait de réduire les tensions communautaires, de désamorcer les conflits de pouvoir entre Kinshasa et les régions périphériques, et de favoriser une gouvernance plus adaptée aux besoins spécifiques des populations concernées. Toutefois, une telle solution, bien que séduisante pour certains en raison de sa promesse de stabilité locale, soulève de lourdes interrogations sur la pérennité de l'État congolais, sur la préservation de sa souveraineté territoriale, et sur les risques de prolifération de micro-États vulnérables à de nouvelles ingérences extérieures ou à des formes renouvelées de conflictualité régionale. Cependant, cette balkanisation favoriserait des risques importants comme l'instabilité politique dans la région des Grands Lacs, la compétition pour les ressources et la fragilité des nouveaux États, qui risqueraient de sombrer eux aussi dans des conflits internes.[29]

§3. Rwanda comme province de la RDC

Face à cette problématique de conflit interminable et de balkanisation, la pensée d'une union entre le Rwanda et la RDC, où le Rwanda serait inclut comme une province de la RDC, donne une solution radicale pour mettre fin à l'instabilité chronique de la région. Cette solution serait, selon certains, une réponse aux risques de balkanisation, en intégrant le Rwanda dans un cadre fédéral ou décentralisé qui donnerait une certaine autonomie aux différentes régions, tout en maintenant l'intégrité territoriale de la RDC.[30]

§4. Avantages perçus, obstacles et risques

a) Avantages perçus de stabilité régionale

En unifiant les deux pays, la RDC peut mieux contrôler la situation à l'Est, tout en impliquant directement le Rwanda dans la gestion des ressources et des problèmes sécuritaires. Cela peut permettre de réduire l'ingérence de puissances étrangères et de renforcer la sécurité des deux nations.

---

[29] EMMANUEL, D. M. K., *Le Congo, la guerre et la quête des ressources naturelles*, Paris, L'Harmattan, 2014
[30] KANKOLONGO, J.-H., *Les Relations Rwanda-RDC : De l'amitié à la guerre*, Paris, Karthala, 2012

- **Partage des ressources et Réduction des tensions ethniques**

L'intégration du Rwanda peut pousser une gestion plus équitable des ressources naturelles de la région du Kivu, en réduisant l'exploitation illégale et en partageant les bénéfices de manière plus transparente, mais aussi en réunissant les populations congolaises et rwandaises, cette fusion peut théoriquement apaiser les rivalités ethniques entre les Tutsi et Hutu, tout en créant une nation plus inclusive, centrée sur l'unité nationale plutôt que sur les divisions.

b) Obstacles et les risques

Cependant, une telle solution comporte de nombreux obstacles. L'identité nationale congolaise est ancrée dans la résistance à l'ingérence étrangère, et un tel projet de fusion peut risquer de provoquer une réaction nationale hostile de la part de nombreuses populations congolaises. Le Rwanda, bien que voisin et partageant de nombreux intérêts économiques avec la RDC, est perçu par certains Congolais comme un acteur colonial dans leur pays, cherchant à étendre son influence.

De plus, la question de la souveraineté et des droits politiques des populations congolaises dans un tel système serait complexe, car les autorités rwandaises peuvent exercer une influence disproportionnée dans la gestion du nouveau territoire. Cette idée de fusion, bien qu'ambitieuse, risquerait de créer une instabilité politique interne accrue, voire de déclencher de nouveaux conflits ethniques ou régionaux.

Section 3. Intérêt scientifique de la proposition de fusion entre la RDC et le Rwanda

L'idée d'une fusion entre la RDC et le Rwanda, avec l'intégration du Rwanda comme province de la RDC, est une proposition radicale qui soulève de questionnement géopolitiques complexes. Si elle peut donner une solution à la guerre dans l'Est de la RDC et aux risques de balkanisation, elle comporte des défis considérables liés à la souveraineté nationale, à la gestion des identités ethniques et à l'équilibre politique entre les deux pays. Cette idée nécessite une réflexion très éclairée sur les conséquences géopolitiques et socioéconomiques de la création d'un tel ensemble territorial et politique. La question reste ouverte, un tel projet peut-il donner la stabilité à la RDC et à la région des Grands Lacs, ou bien peut-il engendrer de nouvelles tensions plus profondes, risquant de diviser davantage un espace déjà fragilisé par des décennies de conflits ? Analyser les causes profondes du conflit, évaluer les implications de la balkanisation et explorer la faisabilité et les conséquences de l'idée d'un rattachement du Rwanda à la RDC.[31]Ce livre s'inscrit dans une démarche analytique visant à comprendre les causes profondes de la guerre qui déchire l'Est de la République Démocratique du Congo depuis plusieurs décennies.

§1. Analyser les causes profondes du conflit à l'Est de la RDC

L'un des premiers axes d'analyse développés dans cet ouvrage consiste à remonter aux racines historiques et géopolitiques du conflit à l'Est de la RDC, en mettant en exergue la complexité des relations entre la RDC et le Rwanda. Cette relecture historique permet de mieux comprendre comment l'héritage de la colonisation, les reconfigurations des identités interethniques, ainsi que les traumatismes collectifs majeurs au premier rang desquels le génocide rwandais de 1994 ont contribué à créer un climat régional marqué par la méfiance, la violence, et des logiques d'affrontement transfrontalières. Les provinces du Kivu et de l'Ituri, au cœur de cette dynamique, constituent des espaces où se superposent une mosaïque de communautés aux racines anciennes, tels que les Hutus, les Tutsis et les Banyamulenge, dont les relations se sont trouvées profondément bouleversées par les flux de réfugiés et les manipulations politico-militaires. L'arrivée massive des réfugiés hutus au lendemain du génocide rwandais a modifié les équilibres sociopolitiques locaux, intensifiant les antagonismes ethniques et suscitant l'émergence de nouvelles configurations de pouvoir armé.

Dans ce contexte, l'implication directe du Rwanda, que ce soit à travers des opérations militaires ou par le soutien stratégique à des groupes armés comme le M23, a renforcé l'instabilité et empiré les rivalités communautaires, en raison des suspicions de volonté d'annexion ou de contrôle indirect du Kivu. L'ouvrage explore les conséquences de cette imbrication conflictuelle, en ce qui concerne les tensions entre intégration politique, reconfiguration territoriale et affirmation identitaire. Par ailleurs, le livre consacre une analyse approfondie à la question primordiale des ressources naturelles comme facteur central du conflit. Le coltan, le cobalt, l'or et d'autres minerais stratégiques extraits dans l'Est de la RDC ne sont pas seulement des richesses locales, ils sont devenus les objets de convoitise de puissances économiques, de multinationales, et de réseaux transnationaux. Ce pillage organisé, soutenu par des acteurs étatiques ou des élites économiques extérieures, a contribué à financer les groupes armés et à

---

[31] KANKOLONGO, J.-H., Op.cit.

42

institutionnaliser une économie de guerre centrée sur l'exploitation illégale des ressources. Les rivalités économiques se doublent ainsi de logiques géostratégiques, où le Rwanda, mais également l'Ouganda, apparaissent comme des acteurs-clés dans la prolongation du conflit.[32]

Enfin, l'ouvrage examine de manière critique les ingérences militaires étrangères dans le conflit congolais, avec une attention particulière portée à l'intervention rwandaise à travers le soutien aux groupes armés comme le M23 et les dynamiques de contre-insurrection contre les FDLR. Il interroge les motivations sécuritaires invoquées par Kigali en lien avec la présence de milices hutus sur le sol congolais et leurs effets systémiques sur la souveraineté congolaise. Ce volet analytique est élargi à la participation ou à la passivité de la communauté internationale, aux rôles ambivalents joués par les forces régionales, et à la complexité des rapports entre objectifs militaires, intérêts économiques et stratégies diplomatiques dans la région des Grands Lacs.

§2. Évaluer les implications de la balkanisation de la RDC

L'hypothèse d'une fragmentation territoriale, loin de ne concerner que l'espace congolais, porterait en germe un effet dominant régional, susceptible d'intensifier les rivalités frontalières, de renforcer les clivages identitaires et de provoquer une recomposition brutale des équilibres interétatiques. L'ouvrage met en exergue les dynamiques par lesquelles une éventuelle balkanisation de la RDC pourrait raviver les tensions historiques entre pays voisins tels que, le Rwanda, l'Ouganda et le Burundi en réactivant des logiques d'alignement stratégique, de compétition territoriale et de surenchère sécuritaire. La dislocation du territoire congolais, particulièrement de ses provinces orientales, ouvrirait potentiellement la voie à l'émergence de micro-États ou de zones d'autonomie de facto, favorisant l'intervention de puissances extérieures, l'ancrage durable des groupes armés, et la privatisation informelle des ressources naturelles.

Dans un tel contexte, la sécurité régionale se verrait profondément fragilisée, la RDC devenant un espace géopolitique poreux, vulnérable aux influences croisées, et propice à la déstabilisation en chaîne.[33]L'ouvrage interroge également les effets internes d'un tel scénario, en analysant les risques de délitement de l'autorité centrale face à des revendications localisées de

---

[32] MULUMBA, E., *République Démocratique du Congo : La gouvernance postcoloniale et les défis de l'État fragile*, Kinshasa, Presses Universitaires du Congo, 2021.
[33] VERMEREN, P., *La guerre du Congo : L'histoire d'une déstabilisation en Afrique centrale*, Paris, L'Harmattan, 2016

souveraineté ou d'autonomie, en particulier dans les régions à haute densité minière comme le Kivu et l'Ituri. Ces zones, souvent administrées par des structures hybrides mêlant autorités locales, milices, et réseaux économiques illicites, pourraient chercher à se constituer en entités politiques autonomes, motivées par le contrôle des rentes extractives et l'émancipation vis-à-vis d'un pouvoir central jugé distant ou inefficace. Ce processus engendrerait non seulement une instabilité accrue, mais aussi une fragmentation de l'espace politique congolais, sapant les fondements de la cohésion nationale et rendant extrêmement complexe toute entreprise de gouvernance inclusive et durable.

La réflexion sur la balkanisation de la RDC ne se limite pas à un exercice théorique, elle engage des enjeux concrets de paix, de souveraineté, d'intégration régionale et de justice économique. En posant la question de la désintégration possible d'un État-continent au cœur de l'Afrique, ce livre appelle à une réévaluation stratégique des logiques actuelles de pouvoir, de représentation et de gestion des ressources, tant au niveau congolais que dans l'architecture sécuritaire de l'Afrique centrale.

Cela peut également aggraver les divisions internes au sein de chaque nouveau pays, entre les groupes ethniques, qui ont déjà des relations tendues. De plus, les populations déplacées par le conflit, déjà nombreuses, peuvent risquer d'être prises dans des conflits interétatiques ou des luttes internes pour le contrôle du territoire.[34]

§3. Exploration de la faisabilité et des conséquences de l'idée d'un rattachement du Rwanda à la RDC

Une des hypothèses les plus audacieuses et controversées dans le cadre du conflit prolongé à l'Est de la RDC consiste à envisager une fusion politique entre la RDC et le Rwanda, dans laquelle ce dernier serait intégré à l'ensemble congolais en tant que province. En théorie, cette fusion territoriale pourrait contribuer à rétablir une unité politique durable, en transformant l'actuelle ligne de fracture frontalière en un espace d'administration conjointe, réduisant ainsi les logiques d'ingérence militaire et les conflits transfrontaliers. En créant un cadre institutionnel commun, cette solution favoriserait une gestion partagée des ressources naturelles, dans les provinces riches en minerais

---

[34] RONDAS, J.-P., *La guerre des Grands Lacs : Le Congo entre Rwanda, Ouganda et le reste du monde*, Paris, Karthala, 2008

stratégiques, et permettrait de mieux sécuriser les zones frontalières où opèrent de multiples groupes armés.

Le livre analyse en détail ces dynamiques de rejet, en les replaçant dans le contexte historique de méfiance entre Kinshasa et Kigali, marqué par des décennies d'interventions militaires, de soutien à des rébellions armées, et de rivalités sur le contrôle des ressources minières. La perspective d'un rattachement du Rwanda à la RDC réactive des peurs anciennes liées à la perte de contrôle territorial, à l'érosion de l'identité nationale, et à la possible instrumentalisation des institutions congolaises par des intérêts extérieurs. Par ailleurs, l'intégration de deux forces armées distinctes, avec des cultures organisationnelles, des doctrines militaires et des objectifs stratégiques différents, pose de redoutables défis logistiques et politiques en matière de sécurité et de commandement.

En outre, le contrôle des richesses naturelles, dans les régions du Kivu et de l'Ituri, deviendrait l'un des points névralgiques d'un tel processus d'unification. La redistribution équitable des revenus, la lutte contre l'exploitation illégale, et la régulation des intérêts économiques multinationaux exigeraient des institutions robustes et un consensus politique fort pour éviter l'émergence de nouvelles formes de prédation ou de marginalisation territoriale.

Le livre explore également les dimensions sociales de cette fusion, en interrogeant les modalités de coexistence entre populations congolaises et rwandaises dans un même espace politique, et les risques de résurgence des tensions identitaires si les mémoires du conflit ne sont pas traitées de manière juste et réparatrice. Ce travail ne se limite pas à une spéculation géopolitique, il propose un cadre d'analyse multidimensionnel, intégrant les facteurs historiques, les réalités sociopolitiques et les contraintes structurelles qui conditionnent la viabilité de toute solution à long terme dans la région des Grands Lacs. L'objectif n'est pas de plaider pour une fusion comme unique issue, mais de mettre en débat l'ensemble des options disponibles pour penser la sortie de crise à l'Est de la RDC, à travers une réflexion lucide, rigoureuse et désenclavée des récits dominants. La paix durable en RDC et la stabilisation de la région ne pourront émerger que d'une recomposition réfléchie des souverainetés, d'une refondation des solidarités régionales, et d'une volonté politique partagée de dépasser les héritages de violence au profit d'une architecture coopérative du vivre-ensemble.[35]

---

[35] NGANZI G. S., *La guerre dans l'Est du Congo : Enjeux géopolitiques et perspectives de paix*, Paris, Editions Karthala, 2011

CHAPITRE 3 : HISTOIRE COLONIALE ET SES CONSEQUENCES SUR LA GEOPOLITIQUE ACTUELLE

Section 1. Héritage colonial, frontières artificielles et racines du conflit en RDC

§1. Implantation des frontières coloniales en Afrique centrale comme volonté de division artificielle

L'une des étapes fondatrices de ce processus remonte à 1885, lorsque le roi Léopold II de Belgique s'appropria un vaste territoire au cœur du continent africain, qu'il transforma en une possession privée sous le nom d'État indépendant du Congo. Ce territoire fut administré non dans une logique de développement ou d'intégration, mais selon un modèle d'exploitation brutale, centré sur l'extraction du caoutchouc et d'autres ressources naturelles, au prix d'exactions massives contre les populations autochtones. La Conférence de Berlin de 1884-1885 institutionnalisa cette logique de partition, en consacrant le principe de partage de l'Afrique entre les puissances coloniales européennes. Ce découpage fut opéré sans considération pour les configurations sociales, politiques, culturelles ou géographiques préexistantes.[36]

Les frontières tracées à la règle sur les cartes européennes ont fragmenté des entités politiques africaines cohérentes, séparé des groupes ethniques partageant une même langue, une même culture ou des alliances historiques, et inversement, amalgamé dans un même territoire colonial des populations sans liens sociaux profonds. La République Démocratique du Congo, ancienne colonie belge puis dénommée Zaïre, constitue un exemple emblématique de cette construction territoriale arbitraire. Son tracé frontalier, hérité de la colonisation est caractérisé par une juxtaposition d'ethnies, de langues et de systèmes politiques hétérogènes sans cohérence avec les aires d'influence traditionnelles des royaumes et chefferies précoloniaux.

Ce legs colonial a généré, dès l'indépendance en 1960, une série de tensions internes liées à la difficile intégration des différentes composantes nationales, et a posé les bases de nombreuses revendications identitaires et autonomistes qui continuent de fragiliser l'unité territoriale du pays. Ainsi, la

---

[36] NZONGOLA-NTALAJA G., *Les frontières de la République Démocratique du Congo : Histoire et géopolitique*, Paris, L'Harmattan, 2002

question des frontières en Afrique centrale ne peut être appréhendée sans une compréhension historique du processus de leur fabrication coloniale.

Ces lignes de démarcation, loin d'être de simples bornes géographiques, sont des artefacts politiques qui ont profondément perturbé les dynamiques endogènes d'organisation spatiale, et dont les répercussions demeurent au cœur des crises sécuritaires, identitaires et géopolitiques contemporaines. La frontière est de la RDC, qui sépare le pays du Rwanda, de l'Ouganda et du Burundi, a été tracée sans tenir compte des connexions historiques et des relations entre les peuples qui vivent des deux côtés de ces frontières. Les provinces du Nord et du Sud Kivu, à l'Est de la RDC, sont au cœur de ces tensions historiques. Ces régions sont habitées par une mosaïque de groupes ethniques, tels que les Tutsis, les Hutu, les Luba, les Banyarwanda, et d'autres communautés.[37]

§2. Fractures ethniques et les rivalités au sein de l'État congolais

L'héritage colonial en RDC ne se limite pas à la simple délimitation arbitraire des frontières territoriales. Il a profondément façonné les structures internes du pays, par exemple les dynamiques ethniques et les rapports de pouvoir entre communautés. L'administration coloniale belge a instauré une stratégie de gouvernance fondée sur le principe du diviser pour mieux régner, en renforçant artificiellement les différences ethniques et en instaurant des hiérarchies au sein de la société congolaise. Le favoritisme ethnique a conduit à l'exclusion d'autres groupes, comme les Hutus et d'autres communautés locales, générant des frustrations durables et des ressentiments interethniques qui ont perduré bien au-delà de la période coloniale. Les structures coloniales ont ainsi cristallisé des inégalités ethniques en leur conférant une légitimité institutionnelle, aggravant la polarisation sociale et territoriale dans la région.

Ces divisions ont été fortement empirées par les conséquences du génocide rwandais de 1994. Le contexte de l'arrivée de ces réfugiés a ravivé les clivages ethniques et relancé une spirale de violences dans les provinces orientales de la RDC, où les tensions héritées de l'époque coloniale n'avaient jamais été résolues. Les politiques coloniales belges ont laissé une empreinte durable sur l'architecture sociale et ethnique de la RDC. En institutionnalisant les préférences ethniques et en délégitimant certaines communautés, elles ont semé les germes d'une fragmentation interne qui se manifeste aujourd'hui dans les conflits

---

[37] NSENGIYUMVA A. K., D., *RDC : Chronique d'une République en guerre*, Paris, L'Harmattan, 2015

identitaires et les revendications autonomistes, dans les zones frontalières avec le Rwanda.

Comprendre cette genèse historique est importante pour analyser les tensions contemporaines entre les groupes ethniques et pour envisager des solutions durables à la crise de gouvernance et de cohésion nationale dans l'Est de la République Démocratique du Congo.[38] Ces fractures ethniques internes se sont ensuite amplifiées avec l'implication de groupes armés étrangers et l'ingérence régionale, créant un climat de guerre et de méfiance.

§3. Ingérence des puissances étrangères et la compétition pour les ressources

Le conflit à l'Est de la RDC est également un reflet des convoitises extérieures et de l'ingérence régionale. Bien que les tensions internes, héritées de la colonisation, joue un rôle important, les richesses naturelles de la région, comme le coltan, l'or, le cobalt, et le cuivre, ont attiré l'attention de puissances étrangères. La République Démocratique du Congo, dotée d'un sous-sol exceptionnellement riche en ressources naturelles stratégiques, a longtemps été l'objet de convoitises de la part d'acteurs internationaux, mais aussi de ses voisins immédiats, tels que le Rwanda et l'Ouganda. Par ailleurs, la présence prolongée de groupes armés appuyés logistiquement et militairement par des puissances étrangères, a affaibli profondément les institutions étatiques et contribué à l'effritement de la cohésion nationale dans cette région.

Les conflits persistants dans les Kivu sont étroitement liés à la lutte pour l'accès, le contrôle et la commercialisation des ressources naturelles telles que le coltan, l'or, le tungstène et le tantale. Ces minerais, qui stimulent les chaînes d'approvisionnement mondiales, sont exploités dans des conditions illégales ou extralégales avec la complicité implicite ou explicite de certains réseaux transnationaux. Les groupes armés locaux, soutenus par des intérêts extérieurs, ont établi une économie de guerre autour de ces ressources, imposant des systèmes parallèles de taxation, de sécurité, et de gestion des sites miniers. Cette économie extractive illégale aggrave non seulement la violence généralisée dans la région, mais incite également une dégradation dramatique de l'environnement, avec la

---

[38] DJONDO, J.-M., RDC : *L'ethnicité comme instrument de pouvoir et de violence*, Paris, Editions de l'Atelier, 2018.

destruction des écosystèmes forestiers, la pollution des cours d'eau, et l'appauvrissement des sols.[39]

L'exploitation illégale des ressources naturelles a été un moteur du conflit à l'Est de la RDC, avec des profits colossaux qui financent des acteurs régionaux et internationaux, tout en nourrissant une économie parallèle qui échappe à l'État congolais.

§4. Question de la gouvernance postcoloniale et l'État congolais fragile

L'héritage colonial ne se limite pas seulement aux frontières et aux divisions ethniques, mais concerne aussi la manière dont la gouvernance a été structurée après l'indépendance. À l'accession de la République Démocratique du Congo à l'indépendance en 1960, le pays s'est retrouvé avec un appareil étatique profondément vulnérable, hérité d'un régime colonial qui n'avait ni préparé une transition effective vers l'autonomie politique, ni investi dans le développement d'institutions solides. Les structures administratives étaient inadaptées aux réalités locales, la corruption s'était déjà installée comme mode de fonctionnement, et la cohésion nationale était quasi inexistante. Cette fragilité institutionnelle a exposé la RDC à des fractures internes majeures et à des ingérences extérieures récurrentes, qui allaient durablement compromettre son développement et sa stabilité.

L'État congolais, dès ses premières années d'existence, a démontré son incapacité à exercer une autorité effective sur l'ensemble de son territoire, dans les provinces orientales.[40] Dans ces zones éloignées du pouvoir central, telles que le Kivu, l'absence de présence étatique fonctionnelle a permis l'émergence de groupes armés, l'enracinement de logiques communautaires avivées, et la constitution de systèmes de gouvernance parallèles. Cette défaillance chronique de l'autorité publique a nourri des revendications autonomistes ou sécessionnistes, parfois exprimées sous la forme d'un rattachement envisagé du Kivu au Rwanda, perçu par certains comme une alternative à l'abandon de l'État congolais.

Cette dynamique prend racine dans l'histoire coloniale elle-même, qui a désarticulé les structures politiques et sociales traditionnelles des peuples

---

[39] LUMBI, P., *Ressources naturelles et conflits en République Démocratique du Congo : Les enjeux géopolitiques de l'ingérence étrangère,* Paris, Karthala, 2020

[40] GRIGNON, F., *La RDC et la guerre des ressources : Ingérence étrangère et exploitation des richesses naturelles*, Bruxelles, Complexe, 2018

congolais, leur substituant un appareil administratif étranger, déconnecté des logiques endogènes de pouvoir et de légitimité. Ainsi, la situation actuelle dans l'Est de la RDC ne peut être saisie sans une relecture critique de cet héritage colonial. Les failles de la gouvernance contemporaine, les conflits armés récurrents, et les propositions de redécoupage territorial s'inscrivent dans une continuité historique où la faiblesse de l'État postcolonial a permis l'instrumentalisation des identités ethniques, la militarisation des rivalités régionales et la remise en cause persistante de la souveraineté nationale.

Face à ces défis, la reconstruction étatique exige non seulement des réformes institutionnelles, mais également une revalorisation des structures de gouvernance locales, une reconnaissance des identités plurielles, et une réappropriation souveraine de l'histoire, longtemps façonnée par des logiques d'exclusion et de domination externe. Les tensions régionales et internes, intensifiées par l'ingérence des voisins et la lutte pour les ressources, ont fait de l'Est de la RDC un champ de bataille géopolitique. L'histoire coloniale, avec ses fractures ethniques, ses frontières artificielles et ses structures de pouvoir inégales, est donc l'une des principales causes sous-jacentes de la guerre actuelle.[41]

Section 2. Tensions historiques entre les peuples de la RDC et du Rwanda

§1. Racines des tensions ethniques entre Tutsi, Hutu et Banyamulenge : Des liens historiques transfrontaliers

Les communautés tutsie, hutue et banyamulenge, bien qu'issues d'un même substrat culturel et ethnique, entretiennent des relations historiques d'une grande complexité, façonnées par des dynamiques de pouvoir, des rivalités régionales et l'influence d'acteurs extérieurs. Présents bien avant l'époque coloniale dans les zones aujourd'hui partagées entre la RDC, le Burundi et le Rwanda, ces groupes ont évolué dans des configurations sociales et politiques propres à chaque entité territoriale, tout en conservant des affinités transfrontalières. Dans les sociétés précoloniales du Rwanda et du Burundi, les distinctions entre Hutus et Tutsis s'articulaient d'abord autour de fonctions économiques et politiques, avant d'être progressivement essentialisées.

[41] BOUSQUET, B., *L'État congolais et la gouvernance postcoloniale : Une histoire de dépendance et de faiblesse institutionnelle*, Paris, Editions L'Harmattan, 2023.

Ainsi, les relations entre Tutsis, Hutus et Banyamulenge ne peuvent être comprises de manière binaire. Elles relèvent d'une histoire longue, faite de cohabitation, de différenciation sociale, de tensions politiques et d'instrumentalisation identitaire, dans un espace régional profondément marqué par la porosité des frontières, les traumatismes du passé et les stratégies géopolitiques contemporaines. Cependant, ces distinctions n'étaient pas purement ethniques ; elles étaient également sociales et professionnelles. Ces structures étaient fluides, et les distinctions entre les deux groupes peuvent évoluer au fil du temps, selon les alliances politiques ou les rivalités tribales.

Les Banyamulenges sont une communauté d'origine Tutsi, mais dont l'histoire est marquée par des liens particuliers avec la RDC. Ils vivent principalement dans la région de l'Ituri et du Kivu, dans les zones limitrophes avec le Rwanda.

§2. Impact de la colonisation belge sur les relations ethniques et les divisions intercommunautaires

L'empreinte du colonialisme belge a profondément altéré les équilibres interethniques dans l'actuelle République Démocratique du Congo, notamment dans l'Est du pays, en redéfinissant les hiérarchies sociales au profit de certains groupes. L'administration coloniale, fondée sur une gouvernance indirecte, a instauré une logique de différenciation ethnique, en promouvant les Tutsis comme relais du pouvoir, notamment dans les territoires du Ruanda-Urundi et certaines zones congolaises du Kivu et de l'Ituri. Dès lors, les conflits contemporains dans l'Est du pays ne peuvent être dissociés de cet héritage historique, qui a ancré dans les institutions et les imaginaires une perception inégalitaire de l'altérité ethnique.[42]

§3. Génocide Rwandais de 1994 et ses répercussions transfrontalières

Le génocide de 1994 au Rwanda, au cours duquel près de 800 000 Tutsi et Hutu modérés ont été exterminés, a profondément bouleversé l'équilibre géopolitique de la région des Grands Lacs. Le déplacement forcé de populations, combiné à la présence persistante de groupes armés étrangers sur le sol congolais, a nourri un climat d'instabilité durable, contribuant à la détérioration des relations entre Kinshasa et Kigali, et jetant les bases de conflits récurrents dans cette zone

---

[42] CHRETIEN, J.-P., *La colonisation belge et ses conséquences sur les relations ethniques en République Démocratique du Congo,* Paris, L'Harmattan, 2021.

frontalière stratégique.[43] Après le génocide, des centaines de milliers de réfugiés hutus, dont beaucoup étaient impliqués dans les massacres, ont fui vers l'est du Congo, dans les provinces du Kivu. Leur arrivée a créé une situation explosive, dans la région du Kivu. L'intégration de ces réfugiés a alimenté des tensions avec les Tutsis locaux, comme les Banyamulenges, qui étaient perçus par certains Hutu comme des traitres ou des collaborateurs des envahisseurs rwandais. La situation sécuritaire déjà fragile dans l'est de la République Démocratique du Congo s'est considérablement détériorée à la suite des interventions militaires répétées du Rwanda, menées sous couvert de la traque des auteurs du génocide de 1994.

Dans les années 1990 et 2000, Kigali a justifié ces incursions par la nécessité de neutraliser les groupes armés hutus réfugiés sur le sol congolais, perçus comme une menace directe à sa sécurité nationale. Toutefois, ces interventions, notamment par le biais d'un appui stratégique à certains mouvements rebelles congolais, ont rapidement pris une dimension régionale et ont contribué à l'embrasement du conflit congolais, que d'aucuns qualifieront de première guerre mondiale africaine.

§4. Rivalités locales et la politisation de l'identité ethnique à l'Est de la RDC

Les régions du Nord et Sud-Kivu, d'une richesse exceptionnelle en minerais stratégiques tels que le coltan, l'or et le cobalt, constitue un foyer de convoitises où de nombreux groupes armés se disputent les zones minières. Dans ce contexte, l'appartenance ethnique devient un levier de mobilisation, instrumentalisé pour légitimer la violence et asseoir des revendications territoriales. Les Banyamulenge, du fait de leur position frontalière, de leurs origines pastorales et de leurs liens historiques, culturels et parfois politiques avec le Rwanda, sont souvent perçus, à tort ou à raison, comme les relais d'une influence rwandaise dans la région. Cette perception alimente un climat de suspicion et exacerbe les tensions intercommunautaires, notamment avec d'autres groupes ethniques congolais qui les accusent d'être les vecteurs d'une stratégie d'ingérence régionale pilotée depuis Kigali. Ainsi, les rivalités identitaires se superposent aux logiques économiques et sécuritaires, contribuant à l'enlisement d'un conflit multidimensionnel et à la fragilisation continue du tissu social local.[44]

---

[43] CHRETIEN, J.-P., *Les Tutsi, les Hutus et les Banyamulenges : Histoires croisées et tensions ethniques dans les Grands Lacs,* Paris, L'Harmattan, 2021
[44] CHRETIEN J.-P., *Génocide rwandais et ses répercussions : Le chaos régional dans les Grands Lacs*, Paris, L'Harmattan, 2021 et BOUSQUET, B., *Génocide rwandais, mémoire et répercussions dans la région des Grands Lacs,* Paris, Editions du Seuil, 2019

Les acteurs politiques locaux et régionaux, ainsi que des groupes armés, ont recours à des discours ethniques pour mobiliser leurs partisans et justifier la violence. Cette politisation de l'identité ethnique a fait de chaque groupe (Tutsi, Hutu, Banyamulenge) un acteur fondamental dans les luttes pour le contrôle du territoire et des ressources. Les conflits identitaires sont aggravés par la présence de groupes armés étrangers, mais aussi par les stratégies politiques des élites locales qui exploitent ces divisions pour assoir leur pouvoir. Les tensions entre Tutsi, Hutu et Banyamulenge à l'Est de la RDC sont profondément ancrées dans un héritage historique complexe marqué par des siècles de relations transfrontalières, de divisions sociales, de politiques coloniales et de luttes pour le pouvoir.

Ces rivalités ethniques, irritées par les événements traumatiques du génocide rwandais et les interventions militaires rwandaises en RDC, continuent de nourrir les conflits dans la région.[45]

---

[45] NGOY, M., *Les fondements des conflits intercommunautaires en République Démocratique du Congo : L'héritage de la colonisation belge*, Paris, Editions L'Harmattan, 2021.

CHAPITRE 4 : CONSEQUENCES DU GENOCIDE RWANDAIS DANS LA REGION DES GRANDS LACS

Section 1. Guerre du Rwanda de 1994 et ses répercussions dans la région des Grands Lacs

§1. Contexte et déclenchement du génocide Rwandais de 1994

Le génocide rwandais de 1994 puise ses origines dans une longue histoire de constructions sociales et de fractures identitaires exacerbées par l'entreprise coloniale. Durant la période belge, une classification rigide des groupes ethniques a été instaurée, érigeant les Tutsis en élite administrative au détriment des Hutus, majoritaires, mais systématiquement marginalisés. C'est dans ce contexte que se constitue, en Ouganda, l'Armée Patriotique Rwandaise (APR), composée majoritairement de réfugiés tutsis aspirant à retourner dans leur pays et à renverser un régime perçu comme autoritaire et discriminatoire. [46] L'offensive militaire lancée en 1990 par l'APR marque le début d'un cycle de tensions politiques aiguës, ponctué par des négociations de paix fragiles.

Le 6 avril 1994, l'attentat contre l'avion présidentiel, qui coûte la vie à Habyarimana, sert de catalyseur à une campagne de massacres systématiques, déclenchée dans les heures qui suivent. Orchestrée par les cercles extrémistes du pouvoir hutu, avec la participation active de milices telles que les Interahamwe, cette campagne génocidaire vise l'élimination méthodique de la population tutsie, mais aussi des Hutus modérés favorables au dialogue. En l'espace de cent jours, près de 800 000 personnes sont exterminées dans une violence d'une intensité et d'une cruauté inouïes, tandis que la communauté internationale reste largement passive face à l'ampleur de la tragédie. Ce traumatisme majeur ne s'est pas limité aux frontières du Rwanda, mais a profondément bouleversé l'équilibre régional, en particulier en République Démocratique du Congo, où se sont réfugiés nombre de miliciens et de civils hutus, alimentant de nouveaux foyers de tension à l'Est du pays.

---

[46] DE MIJOLLA-MELLOR, S., *La fabrique du génocide : Rwanda 1994*, Paris, La Découverte, 2020

§2. Répercussions immédiates du génocide sur la région des Grands Lacs

Le génocide rwandais a provoqué une crise humanitaire d'une ampleur sans précédent dans la région. Cette situation explosive a rapidement généré un climat d'insécurité structurelle, où l'afflux incontrôlé de réfugiés et de combattants a donné lieu à l'émergence de groupes armés hybrides, composés d'anciens miliciens, de réfugiés militarisés et de milices congolaises instrumentalisées. Ce contexte de chaos a offert un prétexte stratégique aux pays voisins, notamment le Rwanda et l'Ouganda, pour intervenir militairement dans l'est de la RDC sous couvert de neutraliser les menaces transfrontalières. Le Rwanda, invoquant la nécessité de traquer les génocidaires responsables des violences de 1994, a soutenu la création et l'action de plusieurs mouvements rebelles congolais, parmi lesquels le Rassemblement Congolais pour la Démocratie (RCD) dans les années 1990, puis plus récemment le M23.

Ces groupes ont été perçus comme des vecteurs de l'influence rwandaise dans la région, mais également comme des instruments de pression contre le pouvoir central de Kinshasa, notamment après l'accession au pouvoir de Laurent-Désiré Kabila. L'intervention militaire de Kigali et Kampala a transformé une crise humanitaire en une guerre régionale à ramifications multiples. Tandis que les autorités congolaises peinaient à rétablir leur autorité sur les territoires orientaux, les rivalités géopolitiques se sont enchevêtrées aux dynamiques locales de pouvoir, provoquant une fragmentation de l'espace congolais et une instabilité chronique. La République Démocratique du Congo est ainsi devenue l'épicentre d'un conflit régional où s'entremêlent enjeux de souveraineté, compétitions ethniques, convoitises minières et luttes d'influence entre puissances régionales.[47]

§3. Intensification de la guerre dans la région des Grands Lacs et guerre mondiale du Congo de 1998-2003

Les retombées du génocide rwandais de 1994 ont constitué un catalyseur majeur dans l'enchaînement de conflits qui ont embrasé la région des Grands Lacs, débouchant sur l'une des guerres les plus meurtrières depuis la Seconde Guerre mondiale, la Deuxième Guerre du Congo de 1998-2003, souvent qualifiée de guerre mondiale africaine. Ce conflit d'ampleur transnationale s'est caractérisé par l'implication directe de plusieurs États africains, parmi lesquels le Rwanda, l'Ouganda, l'Angola, le Zimbabwe, le Burundi et le Tchad, mais aussi

---

[47] PEAN, P., *Rwanda 1994 : Les répercussions régionales et les enjeux sécuritaires dans les Grands Lacs*, Paris, Fayard, 2021

par la prolifération de mouvements rebelles armés opérant sur le territoire congolais.[48] Ainsi, le conflit s'est structuré autour de plusieurs axes d'intérêts ethniques, économiques, géostratégiques imbriqués dans une dynamique régionale complexe, où l'ingérence extérieure a aggravé la fragmentation du territoire congolais et sapé la souveraineté étatique.

Cependant, cette intervention a aggravé la situation en RDC, en particulier à l'Est du pays, où des batailles féroces se sont déroulées entre les forces congolaises et les rebelles soutenus par les pays voisins.

Section 2. Impact du génocide Rwandais sur les relations entre la RDC et le Rwanda.

§1. Premières répercussions immédiates du génocide rwandais en 1994

Le génocide rwandais a eu pour la République Démocratique du Congo des répercussions immédiates, notamment à travers l'afflux massif de réfugiés hutus ayant fui le Rwanda après la chute du régime de Juvénal Habyarimana. Cet exode, qui a vu plus de deux millions de personnes traverser la frontière pour se réfugier dans l'est du Zaïre, actuelle RDC, a profondément bouleversé les équilibres déjà précaires des provinces du Kivu et de l'Ituri. Parmi les populations réfugiées figuraient non seulement des civils, mais également d'anciens militaires et membres des milices génocidaires responsables des massacres de 1994. Ces derniers ont rapidement reconstitué des groupes armés, notamment les Forces Démocratiques de Libération du Rwanda (FDLR), à partir desquels ils ont poursuivi des actions hostiles contre le Rwanda, en menant des incursions transfrontalières depuis le territoire congolais.[49]

Cette configuration a placé la RDC dans une position diplomatique et sécuritaire extrêmement complexe. Le nouveau régime rwandais, conduit par Paul Kagame et le Front Patriotique Rwandais (FPR), a perçu cette situation comme une menace existentielle à la stabilité du Rwanda. C'est dans ce contexte que Kigali a justifié ses interventions militaires en territoire congolais, officiellement pour neutraliser les foyers de violence perpétrés par les ex-

---

[48] PEROUSE DE MONTCLOS, M.-A., *Le Rwanda et le génocide de 1994 : Une analyse géopolitique*, Paris, Karthala, 2021
[49] ENGLEBERT P., *La guerre mondiale du Congo : De la guerre civile à la guerre régionale*, Paris, Karthala, 2020

génocidaires, mais également pour empêcher l'extension de l'instabilité dans une région déjà vulnérable.[50]

§2. Implication militaire du Rwanda en RDC

Les tensions croissantes entre les deux pays ont abouti à une série de conflits militaires ouverts, où le Rwanda est devenu un acteur prépondérant de la guerre en République Démocratique du Congo.

Cela a donné lieu à la Première Guerre du Congo de 1996-1997, également appelée la guerre de libération du Congo, puis à la Deuxième Guerre du Congo de 1998-2003, également surnommée la guerre mondiale du Congo en raison de l'implication de plusieurs pays. En 1996, face à la persistante de groupes génocidaires hutus retranchés dans l'est de la RDC, le Rwanda a décidé d'entretenir activement le RCD, un mouvement rebelle congolais bénéficiant d'un appui militaire et logistique de Kigali. Cette stratégie voudrait désorganiser les réseaux armés hutus opérant depuis le sol congolais et à ocassionner un changement politique à Kinshasa. Ce soutien permit le renversement du régime vieillissant de Mobutu Sese Seko, qui avait gouverné le Zaïre d'une main autoritaire pendant plus de trois décennies. Laurent-Désiré Kabila accéda ainsi au pouvoir en 1997, inaugurant une nouvelle phase politique pour le pays, rebaptisé République Démocratique du Congo.

Cependant, les relations entre Kabila et ses anciens alliés rwandais se dégradèrent rapidement lorsque celui-ci manifesta son opposition aux objectifs sécuritaires de Kigali, notamment en ce qui concerne le démantèlement des milices hutus toujours actives à l'est du pays. En 1998, un nouveau cycle de violence éclata, déclenchant un conflit régional d'envergure qui impliqua plusieurs puissances africaines, dont l'Ouganda, l'Angola, le Zimbabwe, ainsi que de nombreux groupes rebelles congolais. Ce conflit, qui dura jusqu'en 2003, fut non seulement alimenté par des considérations sécuritaires, mais aussi par des rivalités géopolitiques et la convoitise des ressources naturelles stratégiques de l'Est congolais.[51]

---

[50] SAKA M., J., *Génocide et flux migratoires dans les Grands Lacs : L'impact sur la RDC et le Burundi*, Kinshasa, L'Harmattan, 2020
[51] MVULA, B., Ethnicité *et politique à l'Est de la RDC : Entre manipulations et résistances*, Kinshasa, Editions L'Harmattan, 2022 et BISIMWA C., L'identité *ethnique et la politique de la terre à l'Est de la RDC : De la colonisation à la guerre*, Kinshasa, Presses Universitaires du Congo, 2020

§3. Enjeux économiques et les ressources naturelles

L'un des facteurs majeurs ayant contribué à la détérioration des relations entre la RDC et le Rwanda réside dans les enjeux liés à l'exploitation des ressources naturelles. L'Est de la RDC regorge de minerais stratégiques tels que le coltan, le cobalt et le diamant, dont la valeur sur le marché mondial en a fait un terrain de convoitise pour divers acteurs, étatiques et non étatiques. Dans cette circonstance, le commerce illicite des minerais a ainsi constitué une source de financement pour de nombreuses factions armées, prolongeant les dynamiques de guerre et aggravant l'instabilité chronique de la région. Dans ce jeu de rapports asymétriques, la rivalité entre Kigali et Kinshasa s'est intensifiée, cristallisant les tensions autour du contrôle des ressources, de la souveraineté territoriale et de la légitimité politique dans l'espace des Grands Lacs.

§4. Répercussions sur la population civile et les relations diplomatiques

Le génocide rwandais et les guerres successives en RDC ont eu un impact dévastateur sur la population civile des deux pays. Les réfugiés, les combattants, et les civils innocents ont été pris dans un cercle vicieux de violence. La guerre et l'occupation de certaines zones par les forces rwandaises ont entraîné un nombre colossal de déplacés, tant en RDC qu'au Rwanda. De nombreux Congolais ont fui les violences, et une partie de la population rwandaise a été affectée par les incursions militaires rwandaises dans le pays voisin. Le chaos humanitaire qui a suivi le génocide a attisé les tensions entre les communautés locales, dans l'Est de la RDC, où des affrontements violents ont eu lieu entre réfugiés hutus, communautés tutsies congolaises, et groupes ethniques locaux comme les Banyamulenges. Ces groupes ont été accusés de soutenir ou de combattre les génocidaires hutus, ravitaillant ainsi des violences interethniques dans la région. Sur le plan diplomatique, la guerre a conduit à une rupture des relations entre la RDC et le Rwanda. [52] La diplomatie a été marquée par des accusations mutuelles, des sanctions, et des tentatives de médiation infructueuses. Le gouvernement congolais a accusé le Rwanda d'ingérence et de soutien à des groupes armés rebelles, tandis que le Rwanda dénonçait l'inaction du gouvernement congolais face à la menace des génocidaires hutus.

---

[52] LAFLEUR, M., *Le Rwanda et la guerre du Congo : Implication militaire et géopolitique en Afrique centrale*, Paris, L'Harmattan, 2019

§5. Tentatives de réconciliation et processus de paix

Depuis 2003, à la fin officielle du conflit armé, les rapports entre la RDC et le Rwanda restent marqués par une instabilité chaotique, à cause de nombreuses actions qui visent à restaurer la confiance entre les deux États. Si des moyens diplomatiques comme l'Accord de Lusaka en 1999 ont cherché à instaurer un climat de paix durable, les dichotomies persistantes autour de la gestion des groupes armés hutus présents à l'Est du Congo, aussi les rivalités liées à l'exploitation des ressources naturelles, continuent de compromettre les avancées bilatérales.[53] En 2012, a été la révélation de cette fragilité, au moment où Kigali a été pointé du doigt pour son appui au mouvement rebelle M23 actif dans le Nord-Kivu. Malgré les dénégations officielles du Rwanda, cette insurrection armée a intensifié les suspicions et les limites des mécanismes de réconciliation jusque-là mis en exécution. Toutefois, beaucoup d'efforts diplomatiques ont apparut dans une perspective de désescalade, à l'instar des dialogues bilatéraux encadrés par les Nations unies et l'Union africaine, qui s'efforcent de rétablir une coopération constructive entre les deux capitales. Ces efforts ont permis d'instaurer une certaine coopération sur des questions de sécurité et d'exploitation des ressources naturelles, bien que des défis demeurent.[54]

Section 3. Arrivée massive de réfugiés rwandais et la militarisation de l'Est de la RDC.

L'arrivée massive de réfugiés rwandais en 1994, à la suite du génocide, a profondément marqué l'histoire de la République Démocratique du Congo, en particulier dans la région de l'Est, qui a été plongée dans une dynamique de militarisation et de conflits interminables. Cette situation a non seulement exaspéré les tensions ethniques et politiques locales, mais a également créé un terreau fertile pour la violence régionale et la militarisation de la zone, impliquant des acteurs locaux, régionaux et internationaux. Les conséquences de cette arrivée de réfugiés ont été lourdes, avec des effets dévastateurs pour la stabilité de la RDC et de toute la région des Grands Lacs.

---

[53] COLLIER, P. W., Diplomatie *et gestion des crises : Les répercussions des guerres sur la population civile et l'impact diplomatique régional*, Paris, Seuil, 2022
[54] GREGOIRE, L., *Réconciliation et reconstruction post-conflit : Le processus de paix en RDC et au-delà*, Bruxelles, Bruylant, 2022

§1. Exode massif et ses premières conséquences

À la suite de l'accession au pouvoir du Front patriotique rwandais (FPR) en 1994, sous la direction de Paul Kagame, et de la chute du régime de Juvénal Habyarimana, une vague massive d'exil a marqué le Rwanda. Ce mouvement de populations, majoritairement composé de citoyens hutus, s'explique par la peur généralisée de représailles, la perspective de poursuites judiciaires pour les auteurs présumés du génocide, mais aussi par le rejet ou la méfiance à l'égard du nouveau régime dominé par des figures tutsies. Les communautés d'accueil, souvent précarisées et socialement fragiles, ont dû composer avec une cohabitation difficile, marquée par une compétition accrue pour l'accès à la terre, à l'eau, et aux services de base. Ce contexte a progressivement cristallisé les tensions sociales et ethniques, alimentant les dynamiques conflictuelles qui persistent encore aujourd'hui dans cette partie instable de la région des Grands Lacs. La RDC, déjà confrontée à des problèmes politiques et économiques internes, n'a pas été en mesure de fournir une aide adéquate aux réfugiés. L'absence d'une gestion humanitaire centralisée et le manque d'infrastructures ont contribué à une crise humanitaire avec des pénuries alimentaires, des épidémies et des conditions de vie précaires dans les camps de réfugiés.

§2. Infiltration de génocidaires et la militarisation de la région

Parmi les flux de réfugiés ayant quitté le Rwanda après 1994, un nombre significatif appartenait aux anciens corps militaires et paramilitaires impliqués dans les massacres, notamment les ex-Forces armées rwandaises (FAR) et les milices Interahamwe. Ces acteurs armés liés aux événements du génocide, ont trouvé refuge dans l'Est de la RDC, où ils ont reconstitué leurs réseaux rapidement de rayonner dans des zones telles que le Kivu et l'Ituri. Face à cette provocation, Kigali a été neutralisé de ces groupes comme une priorité stratégique. C'est dans ce contexte que le Front patriotique rwandais (FPR), sous la conduite de Paul Kagame, a appuyé militairement les forces rebelles congolaises hostiles au régime de Mobutu Sese Seko. Cette alliance a marqué le début de la Première Guerre du Congo (1996-1997), visant non seulement à soutenir le changement de régime à Kinshasa, mais aussi à démanteler les bastions des milices génocidaires opérant depuis le sol congolais.[55]

---

[55] LAFLEUR, M., *La gestion des crises humanitaires en RDC : Réfugiés, ressources et gouvernance locale*, Paris, L'Harmattan, 2021

L'intervention rwandaise s'inscrivait donc à la fois dans une logique de sécurisation nationale et dans une redéfinition des équilibres régionaux dans la zone des Grands Lacs. L'arrivée massive de réfugiés, combinée à la présence de ces éléments militaires, a donc militarisé l'Est de la RDC de manière indispensable. Plusieurs conséquences en ont découlé. L'Est de la RDC est devenu un terrain de guerre où des milices, des groupes rebelles, des armées nationales et étrangères se sont affrontés. Ces combats ont impliqué des acteurs extérieurs, tels que le Rwanda et l'Ouganda, mais aussi des groupes locaux congolais, ce qui a compliqué davantage la situation. Le territoire est devenu un véritable champ de bataille, avec des implications humanitaires et géopolitiques dramatiques.[56]

§3. Implications politiques et sécuritaires

L'arrivée de réfugiés et la militarisation de l'Est ont également profondément affecté la politique intérieure de la RDC. La présence de groupes rebelles soutenus par le Rwanda, d'une part, et l'absence d'un contrôle efficace du gouvernement congolais, d'autre part, ont créé une situation de vide sécuritaire qui a facilité l'émergence de nouveaux groupes armés locaux et étrangers, au point de plonger toute la région dans une guerre prolongée. En raison des enjeux stratégiques et économiques liés aux ressources naturelles de l'Est de la RDC, plusieurs pays voisins, dont le Rwanda, l'Ouganda et le Burundi, ont continué à intervenir directement ou indirectement dans le conflit.

Le Rwanda, a soutenu divers groupes rebelles congolais pour neutraliser les milices hutues, mais aussi pour maintenir son influence dans la région. En plus des milices rwandaises, des groupes armés locaux congolais ont vu le jour, soutenus par des puissances extérieures, dans le but de prendre le contrôle des ressources minières et de la zone. Cette multiplication des acteurs armés a conduit à une fragmentation de la région et à un effondrement du pouvoir central. Les communautés congolaises vivant dans les zones de conflit ont souffert d'atrocités, de violations des droits humains, de déplacements massifs et de conditions de vie désastreuses. La RDC a connu une vague d'exode interne, avec des centaines de milliers de Congolais forcés de fuir les combats et de chercher refuge dans d'autres régions du pays ou dans les pays voisins.[57]

---

[56] MVULA, B., *Les guerres en RDC : Réfugiés, ressources naturelles et gestion humanitaire*, Kinshasa, Presses Universitaires du Congo, 2021

[57] CHRETIEN, J.-P., *Les conséquences humanitaires des guerres dans la région des Grands Lacs : Réfugiés, déplacés et gestion des ressources*, Paris, Karthala, 2019

§4. Tentatives de gestion et les défis humanitaires

Le Haut-Commissariat des Nations Unies pour les réfugiés, des ONG et des agences humanitaires ont essayé de fournir une aide d'urgence, mais la situation sécuritaire s'est détériorée, rendant les missions de secours extrêmement difficiles.[58] L'arrivée massive de réfugiés rwandais en 1994 a été l'un des catalyseurs de la militarisation de l'Est de la République Démocratique du Congo. L'infiltration de génocidaires hutus et l'intervention militaire du Rwanda ont exaspéré les tensions locales et régionales, créant un environnement de guerre où les groupes armés, nationaux et étrangers, se sont affrontés sans relâche pour le contrôle du territoire et des ressources. Cette situation a plongé l'Est de la RDC dans un conflit prolongé qui perdure encore aujourd'hui, avec des répercussions dramatiques pour les populations locales et une stabilité régionale fragile. L'impact de cet exode et de cette militarisation est profondément ancré dans l'histoire contemporaine de la RDC et continue d'approvisionner l'instabilité dans la région des Grands Lacs.[59]

---

[58] KAMBALA, L., *L'armée rwandaise et la guerre du Congo : Une étude des intérêts politiques et militaires*, Paris, Karthala, 2020.
[59] NGOY, D.-M., *Les rivalités ethniques et la construction de l'identité à l'Est de la République Démocratique du Congo,* Kinshasa, L'Harmattan, 2020.

CHAPITRE 5. STRATEGIE RWANDAISE ET INSTABILITE DANS LE GRAND LAC

Section 1. Rôle et stratégies du Rwanda dans les conflits de la RDC
§1. Contexte et motivations du Rwanda après le génocide de 1994

Le génocide rwandais de 1994 a laissé le pays dans un état de traumatisme profond, environ 800 000 Tutsis et Hutus modérés ont été massacrés par le gouvernement en place. À la suite de la cessation du génocide de 1994, le Front Patriotique Rwandais (FPR), sous la direction de Paul Kagame, a pris le contrôle du pouvoir au Rwanda, mettant ainsi un terme au régime extrémiste hutu. Bien que cette prise de pouvoir ait permis de stopper les massacres, elle a laissé derrière elle une société profondément meurtrie et une région en proie à de fortes tensions ethniques et à d'importantes répercussions géopolitiques. Dès lors, les nouvelles autorités rwandaises ont perçu la République Démocratique du Congo encore appelée Zaïre à l'époque et dirigée par Mobutu Sese Seko comme une menace sérieuse à leur sécurité nationale, en raison de la présence de milices hostiles réfugiées sur le sol congolais. De nombreux génocidaires hutus fuyant le Rwanda se sont réfugiés dans l'Est de la RDC, dans les régions du Kivu et de l'Ituri, où ils ont continué à mener des attaques contre le Rwanda. Ces milices hutus, comme les Forces Démocratiques de Libération du Rwanda (FDLR), étaient perçues par Kigali comme une menace permanente pour la sécurité du pays.[60]

§2. Intervention rwandaise pour renverser Mobutu et première guerre du Congo de 1996-1997

L'intervention rwandaise en République Démocratique du Congo en 1996 s'inscrit dans une situation multiples des tensions régionales et sécuritaires. Cette initiation militaire motivée par la présence persistante dans l'Est congolais, de milices hutus responsables du génocide en 1994, dont la présence était vue par Kigali telle qu'une menace directe à sa sécurité nationale. S'ajoutait aussi l'incapacité manifesté du régime de Mobutu à contrôler ces groupes armés hostiles, contribuant à l'instabilité chaotique aux frontières orientales de la RDC. Face à cette situation, le Rwanda a décidé d'appuyer militairement le mouvement rebelle congolais du Rassemblement Congolais pour la Démocratie (RCD), dont

---

[60] NGUIFFO E., *Les répercussions géopolitiques du génocide rwandais : Le Rwanda et la région des Grands Lacs*, Paris, L'Harmattan, 2021

l'un des principaux leaders, Laurent-Désiré Kabila, incarnera le vecteur du renversement du régime mobutiste.

Cette intervention visait à la fois à neutraliser les foyers de déstabilisation installés sur le territoire congolais et à redessiner les rapports de force dans la région des Grands Lacs. Le FPR a vu dans cette rébellion une occasion de neutraliser les milices hutues et de renverser un régime qu'il considérait comme un allié des forces génocidaires rwandaises. L'armée rwandaise, soutenue par d'autres acteurs régionaux comme l'Ouganda, a mené une campagne militaire décisive contre les forces de Mobutu, et en 1997, Laurent-Désiré Kabila a pris le pouvoir, renversant Mobutu. Cependant, le Rwanda n'a pas cessé d'exercer une pression militaire et politique sur la RDC. Bien que Kabila soit devenu président, il s'est montré réticent à accepter l'influence directe de son allié rwandais. Après le renversement de Mobutu, le Rwanda a maintenu des forces militaires en RDC, dans les provinces du Kivu, pour sécuriser ses intérêts et empêcher toute menace de retour des génocidaires hutus. Cette occupation militaire a eu pour conséquence la militarisation de l'Est de la RDC, un phénomène qui allait se prolonger au-delà du renversement de Mobutu.[61]

§3. Deuxième Guerre du Congo de 1998 à 2003 : Confrontation directe et les nouvelles stratégies rwandaises

Le renversement de Mobutu et l'accession au pouvoir de Kabila ne marquèrent cependant pas la fin des tensions entre la RDC et le Rwanda. En 1998, Kabila a tourné le dos à ses alliés rwandais et ougandais, qu'il accusait d'interférer dans les affaires intérieures de la RDC. Ce changement de position a conduit à un nouvel éclatement de la guerre, plus vaste que la précédente, impliquant plusieurs pays africains, dont le Rwanda, l'Ouganda, et l'Angola, mais aussi une multitude de groupes armés congolais.

À travers cette implication, Kigali visait un objectif de contenir la menace que représentaient les milices hutus responsables du génocide de 1994 réfugiées en territoire congolais, renforcer sa profondeur stratégique en maintenant une zone tampon à sa frontière ouest, et accéder aux ressources minières critiques de la région telles que le coltan, le tantale ou l'or qui approvisionnent les circuits économiques transnationaux. En dehors du soutien aux groupes armés, le Rwanda a engagé ses propres troupes régulières sur le sol congolais, affrontant directement les forces loyalistes de Kinshasa et leurs alliés

---

[61] DROZ, P. R., *Le génocide rwandais et la guerre du Congo*, Paris, L'Harmattan, 2004

régionaux, ce qui deviendra l'un des conflits les plus meurtriers depuis la Seconde Guerre mondiale.

Cette stratégie d'intervention à double dimension militaire et indirecte via des groupes rebelles profondément déstabilisé l'Est congolais pour consolider la présence géopolitique du Rwanda dans l'espace des Grands Lacs. L'objectif général était de maintenir une pression militaire sur le gouvernement de la RDC, pour empêcher la montée en puissance des génocidaires et des milices hostiles. Un autre objectif fondamental de l'implication rwandaise dans cette guerre était l'accès aux ressources naturelles de l'Est de la RDC, notamment le coltan, le cobalt, et d'autres minerais stratégiques. L'exploitation illégale de ces ressources a permis au Rwanda de financer ses efforts militaires tout en consolidant son contrôle sur certaines régions de la RDC.[62]

§4. Stratégies rwandaises et les implications régionales

L'implication dans les conflits congolais a permis à Kigali d'éliminer des menaces immédiates en neutralisant les groupes armés responsables des massacres du génocide, mais aussi de se protéger contre d'éventuelles contre-attaques en provenance de l'Est de la RDC. Le Rwanda a également cherché à maintenir son influence diplomatique en Afrique centrale et dans la région des Grands Lacs. En soutenant les rebelles congolais, le Rwanda a non seulement cherché à dominer les équilibres politiques internes de la RDC, mais aussi à maintenir son poids dans les discussions internationales sur la stabilité régionale.[63]

§5. Fin de la guerre et les conséquences

La conclusion formelle de la Deuxième Guerre du Congo en 2003, entérinée par les Accords de Pretoria, n'a pas signifié la fin de l'implication du Rwanda dans les dynamiques conflictuelles de la République Démocratique du Congo. Si les hostilités à grande échelle ont cessé, l'Est congolais est resté une famille d'instabilité chronique, caractérisé par des violences interethniques, des conflits sporadiques, et la persistance de groupes armés opérant avec des soutiens extérieurs. Le rôle du Rwanda dans les crises successives à l'Est de la RDC est loin d'être monolithique, il oscille entre préoccupations sécuritaires liées à la présence de milices hutus impliquées dans le génocide de 1994, ambitions géoéconomiques liées à l'exploitation des ressources minières, et stratégie d'influence régionale fondée sur l'activation de relais politico-militaires au sein

---

[62] LUGAN, B., *L'Afrique en guerre : Une histoire du XXe siècle*, Paris, Perrin, 2009
[63] WILLAME, J.-C., *La guerre de l'Est*, Paris, L'Harmattan, 2002

du tissu congolais. Cette intervention continue a façonné l'architecture géopolitique des Grands Lacs et empêché l'émergence d'une paix structurelle et inclusive.

Ainsi, malgré les processus de dialogue facilités par des médiateurs internationaux et africains, la réconciliation entre Kinshasa et Kigali demeure entravée par des mémoires conflictuelles non apaisées, des intérêts divergents et une géopolitique régionale encore profondément marquée par la compétition pour les ressources et la méfiance entre États. La présence prolongée de forces armées non étatiques, souvent instrumentalisées dans des logiques transfrontalières, continue d'alimenter l'instabilité de cette région névralgique du continent africain.[64]

Section 2. Envoie des troupes en RDC
§1. Contexte historique et motivations sous-jacentes

L'histoire des relations entre ces deux est marquée par la tragédie du génocide rwandais en 1994, où beaucoup de Tutsis et Hutus modérés ont été tués par des extrémistes Hutus. Au-delà de ce génocide, un exode massif de réfugiés Hutus, dont plusieurs étaient associés aux génocidaires traversant la frontière vers Zaïre, devenue plus tard la République Démocratique du Congo. Sous la direction du Front patriotique rwandais et de son président Paul Kagame, le Rwanda a été confronté à une menace sécuritaire persistante émanant des milices hutus réfugiées dans l'est de la RDC, notamment les Forces démocratiques de libération du Rwanda, composées en partie d'anciens responsables du génocide de 1994.

Ces groupes armés entrainés nombreuses exactions contre les civils congolais et rwandais. Ils ont été présentés par Kigali comme un danger immédiat pour la stabilité nationale. Le gouvernement rwandais a justifié et expliqué à plusieurs reprises des opérations militaires sur le sol congolais, perçues comme des initiatives préventives visant à démanteler ces réseaux armés, neutraliser les foyers de repli des génocidaires et assurer la sécurité de ses frontières. Ces interventions ont également suscité de vives controverses sur le plan tant régional qu'international, en raison de leur instrumentalisation politique, de leur impact sur la souveraineté de la RDC, et de leur rôle dans la prolongation de l'instabilité dans les provinces de l'Est.

---

[64] KAMBALE MUSAVULI, *La guerre du Congo, 1996-2003 : Le rôle des puissances régionales*, Paris, L'Harmattan, 2007

§2. Raisons stratégiques de l'engagement militaire rwandais

L'un des principaux motifs invoqués par le Rwanda pour justifier son implication militaire en République Démocratique du Congo repose sur la préservation de sa sécurité nationale. Depuis la fin du génocide de 1994, les autorités rwandaises considèrent la présence de groupes armés hutus réfugiés dans l'Est de la RDC notamment les Forces démocratiques de libération du Rwanda (FDLR) comme une menace constante pour la stabilité et la sécurité du pays. Cette stratégie, bien que présentée comme une exigence sécuritaire légitime par le gouvernement rwandais, s'inscrit dans un cadre géopolitique plus large où la question de la souveraineté territoriale de la RDC, les rivalités régionales, et les dynamiques liées aux ressources naturelles viennent complexifier les perceptions et les effets de ces interventions militaires. Un autre facteur stratégique important réside dans les vastes ressources naturelles de la RDC, notamment les minerais précieux, comme le coltan, le cobalt et l'or.

Les interventions militaires en RDC ont poussé au Rwanda d'établir des réseaux informels de maitrise de certaines zones minières, ce qui a eu des retombées économiques directes pour le pays. Ce facteur économique est cité parmi les motivations de l'engagement militaire rwandais en RDC. En intervenant en RDC, le Rwanda cherche également à développer son influence régionale, face à des voisins comme l'Ouganda et l'Angola, ainsi qu'à des puissances extérieures. La République Démocratique du Congo occupe une position stratégique majeure dans la région des Grands Lacs, tant par la vasteté de son territoire que par la richesse de ses ressources naturelles. À ce titre, elle constitue un pivot géopolitique capital dont le contrôle ou l'influence peut redéfinir les équilibres régionaux. Pour le Rwanda, l'implication dans l'Est de la RDC ne relève donc pas uniquement de préoccupations sécuritaires, mais participe également d'une stratégie plus large de projection de puissance dans la sous-région.

En s'assurant une présence directe ou indirecte dans des zones sensibles du territoire congolais, Kigali parvient à accroître son poids dans les dynamiques politiques, économiques et sécuritaires de la région, tout en consolidant ses alliances, notamment avec l'Ouganda et le Burundi, dans une logique de coordination stratégique. Par ailleurs, cette influence territoriale permet au Rwanda de se positionner comme un interlocuteur incontournable dans les rapports avec les grandes puissances extérieures, telles que les États-Unis ou la France, qui s'intéressent aux enjeux de sécurité, de gouvernance et d'accès aux ressources en Afrique centrale. Ainsi, l'implication rwandaise en RDC s'inscrit dans une logique géopolitique de long terme, visant à renforcer son autonomie stratégique et à affirmer sa place comme acteur régional majeur dans un environnement marqué par des recompositions permanentes.[65]

Une autre stratégie capitale derrière l'envoi de troupes rwandaises en RDC a été la volonté de déstabiliser et de démanteler les groupes rebelles et les mouvements armés qui y opèrent. Par exemple, au cours des années 1990 et 2000, le Rwanda a soutenu certains groupes rebelles congolais pour affaiblir le gouvernement congolais en place, particulièrement dans l'est de la RDC, où des groupes comme le M23 ont été soutenus, en partie, pour contrecarrer les menaces de milices hutus et de forces de l'État congolais. Ce soutien a permis à Kigali de peser sur les décisions politiques internes de la RDC tout en cherchant à minimiser la menace représentée par les FDLR et d'autres groupes ennemis. Bien que le Rwanda ait utilisé la force militaire dans ses interventions en RDC, il a aussi cherché à renforcer son rôle de médiateur dans les négociations de paix régionales. Le Rwanda a été impliqué dans divers processus de paix, que ce soit dans le cadre de l'Accord de Lusaka de 1999 ou de la résolution du conflit du M23. SOSSOU F.[66]

§3. Répercussions de l'intervention militaire Rwandaise

L'intervention militaire du Rwanda en République Démocratique du Congo a engendré des répercussions profondes, touchant simultanément les sphères humanitaire, sécuritaire et diplomatique. Sur le plan local, l'arrivée de troupes rwandaises a intensifié des tensions ethniques déjà explosives, provoquant une escalade de violences contre les civils et irritant un climat d'insécurité généralisée des deux côtés de la frontière. Dans l'Est congolais, cette ingérence a contribué à instaurer une instabilité structurelle où les populations, prises en étau, ont subi à la fois les brutalités des groupes armés locaux, les exactions des milices appuyées par Kigali et les abus des forces régulières elles-mêmes. Les conséquences humaines de cette situation se traduisent par des déplacements massifs, la destruction d'infrastructures villageoises, une paupérisation accélérée des communautés et un effondrement des systèmes de protection sociale et institutionnelle.

---

[65] PEAN, P., *L'Empire du Mal : La politique étrangère du Rwanda et ses implications*, Paris, Fayard, 2006
[66] *Les résistances ethniques dans la République Démocratique du Congo*, Paris, L'Harmattan, 2022

Sur le plan diplomatique, ces interventions ont détérioré les relations entre Kinshasa et Kigali, ancrant un climat de méfiance et d'hostilité mutuelle. Les accusations réciproques de soutien aux mouvements rebelles et de prédation des ressources naturelles ont durablement miné la coopération régionale. Les efforts de médiation, menés sous l'égide des Nations unies ou de l'Union africaine, se heurtent régulièrement à la divergence des intérêts nationaux et à des agendas géostratégiques concurrents, rendant difficile l'établissement d'un dialogue sincère et constructif. Ce contexte conflictuel illustre la complexité des dynamiques de pouvoir dans la région des Grands Lacs, où les rivalités économiques et sécuritaires s'entremêlent aux mémoires traumatiques et aux fractures identitaires.

Le rôle du Rwanda dans le conflit congolais demeure au cœur de nombreuses controverses, notamment en ce qui concerne son implication présumée dans l'exploitation illicite des ressources naturelles du Kivu, et son soutien prolongé à des mouvements rebelles comme le RCD-Goma ou le M23. Ces allégations ont terni l'image du Rwanda sur la scène internationale, malgré les démentis de Kigali et sa diplomatie active dans les cercles multilatéraux. Dans une perspective géopolitique, l'intervention rwandaise peut être interprétée comme une stratégie de sécurisation préventive de son territoire face aux milices hutues retranchées à l'Est de la RDC, mais également comme une volonté d'exercer une influence déterminante dans les dynamiques politiques et économiques régionales. Ce double objectif sécuritaire et stratégique s'est traduit par une présence militaire directe ou indirecte prolongée, articulée autour du contrôle de zones à haute valeur minière, de l'affaiblissement des forces hostiles, et du maintien d'un levier de pression sur Kinshasa.[67]

Cependant, cette logique d'intervention prolongée a alimenté un cycle d'instabilité qui a gravement compromis les perspectives de paix durable dans la région. Si la stratégie rwandaise en RDC peut se lire comme une réponse à des menaces réelles et à des enjeux géoéconomiques majeurs, elle a aussi lourdement pesé sur les dynamiques internes de la RDC, renforcé la fragmentation du territoire, et accentué la vulnérabilité des populations civiles. La crise de confiance persistante entre les deux États constitue un obstacle majeur à toute initiative de stabilisation régionale, et démontre la nécessité d'une approche

---

[67] KAMBALA, A., *Les Banyamulenges et la question des identités ethniques dans l'Est de la République Démocratique du Congo,* Kinshasa, Editions CEDAF, 2020

diplomatique fondée sur la transparence, le respect de la souveraineté, et la mise en place de mécanismes de sécurité partagée.

§4. Soutien aux groupes armés comme le M23 et les FDLR.

Le rôle du Rwanda dans le conflit prolongé de l'Est de la République Démocratique du Congo ne peut être appréhendé sans une lecture fine des logiques politiques, sécuritaires et économiques qui structurent l'espace régional des Grands Lacs. Le M23, dans sa réactivation récente comme dans sa première émergence, incarne ce modèle d'acteur hybride, à la fois revendiquant une protection de certaines minorités congolaises tutsies et servant de relais à des intérêts transfrontaliers.

Cette dynamique, loin de se limiter à une lecture binaire amis/ennemis, s'est complexifiée par l'implication de plusieurs États de la région, la circulation des miliciens, et la fragmentation interne des groupes eux-mêmes. Du côté des FDLR, héritiers en partie des forces responsables du génocide rwandais de 1994 et retranchés dans les provinces orientales du Congo, la présence prolongée constitue l'un des principaux arguments avancés par le Rwanda pour justifier ses incursions militaires en RDC ou son appui à des forces supplétives. Kigali présente ainsi son action comme défensive, visant à prévenir le retour de la menace génocidaire sur son territoire.

Cependant, cette justification sécuritaire a souvent été remise en cause par la communauté internationale, qui y voit également une stratégie d'exploitation économique des zones minières et de déstabilisation politique de la RDC. Le soutien rwandais à ces groupes armés a par ailleurs contribué à désarticuler les structures de l'État congolais dans les régions concernées, affaibli sa capacité de gouvernance, et nourri une méfiance profonde entre populations locales et élites dirigeantes. Les cycles de violences qui en ont découlé ont provoqué des déplacements massifs de populations, une militarisation de l'espace civil, et une fragmentation des loyautés communautaires. Les tensions ont également nourri des sentiments d'hostilité à l'égard des Congolais d'origine rwandaise, aggravant les clivages ethniques et régionaux déjà existants.[68] Comprendre la stratégie rwandaise dans l'Est congolais implique donc d'articuler plusieurs dimensions, d'abord la logique sécuritaire liée aux FDLR, la dimension identitaire autour de la protection des Banyamulenge et des populations tutsies

---

[68] PRUNIER G., *Hutu, Tutsi et Banyamulenge : Une histoire de conflits et de migrations dans la région des Grands Lacs*, Paris, Karthala, 2018

congolaises, la dimension économique concernant le contrôle des ressources extractives, et enfin, la dimension géopolitique visant à préserver un rapport de force favorable dans la région.

Cette stratégie multifacette, marquée par des avancées militaires, des alliances instables et des négociations diplomatiques continues, a transformé l'Est de la RDC en un théâtre de guerre prolongée, où se rejoue une lutte de pouvoir régionale sous couvert de conflits communautaires. Il s'en dégage un constat fondamental sans une remise à plat des logiques d'intervention, sans un dialogue sincère entre Kinshasa et Kigali, et sans un désarmement réel des groupes armés, toute solution durable restera hors de portée. L'analyse de l'implication rwandaise ne peut faire l'économie d'une réflexion sur la souveraineté congolaise, sur les limites de la diplomatie régionale, et sur la nécessité d'une architecture sécuritaire africaine plus robuste et impartiale.

Ce n'est qu'à cette condition que la région des Grands Lacs pourra espérer sortir du cycle des rébellions instrumentalisées, des frontières poreuses et des paix précaires.

Section 3. Contexte historique de l'implication du Rwanda
§1. Soutien au M23 : Une alliance tactique pour les objectifs militaires

Le Mouvement du 23 Mars (M23) est apparu en 2012 dans l'Est de la République Démocratique du Congo à la suite d'une rupture entre d'anciens combattants, majoritairement tutsis issus du Rwanda et du Burundi, et les autorités de Kinshasa.[69] La dénomination du groupe renvoie à l'Accord de paix de Nairobi signé en 2009, qui prévoyait notamment l'intégration des membres du Congrès National pour la Défense du Peuple (CNDP) dans les Forces armées de la RDC.

L'échec de la mise en œuvre de ces engagements, combiné aux tensions persistantes entre les troupes régulières et les ex-combattants du CNDP, a favorisé la résurgence de la rébellion sous une nouvelle appellation. L'appui du Rwanda au M23 s'inscrivait dans une logique stratégique à plusieurs niveaux. D'une part, ce soutien visait à contenir l'influence des FDLR, un groupe armé hutu hostile à Kigali, actif dans les provinces congolaises orientales. À travers le M23, le Rwanda cherchait à affaiblir les capacités de nuisance de ces milices, perçues comme une menace directe à sa sécurité nationale. D'autre part, la présence du M23 dans les zones riches en minerais stratégiques comme coltan,

---

[69] WAZAL, C., *Le Rwanda et la guerre du Congo : Des acteurs aux desseins multiples*, Paris, L'Harmattan, 2005

or, cobalt a facilité un accès indirect du Rwanda à l'exploitation et à la commercialisation de ces ressources, renforçant ainsi ses leviers économiques dans un contexte régional volatil.

Au-delà des enjeux sécuritaires et économiques, le M23 servait aussi de relais d'influence politique pour Kigali dans l'Est congolais. Le contrôle indirect exercé par le Rwanda sur les groupes rebelles a contribué à maintenir une situation de conflit contrôlé, où les négociations politiques pouvaient être influencées par les positions militaires. Le M23 avait pour mission, dans une large mesure, de combattre les FDLR. Ces derniers, d'origine hutu et perçus par Kigali comme des survivants du génocide rwandais, représentaient une menace de déstabilisation pour le Rwanda.

Le M23 a ainsi été employé pour désorganiser et affaiblir la position militaire des FDLR, en les forçant à se replier ou à se disloquer.

§2. Rôle des FDLR et la stratégie de guerre indirecte

Les Forces Démocratiques de Libération du Rwanda (FDLR), constituées au début des années 2000, incarnent un élément central dans la dynamique sécuritaire et stratégique qui lie le Rwanda à l'Est de la République Démocratique du Congo. Bien que leur implantation sur le sol congolais ait été une source persistante de tensions, Kigali a toujours justifié ses préoccupations sécuritaires par la nécessité d'éradiquer cette milice, qu'elle accuse régulièrement d'attentats et d'exactions dans les provinces du Kivu. La neutralisation des FDLR s'est ainsi imposée comme une priorité constante de la politique de sécurité rwandaise dans la région.[70] Cependant, la stratégie de Kigali ne s'est pas limitée à une confrontation directe avec cette organisation. Le Rwanda a souvent favorisé, de manière indirecte, des groupes armés hostiles aux FDLR à l'instar du M23, leur apportant un soutien logistique ou politique selon les conjonctures.

Cette approche, tout en répondant à des impératifs sécuritaires, a également servi des objectifs géopolitiques plus larges, affaiblir l'autorité de l'État congolais, maintenir une zone d'influence à l'Est de la RDC et contrôler des territoires riches en ressources naturelles. Le conflit autour des FDLR devient ainsi une interface à travers laquelle se déploie une stratégie de projection de puissance, mêlant enjeux militaires, politiques et économiques. Ces groupes étaient parfois utilisés comme des instruments pour affaiblir l'ennemi sans que le

---

[70] ROMAIN, J.-P., *Congo: The Mismanagement of a Conflict*, Paris, L'Harmattan, 2012

Rwanda n'ait à intervenir directement dans le conflit, tout en exerçant une pression sur le gouvernement congolais. De plus, le Rwanda a travaillé en parallèle avec des acteurs régionaux, tels que l'Ouganda, pour contrer les forces armées de la RDC et limiter l'influence des FDLR.

§3. Réaction internationale, les conséquences humanitaires et stratégie d'influence et de déstabilisation

Le soutien présumé du Rwanda à certains groupes armés opérant en RDC, notamment le Mouvement du 23 mars et les FDLR, a suscité une vague de condamnations au niveau international. Plusieurs rapports, dont ceux produits par les Nations unies, ont mis en évidence l'implication directe ou indirecte de Kigali dans le financement, la logistique et l'assistance militaire à ces factions rebelles, ce qui aurait contribué à une aggravation notable du conflit dans l'Est congolais. En réaction à ces accusations, le Conseil de sécurité de l'ONU a adopté, dès 2012, une série de sanctions ciblées à l'encontre de personnalités rwandaises, dénonçant leur rôle dans la pérennisation de l'instabilité régionale. Sur le terrain, cette implication présumée a provoqué des conséquences humanitaires catastrophiques. L'Est de la RDC est devenu le théâtre de violences extrêmes, où massacres, viols de masse, enrôlements forcés d'enfants et déplacements massifs se succèdent, plongeant des millions de personnes dans la misère et l'errance.

Des communautés entières ont été déracinées, les tissus sociaux désagrégés, et la peur est devenue un élément permanent du quotidien des habitants de ces régions meurtries. D'un point de vue stratégique, le soutien de Kigali à ces groupes s'inscrit dans une logique de sécurité préventive, visant à contenir les forces considérées comme hostiles, à sécuriser ses frontières et à protéger ses intérêts économiques, particulièrement dans les zones riches en minerais stratégiques. Si cette politique a pu offrir à Kigali des avantages géopolitiques et sécuritaires, elle s'est également traduite par un coût humain incommensurable et par une fragilisation durable de la stabilité régionale. Malgré les initiatives de médiation, les négociations diplomatiques et les pressions exercées par les acteurs internationaux, la situation reste instable et difficile à résoudre, tant les enjeux ethniques, économiques et politiques demeurent profondément imbriqués dans cette crise régionale.[71]

---

[71] DUFOUR, F., *War and Peace in the Democratic Republic of Congo: From the War of Kinshasa to the Peace Process,* Lydnne Rienner Publishers, Boulder Colorado, 2009

Section 4. Contrôle des ressources naturelles et expansion géopolitique comme stratégie Rwandaise

Depuis la fin du génocide rwandais de 1994, la République du Rwanda, sous la direction de Paul Kagame et du Front Patriotique Rwandais (FPR), a déployé une série de stratégies économiques et géopolitiques complexes pour affirmer son influence régionale et assurer sa stabilité interne. Parmi ces stratégies, le contrôle des ressources naturelles et l'expansion géopolitique jouent un rôle primordial, et se manifestent à la fois à l'intérieur du pays et à travers les actions militaires et diplomatiques menées dans la région des Grands Lacs, en République Démocratique du Congo. Ces deux éléments sont liés par une dynamique où la sécurisation des ressources devient un levier indispensable pour renforcer l'État rwandais et projeter son pouvoir au-delà de ses frontières.

§1. Contrôle des ressources naturelles : Une priorité stratégique

Le Rwanda est un pays de petite taille et à ressources limitées. Toutefois, sa position géographique dans une région riche en minéraux et en ressources naturelles, dans les zones frontalières avec la République Démocratique du Congo, lui a offert une opportunité stratégique de tirer profit de ces richesses. Cette quête de contrôle des ressources naturelles s'inscrit dans un cadre plus large de sécurité économique et de développement durable. L'est de la RDC, particulièrement les provinces du Kivu, est extrêmement riche en minerais stratégiques comme le coltan, l'étain, le tungstène et l'or, qui sont primordiaux pour l'industrie électronique mondiale. Ces ressources ont attiré l'attention internationale, mais aussi celle des pays voisins, dont le Rwanda. À la suite de la chute du régime de Mobutu en 1997, la vacance d'autorité et l'instabilité qui s'en sont suivies ont ouvert un espace propice à l'émergence de réseaux d'influence transfrontaliers, au sein desquels le Rwanda a su établir des partenariats avec certains acteurs économiques congolais. Dans ce contexte, Kigali s'est progressivement engagé dans des circuits parallèles d'exploitation des ressources naturelles, dans les zones orientales de la République Démocratique du Congo.

Au fil des années, de multiples accusations ont visé les autorités rwandaises, soupçonnées d'apporter un soutien direct ou indirect à des groupes armés comme le M23 ainsi qu'à d'autres factions rebelles, dans l'optique de consolider leur accès à des zones minières stratégiques de l'Est congolais. Ce soutien, qu'il soit militaire, logistique ou financier, aurait permis à ces groupes de conserver un contrôle prolongé sur des territoires particulièrement riches en ressources précieuses telles que le coltan, le cobalt ou l'or. L'exploitation de ces minerais échappait souvent aux circuits de régulation officiels, alimentant un commerce parallèle structuré autour de réseaux transnationaux opaques. Ces flux illicites de matières premières auraient contribué, selon divers rapports, à dynamiser l'économie rwandaise, tout en ancrant une logique de prédation économique et de conflit armé, aggravant ainsi l'instabilité chronique de la région des Grands Lacs.[72]

§2. Exploitation des ressources comme moyen de pression politique

Au-delà de l'aspect économique, le contrôle des ressources naturelles permet au Rwanda d'exercer une pression géopolitique sur ses voisins.

En contrôlant ou en influençant les routes commerciales de ressources comme le coltan et le cobalt, le Rwanda peut exercer un pouvoir de négociation sur de thématique aussi variée que la sécurité régionale, les accords commerciaux ou les relations diplomatiques. Les autorités rwandaises ont utilisé le levier des ressources pour obtenir des concessions politiques de la part d'autres acteurs régionaux, y compris la RDC, l'Ouganda ou même des puissances occidentales intéressées par les minéraux stratégiques.[73]

Section 5. Expansion géopolitique du Rwanda : un jeu d'influence et de contrôle régional
§1. Interventions militaires en RDC : Un contrôle indirect

Depuis 1996, l'engagement militaire du Rwanda en République Démocratique du Congo s'inscrit dans une double logique stratégique, d'une part, la sécurisation de son territoire national, et d'autre part, l'affirmation de son influence dans l'espace géopolitique des Grands Lacs. En réponse, les autorités rwandaises ont justifié une série d'interventions militaires en territoire congolais par la nécessité de contenir ces milices, de neutraliser leur capacité de nuisance et de prévenir toute résurgence du risque génocidaire. Ces opérations se sont progressivement inscrites dans une stratégie régionale plus large, marquée par une volonté d'élargir la profondeur stratégique du Rwanda au-delà de ses frontières immédiates.

Cependant, cette lutte contre les FDLR a été utilisée comme prétexte pour établir un contrôle militaire indirect sur une partie du territoire congolais,

---

[72] DUFOUR, F., Op.cit.
[73] CHRETIEN, J.-P., *The Great Lakes of Africa: Two Thousand Years of History*, Lydnne Rienner Publishers, Boulder Colorado, 2003.

dans les provinces du Kivu, riches en ressources naturelles. L'intervention militaire rwandaise a été associée à des soutiens aux groupes rebelles congolais, comme le CNDP (Congrès National pour la Défense du Peuple), puis le M23, permettant à Kigali de renforcer son pouvoir sur des zones stratégiques, en particulier celles riches en minéraux. En soutenant ces groupes, le Rwanda a non seulement désorganisé le gouvernement congolais, mais aussi a manipulé les équilibres de pouvoir dans la région des Grands Lacs pour en tirer profit. Ce soutien a permis au Rwanda de jouer un rôle fondamental dans les conflits internes congolais, tout en facilitant l'accès aux ressources naturelles de l'Est de la RDC.[74]

§2. Alliances stratégiques avec les voisins et la diplomatie active

Outre ses interventions militaires, le Rwanda a également renforcé son influence géopolitique par des alliances avec des pays voisins, précisément l'Ouganda et le Burundi. En dépit de tensions récurrentes, le Rwanda et l'Ouganda ont cultivé des convergences d'intérêts, dans la lutte contre les rébellions transfrontalières et dans l'accès aux ressources naturelles stratégiques. Cette entente, marquée à la fois par la coopération militaire et par des rivalités d'influence, reflète une gestion pragmatique de la compétition régionale. Par ailleurs, Kigali a renforcé sa stature internationale en s'engageant activement dans les mécanismes multilatéraux tels que la CIRGL ou la CEEAC.[75]

§3. Diplomatie économique basée sur les ressources naturelles

Au-delà de ses interventions militaires et de ses choix stratégiques sur la scène régionale, le Rwanda a su capitaliser sur sa position géopolitique et son accès privilégié aux ressources naturelles pour renforcer ses liens avec les grandes puissances et les acteurs économiques mondiaux. Profitant de la demande croissante en minerais stratégiques telles que coltan, or, tungstène et autres métaux critiques souvent extraits de l'Est de la RDC, Kigali a développé un réseau dense de partenariats économiques avec plusieurs pays occidentaux et de puissantes firmes transnationales. Ces alliances, construites autour de chaînes d'approvisionnement hautement lucratives, ont contribué à consolider la croissance économique rwandaise et à positionner le pays comme un acteur incontournable dans le commerce mondial de ces ressources stratégiques. En parallèle, ils ont renforcé l'influence diplomatique du pays dans les cercles de

---

[74] CHRETIEN, J.-P., Op.cit.
[75] AUTESSERRE, S., *L'Afrique des Grands Lacs : Penser les Conflits Locaux: L'Echec de l'Intervention Internationale au Congo*, Annuaire 2007-2008, Paris, L'Harmattan, 2008,

décision internationaux, tout en consolidant son rôle actif dans les dynamiques sécuritaires et économiques qui façonnent la région des Grands Lacs.

Le Rwanda recourt à la stratégie double axée sur les ressources et la géopolitique. Elle repose sur un équilibre subtil entre le contrôle des ressources naturelles et l'expansion géopolitique. En sécurisant les ressources minières et en influençant les dynamiques régionales par des interventions militaires et des alliances stratégiques, le Rwanda cherche à consolider son pouvoir et à renforcer sa position dans la région des Grands Lacs. Cependant, cette stratégie, bien qu'efficace sur le plan politique et économique à court terme, a également des conséquences désastreuses pour la population civile, avivant les conflits et instaurant une instabilité durable dans la région. L'exploitation des ressources et l'implication militaire rwandaise dans la région continuent d'approvisionner des tensions complexes et des cycles de violence, avec des impacts durables sur les relations entre les pays voisins et sur la stabilité régionale dans son ensemble.[76]

---

[76] BALEMBA, P., « Ressources naturelles et conflits : impasse en République Démocratique du Congo et débouchés pour l'Europe » in *justicepaix.be/ressources-naturelles-et-conflits-limpasse-en-rd-congo-et-debouches-pour-leurope/*du 30/05/2024.

CHAPITRE 6. SECURITE DU RWANDA ET NOTION D'ESPACE VITAL

Section 1. Origine de la Stratégie de Sécurité Rwandaise

La nécessité de ce contexte pour le Rwanda est de garantir sa sécurité non seulement à l'intérieur de ses frontières, mais au-delà, dans un environnement régional instable. Le gouvernement rwandais, dirigé par Paul Kagame et le Front Patriotique Rwandais (FPR), a donc adopté une stratégie de sécurité centrée sur la protection de ses frontières et le contrôle de son environnement immédiat.[77]

§1. Notion d'espace vital

Dans le cas rwandais, la notion d'espace vital s'inscrit dans une perspective géopolitique stratégique, selon laquelle la préservation de la sécurité nationale ne se limite pas à la défense des frontières officielles, mais implique également le contrôle, direct ou indirect, des zones périphériques jugées sensibles. Ces espaces adjacents, souvent instables ou traversés par des menaces transfrontalières, sont perçus comme des prolongements critiques de la souveraineté nationale, dans la mesure où s'y jouent des enjeux sécuritaires susceptibles de fragiliser l'équilibre intérieur du pays.

Autrement dit, la stabilité du Rwanda est perçue comme étant étroitement liée à la gestion des régions voisines qui abritent des groupes rebelles ou des milices hostiles. Le Rwanda considère ainsi que son espace vital intègre non seulement son propre territoire, mais également l'Est de la RDC, le Burundi, l'Ouganda, et d'autres régions où se trouvent des groupes armés qui peuvent déstabiliser la nation. Depuis la fin du génocide, cette vision de l'espace vital s'est exprimée à travers plusieurs initiatives de l'implication militaire rwandaise dans les conflits en RDC et la lutte contre les FDLR, un groupe rebelle hutu implanté dans l'Est de la RDC. Pour Kigali, la sécurisation de cet espace vital passe par des interventions militaires dans les pays voisins et la neutralisation des menaces à sa frontière, quitte à s'impliquer dans des conflits régionaux.[78]

---

[77] JACQUEMOT, P., « la sortie de crise dans l'Est du Congo et les perceptives de la coopération régionale », in *Economie de la connaissance et développement : quel transfert, monde en développement*, n° 147, 2009, pp. 93-108
[78] PONZO KABAMBA., Géopolitique de l'espace vital, Paris, L'Harmattan, 2024

§2. Espace vital et la stratégie de défense militaire

La stratégie militaire du Rwanda repose sur un principe fondamentalement simple. La sécurisation de ses frontières et de ses zones d'influence régionales, dans l'Est de la RDC, est primordiale pour sa survie. La défense de cet espace vital ne se limite pas uniquement à des interventions directes, mais intègre aussi une posture proactive de l'anticipation face aux menaces. Le Rwanda a adopté ainsi une stratégie de défense basée sur la rapidité de réaction, avec des forces armées prêtes à intervenir rapidement dans les pays voisins, en RDC, afin de neutraliser les menaces avant qu'elles n'atteignent le territoire national. Les forces armées rwandaises (RDF) sont organisées pour mener des opérations transfrontalières et des interventions ciblées. Les ressources pour ces actions sont en grande partie issues de l'exploitation des minerais de région de l'Est de la RDC, où le Rwanda a exercé une influence considérable grâce à ses soutiens militaires aux groupes rebelles, permettant ainsi d'assurer un contrôle indirect sur les zones minières tout en continuant de renforcer sa capacité de défense.[79]

§3. Impact de la stratégie de sécurité sur la politique étrangère du Rwanda

La notion d'espace vital ne se limite pas, pour le Rwanda, à une simple préoccupation sécuritaire ou militaire ; elle s'étend à des dimensions diplomatiques et économiques qui conditionnent la stabilité et la pérennité de l'État. Cette approche élargie englobe les zones stratégiques de l'Est de la République Démocratique du Congo, riches en ressources naturelles telles que le coltan, le tungstène ou l'or, qui constituent des leviers essentiels de puissance. Le contrôle, même indirect, de ces ressources s'inscrit dans une logique de sécurité intégrée, où les impératifs économiques se conjuguent aux objectifs de projection d'influence. Grâce à un réseau commercial structuré et à des partenariats solides avec des acteurs internationaux, le Rwanda a su valoriser ces richesses, consolidant ainsi sa base économique et assurant le financement de ses ambitions militaires. Parallèlement, des alliances politiques et économiques avec des pays voisins, tels que l'Ouganda et le Burundi, ainsi qu'avec certaines puissances occidentales, ont permis à Kigali d'élargir sa sphère d'influence dans la région des Grands Lacs, façonnant ainsi un espace vital qui repose autant sur la diplomatie que sur la maîtrise des ressources stratégiques.

---

[79] BARNES, W., « Kivu : l'enlisement dans la violence », in *Etat en voie de privatisation, Politique africaine*, n°73, 1999, pp.123-136

§4. Espace vital et la réalité de la menace externe

Si la notion d'espace vital est au cœur de la politique de sécurité du Rwanda, elle doit aussi être comprise dans le contexte des relations régionales et des dynamiques de menace. Les relations avec la République Démocratique du Congo, ont été marquées par des tensions constantes liées à la présence de groupes rebelles dans les zones frontalières, aux revendications territoriales, ainsi qu'aux différends sur l'exploitation des ressources naturelles. Les accusations de soutien aux groupes rebelles, comme le M23, ont mis le Rwanda sous pression internationale, particulièrement de la part de la communauté internationale, mais Kigali considère toujours ces actions comme une nécessité pour préserver son espace vital et garantir sa sécurité.[80]

§5. Vision stratégique et défensive de l'espace vital

La sécurité du Rwanda repose sur une conception élargie de l'espace vital, entendue non seulement comme la protection de son territoire national, mais également comme la maîtrise des environnements géographiques, économiques et politiques qui l'entourent. Cette vision stratégique intègre la gestion des ressources naturelles, l'affirmation de zones d'influence régionales, ainsi qu'une posture active face aux menaces transfrontalières. Dans cette optique, la préservation de cet espace vital est perçue comme une condition fondamentale de la survie et de la consolidation de l'État rwandais. La doctrine sécuritaire développée par Kigali se caractérise par une approche réaliste, articulée autour d'une géopolitique d'expansion, de contrôle des flux miniers régionaux et de stabilisation anticipée des foyers potentiels de conflit. Toutefois, cette stratégie, bien qu'efficace dans la logique interne du Rwanda, a des incidences majeures sur les équilibres régionaux. Elle alimente des tensions persistantes avec la République Démocratique du Congo et d'autres acteurs des Grands Lacs, contribuant à une dynamique sécuritaire instable et complexe, où se superposent rivalités nationales, logiques transfrontalières et enjeux économiques globaux.

Section 2. Transplantation des Populations Rwandophones en République Démocratique du Congo : Un Enjeu Historique et Géopolitique

La réalité historique, souvent instrumentalisée à des fins politiques, demeure l'un des nœuds sensibles des relations entre Kinshasa et Kigali, tant elle touche à des enjeux identitaires, territoriaux et de souveraineté, exacerbant les

---

[80] ONANA, C., Relations Internationales du Rwanda : de l'isolement à l'intégration régionale, Paris, Afrique-Orient, 2010

tensions communautaires et réactivant les blessures du passé dans un contexte régional encore fragile. La transplantation des populations Rwandophones en RDC, dans la région de l'Est du pays, a été marquée par plusieurs vagues migratoires, motivées par des raisons économiques, politiques et sécuritaires. Ces populations, d'origine rwandaise, sont perçues comme des acteurs prépondérants dans les tensions ethniques et politiques dans l'Est de la RDC, en raison de leur rôle dans les conflits récents et de leur identification avec le Rwanda, un pays voisin de la RDC.

§1. Origines de la Migration Rwandophone vers la RDC

1.1. Histoire de Mobilité de la première migration

Les premiers mouvements migratoires de populations rwandophones vers l'est de l'actuelle République Démocratique du Congo remontent au 19ième siècle, bien avant les grandes reconfigurations politiques du 20ième siècle. Ces mouvements migratoires répondaient principalement à des dynamiques économiques, portées par la quête de terres arables dans un environnement agro-écologique particulièrement favorable. La région du Kivu, avec ses reliefs montagneux et ses sols fertiles, a constitué une destination privilégiée pour les communautés rwandophones tutsies qui s'y sont implantées de manière durable. Leur présence a joué un rôle décisif dans le développement de l'agriculture commerciale, notamment à travers la mise en valeur de cultures de rente telles que le café, le thé ou encore diverses productions adaptées aux conditions climatiques et à l'altitude caractéristiques des hautes terres.[81]

1.2. Impact de la colonisation belge

Cependant, c'est sous la colonisation belge que le processus de migration s'intensifie. La Belgique, qui gérait la RDC en tant que colonie, a favorisé la mobilité des populations Rwandophones pour des raisons stratégiques. Dès les années 1920, les autorités coloniales belges ont encouragé l'implantation des populations Rwandophones, notamment des Tutsis, dans l'Est de la RDC pour des raisons administratives et militaires. Dans le cadre de leur stratégie coloniale, les autorités belges percevaient les populations rwandophones comme particulièrement aptes aux fonctions d'encadrement et d'administration, en raison de leur organisation sociale fortement hiérarchisée, articulée autour d'un pouvoir monarchique centralisé. Cette vision, empreinte de préjugés coloniaux, a conduit

---

[81] « La stratégie de contre-insurrection du Rwanda commence par la protection des civils », in *https://adf-magazine.com/fr/*, 11 Mars 2025, Consulté le 16/03/2025

l'administration belge à encourager leur implantation dans plusieurs zones stratégiques de l'est du Congo, notamment dans les provinces du Nord et du Sud-Kivu. Ce processus a favorisé l'enracinement durable de communautés rwandophones dans ces régions, où elles ont contribué à la mise en valeur agricole et à l'organisation socio-économique locale, tout en suscitant des dynamiques de cohabitation complexes avec les populations autochtones. Cette politique a progressivement contribué à l'émergence d'une élite rwandophone dans ces territoires, perçue par une partie des populations autochtones comme bénéficiaire de traitements préférentiels, et parfois assimilée à un relais du pouvoir colonial belge.

§2. Réfugiassions et Migrations Massives après l'Indépendance du Rwanda

2.1. Génocide de 1994 et Migrations Massives de Réfugiés

La situation a radicalement changé après l'indépendance du Rwanda en 1962, et surtout après le génocide de 1994. Ce génocide rwandais a fait fuir de centaines de milliers de réfugiés rwandais, tels que des Hutus, vers les pays voisins, dont la RDC. Ces réfugiés ont été majoritairement accueillis dans l'est du pays, dans les régions du Kivu, où les camps de réfugiés ont été installés par les Nations Unies et d'autres organisations humanitaires. Le plus grand camp de réfugiés, situé à Goma, a accueilli plus d'un million de personnes, dont une grande partie était constituée de Hutus fuyant les représailles du FPR (Front Patriotique Rwandais), qui venait de prendre le pouvoir à Kigali. Ces réfugiés ont formé une population considérable qui a été perçue comme une menace par le nouveau gouvernement rwandais, d'autant plus qu'une partie des responsables du génocide s'était réfugiée dans ces camps. La situation est devenue tendue, car le gouvernement rwandais a estimé que ces camps constituaient un foyer pour des groupes rebelles hostiles comme les FDLR (Forces Démocratiques de Libération du Rwanda).[82]

2.2. Recomposition des Dynamiques Sociales et Politiques

L'afflux massif de réfugiés rwandais dans les provinces du Kivu a profondément modifié les équilibres sociaux, culturels et identitaires au sein des communautés locales. Leur arrivée, interprétée par une partie des populations congolaises comme l'imposition d'éléments extérieurs ou comme l'expression

---

[82] « Nouveau gendarme de l'Afrique, la stratégie du Rwanda pour étendre son influence », in *https://teria-news.com/2024/06/24/nouveau-gendarme-de-lafrique-la-strategie-du-rwanda-pour-etendre-son-influence/,Copyright 2025,* Consulté le 16/03/2025

d'un projet de colonisation démographique, a ravivé et amplifié des tensions ethniques et politiques préexistantes. Cette dynamique a par ailleurs renforcé le poids social, économique et politique des communautés rwandophones déjà installées dans la région depuis plusieurs générations, attisant ainsi les ressentiments et les rivalités autour des enjeux de légitimité, de citoyenneté et du contrôle des ressources foncières et économiques. Cela a conduit à une nouvelle configuration démographique où une partie importante de la population Rwandophone a acquis une influence dominante, dans les zones rurales. Cependant, cette situation a aussi attisé la méfiance et les conflits entre les Rwandophones et les autres groupes ethniques locaux, comme les Bahutu et les Banyarwanda congolais, créant des lignes de fracture et des rivalités qui ont tissé à des conflits ethniques violents. Ces tensions ont été irritées par la présence de groupes armés rwandais, comme les FDLR, qui ont continué de mener des attaques contre le gouvernement rwandais depuis l'Est de la RDC.

§3. Rôle de la Transplantation Rwandophone dans les Conflits Régionaux

3.1. Guerre du Congo de 1998 à 2003 et l'Intervention du Rwanda

L'implication du Rwanda dans la guerre du Congo de 1998-2003, également appelée la deuxième guerre du Congo, a été un tournant majeur dans la question des populations Rwandophones en RDC. Le Rwanda, par le biais de son armée, a soutenu des groupes rebelles congolais afin de renverser le gouvernement du président Laurent-Désiré Kabila, qui avait pris le pouvoir après la chute de Mobutu. Cette guerre a été largement ravitaillé par les rivalités ethniques et les enjeux géopolitiques liés au contrôle des ressources naturelles, dans les provinces du Kivu, riches en minerais. Le soutien militaire rwandais aux groupes rebelles congolais, dont le CNDP et plus tard le M23, a envenimé la préoccupation des populations Rwandophones en RDC. Ces groupes ont été perçus comme des instruments de Kigali dans la région, et leur présence a renforcé la perception que la population Rwandophone jouait un rôle capital dans la politique régionale.[83]

3.2. Tensions et les Accusations de Colonisation

Dans le cadre de ce conflit, de nombreuses accusations ont été portées contre le Rwanda d'utiliser la population Rwandophone comme un levier pour maintenir une influence militaire et politique sur l'Est de la RDC. Les

---

[83] PORTE, J., *Macédoine du Nord : définir le modèle de développement pour préparer l'avenir*, CNL, 2022, p. 15

critiques ont été virulentes concernant la présence des réfugiés rwandais et leur rôle dans les groupes armés opérant dans cette zone. L'implication du Rwanda dans le soutien à ces groupes rebelles a fourni les accusations de colonisation économique et militaire, et la question des Rwandophones en RDC est devenue un point de friction majeur dans les relations entre les deux pays.

§4. Question des Identités et des Droits des Rwandophones en RDC

La présence rwandophone en République Démocratique du Congo constitue l'un des enjeux les plus complexes et sensibles de l'histoire politique et identitaire du pays. Bien que certaines de ces communautés soient établies depuis plusieurs générations dans l'Est congolais, elles restent, pour une partie de la population, assimilées à des groupes extérieurs, voire à des intrus, ce qui nourrit un climat de suspicion et de rejet. Cette perception a engendré une marginalisation profonde, beaucoup de Rwandophones ont été privés d'une pleine reconnaissance de leur citoyenneté et soumis à des discriminations persistantes, qu'il s'agisse de l'accès à la propriété foncière, de l'exercice des droits civils ou de la participation à la gouvernance nationale. Les conflits armés successifs et les tensions post-conflit n'ont fait qu'amplifier ces exclusions, transformant leur statut en une question centrale dans le débat sur l'appartenance nationale et l'inclusion citoyenne. [84]

Pour nombre de Rwandophones, l'identité congolaise est une réalité vécue et revendiquée, tandis que d'autres se trouvent dans une position ambiguë, tiraillés entre l'héritage rwandais et l'enracinement congolais. Ce phénomène complexe trouve ses racines dans une longue histoire de migrations, de réorganisations coloniales, de tensions ethniques et de rivalités géopolitiques. Il demeure aujourd'hui l'un des principaux points de friction dans les relations entre Kinshasa et Kigali, alimentant des tensions régionales qui exacerbent l'instabilité dans l'Est du Congo. La question de la citoyenneté, des droits politiques et de l'intégration des Rwandophones continue ainsi de représenter un défi majeur pour l'État congolais, alors que le Rwanda, pour sa part, cherche à défendre ses intérêts

---

[84] « Conflit RDC-Rwanda: l'Union européenne hésite sur sa stratégie et les mesures à adopter », in *https://www.rfi.fr/fr/afrique/20250205-conflit-rdc-rwanda-mozambique-ue-union-europ%C3%A9enne-h%C3%A9site-sur-sa-strat%C3%A9gie-mesures*, Publié le 05/02/2025, Consulté le 16/03/2025

stratégiques dans une zone qu'il perçoit comme un prolongement de son espace vital.[85]

Section 3. Transplantation des Populations Rwandaises à l'Est de la RDC par le Rwanda : Stratégies Militaires et Géopolitiques
§1. Contexte Géopolitique et Stratégique de Rwanda et l'Est de la RDC

Le Rwanda, un petit pays enclavé d'Afrique centrale, a toujours eu une vision géopolitique de l'Est de la RDC comme étant une zone d'influence stratégique, tant du point de vue économique que militaire. La région des Grands Lacs, notamment les provinces du Kivu, partage une frontière avec le Rwanda et elle est riche en ressources naturelles telles que le coltan, l'or et le cuivre, ce qui en fait une zone d'intérêt pour Kigali. Depuis le Rwanda a pris son indépendance en 1962, après le génocide de 1994, les relations entre ces deux pays ont été intensifiées par la préoccupation des populations Rwandophones en RDC et par la présence de groupes armés rwandais dans l'Est de la RDC. Le Rwandais utilisa la violence militaire, le soutien à des groupes rebelles et des politiques de migration forcée pour consolider son influence et maitriser certaines zones stratégiques en RDC.[86]

§2. Mécanismes de transplantation et prises militaires et remplacement Démographique

Le processus de transplantation des populations rwandaises à l'Est de la RDC par le Rwanda s'est intensifié après la guerre du Rwanda et le génocide de 1994. À partir de 1996, avec le soutien du Rwanda et de l'Ouganda, des rebelles congolais de l'AFDL ont renversé le régime de Mobutu Sese Seko en Zaïre, un mouvement qui a été facilité par la présence de milliers de réfugiés rwandais sur le territoire congolais.

Section 4. Soutien Rwandais aux Rebelles Congolais

Le Rwanda a soutenu divers groupes rebelles congolais pour parvenir à ses fins stratégiques, tout en mettant en place un processus de réorganisation démographique dans ces zones dominantes. Les interventions militaires ont permis à Kigali de s'assurer qu'une partie de la population Rwandophone était non

---

[85] PORTE, J., *Rwanda : un modèle de développement efficace face au défi de sa soutenabilité*, CNL, 2021, pp.1-27
[86] « RDC : Le rôle du Rwanda, l'exploitation des ressources minières et l'expansion du M23 », in *https://www.therwandan.com/fr/rdc-le-role-du-rwanda-lexploitation-des-ressources-minieres-et-lexpansion-du-m23/*, Consulté le 16/03/2025

seulement protégée, mais aussi privilégiée dans les zones récemment conquises par les rebelles.

§1. Prises Militaires et Chasses aux Populations Congolaises

Durant la Seconde Guerre du Congo, les forces armées rwandaises ont mené des offensives militaires de grande envergure dans plusieurs zones stratégiques de l'Est de la République Démocratique du Congo, parmi lesquelles Bukavu, Goma et Kisangani figuraient en première ligne. Ces opérations, bien que motivées par des objectifs militaires et sécuritaires, ont été accompagnées d'actes de répression à l'égard des populations civiles, touchant particulièrement les communautés hutus congolaises ainsi que d'autres groupes ethniques locaux.

À la suite de ces avancées militaires, d'importants mouvements de population ont été enregistrés, des milliers d'habitants congolais ont été contraints de quitter leurs terres, tandis que des installations de populations d'origine rwandaise ont été facilitées dans certaines zones considérées comme stratégiques. Ce phénomène a contribué à transformer la configuration démographique de l'Est congolais, en renforçant les tensions identitaires et en alimentant un climat d'instabilité durable. Ces dynamiques ont alimenté les tensions intercommunautaires et renforcé le sentiment d'exclusion et d'occupation chez les populations locales, contribuant à la fragilisation du tissu social dans les régions concernées. Ce processus a été réalisé de manière systématique, où les autorités militaires et administratives rwandaises ont expulsé les populations locales congolaises de certaines zones et les ont remplacées par des réfugiés rwandais ou des Rwandais venus s'y installer. Cela a permis à Kigali de renforcer son emprise sur la région.[87]

§2. M23 et la Réinstallation des Rwandophones

L'un des exemples les plus marquants de cette stratégie de transplantation a été le soutien du Rwanda au mouvement rebelle du M23 qui a éclaté en 2012 dans les provinces du Nord et Sud-Kivu. Le Mouvement du 23 Mars (M23), majoritairement constitué de Tutsis congolais, a souvent été perçu comme l'instrument d'une stratégie d'influence régionale au service des intérêts géopolitiques du Rwanda. En menant des offensives contre les forces armées congolaises et en s'emparant de plusieurs localités stratégiques, ce groupe armé a

---

[87] Report of the Mapping Exercise documenting the most serious violations of human rights and International Humanitarian Law Committed Within The Territory of the Democratic Republic of the Congo between March 1993 and June 2003, 2010, consulté le 16/03/2024

ouvert la voie à des dynamiques de reconfiguration démographique orchestrées par Kigali.

Dans les zones conquises, des mouvements de populations ont été facilités, incluant l'installation de Rwandophones qu'il s'agisse de réfugiés hutus ou de Tutsis venus du Rwanda dans une logique de consolidation du contrôle territorial. Cette politique visait deux objectifs complémentaires, d'un côté, sécuriser l'accès aux ressources minières et économiques de ces régions ; de l'autre, implanter durablement des communautés perçues comme proches du régime rwandais afin de pérenniser son influence politique et militaire dans l'Est de la RDC.

En établissant une présence Rwandophone forte dans ces espaces disputés, Kigali cherchait ainsi à redessiner les équilibres locaux à son avantage et à renforcer ses leviers d'intervention dans la région des Grands Lacs.

§3. Conséquences Sociales et Ethniques de la Transplantation

L'installation de populations rwandaises a intensifié les tensions ethniques, entre les communautés Rwandophones, perçues comme étrangères ou comme des alliés du Rwanda et les communautés congolaises locales. Cela a créé un climat de suspicion, de violence et de rejet mutuel, dans des zones déjà marquées par des rivalités ethniques complexes, comme les tensions entre les Banyamulenge (Tutsis congolais) et les Hutus congolais, mais aussi entre les Tutsis et les autres groupes ethniques congolais. Les communautés locales ont accusé les autorités rwandaises de favoriser les Rwandophones au détriment des Congolais, ce qui a conduit à des violences interethniques et à des vagues de répression contre les populations locales. Ces tensions ont aussi été empirées par les groupes armés congolais et les autorités congolaises qui ont cherché à repousser les réfugiés rwandais ou à renverser les groupes soutenus par Kigali.[88]

§4. Accusations de Colonisation et les Répercussions Politiques

Les autorités congolaises, soutenues par de nombreuses voix sur la scène internationale, dénoncent régulièrement ce qu'elles qualifient de stratégie de colonisation déguisée menée par le Rwanda. Les mouvements de populations rwandaises vers l'Est de la RDC sont perçus non comme de simples flux migratoires, mais comme des opérations planifiées d'ingénierie démographique,

---

[88] BRAECKMAN, C., « Le Rwanda et la République démocratique du Congo » in *Revue internationale et stratégique*, 2014, n° 95, pages 32-42.

visant à établir une influence pérenne sur certaines portions du territoire congolais. Dans cette optique, Kigali est accusé de favoriser l'implantation de communautés rwandophones au détriment des populations autochtones, en manipulant les dynamiques migratoires pour modifier la composition socio-ethnique de régions entières.

Ces pratiques sont interprétées à Kinshasa comme une forme d'annexion silencieuse ou de contrôle indirect, reposant sur des relais communautaires loyaux et bien ancrés localement. Le Rwanda, pour sa part, rejette catégoriquement ces accusations et affirme que ses actions se limitent à la protection de populations vulnérables, partageant des affinités culturelles et linguistiques, ou à la fourniture d'une assistance humanitaire destinée aux réfugiés en situation de détresse prolongée.

Cette divergence de perception met en lumière non seulement la persistance d'un climat de méfiance entre les deux États, mais aussi le caractère explosif du facteur identitaire dans les rivalités géopolitiques de la région des Grands Lacs.

Section 5. Transplantation des populations rwandaises à l'Est de la République Démocratique du Congo comme stratégies militaires et réinstallation des rwandophones

§1. Contexte Historique et Géopolitique de la Transplantation

Les racines de cette problématique sont profondément ancrées dans l'histoire de la région des Grands Lacs, et spécifiquement dans l'histoire des relations entre le Rwanda et la RDC. Les tensions ethniques, entre les communautés hutus et tutsis, ont traversé les frontières nationales, donnant lieu à des vagues de migrations massives, après le génocide rwandais de 1994. Le génocide a conduit à un exode massif de réfugiés hutus vers les pays voisins, et vers la RDC, anciennement le Zaïre, où des camps de réfugiés ont été installés à proximité des frontières rwandaises.[89]

---

[89] Fondation JEAN JAURÈS, « Rwanda : pourquoi son expansion dans les Kivu congolais » in *https://www.jean-jaures.org/publication/rwanda-pourquoi-son-expansion-dans-les-kivu-congolais/?utm_source=chatgpt.com,* consulté le 16/03/2024

§2. Guerre du Congo et l'Intervention Rwandaises : Une Stratégie d'Occupation et de Réinstallation

Le rôle du Rwanda dans les guerres du Congo, lors de la Première Guerre du Congo de 1996-1997 et de la Deuxième Guerre du Congo de 1998-2003, a été important dans la transplantation de populations rwandaises dans les zones de l'Est de la RDC. Après le génocide, une partie des anciens responsables militaires du régime hutu, qui avaient fui vers la RDC, ont formé des groupes armés, tels que les FDLR, qui ont continué leurs attaques contre le Rwanda depuis les forêts congolaises. En réponse, le gouvernement rwandais, dirigé par le Front Patriotique Rwandais (FPR) de Paul Kagame, a décidé d'intervenir militairement en RDC pour empêcher ces groupes de s'organiser contre le Rwanda. Dans le cadre de cette intervention, le Rwanda a soutenu plusieurs mouvements rebelles congolais, notamment le Rassemblement Congolais pour la Démocratie (RCD), qui ont pris le contrôle de certaines régions de l'Est du pays, tel que le Kivu, riche en ressources naturelles. Ces prises militaires ont été accompagnées de politiques visant à réorganiser ces zones sous le contrôle du Rwanda.

Ce processus a inclus l'installation forcée de populations Rwandophones et le remplacement de certaines populations congolaises par des Rwandais, et par le biais de réinstallations et de regroupements forcés. Les communautés rwandaises, en particulier les Tutsis, ont été placées dans les territoires conquis, en tant que gestionnaires ou administrateurs de la région. Les autorités rwandaises ont ainsi facilité l'installation de réfugiés rwandais et de populations tutsis en provenance du Rwanda, en leur offrant des terres et en les intégrant dans les structures locales, sous le contrôle de l'armée rwandaise.

§3. Exactions et Chasses aux Populations Congolaises

L'aspect le plus controversé de cette transplantation a été l'expulsion forcée des populations congolaises locales, des communautés hutus et tutsis congolais, au profit des nouvelles populations rwandaises installées dans ces régions. Des témoignages font état de violences, de massacres, de pillages et de viols commis par les forces rwandaises et les groupes rebelles qu'elles soutenaient. Ces exactions ont eu pour but de déstabiliser les populations locales, de les forcer à fuir leurs terres et de les empêcher de revenir une fois les zones contrôlées par les forces rwandaises. Ce phénomène s'est accompagné de la spoliation des terres et des biens appartenant aux congolais contraints de quitter leurs foyers. Dans plusieurs zones de l'Est de la République Démocratique du Congo, en particulier dans les provinces du Nord-Kivu et du Sud-Kivu, de nombreux habitants ont été forcés de fuir leurs villages pour échapper aux violences, trouvant refuge dans les régions montagneuses ou en traversant les frontières vers le Burundi et le Rwanda. Parallèlement, une partie des réfugiés rwandais, parmi lesquels figuraient des membres de groupes armés, s'est installée sur les terres laissées vacantes, souvent avec la complicité ou l'appui de forces extérieures.[90]

Ce processus a provoqué une transformation profonde de la démographie locale, marquée par une concentration croissante de populations rwandophones dans des zones stratégiques. Les territoires autrefois occupés par des communautés congolaises ont progressivement changé de composition, altérant l'équilibre local et donnant l'avantage à des groupes perçus comme liés aux intérêts rwandais. Cette recomposition démographique, sur fond de conflit armé et d'ingérences régionales, a ravivé de profonds ressentiments au sein des populations locales et a renforcé les tensions identitaires, foncières et politiques dans l'Est de la RDC, contribuant ainsi à une instabilité chronique dont les effets se font encore sentir aujourd'hui.

§4. Cas du M23 et les Stratégies de Réinstallation

Un exemple plus récent de cette stratégie de transplantation des populations rwandaises est la rébellion du M23, un groupe rebelle majoritairement composé de Tutsis congolais, mais soutenu par le Rwanda. Le M23 a lancé une insurrection en 2012 dans les provinces du Kivu, avec pour objectif de revendiquer des droits politiques et une plus grande représentation des Tutsis au sein du gouvernement congolais. Toutefois, les tensions initiales se sont rapidement transformées en un affrontement centré sur la maîtrise de territoires à forte valeur géopolitique et économique, notamment dans les zones riches en ressources du Nord-Kivu. Le M23, en prenant le contrôle de plusieurs localités situées autour de la ville de Goma, a été au cœur d'accusations récurrentes concernant la mise en œuvre d'une politique de réinstallation ciblée de populations rwandophones dans les territoires sous son autorité.

Plusieurs enquêtes indépendantes et rapports internationaux ont fait état de déplacements forcés de populations congolaises, contraintes de quitter leurs habitations, pendant que des réfugiés rwandais, ainsi que certaines communautés rwandophones, étaient redéployés dans des zones stratégiquement

---

[90] NTIRANDEKURA, J.-G., *Les guerres du Congo : de la première à la troisième guerre mondiale*, Paris, L'Harmattan, 2012

reconquises ou regroupés dans des camps organisés. Cette stratégie de réagencement démographique a été interprétée comme un levier de consolidation territoriale au profit d'intérêts extérieurs, en l'occurrence ceux du Rwanda, et a contribué à aggraver les tensions identitaires et les fractures sociales dans la région.[91]

§5. Rôle de l'Armée Rwandaise : Une Stratégie de Contre-insurrection et de Renforcement de l'Influence

Le rôle de l'armée rwandaise dans les dynamiques de transplantation démographique en République Démocratique du Congo a été déterminant. Engagée à plusieurs reprises dans des opérations militaires dans l'Est du pays, cette force a non seulement soutenu activement des mouvements rebelles congolais, tels que le M23, mais elle a également exercé un contrôle direct sur les zones placées sous l'autorité de ces groupes, en assurant leur occupation, leur administration et leur sécurisation. Au-delà d'un appui militaire conventionnel, l'armée rwandaise a contribué à l'organisation logistique et sécuritaire de réinstallations planifiées de populations rwandophones, facilitant l'ancrage de nouvelles communautés dans des zones stratégiques.

Cette stratégie a permis à Kigali de développer une influence indirecte mais efficace sur les structures locales de gouvernance, en plaçant des relais politiques acquis à ses intérêts ou en garantissant la protection de populations considérées comme alliées. Cette présence prolongée a donné lieu à de multiples confrontations avec les Forces armées de la République Démocratique du Congo (FARDC), aggravant l'instabilité sécuritaire et politique de la région. En orchestrant simultanément le déplacement forcé de populations congolaises et l'installation de groupes rwandophones, le Rwanda a non seulement consolidé une emprise territoriale informelle mais a également renforcé son contrôle sur les ressources naturelles de l'Est congolais, ce qui lui confère un levier géopolitique majeur dans la région des Grands Lacs.[92]

§6. Conséquences Humanitaires et Politiques de la Transplantation

Les conséquences humanitaires de ces transplantations ont été dramatiques. Des milliers de Congolais ont été déplacés de force, avec peu de

---

[91] JACQUEMOT, P., *Les conflits dans l'est de la République démocratique du Congo : Voisins cupides, groupes armés et prédation minière*, Paris, cité Malesherbes, Éditions Fondation Jean-Jaurès, 2025
[92] JACQUEMOT, P., Op.cit.

ressources pour survivre dans les conditions difficiles des camps de réfugiés ou dans les montagnes. En outre, cette politique de remplacement démographique a renforcé les divisions ethniques et politiques, entre les communautés locales et les populations Rwandophones, intensifiant les conflits interethniques et les rivalités sur les terres et les ressources. Les tensions persistantes entre le Rwanda et la RDC sont alimentées également par cette politique de transplantation. Le gouvernement congolais accuse régulièrement le Rwanda de mener des pratiques d'occupation, de colonisation et de manipulation démographique en utilisant les réfugiés Rwandais et les groupes armés soutenus pour contrôler des territoires stratégiques.

De son côté, le Rwanda considère la sécurité de son pays comme intimement liée à la stabilité de l'Est de la RDC et continue de justifier son intervention par la nécessité de neutraliser les groupes armés hostiles opérant dans la région. En s'inscrivant dans une logique d'expansion stratégique, cette politique a consolidé l'emprise du Rwanda dans une zone frontalière hautement convoitée pour ses ressources naturelles, transformant les mutations démographiques en instruments d'influence géopolitique durable. La question de ces migrations forcées et du contrôle des territoires reste un élément central des relations entre le Rwanda et la RDC, et continue de modeler la dynamique du conflit dans les Grands Lacs.

Deuxième partie

De la Balkanisation programmée de la RDC

CHAPITRE 7. REPUBLIQUE DEMOCRATIQUE DU CONGO ET LE RISQUE REEL ET PERMANENT DE LA BALKANISATION

La question de la balkanisation de la République Démocratique du Congo est l'un des enjeux géopolitiques les plus préoccupants du pays et de la région des Grands Lacs. La balkanisation désigne le processus par lequel un territoire ou un État se divise en plusieurs entités politiques plus petites, sur fond de conflits ethniques, politiques, ou militaires.[93] Dans le contexte de la RDC, la balkanisation est perçue comme un risque majeur en raison de l'instabilité prolongée à l'Est du pays, des conflits internes, et des ingérences étrangères. Bien que la balkanisation ne soit pas une réalité avérée, les éléments qui peuvent mener à ce scénario sont nombreux et complexes, impliquant des acteurs locaux, régionaux et internationaux.[94]

Section 1. Contexte historique de fragmentation et de conflits en RDC

§1. Conflits de l'Est et la Fracturation du Territoire

Depuis le début des années 1990, la région orientale de la République Démocratique du Congo s'est transformée en un théâtre de conflits prolongés. Les deux guerres du Congo, survenues respectivement entre 1996-1997 et 1998-2003, ont vu l'implication directe de puissances voisines telles que le Rwanda, l'Ouganda et le Burundi, en alliance ou en opposition avec une multitude de groupes rebelles congolais. Cette configuration a engendré une instabilité structurelle durable, marquée par des violences généralisées, des mouvements massifs de populations fuyant les affrontements, et l'émergence d'une économie informelle centrée sur l'exploitation des ressources naturelles.

Dans ce contexte, le pouvoir de l'État congolais s'est fragmenté, peinant à s'imposer dans plusieurs territoires où des acteurs armés non étatiques exercent un contrôle de facto, contribuant à l'enlisement de la crise dans une

---

[93] CORM, G., « Entre le mythe et la réalité : La balkanisation du Proche-Orient », in *Le Monde diplomatique*, 1983, pp. 2-3.
[94] MUZALIA, G., et RUKATALA, T., « « Balkanisation » de la République Démocratique du Congo : Enquête sur la longue durée des théories du complot au « Grand-Kivu » », in *https://www.gicnetwork.be/la-balkanisation-de-la-republique-democratique-du-congo/*, Consulté le 16/03/2025

dynamique d'auto-entretenue. La guerre à l'Est de la RDC a également attisé les tensions ethniques et politiques, entre les communautés locales, les Rwandophones et les autres groupes congolais, ce qui nourrit le sentiment de division et fragmente davantage le tissu social du pays.

Ces fractures ethniques et régionales sont vues par certains comme des prémices à la balkanisation de la RDC, où des régions séparatistes peuvent surgir sous prétexte de protéger des communautés ethniques ou d'exercer un contrôle sur des ressources naturelles convoitées.

§2. Ingérences étrangères et risque de balkanisation

L'ingérence extérieure, comme celle du Rwanda et de l'Ouganda, a nourri la guerre et la fragmentation du pays. Le Rwanda, soutient les groupes rebelles à l'Est du Congo, son armée a largement participé à la prise de grands territoires et villes, pour assurer son influence dans la région et garantir l'accès aux ressources naturelles de la RDC. Les guerres successives ont été envenimées par des intérêts géopolitiques régionaux, qui ont vu la RDC comme un terrain de rivalité et de compétition pour les ressources minières. La présence de réfugiés et de groupes armés rwandais dans l'Est de la RDC, après le génocide rwandais de 1994, a également contribué à renforcer la division ethnique, avec des tensions croissantes entre les populations congolaises et rwandophones, notamment les Tutsis congolais.[95]

Certaines factions locales de l'Est du pays ont vu leur avenir politique lié à des puissances voisines, ce qui a accentué les appels à une autonomie accrue ou à une sécession des provinces de l'Est, du Nord-Kivu, du Sud-Kivu et de l'Ituri. Ces provinces sont riches en minéraux comme le coltan, l'or et le cobalt, dont la gestion et le contrôle ont été des facteurs déterminants dans les affrontements et la déstabilisation. En conséquence, certains analystes estiment que la présence de forces étrangères, les alliances avec des groupes rebelles, et les pressions internes peuvent faciliter une balkanisation de la RDC, où plusieurs provinces peuvent chercher à s'autonomiser ou à se rapprocher de pays voisins en fonction de leurs intérêts ethniques, économiques ou politiques.[96]

---

[95] VERWEIJEN, J., *Une instabilité stable*, Londres, Royaume-Uni, édition Rift Valley Institute, 2016

[96] KAMBALE NYANGASA, « Groupes armés et défis de la consolidation de la paix en République Démocratique du Congo », in *Revue International Journal of Innovation and Applied Studies*, n°1, 2020, pp. 1-12

§3. Appel à l'Autonomie et à la Sécession

Dans l'Est de la République Démocratique du Congo, les revendications autonomistes, voire séparatistes, se sont renforcées au fil des années.

Portés par des leaders communautaires et politiques locaux, ces mouvements expriment une profonde désaffection à l'égard d'un État perçu comme excessivement centralisé et structurellement incapable de gérer la complexité ethnique, les rivalités internes et les aspirations économiques régionales. La mainmise persistante de groupes armés et d'intérêts extérieurs sur les ressources naturelles locales ne fait qu'amplifier ce sentiment d'exclusion et de relégation. La multiplication de ces revendications illustre ainsi un rejet croissant de l'autorité centrale, nourri par une gouvernance défaillante et un déséquilibre profond dans la distribution du pouvoir et des richesses.

La préoccupation de la sécession ou de l'autonomie a été formulée plus explicitement après des épisodes de violences, comme les rébellions du M23, qui ont exigé une plus grande reconnaissance politique et une plus grande autonomie pour les Tutsis et d'autres groupes rwandophones dans l'Est du pays. Ces mouvements, qui revendiquent parfois l'indépendance ou une plus grande autonomie pour les provinces du Kivu, voient dans la décentralisation du pouvoir une solution pour résoudre les conflits internes et donner aux régions riches en ressources naturelles une plus grande capacité à exploiter et gérer ces ressources sans ingérence extérieure.[97]

§4. Facteurs et Conséquences du risque de balkanisation de la RDC

Le risque de balkanisation de la RDC repose sur plusieurs facteurs, de l'absence de contrôle effectif sur tout le territoire, en particulier dans l'Est, a créé un vide de pouvoir qui permet aux groupes armés et aux puissances étrangères de manipuler les dynamiques locales ; les tensions entre différentes communautés, comme les Hutus, Tutsis, Luba, et autres groupes, ont conduit à des divisions profondes qui rendent difficile la construction d'une nation unifiée ; le rôle de pays tels que le Rwanda et l'Ouganda, qui soutiennent certains groupes armés, a avivé la situation et nourri les revendications de séparatisme dans certaines régions et l'accès aux minéraux stratégiques et la compétition pour les ressources naturelles renforcent l'instabilité et encouragent les acteurs locaux à

---

[97] CLARYS, J., « République Démocratique du Congo – Rwanda – Ouganda : Que dit le dernier rapport de l'ONU ? », in *Jeunes IHEDN*, 2024

revendiquer un contrôle territorial. Les conséquences d'une telle balkanisation seraient dramatiques non seulement pour la RDC mais pour toute la région des Grands Lacs. La division du pays causerait un affaiblissement de son pouvoir central, une intensification des conflits interethniques, un afflux de réfugiés et une escalade de la violence.

Les pays voisins, qui ont été impliqués dans les conflits internes congolais, risqueraient également d'être affectés par la propagation de l'instabilité. La prévention des conflits identitaires passe également par l'instauration de mécanismes durables de dialogue intercommunautaire et de réconciliation nationale. Par ailleurs, la mise en œuvre d'une politique de gestion transparente et équitable des ressources naturelles, couplée à un dispositif efficace de contrôle des frontières, s'avère essentielle pour préserver l'unité territoriale du pays et éviter l'émergence de dynamiques sécessionnistes alimentées par des acteurs internes ou externes. Les acteurs régionaux et internationaux doivent soutenir les efforts du gouvernement congolais tout en favorisant une approche de paix durable et inclusive dans l'ensemble du pays.[98]

Section 2. Causes et conséquences de la déstabilisation interne et de la balkanisation

La RDC est un pays dont la déstabilisation interne est approvisionnée par des causes profondes et des facteurs multidimensionnels. Parmi ces causes, la balkanisation, est un processus de fragmentation politique et géographique du pays, représente un risque majeur pour l'intégrité territoriale et la souveraineté de l'État congolais. La balkanisation est envisagée comme la conséquence de plusieurs décennies de conflits internes, de mauvaise gouvernance, d'ingérences extérieures, de divisions ethniques et de luttes pour le contrôle des ressources naturelles.

§1. Causes de la déstabilisation et de la balkanisation en RDC

1.1. Faiblesse de l'État et la gouvernance centralisée

La RDC, qui a accédé à l'indépendance en 1960, n'a jamais véritablement réussi à consolider un État centralisé et unifié. Depuis son accession à l'indépendance, la République Démocratique du Congo s'est construite sur un modèle de gouvernance marqué par une forte centralisation, qui a atteint son apogée sous le régime de Mobutu Sese Seko de 1965-1997. Durant cette période,

---

[98] CLARYS, J., Op.cit.

le pouvoir exécutif exerçait un contrôle autoritaire sur l'ensemble des affaires nationales, sans toutefois parvenir à asseoir une légitimité durable dans de nombreuses régions éloignées du centre politique. Cette hypercentralisation, couplée à une corruption profondément enracinée, a fragilisé le maillage institutionnel local et entraîné un affaiblissement progressif des structures administratives, ouvrant la voie à l'émergence de pouvoirs parallèles, souvent incarnés par des milices, des groupes armés ou des élites régionales. Ce vide institutionnel a accentué les fractures communautaires et territoriales, alimentant des tensions qui n'ont cessé de s'aggraver avec le temps. La chute du régime mobutiste, suivie des tentatives de transition démocratique, n'a pas suffi à inverser cette dynamique de délitement étatique. Les rivalités internes pour le contrôle du pouvoir, les déséquilibres socio-économiques persistants et les tentatives récurrentes de recentralisation opérées depuis Kinshasa ont entretenu un climat d'instabilité chronique. Cette fragilité institutionnelle demeure particulièrement manifeste dans les régions orientales, où l'autorité de l'État continue de se heurter à des forces locales autonomes, compromettant ainsi la consolidation d'un véritable État de droit et d'une gouvernance inclusive.

a) Conflits ethniques et marginalisation des groupes locaux

La République Démocratique du Congo se distingue par une diversité ethnolinguistique remarquable, rassemblant plus de deux cents communautés réparties sur l'ensemble de son vaste territoire. Si cette pluralité constitue en théorie une richesse culturelle considérable, elle s'est révélée être un facteur de tensions structurelles, exaspérées par des rivalités persistantes entre groupes perçus comme dominants et minoritaires, ainsi que par des conflits liés au foncier et aux questions de territorialité. L'histoire politique du pays a été profondément façonnée par une instrumentalisation opportuniste de l'ethnicité au service de la conquête ou du maintien du pouvoir, dans un contexte marqué par l'absence de mécanismes efficaces d'inclusion, de représentation équilibrée et de reconnaissance mutuelle des différentes composantes de la nation. Certaines communautés, à l'image des Tutsis du Kivu, ont tour à tour été marginalisées ou assimilées à des relais d'intérêts politiques étrangers, une perception qui a renforcé les clivages identitaires et alimenté des logiques de méfiance et de conflit récurrentes dans l'Est du pays.[99]

---

[99] MUZALIA, G., et RUKATA, T., *La Balkanisation de la République Démocratique du Congo : Enquête sur la longue durée des théories du complot au 'Grand-Kivu*, Bruxelles, Belgique, Groupe d'Intervention et d'Innovation pour le Congo, 2022

Cette fragmentation sociopolitique, aggravée par l'échec des politiques d'intégration nationale, demeure l'un des défis majeurs pour la construction d'un État congolais véritablement unifié et inclusif. La présence de groupes armés représentant certains groupes ethniques, par exemple, les Forces Démocratiques de Libération du Rwanda, ou FDLR a aggravé la situation, car ces groupes ont revendiqué des droits et une autonomie, avec le soutien d'acteurs étrangers.

Ces dynamiques ont donné lieu à des revendications séparatistes ou autonomistes dans certaines régions, empirant le risque de fragmentation du pays.

b) Conflits Armés et les Groupes Rebelles

Depuis la fin des années 1990, l'Est de la République Démocratique du Congo est devenu le théâtre central de crises récurrentes, nourrissant une instabilité chronique et accélérant un processus de fragmentation territoriale souvent interprété comme une dynamique de balkanisation. Les deux guerres majeures qu'a connues le pays, la première entre 1996 et 1997, suivie de la seconde entre 1998 et 2003 ont été marquées par l'implication active de puissances régionales telles que le Rwanda, l'Ouganda et le Burundi. Leurs interventions militaires, diplomatiques et économiques ont profondément redéfini les rapports de force internes, déstabilisant davantage les structures étatiques congolaises et favorisant l'émergence d'acteurs armés locaux et transnationaux qui ont durablement transformé la géopolitique de la région.

Ces ingérences ont non seulement exacerbé les conflits existants, mais ont aussi facilité l'émergence de groupes rebelles congolais contrôlant des portions entières du territoire, souvent sur fond de tensions identitaires ou de compétitions pour l'accès aux ressources naturelles. Des formations armées comme le M23 ou les ADF (Forces Démocratiques Alliées) ont ainsi joué un rôle déterminant dans la déstabilisation de certaines zones stratégiques, mêlant revendications politiques à des stratégies d'exploitation économique. Leur ancrage dans des régions riches en minerais notamment le coltan, l'or ou le cobalt, les a rendus d'autant plus influents, d'autant qu'ils ont parfois bénéficié d'appuis extérieurs ou de complicités locales liées à des intérêts géoéconomiques ou sécuritaires régionaux.[100]

---

[100]KITUTU, S., « RDC, Terre à Partager : Les Enjeux de la Balkanisation », in *https://fatshimetrie.org/blog/2024/10/11/rdc-terre-a-partager-les-enjeux-de-la-balkanisation-explores-par-stephane-kitutu/*, 2024, Consulté le 17/03/2024

c) Ressources naturelles et convoitise Internationale

Les ressources naturelles abondantes de la République Démocratique du Congo figurent parmi les facteurs centraux de son instabilité structurelle et de la menace persistante de balkanisation. Le sous-sol congolais recèle une abondance de minerais stratégiques comme coltan, cuivre, cobalt, or ou encore diamants qui attisent la convoitise d'une multitude d'acteurs, qu'ils soient nationaux, régionaux ou internationaux. Cette richesse, loin de se traduire par un moteur de développement, a souvent constitué une source d'instabilité, favorisant l'émergence de zones grises échappant totalement au contrôle de l'État.

Dans ces territoires, des groupes armés congolais et transnationaux ont instauré des réseaux d'exploitation illégale, privant les communautés locales déjà fragilisées des bénéfices liés à ces ressources. Des puissances régionales, telles que le Rwanda et l'Ouganda, ont régulièrement été accusées de soutenir ces milices opérant dans l'Est de la RDC, animées en grande partie par l'accès aux gisements miniers et le contrôle des flux commerciaux associés. Cette stratégie de prédation économique et territoriale a permis à certains groupes rebelles de consolider leur emprise, à la fois militaire et politique, sur des provinces entières. En conséquence, la lutte pour l'appropriation des ressources naturelles a non seulement amplifié les dynamiques de guerre, mais a également nourri des tendances centrifuges fragilisant l'unité nationale et compromettant les initiatives de stabilisation et de reconstruction durable.[101]

d) Ingérences étrangères et influence de la région

L'ingérence des États voisins, notamment du Rwanda, de l'Ouganda et du Burundi, a largement contribué à la déstabilisation interne de la République Démocratique du Congo. Ces puissances régionales sont régulièrement accusées d'avoir apporté un appui, direct ou indirect, à divers groupes armés opérant dans l'Est du pays, dans une stratégie visant à contrôler les ressources stratégiques ou à exercer une influence géopolitique sur Kinshasa. Cette interventionnisme transfrontalier a complexifié les efforts de résolution du conflit congolais, en superposant aux tensions internes existantes ethniques, politiques et territoriales des rivalités régionales aux enjeux économiques considérables. La porosité des frontières, combinée à l'enchevêtrement des réseaux commerciaux et à l'absence

---

[101] KENGE MUKINAYI, D., « Pistes de solution à la crise sécuritaire de l'est de la République démocratique du Congo », in Études caribéennes, Décembre 2023, URL : *http://journals.openedition.org/etudescaribeennes/29430*; DOI *https://doi.org/10.4000/etudescaribeennes.29430*, Consulté le 16 mars 2025.

d'un dispositif de gouvernance sécuritaire solide, a consolidé un environnement propice à l'instabilité chronique. Dans ce contexte, les fractures identitaires, les luttes de pouvoir et les conflits territoriaux se sont accentués, transformant l'Est du Congo en un espace où s'entremêlent guerres d'influence, compétition économique et instrumentalisation des clivages communautaires.

§2. Conséquences de la Balkanisation en RDC

2.1. Affaiblissement de l'unité nationale et la perte de territoire

L'un des résultats les plus visibles de la balkanisation en RDC serait l'affaiblissement de l'unité nationale et de la cohésion territoriale du pays. L'Émergence de zones sous contrôle de groupes armés ou d'acteurs étrangers peut conduire une véritable perte de territoires importants, dans les régions de l'Est Nord-Kivu, Sud-Kivu, et Ituri. Les provinces de la République Démocratique du Congo riches en ressources naturelles apparaissent particulièrement exposées à des dynamiques de fragmentation territoriale, rappelant celles observées dans d'autres États fragiles du continent africain. Dans ces contextes, des régions, soutenues par des élites locales et appuyées par des puissances extérieures, en viennent à formuler des revendications d'autonomie accrue, voire d'indépendance.

Une telle évolution risquerait de conduire à la formation de républiques sécessionnistes ou d'entités à statut spécial, implantées dans des zones hautement stratégiques en raison de leur potentiel économique. Ce scénario, en affaiblissant l'autorité centrale, compromettrait la cohésion nationale et mettrait en péril la gestion souveraine des ressources stratégiques du pays. Ce scénario compromettrait sérieusement l'unité nationale, risquant de transformer la République Démocratique du Congo en un archipel d'entités politiques désarticulées, avec des conséquences majeures sur sa stabilité interne, sa cohésion territoriale et l'exercice effectif de sa souveraineté.[102]

§3. Conséquences humanitaires dévastatrices et instabilité politique à long terme

La balkanisation entrainerait des conséquences humanitaires dramatiques. Les conflits interethniques, les luttes pour les ressources et

---

[102] MERSI MBABE, B., « Du Quasi-Etat a l'Etat défaillant : la balkanisation de la République Démocratique du Congo - une option par défaut », in *International Journal of Innovation and Applied Studies*, n°4, 2019, pp. 1308-1314

l'instabilité politique provoqueraient un nombre important de réfugiés et de déplacés internes, dans l'Est du pays. Les populations locales, déjà fragilisées par des années de guerre, de violence et de pauvreté, subiraient de plein fouet les conséquences des déplacements forcés, des massacres, des viols et des violations des droits humains. Dans un contexte de fragmentation accrue, les groupes ethniques historiquement marginalisés courent le risque d'être pris pour cibles par des factions armées, ce qui aggraverait les tensions communautaires et nourrirait davantage l'instabilité nationale. Une telle détérioration de la sécurité contribuerait à une recrudescence de la pauvreté, à des atteintes graves aux droits humains, et à une dégradation généralisée des conditions de vie, renforçant par conséquent la dépendance structurelle du pays à l'assistance humanitaire internationale. Ce processus de balkanisation pourrait également plonger la République Démocratique du Congo dans une crise politique durable. En l'absence d'une autorité centrale légitime et d'une gouvernance apte à résoudre les conflits internes, le vide institutionnel risquerait d'être occupé par des entités non étatiques, donnant lieu à l'émergence de pouvoirs parallèles dirigés par des groupes armés ou des chefs de guerre aux ambitions territoriales. Cette situation peut favoriser l'émergence de nouvelles cliques politiques ou de factions concurrentes cherchant à prendre le contrôle de territoires stratégiques. Cela compliquerait toute tentative de transition démocratique et d'établissement d'un État de droit, car la RDC serait plongée dans une lutte incessante pour le pouvoir à l'intérieur du pays.[103]

§4. Menace pour la paix et la sécurité régionale

La fragmentation de la RDC aurait des répercussions régionales importantes. La déstabilisation du pays induirait probablement une propagation des conflits dans les pays voisins, tels que le Rwanda, l'Ouganda, le Burundi et même le Soudan du Sud. Les affrontements interethniques, la prolifération des armes et les groupes armés en RDC auraient un effet de contagion, menaçant la stabilité de toute la région des Grands Lacs. La balkanisation de la RDC représente une menace grave non seulement pour le pays lui-même, mais aussi pour la stabilité de toute la région. À défaut d'une intervention efficace, les facteurs actuels d'instabilité pourraient aboutir à une désintégration progressive

---

[103] MUZALIA, G., and RUKATA, T., *The Balkanization of the Democratic Republic of the Congo : Heated debates and conspiracy theories in greater Kivu area*, Ghent, Ghent University, Belgium, 2022

de la République Démocratique du Congo, tant sur les plans territorial que politique et économique.

Pour prévenir une telle issue, il devient essentiel que la communauté internationale s'engage de manière plus résolue dans un accompagnement structurant du processus de réconciliation nationale, en contribuant au renforcement des capacités institutionnelles de l'État congolais. Cela implique également la promotion de mécanismes de résolution pacifique des conflits internes, la cessation des ingérences extérieures et l'instauration d'une gouvernance transparente et équitable des ressources naturelles, condition sine qua non pour restaurer la stabilité et garantir la souveraineté du pays.[104]

Section 3. Kivu, Ituri et grand Katanga illustration d'une fragmentation politique et sociale en RDC

§1. Grand Kivu comme champ de conflits

Les provinces du Nord-Kivu et du Sud-Kivu, situées à l'est de la RDC, sont des épicentres des conflits internes et des rivalités ethniques. La région est marquée par une histoire de fragmentation sociale où les tensions entre les groupes ethniques sont exaspérées par les luttes pour le contrôle des ressources naturelles et les interventions des puissances voisines, notamment le Rwanda et l'Ouganda.[105]

a) Conflits ethniques et rivalités locales

Le Kivu est une région où plusieurs groupes ethniques coexistent, dont les Banyamulenge, les Hutus, les Tutsis, et d'autres groupes autochtones comme les Bashi ou les Nande. Cependant, cette diversité ethnique a été source de tensions, en partie à cause des rivalités historiques, mais aussi de la façon dont l'État fondateur a géré ces relations. Les tensions se sont intensifiées dans les années 1990 avec l'arrivée de milliers de réfugiés hutus fuyant le génocide rwandais de 1994, ce qui a fait augmenter les tensions entre les communautés congolaises et rwandophones. L'ethnicisassions de la politique dans la région, où la question de l'identité ethnique a primé sur la citoyenneté, a accentué ces divisions. Les Tutsis congolais, ont été perçus par certains groupes comme des

---

[104] MUZALIA, G., and RUKATA, T., op.cit.
[105] VUMILIA KAHINDO, *La dynamique des conflits ethniques au Nord-Kivu : une réflexion sociologique*, Paris, France, Afrique Contemporaine, 2003, pp. 147-162

alliés du Rwanda, créant un fossé qui a été exploité par des acteurs locaux et étrangers[106].

b) Groupes Armés et la Prise de Contrôle du Territoire

Le contrôle des ressources naturelles a aussi joué un rôle prépondérant dans la fragmentation politique et sociale du Kivu. Les gisements de coltan, or, et cobalt ont attiré l'attention des groupes armés locaux et étrangers, qui se sont battus pour prendre le contrôle de ces ressources. Des groupes tels que les FDLR (Forces Démocratiques de Libération du Rwanda), le M23 et d'autres factions ont mené des guerres locales pour dominer les zones minières, ce qui a encore fragilisé la société civile et la capacité de l'État à instaurer l'ordre.

De plus, ces groupes armés ont largement contribué à la déstabilisation de la région en pratiquant des violences de masse comme violences sexuelles, meurtres, destruction de villages et déplacements massifs de populations.[107]

c) Mobilisation Communautaire et la Quête d'Autonomie

Dans un climat de défiance croissante à l'égard de l'autorité centrale, certaines communautés ont entrepris de revendiquer une plus grande autonomie en marge du pouvoir étatique congolais. Le mouvement rebelle du M23 s'est ainsi illustré comme l'un des acteurs les plus emblématiques de cette dynamique, en se positionnant comme le défenseur des intérêts des Tutsis congolais, qu'il estimait marginalisés au sein des structures politico-administratives nationales. Les revendications de ce groupe s'inscrivent dans une quête d'autodétermination politique et de gouvernance locale, motivée notamment par la volonté d'un accès plus juste aux ressources naturelles et d'un contrôle accru sur les territoires. Toutefois, cette poussée autonomiste a eu pour effet collatéral de raviver les clivages ethniques et les fractures régionales, exacerbant ainsi les risques de fragmentation du pays.

§2. Conflits interethniques et ressources naturelles en Ituri

Située dans le nord-est de la République Démocratique du Congo, la province de l'Ituri illustre de manière frappante les dynamiques de fragmentation

---

[106]VUMILIA KAHINDO, op.cit.
[107] WILLAME, J-C., *Le Kivu dans la guerre : acteurs et enjeux*, Paris, France, L'Harmattan, 1997.

sociopolitique. Cette région a été profondément secouée par des violences interethniques opposant principalement les communautés Hema et Lendu, engagées depuis longtemps dans une rivalité acharnée pour le contrôle des terres fertiles et des ressources minières locales. Si les tensions entre ces deux groupes remontent à plusieurs décennies, elles ont atteint un point critique à la fin des années 1990 et au début des années 2000, s'inscrivant dans un contexte de conflits armés plus larges touchant l'ensemble de l'Est congolais.

La richesse de l'Ituri, tant par ses gisements miniers que par son potentiel agricole, a joué un rôle central dans la polarisation des antagonismes. L'ingérence de puissances extérieures, en particulier du Rwanda et de l'Ouganda, a accentué cette situation en soutenant certaines milices locales dans le cadre d'une stratégie de projection d'influence régionale. Ces interventions ont non seulement intensifié la militarisation des rivalités ethniques, mais elles ont également favorisé l'émergence de dynamiques transfrontalières complexes, rendant le processus de pacification durablement fragile et difficile à mettre en œuvre.

§3. Conséquences de la fragmentation sociale et politique en RDC

Le conflit armé qui a ravagé la province de l'Ituri a entraîné des déplacements massifs de population, des massacres d'une ampleur dramatique et de graves violations du droit international humanitaire, provoquant un effondrement profond du tissu social local. La cohésion intercommunautaire s'est disloquée, chaque groupe ethnique se retranchant dans une logique de survie, marquée par la méfiance, l'hostilité et la volonté d'autoprotection. Dans ce climat de violence et de peur, l'appartenance ethnique est devenue le principal facteur d'identification et un marqueur de positionnement social et politique, redéfinissant les rapports entre communautés sur un mode exclusif et conflictuel. Ce repli identitaire a amplifié les processus de fragmentation, aggravant les clivages intercommunautaires et réduisant les perspectives de réconciliation à long terme. La conséquence en est une désagrégation de l'unité sociale, où la méfiance mutuelle entre groupes ethniques s'est installée durablement, tandis que l'administration locale comme l'État central sont largement perçus comme impuissants à restaurer la paix et à apporter des solutions efficaces aux causes profondes du conflit.[108]

---

[108] Haut-Commissariat des Nations Unies pour les Réfugiés, « Le génocide rwandais et ses répercussions », Genève, Suisse, 2000

a) Haut-Katanga et Lualaba province autonomiste et richesse minérale

Le Katanga, aujourd'hui scindé en Haut-Katanga et Lualaba, incarne l'une des régions les plus stratégiques de la République Démocratique du Congo, en raison de l'abondance de ses ressources minérales telles que le cuivre, le cobalt et le diamant. Cette richesse exceptionnelle a attisé l'intérêt d'acteurs internationaux et de groupes armés locaux, tout en exacerbant des tensions internes autour de la gouvernance, de la redistribution des revenus miniers et du contrôle des gisements. Dès les premières années de l'indépendance, le Katanga s'est affirmé comme un foyer d'aspirations autonomistes, illustré par la sécession menée par Moïse Tshombe au début des années 1960. Bien que cette tentative ait été étouffée par le pouvoir central, l'idée d'un contrôle local sur les ressources stratégiques est demeurée profondément ancrée dans l'imaginaire politique régional. L'augmentation des investissements étrangers dans l'exploitation du cuivre et du cobalt, amplifiée par la mise en valeur de gisements de portée mondiale, a intensifié les rivalités internes pour le partage des bénéfices. Les autorités locales ont été régulièrement accusées de gestion opaque et prédatrice, détournant les retombées économiques au profit d'une élite restreinte, ce qui a creusé les inégalités sociales et alimenté le mécontentement des populations locales. Ces communautés riveraines, souvent marginalisées et exclues des retombées économiques, nourrissent un sentiment d'exclusion et de frustration croissante. Face à l'enrichissement d'une élite politico-économique et à la domination des multinationales dans les filières minières, les revendications en faveur d'un plus grand pouvoir régional et d'une redistribution équitable des ressources se sont amplifiées, donnant une nouvelle vigueur aux discours autonomistes et aux tensions sociales dans la région. Cette situation du Katanga, tout comme celles du Kivu et de l'Ituri, illustre la profonde fragmentation politique et sociale qui mine la République Démocratique du Congo.

L'État central peine à imposer son autorité sur les provinces, affaibli par des insurrections locales, des gouvernances provinciales défaillantes et un manque de politiques inclusives. Cette fragmentation se traduit par des violences interethniques, des conflits entre communautés et des déplacements massifs de populations. La maîtrise des ressources naturelles demeure un facteur de tensions permanentes, nourrissant la compétition entre acteurs nationaux et étrangers avides de profits stratégiques. Si ces dynamiques autonomistes et séparatistes ne sont pas contenues, elles risquent d'éroder progressivement l'intégrité territoriale et l'unité nationale. La République Démocratique du Congo fait ainsi face à un processus de dislocation sociopolitique nourri par les antagonismes identitaires, la lutte pour le contrôle des richesses du sous-sol et les interférences extérieures répétées. Cette combinaison de facteurs représente une menace sérieuse pour la cohésion nationale et complique toute tentative de reconstruction d'un État congolais stable, souverain et véritablement pacifié.[109]

Section 4. Groupes armés locaux en République Démocratique du Congo et leur impact sur l'unité nationale

§1. Origines et types de groupes armés locaux en RDC

a) Groupes ethniques armés

De nombreux groupes armés en RDC sont formés autour de clivages ethniques et communautaires. La diversité ethnique de la RDC plus de 200 groupes ethniques a été un terrain fertile pour l'émergence de groupes locaux qui se perçoivent comme les défenseurs de leurs communautés contre d'autres groupes ou contre l'État. Les affrontements entre groupes armés dans l'est de la République Démocratique du Congo s'enracinent dans des rivalités anciennes, souvent exacerbées par l'héritage colonial et les logiques de discrimination ethnique persistantes. Dans la région du Kivu, l'émergence du M23 un mouvement armé majoritairement composé de Tutsis congolais s'inscrit dans ce contexte de marginalisation perçue et d'influences extérieures, notamment celle du Rwanda.

Ce groupe a justifié son action militaire par la nécessité de défendre les communautés tutsies locales, tout en occupant des zones stratégiques riches en ressources. Parallèlement, le FDLR organisation armée à dominante hutue constitue l'un des autres vecteurs de la dynamique conflictuelle, étant régulièrement accusé de violences ciblées contre les populations tutsies. En Ituri, l'affrontement entre les communautés Hema et Lendu illustre avec force la dimension profondément ethnique que peuvent revêtir les conflits armés dans l'Est de la République Démocratique du Congo. Nourrie par des rivalités foncières et par la lutte pour l'exploitation des ressources naturelles, cette confrontation a provoqué une crise humanitaire d'une ampleur dramatique, marquée par des massacres intercommunautaires, des violences ciblées et des déplacements massifs de civils. Ces dynamiques montrent comment les tensions identitaires, loin d'être uniquement d'ordre communautaire, sont souvent

---

[109] NGOIE TSHIBAMBE, G., *Identités, ressources naturelles et conflits en RDC, Défis méthodologiques et voies de sortie ?*, Paris, L'Harmattan, 2013

instrumentalisées par des acteurs politiques, économiques ou armés dans une logique de contrôle territorial et d'accaparement des richesses stratégiques.[110]

b) Groupes armés autonomistes ou politiques

En République Démocratique du Congo, plusieurs groupes armés d'envergure locale se sont constitués autour de revendications politiques, souvent articulées autour de la quête d'autonomie ou d'indépendance régionale. Ces formations contestataires expriment une volonté d'autogestion, voire de rupture vis-à-vis de l'autorité étatique centrale, qu'elles accusent d'iniquité et de mauvaise gouvernance. Dans des provinces telles que le Haut-Katanga et le Lualaba, où les tensions autour de l'exploitation minière sont profondément enracinées, des mouvements à caractère autonomiste ont émergé, animés par la volonté de reprendre le contrôle des ressources locales. Le Katanga, plus particulièrement, demeure marqué par l'héritage d'une longue centralisation autoritaire de ses richesses, ce qui a alimenté un sentiment durable de frustration et de méfiance vis-à-vis du pouvoir central.

C'est dans ce contexte qu'ont vu le jour diverses milices, notamment les groupes Maï-Maï, porteurs d'un discours centré sur la défense des intérêts régionaux contre un État perçu comme accapareur et déconnecté des réalités locales. Si ces milices bénéficient parfois d'une certaine légitimité auprès des populations qui les considèrent comme des instruments de protection face aux injustices économiques, elles contribuent simultanément à la désagrégation de l'ordre public. En cherchant à imposer leur propre autorité sur les territoires et les ressources, elles aggravent les tensions locales et participent à l'instabilité chronique qui fragilise la région, en opposant régulièrement la logique de résistance communautaire à l'autorité de l'État.[111]

§2. Conséquences de la prolifération des groupes armés locaux sur l'unité nationale

La multiplication des groupes armés d'enracinement local en République Démocratique du Congo a profondément érodé l'autorité de l'État central, désormais incapable d'assurer un contrôle effectif et durable sur l'ensemble du territoire national. Minée par des divisions internes, soumise à de

---

[110] MUSAMBA, J., & GOBBERS, E., *Groupes armés contrôle territorial, conflits fonciers et exploitation aurifère à Djugu, Ituri, République Démocratique du Congo*, Anvers, IPIS, 2023
[111] THAMBA THAMBA, R., Financement des groupes armés et gouvernance démocratique en République Démocratique du Congo, in *Afrique et développement*, n°2, 2019, pp. 77-97

multiples ingérences étrangères, et incapable de garantir la sécurité dans plusieurs régions clés, l'administration congolaise apparaît, aux yeux de nombreuses populations locales, comme défaillante, voire inexistante dans les zones les plus instables. Les forces de sécurité nationale, en particulier les FARDC, se heurtent à des limites opérationnelles récurrentes face à la montée en puissance et à la résilience des milices locales. L'Est du pays, en particulier, échappe largement à la souveraineté effective de Kinshasa, avec une mosaïque de groupes armés concurrents se disputant le contrôle des territoires et des ressources.

Ce morcellement sécuritaire crée un vide de gouvernance, dans lequel s'engouffrent des puissances étrangères comme le Rwanda ou l'Ouganda, qui soutiennent certaines factions armées selon leurs intérêts géostratégiques. Cette dynamique de fragmentation nourrit une crise de légitimité du pouvoir central et accélère la perte de cohésion nationale, affaiblissant davantage les fondements de l'État congolais.[112] Les milices locales contribuent activement à la dynamique de l'ethnicisation des conflits en République Démocratique du Congo, en consolidant des clivages identitaires et en exacerbant les tensions intercommunautaires.

En légitimant leurs revendications politiques ou territoriales sur la base de l'appartenance ethnique, ces groupes imposent une lecture exclusive de l'espace et du pouvoir, où certaines communautés sont perçues comme ayant plus de droits que d'autres. Ce processus entretient une dynamique d'exclusion et de rivalité identitaire qui affaiblit profondément la cohésion nationale et transforme de simples tensions locales en fractures structurelles au sein de la société congolaise. Les antagonismes entre groupes ethniques, tels que les affrontements récurrents entre Tutsis et Hutus dans le Kivu, ont non seulement aggravé les divisions au sein des communautés concernées, mais ont également eu des répercussions sur l'ensemble du pays. Cette polarisation ethnique compromet les initiatives de réconciliation et entrave la construction d'une identité nationale capable de transcender les clivages communautaires et régionaux.[113]

Au contraire, cela nourrit un climat de suspicion et de peur entre les différentes communautés, et chaque groupe armé cherche à protéger ses intérêts au détriment de l'intérêt général du pays. Les milices locales se livrent à une lutte acharnée pour le contrôle des gisements stratégiques que recèle la RDC,

---

[112] BERGHEZAN, G., « Est du Congo, à qui profite la prolifération des groupes armés », in *grip/est-du-congo-a-qui-profite-la-proliferation-de-groupes-armes/,* Consulté le 17/03/2025
[113] BERGHEZAN, G., Op.cit.

notamment le coltan, l'or, le cobalt et les diamants. Ces zones à haute valeur économique sont devenues l'épicentre d'affrontements persistants, où l'exploitation illégale des ressources alimente les capacités de financement des factions armées. Le contrôle des sites miniers constitue désormais un objectif militaire autant qu'un levier de pouvoir, instaurant une spirale infernale dans laquelle l'avidité pour les richesses souterraines intensifie les conflits, et la persistance de la violence bloque toute perspective de développement durable. Cette dynamique affecte gravement l'unité nationale, l'extraction des ressources se fait sans cadre cohérent ni redistribution équitable, maintenant les populations locales dans une extrême vulnérabilité.[114]

§3. Réponses et perspectives pour restaurer l'unité nationale

La situation actuelle en République Démocratique du Congo démontre que l'unité nationale demeure un objectif difficilement atteignable tant que la prolifération des groupes armés locaux continue de nourrir et d'exacerber les fractures politiques, ethniques et sociales. Pour inverser cette dynamique, une combinaison de mesures s'avère indispensable. Le renforcement des institutions étatiques, la réorganisation et le déploiement effectif des forces de sécurité sur l'ensemble du territoire, ainsi qu'une gestion transparente et équitable des ressources naturelles apparaissent comme des leviers fondamentaux. Ces actions visent à restaurer l'autorité de l'État, à réduire l'emprise des acteurs armés non étatiques et à rétablir un climat de confiance entre les populations et le pouvoir central.

Dans cette optique, la mise en œuvre d'un programme crédible de désarmement, de démobilisation et de réinsertion sociale des ex-combattants s'impose comme un préalable indispensable à la stabilisation durable. Par ailleurs, l'ouverture d'un dialogue inclusif, à la fois sur le plan national et régional, intégrant l'ensemble des parties prenantes, notamment les communautés affectées, peut offrir un cadre propice à l'atténuation des tensions identitaires et politiques. Une telle démarche, fondée sur la concertation et la justice, est de nature à favoriser une dynamique de réconciliation, condition sine qua non au renforcement du tissu national et à la reconstruction d'une République unie, pacifiée et résiliente. L'implication de la communauté internationale, par le biais des missions de maintien de la paix, des sanctions ciblées et du soutien

---

[114] THAMBA THAMBA, R., Op.cit.

humanitaire, est indispensable pour stabiliser les régions les plus affectées et offrir un soutien à la RDC dans son effort de restaurer l'ordre et la paix.[115]

Section 5. Intérêts étrangers et compétition pour les ressources en République Démocratique du Congo

§1. Convoitise Internationale des ressources naturelles de la RDC

1.1. Cobalt et minéraux stratégiques

Le cobalt représente aujourd'hui un élément vital dans la production des batteries lithium-ion, essentielles au fonctionnement des téléphones portables, des ordinateurs portables et surtout des véhicules électriques. Avec près de 60 % des réserves mondiales identifiées, la République Démocratique du Congo occupe une position stratégique dans la chaîne d'approvisionnement globale de ce minerai critique. Cette centralité géoéconomique attire l'attention soutenue des puissances industrielles et des grandes entreprises technologiques, dans un contexte marqué par l'essor des énergies renouvelables et de la mobilité électrique. Parallèlement, le coltan composant indispensable dans la fabrication de condensateurs pour de nombreux dispositifs électroniques, constitue une autre ressource vitale extraite du sous-sol congolais. La rareté de ces minerais, combinée à leur rôle central dans l'économie numérique et les technologies de pointe, attise une compétition internationale particulièrement intense, opposant des puissances comme la Chine, les États-Unis et l'Union Européenne, ainsi que de grands consortiums miniers. Dans ce contexte, le contrôle des gisements acquiert une dimension hautement stratégique, transformant ces ressources en véritables leviers de puissance. Cette lutte pour l'accès et la maîtrise des sites d'extraction accentue les tensions locales, favorise les ingérences extérieures et entretient un climat de conflits armés récurrents dans les régions minières.

1.2. Cuivre et Or

Le cuivre et l'or comptent parmi les ressources stratégiques les plus convoitées à l'échelle internationale. La région du Katanga, située au sud-est de la République Démocratique du Congo, occupe une position centrale dans l'exploitation du cuivre, du cobalt et d'autres métaux rares essentiels aux chaînes industrielles mondiales. Cette zone, exceptionnellement riche en ressources, attire depuis plusieurs années un afflux constant d'investisseurs étrangers, notamment

---

[115] CHRETIEN, J.P., *Milices ethniques et conflits en République Démocratique du Congo*, Paris, Karthala, 2017

des entreprises chinoises, mais aussi de grandes firmes occidentales désireuses de garantir un accès sécurisé aux matières premières critiques. Cependant, cette abondance minérale demeure indissociable de tensions récurrentes. Les gisements du Katanga et des provinces voisines se trouvent au cœur de rivalités géopolitiques et sécuritaires, où des groupes armés locaux cherchent à s'emparer du contrôle des sites d'exploitation. Ces acteurs non étatiques, parfois liés à des réseaux transnationaux, alimentent une économie parallèle fondée sur l'exploitation illégale, ce qui accentue les violences, déstabilise la région et affaiblit l'autorité de l'État congolais sur ses propres ressources. Ce contexte révèle à la fois la vulnérabilité du Congo face à la prédation transnationale et les dynamiques de guerre économique qui sous-tendent les conflits dans ses régions les plus riches en ressources.[116]

§2. Acteurs internationaux impliqués et leur rôle dans l'exploitation des ressources

2.1. Chine

La présence chinoise en République Démocratique du Congo s'est affirmée comme une composante centrale de la géopolitique minière du pays, dans un contexte où la Chine poursuit une stratégie globale d'acquisition de ressources stratégiques pour alimenter sa croissance industrielle et son autonomie technologique.

Des entreprises chinoises comme China Molybdenum (CMOC), Zijin Mining, et Sicomines ont obtenu des concessions minières majeures dans des zones riches du Katanga, souvent dans le cadre de contrats dits infrastructure contre minerais, où la Chine s'engage à financer des routes, des hôpitaux ou des infrastructures énergétiques en échange de droits d'exploitation minière à long terme. Cette présence s'accompagne toutefois de nombreuses controverses, opacité contractuelle, conditions de travail précaires, manque de retombées locales tangibles et faibles taux de transformation sur place. Les critiques soulignent que ces investissements, bien qu'ayant permis un certain développement d'infrastructures, s'inscrivent dans une logique de dépendance économique et d'extraversion productive.

En contrôlant une part significative de la chaîne d'approvisionnement mondiale en cobalt congolais, la Chine se positionne non

---

[116] MAGRIN, G., « Ressources africaines face aux acteurs mondiaux », in *Magrin G., voyage en Afrique rentière*, Paris, éditions de la Sorbonne, 2013

seulement comme un acteur commercial, mais aussi comme un acteur stratégique dans la reconfiguration des équilibres géopolitiques mondiaux autour des technologies vertes et numériques.[117]Cette emprise économique est aussi perçue comme un levier d'influence politique, consolidant la place de la Chine dans l'arène africaine, au détriment parfois des intérêts de souveraineté et de développement autonomes du pays hôte. Le modèle d'investissement chinois est critiqué pour son manque de transparence et pour les conditions de travail précaires dans les mines, où des enfants et des travailleurs locaux sont exploités dans des conditions inhumaines. La Chine a été accusée de jouer un rôle dans l'alimentation de la violence dans l'est du pays en soutenant certains groupes armés pour sécuriser ses routes commerciales et ses approvisionnements miniers.[118]

2.2. États-Unis et Union Européenne

Les États-Unis et l'Union Européenne sont également des acteurs majeurs dans le secteur minier congolais. Les entreprises américaines et européennes sont des importateurs de minerais congolais, en premier lieu de cobalt, dont la demande est stimulée par l'industrie électronique et l'essor des voitures électriques. Cependant, l'Occident, à travers ses entreprises multinationales, est également accusé de profiter des conditions de travail précaires et de la corruption qui règnent dans le secteur minier congolais.

L'Occident est aussi un acteur indispensable dans la politique de gestion des ressources en RDC. En dépit de l'exploitation de ces ressources, les relations diplomatiques entre la RDC et les pays occidentaux restent tendues en raison des préoccupations liées à la gouvernance, aux droits de l'homme, et aux violations environnementales associées à l'exploitation des mines.

2.3. Rwanda et Ouganda

Les pays voisins, précisément le Rwanda et l'Ouganda, ont également des intérêts dans l'exploitation des ressources naturelles de la RDC. Ces pays ont été accusés de soutenir des groupes armés congolais et étrangers dans l'Est de la RDC afin d'accéder directement ou indirectement aux ressources

---

[117] CESSOU, S., « Transition à haut risque en République Démocratique du Congo : omniprésence des intérêts étrangers », in *Le monde diplomatique*, 2016, p.7
[118] MWETAMINWA, J., & VIRCOULON, T., « Un scandale sino-congolais, exploitation illégale des minerais et des forêts par les entreprises chinoises au Sud-Kivu », *Notes de l'IFRI*, IFRI, 2022

minières. Le Rwanda, par exemple, a été accusé d'exploiter illégalement les mines de coltan et d'autres minerais à travers des entreprises écrans opérant en RDC. Les ressources naturelles de l'Est de la RDC constituent également une source de revenus pour les pays voisins, qui bénéficient de l'exploitation illégale de ces minerais via des réseaux de contrebande.[119]

§3. Impact des convoitises sur la stabilité politique et sociale en RDC

La compétition pour le contrôle des ressources naturelles en République Démocratique du Congo constitue l'un des moteurs fondamentaux de l'instabilité et de la violence chronique qui affectent le pays, en particulier dans sa partie orientale. Dans cette région riche en minerais stratégiques, tels que le coltan, le cobalt, l'or, le cuivre ou encore le tantale, les ressources naturelles ne sont pas des leviers de développement, mais des catalyseurs de conflits. Cette situation s'enracine dans une configuration structurelle où la faiblesse de l'État, l'effondrement des institutions de régulation, l'absence de contrôle effectif sur le territoire, et l'infiltration d'acteurs transnationaux, ont transformé l'économie minière en économie de guerre. Les groupes armés locaux, les milices communautaires, notamment les groupes dits Maï-Maï, et les rébellions soutenues ou tolérées par des puissances étrangères comme le M23 ou les ADF s'affrontent pour s'approprier des gisements miniers, des couloirs de transport et des réseaux commerciaux. Le contrôle d'une mine, d'une piste clandestine d'exportation ou d'un territoire riche en ressources assure non seulement des revenus pour l'achat d'armes et le financement des opérations militaires, mais aussi un pouvoir d'influence dans les négociations politiques locales et régionales.

Ce modèle de conflictualité est donc nourri par une économie parallèle profondément enracinée, où les minerais deviennent la monnaie d'échange des conflits et où l'instabilité elle-même devient un instrument de rente. Dans cette dynamique, les multinationales et les réseaux commerciaux transfrontaliers ne sont pas absents. Des circuits informels, parfois tolérés par les autorités, permettent d'exporter illégalement les ressources vers des pays voisins comme le Rwanda, l'Ouganda ou le Burundi, qui jouent un rôle d'intermédiaire dans le commerce global de minerais dits de sang. Ces circuits opaques, souvent alimentés par la corruption, affaiblissent la souveraineté économique de la RDC et privent l'État de recettes fiscales essentielles. L'insécurité générée par cette

---

[119] JACQUEMOT, P., « Ressources minérales, armes et violences dans les Kivus », in Hérodote, n°134, 2009. Lire aussi : « Minerais de sang, le blanchissement de minerais 3T par le Rwanda et des entités privées », in *Amsterdam & Partners LLP*, Washington DC, 2024

compétition pour les ressources se traduit par des déplacements massifs de populations, des violences sexuelles utilisées comme arme de guerre, des enrôlements forcés d'enfants, et une destruction systématique du tissu social.

Les communautés locales vivent dans une précarité extrême, entre la peur des milices et l'absence de protection de la part des forces régulières. De fait, l'Est de la RDC est devenu un archipel de zones grises, où le droit national est éclipsé par des régimes de terreur imposés par des seigneurs de guerre ou des autorités de facto, et où les logiques économiques violentes dictent l'ordre social.[120]Cette situation ne pourra être durablement inversée sans une réforme en profondeur de la gouvernance minière, une reconstruction de l'autorité de l'État sur les zones riches en ressources, et une lutte rigoureuse contre les réseaux de prédation transfrontaliers. La stabilisation du pays passe ainsi par une sécurisation des ressources, mais aussi par une redistribution équitable des revenus qu'elles génèrent, afin de rompre avec le cycle de la guerre pour les minerais et de transformer la richesse du sous-sol congolais en levier de paix, de développement et de souveraineté nationale.

Ces conflits sont exaspérés par l'implication d'acteurs étrangers qui cherchent à assurer un accès privilégié à ces ressources, par des alliances militaires ou économiques avec des factions locales. Les entreprises multinationales, qui extraient ces ressources, sont parfois indirectement impliquées dans la violence et l'exploitation des populations locales. Les rapports de mines de sang en RDC ne sont pas rares, où des violations des droits de l'homme et des abus sont monnaie courante. La concurrence pour les ressources engendre également des problèmes de gouvernance et de corruption. Les gouvernements congolais successifs ont été incapables de gérer efficacement l'exploitation des ressources naturelles, en raison de la corruption et du manque de transparence dans les accords avec les entreprises étrangères. Les convoitises internationales sur les minerais stratégiques congolais perpétuent ainsi un cycle de violence et de prédation, entravant le développement durable et maintenant une large partie de la population dans une situation de vulnérabilité et de marginalisation socio-économique. Les interventions internationales dans la RDC sont perçues comme exploitantes et unilatérales, et l'absence de gestion équitable des ressources naturelles prive le pays de son potentiel de développement. Le défi pour la RDC et la communauté internationale est de trouver un équilibre entre

---

[120] POLET, F., Congo (RDC) reproduction des prédations, points de vue du Sud, Paris, Syllepse, 2024, p.60

l'exploitation responsable des ressources naturelles et la stabilité politique et sociale du pays.[121]

---

[121] SAKASANGO KAMONGA, J.-P., *La dimension de la corruption et de la gouvernance. Défis et enjeux en RDC*, Université Européenne, 2024

CHAPITRE 8 : TENTATIVES DE SECESSION ET VISIONS SEPARATISTES

Section 1. **Contexte historique des tentatives de sécession**

§1. **Sécession du Katanga de 1960 à 1965**

La première et la plus importante tentative de sécession en RDC a eu lieu peu après l'indépendance du pays en 1960, avec la sécession du Katanga sous la direction de Moïse Tshombe. L'armée katangaise, avec l'aide d'entreprises étrangères et de mercenaires européens, comme les compagnies belges, a cherché à défendre cette sécession face à l'armée congolaise. Cette tentative de sécession a conduit à des conflits violents, mettant en jeu les intérêts géopolitiques internationaux, avec l'intervention des Nations unies, qui ont été envoyées pour rétablir l'ordre et l'unité du pays. L'intervention de l'ONU, cependant, n'a pas suffi à résoudre les tensions, et le Katanga est resté un foyer de frustrations politiques et économiques pour de nombreuses années. [122]

a) Sécession sous-jacente de la question Orientale de l'Ituri et de Kivu

Après l'échec de la sécession katangaise, d'autres provinces congolaises ont, à leur tour, exprimé des frustrations croissantes à l'égard du pouvoir central. L'Ituri et les deux Kivu, situés dans la partie orientale de la République Démocratique du Congo, se sont imposés comme les épicentres de tensions récurrentes, où se mêlent conflits identitaires, enjeux fonciers et convoitises sur les ressources minières. En Ituri, les affrontements violents entre les communautés Hema et Lendu ont ravivé des discours autonomistes, parfois portés par des figures locales aspirant à une plus grande souveraineté régionale face à un État central jugé distant, voire défaillant.[123]Même si aucun projet de sécession formel n'a abouti, ces dynamiques ont favorisé l'émergence de structures de pouvoir alternatives et l'installation durable de milices locales, échappant au contrôle des institutions nationales.

---

[122] BRASSINE DE LA BUISSIERE, J., *La sécession du Katanga : témoignage (Juillet 1960-Janvier 1963),* Bruxelles, Peter Lang, 2016

[123] YAKEMTCHOUK, R., Aux origines du sépatisme Katangais, Mémoire, Académie royale du science d'outre-mer, Bruxelles, 19 »88

Dans les régions du Kivu, la situation présente des similitudes préoccupantes. Les revendications identitaires, en particulier celles exprimées par certains segments de la communauté tutsie, ont été instrumentalisées comme fondement idéologique par des groupes armés tels que le M23.

Soutenu par des acteurs étrangers, ce mouvement a justifié ses actions par le sentiment d'abandon et de marginalisation de certaines populations par les autorités de Kinshasa. Bien que le M23 ne se soit pas officiellement engagé dans un projet de sécession, ses offensives militaires ont considérablement affaibli la présence et l'autorité de l'État dans la région. Cela a permis l'émergence de formes de gouvernance parallèle et nourri des aspirations autonomistes sous-jacentes. Ces dynamiques ont renforcé la fragmentation du territoire congolais et contribué à délégitimer davantage l'État central dans des zones historiquement reléguées à la périphérie des priorités nationales.[124]

§2. Visions séparatistes actuelles en RDC

a) Quête pour l'Autonomie du Kivu

Dans la région du Kivu, un ressentiment profond à l'égard du pouvoir central de Kinshasa s'est progressivement enraciné, nourri par un sentiment durable de marginalisation politique et de relégation socioéconomique. Cette dynamique a favorisé l'émergence de groupes armés tels que le M23 ou les FDLR, qui ont instauré, dans plusieurs zones qu'ils contrôlent, des formes de gouvernance parallèle. Par ces structures administratives improvisées, ces mouvements cherchent, parfois implicitement, parfois de manière plus affirmée, à imposer une forme d'autonomie régionale. Cette situation découle en grande partie du retrait progressif de l'État et de l'insécurité persistante, qui ont gravement compromis la légitimité et l'autorité du gouvernement central dans cette partie du pays.

Ces dynamiques traduisent une volonté croissante de plusieurs acteurs locaux de redéfinir les rapports de pouvoir territoriaux, en réaction à l'absence de prise en compte de leurs aspirations politiques et de leurs besoins fondamentaux. Ces groupes, tout en étant engagés dans des conflits armés, nourrissent également des discours de sécession culturelle et politique, où l'identité tutsie ou hutu est mise en avant par rapport à une RDC perçue comme

---

[124] MAYINO MONGA MONGA, A., « La Républiquette de l'Ituri en République Démocratique du Congo : un Far West Ougandais », in *Politique africaine*, n° 89, 2003, pp. 181-192

trop éloignée des réalités locales. L'idée d'une autonomie pour le Kivu reste vivace dans certains milieux, chez des élites locales qui se considèrent comme les véritables gardiens de la région, plus proches de leurs voisins rwandais et ougandais que du gouvernement central congolais.

En effet, les conflits récurrents dans la région ont intensifié les fractures ethniques et politiques, au point que certains leaders ont envisagé la séparation de cette région de la RDC, d'autant plus que l'Est du pays est la région la plus riche en ressources naturelles.[125]

b) Mouvements autonomistes du Katanga et du Sud-Kivu

Les mouvements autonomistes dans le Katanga et le Sud-Kivu sont d'autres expressions de cette tendance à vouloir se séparer du gouvernement central. Dans ces provinces, l'exploitation des ressources minières a approvisionné des tensions, et certains groupes politiques ou ethniques envisagent une forme d'indépendance ou de fédéralisme pour garantir une meilleure gestion des richesses régionales. Le sentiment que ces régions sont économiquement et politiquement exploitées par un pouvoir central corrompu et inefficace renforce ces tendances séparatistes. Le Katanga, a été longtemps un bastion de l'opposition politique et a vu émerger des discours autonomistes axés sur le contrôle des ressources naturelles.[126]

§3. Facteurs alimentant la sécession en RDC

a) Inégalités économiques et sociales

Dans des régions riches comme le Katanga, le Kivu ou l'Ituri, les populations locales se sentent exclues des bénéfices des ressources naturelles extraites de leurs terres. Cette exclusion nourrit le sentiment que l'État congolais ne répond pas à leurs attentes et qu'une forme de séparation ou de décentralisation peut leur permettre de mieux gérer leurs affaires locales.

b) Conflits ethniques, culturels et influence des puissances étrangères

Les tensions ethniques, souvent enracinées dans des conflits historiques et amplifiées par des interférences extérieures, constituent un levier

---

[125] KIBEL'BEL OKA, N., *Les rébellions rwandaises au Kivu (1996-2024). Une stratégie de la balkanisation du Congo*, Scribe, 2024
[126] BRABANT, J., *Qu'on nous laisse combattre, et la guerre finira : avec les combattants du Kivu*, Paris, La Découverte, 2016

central dans l'émergence de discours et de projets sécessionnistes en République Démocratique du Congo. Dans des provinces telles que le Kivu, la fracture historique entre Hutus et Tutsis a engendré une polarisation sociale particulièrement marquée, tandis qu'en Ituri, les affrontements récurrents entre les communautés Lendu et Hema trouvent leur origine dans des rivalités foncières, la compétition pour l'accès aux ressources naturelles et des déséquilibres persistants dans la répartition du pouvoir politique.

Dans ces environnements déjà fragiles, l'État congolais est souvent perçu comme un acteur distant, partial, voire étranger aux réalités locales, ce qui renforce les sentiments d'aliénation et nourrit un rejet profond de l'autorité centrale. Ces dynamiques internes sont aggravées par les interférences de puissances voisines, en particulier le Rwanda et l'Ouganda, dont les interventions militaires et les soutiens à des groupes armés ont redessiné, de facto, les équilibres de pouvoir dans l'Est du pays. Pour certains leaders locaux, ces interventions extérieures ont constitué une opportunité stratégique pour affirmer une autonomie territoriale, dans un contexte de délitement institutionnel et de vacance d'autorité étatique.

Ainsi, les velléités de séparation territoriale, qu'elles soient explicites ou latentes, s'inscrivent dans une conjonction de facteurs ethno-politiques, de frustrations identitaires et d'enjeux liés à la gouvernance des ressources naturelles. L'exploitation asymétrique de ces ressources, les inégalités persistantes et la faiblesse de l'intégration nationale nourrissent un climat propice à l'émergence de projets autonomistes. Si l'État congolais a jusqu'à présent résisté à ces forces centrifuges, la fragilité de son tissu national demeure préoccupante. Les régions les plus riches en minerais cristallisent à la fois les convoitises et les contestations, faisant de la question de l'unité nationale un défi politique majeur et récurrent dans l'histoire contemporaine de la RDC. Pour éviter une fragmentation de plus en plus profonde, la RDC doit travailler à renforcer la gouvernance, à promouvoir l'inclusivité et à assurer une gestion équitable des ressources naturelles.[127]

---

[127] TSHIMANGA, E., Op.cit.

Section 2. Mouvement pour l'indépendance de certaines régions

§1. Contexte historique et facteurs de Sécession du Katanga

a) Indépendance du Congo et les premières tensions

Lorsque la République du Congo, aujourd'hui la RDC, accéda à l'indépendance le 30 juin 1960, le pays fut immédiatement confronté à des tensions internes majeures. La situation politique était déjà extrêmement complexe, telles que la division ethnique, la concurrence entre les différents groupes politiques et la mauvaise gestion laissée par les autorités coloniales belges ont contribué à un climat de méfiance et de confusion.

Le premier ministre Patrice Lumumba, un leader nationaliste, prônait une unité nationale forte et centralisée, mais se heurtait à des oppositions internes, de la part des élites locales qui souhaitaient plus d'autonomie ou d'indépendance vis-à-vis de l'autorité centrale.[128]

b) Sécession du Katanga de 1960 à 1965

Le 1er juillet 1960, à peine un jour après l'indépendance du pays, la province du Katanga sous la direction de Moïse Tshombe proclama son indépendance vis-à-vis de l'État congolais. Le gouvernement dirigé par Moïse Tshombe bénéficiait du soutien actif de l'armée katangaise et, de manière plus discrète, de l'appui d'entreprises belges ainsi que de mercenaires européens. Cette sécession trouvait sa principale justification dans la volonté de conserver le contrôle exclusif des ressources minières du Katanga, tout en exprimant une crainte profonde d'un centralisme excessif exercé par le gouvernement national naissant. Par ailleurs, les tensions ethniques internes, opposant les Katangais à d'autres groupes présents dans la province, ont contribué à accentuer cette rupture politique. Durant plusieurs mois, le Katanga fut administré comme une entité quasi indépendante, jusqu'à ce que le gouvernement congolais entreprenne une opération militaire pour rétablir son autorité sur le territoire. L'ancienne puissance coloniale, la Belgique, soutint alors le Katanga par une aide logistique et militaire, afin de contrer les tentatives de reconquête menées par Kinshasa. La situation se complexifia encore davantage avec l'intervention des Nations unies, qui

---

[128] KAYEMB NAWAGE, Y., *Les manifestes de la Katanganité : le Katanga face à la conférence de Berlin, le Katanga face à la table ronde de Bruxelles, le Katanga face à l'ONU*, independently published, 2020.

dépêchèrent des forces de maintien de la paix dans le but de restaurer l'intégrité territoriale de la République Démocratique du Congo.

c) Intervention de l'ONU et la fin de la Sécession

Le Conseil de sécurité de l'ONU, sous pression internationale, décida d'intervenir pour maintenir l'intégrité territoriale de la RDC. Des forces de l'ONU furent envoyées pour protéger le gouvernement congolais et rétablir l'ordre. Bien que l'armée congolaise et l'ONU aient réussi à affaiblir les forces katangaises, la sécession du Katanga ne fut officiellement mise fin qu'en 1965 après plusieurs années de guerre et de négociations. L'unité du pays fut rétablie, mais les fractures régionales et les griefs des Katangais à l'égard du gouvernement central demeurèrent. La sécession du Katanga n'était pas seulement une tentative de rupture politique, mais également un symbole des aspirations autonomistes dans d'autres régions du pays, comme l'Ituri et le Kivu.

§2. Causes sous-jacentes du mouvement séparatiste Katangais

L'une des raisons principales de la sécession katangaise était le contrôle des ressources naturelles, en particulier le cuivre et le cobalt. Le Katanga s'est historiquement imposé comme un espace névralgique du territoire congolais, en raison de l'abondance de ses ressources minières stratégiques. Dès l'époque coloniale, cette région concentrait l'essentiel des intérêts économiques de la Belgique et de certaines grandes compagnies multinationales, au premier rang desquelles figurait l'Union Minière du Haut-Katanga. Ces acteurs extérieurs voyaient dans la stabilité de leurs investissements une priorité absolue, que la montée d'un pouvoir central congolais souverain menaçait de remettre en cause, notamment par le projet de nationalisation des ressources naturelles. La sécession katangaise s'inscrivait dès lors dans une logique de préservation de ces intérêts, dans un contexte où les élites locales, solidement structurées autour de réseaux économiques et politiques puissants, refusaient de se voir marginalisées par un pouvoir central jugé intrusif.

Le projet politique de Patrice Lumumba, centré sur l'unité nationale et la construction d'un État fortement centralisé, entrait en contradiction avec les aspirations d'une partie significative de la classe dirigeante katangaise. Celle-ci dénonçait une confiscation du pouvoir par Kinshasa et percevait l'absence d'une redistribution équitable des ressources ainsi que la faible représentation politique au niveau national comme les signes d'une centralisation excluante. Ce sentiment d'injustice et de marginalisation a nourri un imaginaire régionaliste et autonomiste fort, que la sécession de 1960 a tenté de traduire dans les faits. Le Katanga, tout comme d'autres régions du pays, était marqué par des divisions ethniques complexes. Les tensions entre les Katangais et les autres groupes ethniques, comme les Bantous et les Tutsis, ont irrité le sentiment d'une identité katangaise distincte. Ce sentiment de particularisme ethnique et régional a contribué à l'émergence d'un mouvement séparatiste dont les revendications étaient aussi basées sur des aspects culturels et identitaires.[129]

§3. Conséquences de la Sécession du Katanga

La sécession du Katanga a laissé des séquelles profondes dans la politique congolaise.

Bien que l'intégrité territoriale du pays ait été rétablie, le mouvement séparatiste katangais a mis la fragilité de l'unité nationale en RDC, surtout dans une circonstance où de nombreuses régions, y compris le Kivu et le Kasaï, nourrissaient également des sentiments autonomistes. La décentralisation des pouvoirs et la gestion des ressources ont été des questions importantes dans les années qui ont suivi la fin de la sécession du Katanga. L'impact de la sécession sur l'économie du Katanga a été indispensable. Pendant la période de sécession, l'exploitation des ressources naturelles était largement contrôlée par des intérêts étrangers, comme les belges. Après la réintégration du Katanga au sein de la RDC, le gouvernement congolais a dû faire face à un retard dans la gestion des ressources naturelles et à un déséquilibre régional dans la répartition des bénéfices issus de l'exploitation minière. Sur le plan social et identitaire, la tentative de sécession a profondément marqué la population katangaise, envenimant les fractures régionales et ethniques.

L'identité katangaise s'est renforcée, en opposition à l'État congolais, et les mouvements séparatistes dans cette région ont continué à exister, même après la fin de la sécession. Le Katanga, aujourd'hui renommé Haut-Katanga, reste une région stratégique et symbolique pour les débats sur la gestion des ressources naturelles et les aspirations autonomistes au sein de la RDC. L'épisode de la sécession katangaise de 1960 continue de projeter une ombre persistante sur les débats contemporains relatifs à l'unité nationale en République Démocratique du Congo. La persistance des tensions autour de l'autonomie

---

[129] TAZI KIZEY TIEN-A-BE, M.-J., Election démocratique, forces centrifuges et centripèdes en RDC : essaie de revisitassions des revendications du mouvement politico-religieux Bundu Dia Kongo, in *Cahiers Congolais d'Etudes des Relations Internationales*, n°1, 2021, pp. 190-222

territoriale, de la gouvernance des ressources et des appartenances ethniques met en évidence la nécessité, pour les autorités congolaises, de repenser l'architecture institutionnelle de l'État. La consolidation d'une unité nationale durable passe désormais par une réponse cohérente et inclusive aux aspirations régionales, dans le respect de la diversité et dans un cadre de justice redistributive et de reconnaissance politique.[130]

Section 3. Risques de délitement de l'État congolais et les appels à la création de nouveaux États.

§1. Délitement de l'État congolais

La notion de délitement de l'État renvoie à un processus d'érosion graduelle de l'autorité étatique, marqué par l'effritement de la souveraineté centrale sur l'ensemble du territoire national, ainsi que par la rupture des mécanismes de cohésion sociale et institutionnelle. Dans le cas de la République Démocratique du Congo, pays vaste de plus de deux millions de kilomètres carrés et traversé par une mosaïque de plus de 450 groupes ethniques, ce phénomène s'avère particulièrement préoccupant.

Le désengagement ou l'impuissance de l'État congolais face aux dynamiques locales et transnationales s'explique par une accumulation de facteurs structurels et conjoncturels. À l'héritage colonial, s'ajoutent les logiques contemporaines de compétition pour l'accès et le contrôle des ressources stratégiques, notamment minières. Depuis l'accession à la souveraineté en 1960, l'État congolais peine à établir une gouvernance légitime et efficace. Dans des régions stratégiques telles que le Katanga, l'Ituri ou le Kivu, cette fracture se manifeste par une instabilité chronique, des revendications identitaires exacerbées et la montée de gouvernances parallèles. L'absence d'une redistribution équitable des bénéfices issus de ressources telles que le cobalt, le cuivre, le coltan ou l'or constitue l'un des foyers majeurs des tensions structurelles qui menacent l'intégrité nationale congolaise. Cette situation a conduit à un sentiment de

---

[130] « RDC : l'exploitation des ressources accroit les souffrances de la population. Les conseils de sécurité doit agir de façon décisive pour arrêter le carnage », in *https://www.hrw.org/fr/news/2001/04/20/rdc-lexploitation-des-ressources-accroit-les-souffrances-de-la-population*, Consulté le 17/03/2025

marginalisation de certaines régions, qui se sentent exclues des décisions nationales.[131]

§2. Conflits Armés et l'Instabilité Régionale

La RDC est également confrontée à des conflits armés persistants, dans l'Est du pays. Des groupes armés locaux et des milices, approvisionnées par des conflits ethniques, ainsi que par des intérêts étrangers au Rwanda et à l'Ouganda, ont déstabilisé l'État congolais. Ces violences ont profondément affaibli la légitimité et la capacité d'action de l'État central congolais, créant un terreau favorable à l'essor de mouvements insurrectionnels revendiquant soit une autonomie accrue des régions, soit une sécession ouverte. Dans les provinces du Kivu et de l'Ituri, la compétition acharnée pour l'accès et le contrôle des ressources naturelles a exacerbé les fractures sociopolitiques déjà présentes. Des groupes armés tels que le M23, les FDLR ou encore les ADF y ont instauré de véritables zones d'autorité parallèle, opérant comme des micro-structures souveraines échappant totalement à la tutelle de Kinshasa. Ces entités insurgées ont institutionnalisé des zones de non-droit, rendant l'exercice de la gouvernance étatique pratiquement inexistant et exacerbant ainsi l'instabilité chronique dans l'Est de la République Démocratique du Congo.

Cette instabilité a favorisé l'idée que l'État central est incapable de protéger ses citoyens et d'assurer une paix durable, ce qui nourrit les appels à la création de nouveaux États ou à l'autonomie régionale.[132]

2.1. Divisions Ethniques et la Multiplication des Groupes Armés

Les clivages ethniques en République Démocratique du Congo, exacerbés par des conflits historiques tels que ceux opposant Hutus et Tutsis ou Lendus et Hemas, jouent un rôle central dans l'affaiblissement structurel de l'État. L'essor des groupes armés et des milices locales, souvent motivés par la défense des intérêts communautaires ou par la volonté de s'approprier les ressources, a intensifié la fragmentation du territoire national. Ces formations, échappant à

---

[131] HESSELBEIN, G., « Essor et déclin de l'état congolais un récit analytique de la construction de l'état », in *Crisis States Research Centre, Documents de travail Crisis States*, n°2, 2007. Voir aussi MINASSIAN Gaïdz, Zones grises. Quand les États perdent le contrôle, Paris, CNRS, 2011

[132] ARQUILLIERE, M., RICHARD, D. & PEIGNIER, C., « L'instabilité en République Démocratique du Congo : entre conflit ouvert, corruption et ingérence économique », in *https://www.irenees.net/bdf_fiche-analyse-1036_fr.html*, juillet 2015, Consulté le 17/03/2025. Lire aussi ROSIÈRE, S., *Le nettoyage ethnique. Terreur et peuplement*, Paris, Ellipses, 2006.

toute autorité étatique, représentent une menace directe pour l'intégrité du pays, transformant certaines régions en zones pratiquement ingouvernables et ouvrant la voie à des revendications sécessionnistes ou à des projets de création d'entités étatiques autonomes.

§3. Appels à la Création de Nouveaux États

Dans un environnement politique marqué par une gouvernance jugée centralisatrice et inéquitable, de nombreuses régions de la République Démocratique du Congo ont vu émerger, au fil du temps, des revendications en faveur d'une autonomie accrue, voire, dans certains cas, de véritables aspirations à l'indépendance. Ces revendications traduisent une profonde désillusion face au modèle d'État unitaire, jugé incapable de prendre en compte les spécificités et les besoins différenciés des provinces. Le Katanga constitue un cas emblématique de cette dynamique. Dotée d'un sous-sol particulièrement riche, cette région a été le théâtre de la première grande tentative de sécession postindépendance, lorsque Moïse Tshombe proclama unilatéralement, en 1960, l'indépendance du Katanga avec le soutien actif de la Belgique et de puissants intérêts miniers. Si cette tentative fut militairement neutralisée par l'intervention conjointe des forces gouvernementales et des casques bleus de l'ONU, l'élan séparatiste n'a jamais été totalement éteint. Au contraire, il s'est réinscrit dans le paysage politique régional à travers des mouvements qui exigent une décentralisation effective, un pouvoir local renforcé et un droit souverain à gérer les ressources économiques stratégiques du Katanga sans tutelle de Kinshasa.

Les frustrations liées à l'exploitation des ressources naturelles du Katanga par l'État central ont créé un terreau fertile pour les discours séparatistes et autonomistes.[133]Dans l'Est de la RDC, précisément au Kivu et en Ituri, l'instabilité a favorisé l'émergence de mouvements séparatistes. Le Kivu, qui a longtemps été une zone de conflit entre milices, groupes rebelles et États voisins, est une région où des revendications d'autonomie et de création d'un nouvel État se sont fait entendre, en raison de l'inefficacité du gouvernement congolais dans cette zone. Le M23, groupe rebelle bénéficiant d'un soutien confirmé du Rwanda, a capitalisé sur le mécontentement de certaines communautés du Kivu, en particulier celui des Tutsis congolais, pour formuler des revendications en faveur d'une autonomie régionale renforcée. Ce mouvement a su exploiter le sentiment

---

[133] MUZALIA KIHANGU, G., ET RUKATA, T., *La Balkanisation de La République Démocratique du Congo : enquête sur la longue durée des théories du complot au grand-Kivu*, Alice Grégoire, Gouvernance in Conflict Network (GIC), 2022.

d'exclusion alimenté par une perception de marginalisation politique et socioéconomique persistante de la part des autorités centrales basées à Kinshasa.

À l'instar d'autres milices actives dans l'Est du pays, le M23 critique la répartition jugée inéquitable des richesses issues de l'exploitation minière, tout en dénonçant les pratiques de gouvernance marquées par la corruption et l'inefficacité dans les provinces orientales. Ces griefs ont contribué à raviver l'idée selon laquelle une autonomie régionale, voire une indépendance partielle, pourrait constituer une voie plus efficace vers un développement local équitable. Dans d'autres régions du pays, comme le Kasaï, marquées elles aussi par des violences interethniques et des tensions autour du contrôle des ressources, des revendications similaires ont émergé. Ces dynamiques alimentent le débat sur l'opportunité d'une réforme institutionnelle en profondeur, certains acteurs plaidant pour une transition vers un fédéralisme renforcé ou une révision constitutionnelle, afin d'accorder aux provinces une plus grande capacité de gestion autonome, en réponse aux déficits structurels du développement et à l'inefficacité perçue de l'État central.[134]

§4. Conséquences du délitement de l'État congolais

Le processus de délitement progressif de l'État congolais, marqué par la montée en puissance des revendications séparatistes et des aspirations à la création de nouvelles entités étatiques, constitue une menace multiforme pour la stabilité de la République Démocratique du Congo. Une telle fragmentation territoriale risquerait d'exacerber les tensions interethniques et d'intensifier les conflits communautaires latents, en redéfinissant les rapports de force autour du contrôle des ressources naturelles, de l'accès à la terre et des privilèges institutionnels. Loin d'atténuer les tensions, l'émiettement du territoire pourrait plutôt favoriser l'apparition de nouvelles rivalités et multiplier les zones de confrontation.

Par ailleurs, l'indépendance effective ou revendiquée de certaines régions stratégiques ouvrirait la voie à une intensification des ingérences extérieures. Des États voisins comme le Rwanda, l'Ouganda ou le Burundi, déjà impliqués dans les dynamiques conflictuelles de l'Est du Congo, trouveraient dans ces bouleversements territoriaux une opportunité pour accroître leur influence géopolitique, en exploitant les vulnérabilités institutionnelles et en consolidant

---

[134] « Balkanisation de la RDC : l'UE, jusqu'au-boutiste », in *https://lepotentiel.cd/2024/08/12/balkanisation-de-la-rdc-lue-jusquau-boutiste/*, Consulté le 17/3/2025

leur emprise sur les flux miniers transfrontaliers. Par ailleurs, une fragmentation de l'unité nationale porterait un coup sévère aux efforts d'intégration économique et de cohésion territoriale. La désorganisation du marché intérieur, la détérioration des réseaux de communication et la prolifération d'administrations rivales affaibliraient la compétitivité globale du pays et compromettraient toute perspective de développement équilibré et durable.

La résurgence des dynamiques sécessionnistes met en évidence les fragilités historiques et structurelles de l'État congolais, soulignant l'urgence d'un sursaut institutionnel capable d'articuler unité nationale, valorisation des diversités et gouvernance véritablement inclusive. La gouvernance inefficace, les conflits armés persistants et la mauvaise gestion des ressources naturelles sont autant de facteurs qui nourrissent des aspirations séparatistes. Pour éviter l'éclatement du pays, il est impérieux que le gouvernement congolais adopte une politique de réconciliation nationale, de décentralisation, et de développement équitable entre les régions, afin de renforcer l'unité nationale et d'assurer la stabilité à long terme de la RDC.[135]

---

[135] VIRCOULON T., « République démocratique du Congo : la démocratie sans démocrates », in *Politique étrangère,* n°3, pp.569-581

CHAPITRE 9. INGERENCE REGIONALE ET SES IMPACTS SUR L'INTEGRITE TERRITORIALE DE LA RDC

Section 1. Racines de l'ingérence régionale

§1. Formes d'ingérence régionale

L'exemple le plus emblématique demeure celui du Mouvement du 23 mars (M23), une rébellion active dans le Kivu entre 2012 et 2013, dont les combattants, pour partie issus de communautés tutsies, ont bénéficié d'un appui avéré du Rwanda. Kigali a été accusé d'avoir fourni aux insurgés des armes, des formations militaires spécialisées et un appui logistique soutenu, dans le but de consolider son influence géopolitique dans l'Est du Congo et de sécuriser ses intérêts économiques, notamment liés à l'accès aux ressources minières. Parallèlement, d'autres milices comme les Forces Démocratiques de Libération du Rwanda (FDLR), opposées au régime rwandais, ont elles aussi bénéficié de soutiens extérieurs, contribuant à la complexification du conflit et à l'enracinement d'une guerre par procuration dans la région. Cette ingérence ne se limite toutefois pas à la sphère militaire. Elle s'étend à l'exploitation illégale et systématique des ressources naturelles, qui constitue une source majeure de financement pour les groupes armés. Des minerais stratégiques tels que le coltan, le cobalt ou le cuivre sont extraits dans des zones échappant au contrôle de l'État, puis exportés via des circuits opaques souvent protégés par les réseaux politico-militaires régionaux, aggravant ainsi la déstabilisation chronique de l'Est congolais.[136]

Des pays voisins comme le Rwanda et l'Ouganda sont accusés d'avoir été impliqués dans ces activités, en achetant ces ressources ou en profitant directement via des réseaux transfrontaliers. Les routes de contrebande entre la RDC et ses voisins, ainsi que les failles juridiques dans les systèmes de régulation, ont permis à des entreprises multinationales et des acteurs régionaux de tirer profit de cette exploitation au détriment de l'économie congolaise et de la stabilité de

---

[136] VAN REYBROUCK, D., *Congo: The Epic History of a People,* New York, Harper Collins, 2010, p. 28

l'État.[137] L'ingérence régionale prend aussi la forme de pressions diplomatiques. Les pays voisins, particulièrement le Rwanda, l'Ouganda et le Burundi, ont exercé des pressions sur le gouvernement congolais, parfois en menaçant de recourir à la force, pour obtenir des avantages stratégiques.

Ces pays ont également cherché à influencer les décisions diplomatiques concernant la gestion des ressources naturelles, les frontières et les relations politiques avec les pays occidentaux. En outre, des organisations régionales comme la CIRGL jouant un rôle dans la médiation de certains conflits, mais souvent, ces médiations ont été biaisées, en raison des intérêts géopolitiques des pays voisins.

§2. Impacts de l'Ingérence Régionale sur l'Intégrité Territoriale de la RDC

L'ingérence régionale a gravement affecté l'intégrité de l'État congolais en réduisant l'autorité du gouvernement central sur de vastes régions du pays, dans l'Est. Faiblement dotée en moyens logistiques, insuffisamment formée et mal structurée sur le plan stratégique, l'armée congolaise s'est révélée incapable d'assurer efficacement la défense des frontières nationales ainsi que la protection des populations civiles face aux menaces transfrontalières. Cette vulnérabilité institutionnelle a laissé un vide sécuritaire qui a été rapidement comblé par une prolifération de groupes armés et de milices bénéficiant souvent du soutien actif de puissances régionales.[138]

Le territoire national, dans sa partie orientale, s'est ainsi morcelé en zones échappant totalement à l'autorité de l'État central, où l'ordre public est dicté par des acteurs non étatiques. L'ingérence étrangère, qu'elle soit directe ou indirecte, a contribué de manière déterminante à cette fragmentation, en alimentant la multiplication des foyers de rébellion et en transformant certaines régions de la République Démocratique du Congo en véritables espaces de non-droit, hors de portée de toute régulation gouvernementale. Ces groupes, en partie financés et soutenus par des acteurs étrangers, sont responsables de violences extrêmes, de massacres et de violations des droits humains, tout en alimentant un climat de méfiance et de division au sein de la population congolaise. Les tensions

---

[137] SHAMAVU MUDERHWA, G., *Agression, occupation étrangère en R.D. Congo et milicianisation populaire au Sud-Kivu. Causes, acteurs et stratégies 1996-2013*, Paris, L'Harmattan, 2023

[138] ATEMANKE J., « L'ingérence étrangère et l'exploitation des ressources, causes de la crise dans l'est de la RDC: Missionnaire religieux », in *https://www.aciafrique.org/news/13725/lingerence-etrangere-et-lexploitation-des-ressources-causes-de-la-crise-dans-lest-de-la-rdc-missionnaire-religieux*, consulté le 17/03/2025

entre les différentes communautés ethniques, irritées par l'ingérence régionale, contribuent à une fragmentation politique et sociale de plus en plus marquée. Sur le plan diplomatique, l'ingérence régionale a conduit une détérioration des relations entre la RDC et certains de ses voisins, comme le Rwanda et l'Ouganda.

Les tensions prolongées ont engendré des ruptures ponctuelles dans les relations diplomatiques entre la RDC et certains de ses voisins, alimentant un climat de suspicion réciproque et des accusations croisées d'agression. Cette détérioration du dialogue régional a entravé la capacité du gouvernement congolais à établir des partenariats diplomatiques durables, réduisant ainsi ses marges de manœuvre pour faire face aux ingérences extérieures. Par ailleurs, ce contexte conflictuel a fragilisé les dynamiques internes de réconciliation, en complexifiant les initiatives visant à restaurer la cohésion nationale. Dans cette perspective, l'ingérence régionale apparaît comme l'un des obstacles les plus préoccupants pour la préservation de l'intégrité territoriale et la consolidation de la souveraineté effective de la République Démocratique du Congo. Les soutiens militaires, l'exploitation illégale des ressources et l'influence diplomatique de pays voisins ont contribué à la déstabilisation interne du pays, aggravant les conflits ethniques et politiques. Pour que la RDC puisse garantir sa stabilité à long terme, elle doit à la fois renforcer sa gouvernance interne, instaurer des réformes sécuritaires et diplomatiques et obtenir le soutien de la communauté internationale pour contrer les effets de ces ingérences extérieures.[139]

Section 2. Rôle de l'Ouganda, du Rwanda, du Burundi et d'autres acteurs dans la déstabilisation de la République Démocratique du Congo

§1. Contexte historique de l'ingérence régionale

La guerre civile au Rwanda et le génocide de 1994 ont eu un impact majeur sur la dynamique régionale. Après le génocide, des centaines de milliers de réfugiés hutus, dont beaucoup étaient impliqués dans les atrocités, ont fui vers les pays voisins, la RDC alors le Zaïre, où ils se sont installés principalement dans l'est du pays, dans les provinces du Kivu. Ce déplacement massif de populations a créé un terrain propice à l'émergence de milices et de groupes armés, notamment les FDLR, qui ont trouvé refuge dans les forêts de l'Est de la RDC. La RDC a ainsi été perçue par certains de ses voisins, tel que le Rwanda, comme un

---

[139] MBAYA LUKASU, F., *Sortir la République Démocratique du Congo des guerres récurrentes : conditions, stratégies et perspectives. Conditions, stratégies et perspectives*, Paris, L'Harmattan, 2020

sanctuaire pour des ennemis potentiels, menaçant la stabilité de la région. L'ingérence militaire étrangère a alors été justifiée par des préoccupations sécuritaires et la volonté de neutraliser ces milices hutus.[140]

La région orientale de la République Démocratique du Congo, dotée d'abondantes ressources minérales telles que le coltan, le cobalt, les diamants et l'or, constitue un enjeu stratégique majeur dans l'économie mondiale, notamment en raison de leur rôle central dans les technologies de pointe. Cette richesse a attiré l'attention d'acteurs régionaux, dont certains États voisins comme le Rwanda et l'Ouganda, accusés à maintes reprises d'avoir participé à l'exploitation illicite de ces ressources.

§2. Rôle du Rwanda

Le rôle du Rwanda dans la déstabilisation de l'Est de la RDC est central. Dès 1996, après la chute du régime de Mobutu, le Rwanda a lancé une invasion militaire en RDC, en alliance avec l'Ouganda, dans le cadre de la guerre dite de la Première Guerre du Congo. Kigali a justifié cette invasion par la nécessité de sécuriser ses frontières et de combattre les milices hutues qui opéraient depuis le territoire congolais. L'intervention militaire du Rwanda dans les affaires congolaises a favorisé la genèse de plusieurs insurrections armées, parmi lesquelles le Rassemblement Congolais pour la Démocratie (RCD) et, plus tard, le Mouvement du 23 mars (M23), principalement composé de combattants tutsis rwandophones. Kigali a également été associé au soutien d'autres groupes tels que le Congrès National pour la Défense du Peuple (CNDP), tous deux actifs dans les provinces du Nord et du Sud-Kivu.[141]

Plusieurs affrontements ont opposé ces groupes armés aux forces nationales de la République Démocratique du Congo, dans un contexte interprété comme une volonté de conserver un moyen géostratégique sur les richesses naturelles locales et d'établir une zone de sécurité le long de la frontière orientale avec le Rwanda. Bien que Kigali ait toujours nié toute implication directe, de nombreuses enquêtes internationales y compris celles menées sous l'égide des Nations Unies, révèlent des liens étroits entre certains dispositifs militaires rwandais et ces factions rebelles. Ces dernières se sont rendues coupables de violations graves des droits humains, telles que des massacres ciblant les civils,

---

[140] PRUNIER, G., « L'Ouganda et les guerres congolaises », in *Politique africaine*, n°75, 1999, pp.43 à 59

[141] MOKOKI NKAYA R. M., *Le Rwanda et les guerres en République Démocratique du Congo: Les larmes du Kivu*, Éditions universitaires européennes, 2015

des actes de violence sexuelle à grande échelle, ainsi que le pillage systématique des ressources extractives, contribuant à l'instabilité persistante de cette région congolaise. Profitant du désordre ambiant, le Rwanda aurait tiré avantage de la situation en assurant son influence sur plusieurs zones minières stratégiques, facilitant ainsi le commerce illicite des minerais provenant de l'Est de la RDC. Ce contrôle illégal des ressources naturelles a été un indicateur majeur dans l'érosion de l'autorité de l'État congolais.

§3. Rôle de l'Ouganda

L'Ouganda a également joué un rôle central dans la déstabilisation de la RDC. Pendant les années 1990, le gouvernement ougandais a soutenu des groupes rebelles comme le RCD-Goma et plus tard le M23, dans le but d'exercer son influence sur les régions riches en ressources naturelles de l'Est. L'Ouganda a agi en coordination avec le Rwanda, mais les tensions entre les deux pays ont également approvisionné la guerre et la compétition pour le contrôle des ressources. L'Ouganda a aussi été impliqué dans l'exploitation illégale des mines de coltan et d'or en RDC. Le pouvoir ougandais a mis en place des circuits informels de commerce transfrontalier et de contrebande, tirant parti de la fragilité institutionnelle persistante de l'État congolais pour accéder illégalement aux ressources naturelles situées à l'Est de la RDC.[142]

Sous prétexte d'opérations sécuritaires destinées à contrer des mouvements armés perçus comme une menace pour sa sécurité intérieure, l'armée ougandaise a lancé beaucoup d'incursions militaires sur les territoires de l'Ituri et des Kivus. Ces interventions, bien que présentées comme relevant de la légitime défense, se sont fréquemment traduites par des actes de violence généralisée à l'encontre des civils, entraînant d'importants déplacements de population et la destruction de nombreuses infrastructures. En outre, l'assistance militaire et logistique que Kampala a apportée à certaines forces irrégulières actives dans ces zones a largement contribué à maintenir une situation d'insécurité permanente, perpétuant les violences et compliquant considérablement les dynamiques de pacification et de réconciliation dans la région.[143]

---

[142] KIYIREMBERA, R. T., *L'interventionnisme du Rwanda en République Démocratique du Congo Hégémonie ou puissance prédatrice ?*, Paris, L'Harmattan, 2024.
[143] LE GOURIELLEC, S., « L'Ouganda, moteur de la construction régionale ? », in *Revue Géopolitique* du 22 Mars 2009.

§4. Rôle du Burundi

Bien que son implication soit moins visible que celle du Rwanda ou de l'Ouganda, le Burundi n'en demeure pas moins un acteur indirectement engagé dans la dynamique de déstabilisation à l'Est de la République Démocratique du Congo. Plusieurs rapports ont évoqué son rôle ambigu dans le soutien à certains groupes armés, en particulier les FDLR (Forces Démocratiques de Libération du Rwanda), une organisation composée majoritairement d'anciens éléments hutus impliqués dans le génocide de 1994 au Rwanda.

Après avoir fui vers l'Est de la RDC, ces miliciens ont établi des bases dans les forêts congolaises, tissant des alliances tactiques avec des factions burundaises et congolaises. Ce réseau transfrontalier a contribué à l'exacerbation des tensions sécuritaires dans la région des Grands Lacs. Dans un contexte de guerre civile prolongée entre 1993 et 2005, le régime burundais aurait, selon certaines sources, toléré ou encouragé la coopération avec ces groupes armés dans le but d'assurer la sécurité de ses réfugiés à l'extérieur et de consolider sa propre stabilité intérieure. Par ailleurs, le territoire burundais a parfois servi de relais logistique ou de point d'appui pour des initiatives militaires régionales coordonnées avec d'autres puissances voisines comme le Rwanda et l'Ouganda, dans le cadre de stratégies d'influence territoriale ou de sécurisation de leurs intérêts géostratégiques dans l'Est de la RDC.

En parallèle des ingérences régionales, des puissances internationales telles que les États-Unis, la France ou l'Union européenne ont tenté d'exercer un rôle de médiation ou de régulation, mais sans toujours produire des effets structurels durables. Si les acteurs occidentaux ont exprimé à plusieurs reprises leur inquiétude face à l'ingérence régionale, leurs réponses ont été cantonnées à des mesures coercitives peu contraignantes, telles que des sanctions ciblées ou des pressions diplomatiques sans traitement de fond des causes structurelles du conflit ni remise en cause des logiques économiques et géopolitiques qui l'entretiennent.[144]

§5. Conséquences de l'Ingérence Régionale sur la RDC

L'implication politico-militaire et économique des pays limitrophes dans les dynamiques internes de la République Démocratique du Congo a

---

[144] NGOMA KHUABI C., *La coopération économique entre la RDC, le Burundi et le Rwanda État des lieux et perspectives. Contribution pour la consolidation de la paix dans la région des Grands Lacs africains*, Editions universitaires européennes, 2019

considérablement intensifié la crise multidimensionnelle que traverse le pays. Plutôt que de favoriser une sortie de crise, ces ingérences extérieures ont enraciné les conflits armés, nourri les divisions internes, et affaibli de manière structurelle la capacité de l'État congolais à affirmer sa souveraineté sur l'ensemble de son espace national. En s'imbriquant dans les rébellions locales, des puissances régionales comme le Rwanda, l'Ouganda et, dans une moindre mesure, le Burundi, ont orchestré des dispositifs élaborés d'exploitation et de trafic illicite des ressources minières congolaises, institutionnalisant ainsi des réseaux clandestins de prédation économique. Ces dynamiques ont ravivé les rivalités géopolitiques dans la sous-région des Grands Lacs, propageant l'instabilité au-delà des frontières de la RDC et fragilisant l'architecture sécuritaire de ses voisins. L'impact humanitaire de cette dynamique est particulièrement alarmant, des millions de personnes ont été contraintes de fuir leurs foyers, générant un flux massif de déplacés internes et de réfugiés, et alimentant l'une des crises humanitaires les plus prolongées du continent africain.

L'ingérence régionale, par son intensité et sa durée, s'est avérée être un facteur structurel de la désintégration du tissu étatique et social congolais. Dès lors, toute tentative sérieuse de stabilisation de la RDC suppose la mise en œuvre de mécanismes de coopération régionale fondés sur la transparence, la souveraineté mutuelle et la fin de l'exploitation prédatrice des ressources naturelles. Elle exige également un appui fort de la communauté internationale, non seulement en matière de sécurisation des zones de conflit, mais aussi dans la reconstruction institutionnelle et la restauration de la légitimité étatique congolaise comme acteur central de la gouvernance territoriale et économique de son propre espace.[145]

Section 3. Questions des frontières et des frontières mouvantes dans la région des Grands Lacs.

§1. Colonial, frontières de la région des Grands Lacs, conflits frontaliers postcoloniaux et les revendications territoriales

Les frontières actuelles des États situés dans la région des Grands Lacs africains tirent leur origine de la Conférence de Berlin tenue entre 1884 et 1885, au cours de laquelle les puissances européennes engagées dans l'expansion

---

[145] TANYOBE TAMIDRIBE, E., & ISOMBA DJANGI-KASWEKA, BELA, C., « Souveraineté de la République démocratique du Congo à l'épreuve de l'occupation des Uélé par les Mbororo », in *Revue de l'IRSA*, n° 21, 2016.

coloniale ont procédé à une division du continent africain sans tenir compte des ancrages historiques ni des structures ethnoculturelles préexistantes. Ce découpage territorial, fondé sur des logiques de domination et des impératifs géostratégiques exogènes, a imposé des lignes de démarcation arbitraires à des sociétés pourtant unies par des liens culturels, linguistiques ou identitaires profonds. De ce fait, les frontières séparant aujourd'hui des pays tels que la République Démocratique du Congo, le Rwanda, l'Ouganda ou encore le Burundi ne résultent pas de processus politiques endogènes, mais relèvent des projections impérialistes de puissances coloniales telles que la Belgique, l'Allemagne ou la Grande-Bretagne. Cette architecture frontalière a engendré des tensions structurelles durables. Le cas du Kivu, dans l'est de la RDC, illustre clairement ce phénomène, cette région entretient des liens étroits, tant historiques que culturels, avec les populations du Rwanda et du Burundi.

Pourtant, la colonisation a cristallisé une séparation géopolitique qui, après les indépendances, s'est transformée en ligne de fracture et de conflictualité. La frontière entre le Rwanda et la RDC, en particulier, est devenue un foyer de tensions récurrentes, alimentées par les mouvements transfrontaliers de réfugiés hutus et tutsis, les activités des groupes armés et les rivalités pour le contrôle des ressources. Après l'indépendance, les frontières héritées de la colonisation ont été contestées. Les conflits frontaliers qui affectent la région des Grands Lacs puisent souvent leur origine dans des différends de délimitation territoriale hérités de la colonisation, auxquels s'ajoutent des dynamiques contemporaines complexes. Ces tensions sont exacerbées par la fragmentation ethnique, la circulation transfrontalière de groupes armés et la valeur stratégique de certaines zones frontalières riches en ressources.[146]

La tentative de sécession de la province du Katanga en 1960, survenue peu après l'accession de la République Démocratique du Congo à la souveraineté internationale, constitue l'un des épisodes les plus révélateurs des tensions internes et des intérêts extérieurs autour de cette région stratégique. Bien que ce mouvement ait été militairement contenu et que le Katanga soit resté administrativement rattaché à Kinshasa, cet épisode a mis en lumière les profondes rivalités géopolitiques liées à l'abondance des ressources minières locales. En effet, en raison de son sous-sol riche en minerais essentiels tels que le cuivre et le cobalt, le Katanga a toujours suscité de fortes convoitises, tant de la part d'acteurs étatiques que de puissances économiques privées. Cette réalité

---

[146] LEFEBVRE, C., « Mobilités, traces et frontières dans l'Afrique des Grands Lacs », in *Revue des études et recherches préhistoriques, antiques, islamiques*, 2007, pp. 598-605.

alimente encore aujourd'hui des velléités de contrôle territorial et des rivalités politiques qui dépassent les cadres nationaux. Des acteurs régionaux, comme la Belgique et l'Ouganda, ont été accusés de soutenir des mouvements sécessionnistes afin d'avoir un accès direct à ces ressources.

Le Katanga reste un épicentre de tensions, avec des groupes armés continuant de perturber l'ordre dans cette zone. La région des Kivus dans l'est de la RDC représente un autre exemple de frontières mouvantes. Elle a été au cœur de nombreuses disputes entre la RDC et le Rwanda. Au fil des décennies, les relations entre les deux ont été marquées par des cycles récurrents de conflits armés, alimentés par la prolifération de groupes rebelles, les déplacements forcés de populations et les rivalités autour du contrôle des ressources stratégiques. Le Rwanda a été à plusieurs reprises accusé d'avoir soutenu des mouvements armés tels que le RCD et le M23, dont les offensives ont visé des zones riches en minerais dans l'Est congolais.

De son côté, Kinshasa dénonce les ambitions régionales de Kigali, qu'elle accuse de favoriser l'instabilité dans les provinces orientales dans une logique d'extension de son influence géopolitique. Dans ce contexte, les frontières entre les deux pays perdent leur caractère fixe et souverain pour devenir des espaces mouvants, instrumentalisés au gré des intérêts militaires et économiques des acteurs impliqués. Cette situation a renforcé le sentiment d'un démembrement progressif du territoire congolais, analysé par certains observateurs comme une stratégie de balkanisation planifiée, destinée à morceler la RDC en entités plus petites et plus facilement exploitables par des puissances extérieures désireuses d'accéder librement à ses ressources naturelles.[147]

§2. Frontière ougandaise, interventions dans le Kivu et frontières flottantes du Kivu et du Haut-Katanga

L'Ouganda a également joué un rôle capital dans la déstabilisation des frontières de la RDC. Durant les années 1990 et 2000, l'armée ougandaise a envahi la RDC dans le cadre de la guerre du Congo et a soutenu des groupes rebelles dans le Kivu et en Ituri. Bien que l'Ouganda ait retiré ses troupes de la RDC après les accords de paix, il continue d'entretenir certains groupes armés opérant le long de frontière entre les deux pays, prioritairement le ADF (Allied Democratic Forces), qui perturbe la stabilité dans le Kivu. L'Ouganda a, à

---

[147] REYNTJENS, F., *La guerre des grands lacs. Alliances mouvantes et conflits extraterritoriaux en Afrique Centrale*, Paris, L'Harmattan, 1999

plusieurs reprises, cherché à sécuriser un accès direct à certaines zones riches en ressources situées sur le territoire congolais, notamment dans les régions abritant du coltan et d'autres minerais stratégiques. Cette dynamique alimente les tensions régionales et met en cause la solidité des tracés frontaliers hérités de la période coloniale. Dans cette perspective, les ressources naturelles transfrontalières deviennent des vecteurs d'instabilité, dans un contexte où les frontières formelles ne correspondent plus aux logiques économiques ni aux dynamiques géopolitiques contemporaines.

Des espaces tels que l'île de Bunyampaka ou certaines zones du Haut-Katanga ont vu leur statut évoluer au fil des rivalités liées à la maîtrise de leurs ressources minérales. Souvent au centre de conflits récurrents, ces territoires sont affectés par l'activisme de groupes armés et de réseaux criminels transnationaux, remettant en cause l'effectivité de la souveraineté exercée sur ces portions du territoire. Ce contexte a progressivement transformé ces régions frontalières en zones d'incertitude, à la fois contestées sur le plan sécuritaire et floues dans leur administration.

Les populations résidant dans ces marges territoriales subissent directement les conséquences de cette instabilité géopolitique. Le maillage complexe des communautés transfrontalières notamment les Tutsis rwandais, les Hutus burundais, ainsi que les Bafuliru, Banyamulenge et Hunde en République Démocratique du Congo met en évidence la densité des interdépendances historiques, culturelles et économiques qui excèdent largement les frontières étatiques imposées. Les déplacements forcés de populations, les mouvements de réfugiés et les dynamiques migratoires contribuent à effacer encore davantage la rigidité des frontières tracées sur le papier, les transformant en espaces fluides de mobilité, de conflits et de recomposition identitaire.[148]

Dans cette région des Grands Lacs, la question des frontières mouvantes constitue un puissant indicateur des tensions géopolitiques. Elles révèlent à la fois l'échec d'un ordre frontalier figé et les limites de la souveraineté territoriale dans un contexte de fragmentation sécuritaire, d'ethnicisation des rapports de force, et de convoitises économiques. Pour faire face à cette complexité, la RDC doit impérativement renforcer ses capacités institutionnelles, affirmer sa maîtrise du territoire national et impulser une diplomatie frontalière proactive. La stabilité régionale passera par une reconfiguration concertée des espaces frontaliers, reposant sur des mécanismes de coopération multilatérale, la

---

[148] REYNTJENS, F., Op.cit.

reconnaissance des réalités socioterritoriales locales, et une vision partagée du développement pacifique et intégré.

CHAPITRE 10. BALKANISATION DE LA RDC PROGRAMMEE ET SOUTENUE PAR L'OCCIDENT

Section 1. **Origines de la Balkanisation et l'Intervention Occidentale**

Le processus de balkanisation de la RDC a été marqué par des conflits ethniques, des crises internes et des rivalités régionales. Cependant, plusieurs événements, après la guerre du Congo de 1998 à 2003, ont intensifiés cette dynamique, avec l'implication directe ou indirecte d'acteurs internationaux. La guerre du Congo de 1998-2003, parfois appelée la première guerre mondiale africaine, a été un moment important dans l'évolution de la déstabilisation de la RDC. Les puissances occidentales, prioritairement les États-Unis, la Belgique et la France, ont été accusées de soutenir des rébellions armées et des pays voisins comme le Rwanda et l'Ouganda, qui ont joué un rôle primordial dans l'aggravation du conflit et la fragmentation de la RDC. La guerre a été nourrie par des rivalités géopolitiques et la volonté de contrôler les vastes ressources naturelles du pays, comme le coltan, le cobalt, l'or et le cuivre, dont la RDC est l'un des principaux producteurs mondiaux. Les Accords de Lusaka (1999), censés mettre fin à la guerre, ont introduit un processus de partage du pouvoir et une division du pays en différentes zones de contrôle.[149]

Bien que ces accords aient officialisé une certaine division administrative et militaire, les tensions entre les différentes factions, les groupes armés étrangers et les milices locales ont continué à approvisionner une instabilité persistante, donnant l'impression que la RDC était en train de se fragmenter. Les puissances occidentales, en particulier à travers des organisations multilatérales telles que l'Organisation des Nations Unies, ont officiellement pris part aux efforts de stabilisation post-conflit en République Démocratique du Congo. Toutefois, leur rôle a souvent été perçu comme ambivalent, voire paradoxal.

En dépit du déploiement de la MONUSCO, mission censée maintenir la paix et sécuriser les populations civiles, de nombreuses voix ont dénoncé l'incapacité de cette force onusienne à empêcher les violations massives des droits humains, les incursions transfrontalières et les massacres perpétrés par des groupes rebelles dans l'Est du pays. Cette situation a nourri l'idée selon laquelle

---

[149] PRUNIER, G., *Africa's World War: Congo, the Rwandan Genocide, and the Making of a Continental Catastrophe*, Oxford, Royaume-Uni, Oxford University Press, 2009, p. 47

certains acteurs occidentaux auraient instrumentalisé les fragilités congolaises pour préserver ou étendre leur influence géopolitique dans la région des Grands Lacs.

L'absence de sanctions efficaces à l'encontre des États soutenant ces rébellions, combinée à la mise en place de partenariats économiques dans un contexte de gouvernance affaiblie, a renforcé le sentiment d'une exploitation politique de la vulnérabilité congolaise. Ainsi, la participation occidentale à la gestion de la crise congolaise apparaît marquée par un double discours, d'un côté, l'affirmation de principes de paix, de démocratie et de développement ; de l'autre, la poursuite d'intérêts stratégiques à travers des arrangements silencieux avec des États-clés de la région. Cette posture a contribué, non pas à la consolidation de l'intégrité territoriale de la RDC, mais à son érosion progressive, par la perpétuation des dynamiques de fragmentation interne et par la normalisation d'un déséquilibre structurel au profit d'acteurs extérieurs.[150]

§1. Raisons de la Balkanisation Programmée

L'un des facteurs fondamentaux qui sous-tendent la balkanisation de la RDC est sans doute la richesse naturelle du pays. La RDC est un acteur indispensable dans la production de minerais stratégiques, majeur pour l'industrie mondiale, en coltan utilisé dans la fabrication de téléphones mobiles et d'autres appareils électroniques, le cobalt utilisé dans les batteries électriques et l'or. La fragmentation du pays offrirait un contrôle plus direct sur ces ressources et permettrait aux puissances étrangères de s'approprier les richesses naturelles de manière plus organisée et moins risquée. Ce déséquilibre profite aux intérêts économiques étrangers, tandis que les populations locales, exclues des mécanismes de redistribution, demeurent piégées dans un cycle de précarité structurelle et de violences récurrentes. Du fait de son immensité géographique et de son potentiel minier inégalé, la RDC constitue un nœud géostratégique convoité par de multiples acteurs internationaux.[151]

Dans ce contexte, la balkanisation est parfois perçue comme un levier d'optimisation logistique et commerciale, facilitant l'accès aux minerais critiques tout en fragmentant les leviers de contrôle. Les provinces telles que l'Ituri, le Kivu et le Haut-Katanga deviennent alors des cibles privilégiées de ces stratégies

---

[150] HABUMUGISHA MUHIRE, I., Vers un Congo balkanisé? Genèse, Evolution et Défis,
[151] BLANC, F., « L'Afrique des Grands Lacs balkanisée ? », in *https://www.revueconflits.com/lafrique-des-grands-lacs-balkanisee-fabien-blanc/*, Consulté le 17/03/2025

d'influence, en raison de la densité de leurs gisements miniers et de leur position clé dans les corridors transfrontaliers reliant l'Afrique centrale aux bassins orientaux. Ainsi, la déstructuration de l'État congolais servirait indirectement des agendas géoéconomiques externes, en transformant les conflits locaux en instruments de régulation d'un nouvel ordre extractif.

Les puissances occidentales, prioritairement celles des États-Unis et de l'Union Européenne, ont vu dans l'instabilité de la RDC une opportunité pour redessiner la carte géopolitique de la région en fonction de leurs intérêts. De plus, en soutenant des entités séparatistes ou des groupes rebelles, elles ont facilité le découpage du pays en différentes zones de pouvoir plus facilement contrôlables.[152]

§2. Exploitation des fractures ethniques, politiques et les conséquences de la balkanisation programmée

La République Démocratique du Congo, marquée par une mosaïque ethnique et linguistique particulièrement dense, demeure exposée aux risques d'instrumentalisation de ses fractures internes. Des États voisins tels que le Rwanda et l'Ouganda, entretenant des proximités historiques, culturelles et identitaires avec certaines communautés de l'Est congolais, notamment les Tutsis et les Banyamulenge ont exploité ces affinités pour soutenir des groupes armés et nourrir des logiques centrifuges à visée séparatiste. Ce soutien, à la fois militaire et logistique, a nourri une instabilité chronique dans les provinces orientales, tout en érodant progressivement la légitimité et la souveraineté de l'État central. Cette ingérence a facilité l'émergence de zones échappant au contrôle de Kinshasa, contribuant à une fragmentation territoriale de facto, au profit de stratégies d'influence régionale. Les puissances occidentales ont parfois fermé les yeux sur ces manipulations internes, préférant maintenir un statu quo qui permettait d'affaiblir la RDC tout en poursuivant leurs propres objectifs géopolitiques et économiques. L'ethnicisassions des conflits, où des groupes congolais sont instrumentalisés par des puissances étrangères, a accentué les divisions internes et a ouvert la voie à des revendications séparatistes. La balkanisation de la RDC aurait des conséquences dramatiques non seulement pour le pays, mais pour toute la région des Grands Lacs.

---

[152] MUSABYIMANA G., « Balkanisation de la Rd-Congo ? Mythes et réalités », in *https://blogs.mediapart.fr/gaspard-musabyimana/blog/140920/balkanisation-de-la-rd-congo-mythes-et-realites*, Consulté le 20/03/2025

Un tel processus fragmenterait davantage le pays, créerait des états faibles, et accentuerait les conflits ethniques et politiques. La crise humanitaire serait exaspérée, avec des millions de personnes déplacées et une perte continue de vies humaines. Les violences interethniques, la prolifération des groupes armés, et la montée en puissance de milices locales seraient renforcées. Sur le plan international, la balkanisation de la RDC donnerait un précédent dangereux pour d'autres pays de la région, incitant à des tentatives de sécession ou à l'exploitation de divisions internes dans d'autres États africains.

La balkanisation de la RDC, soutenue par des acteurs externes comme l'Occident, serait une tentative de fragmentation qui servirait des intérêts économiques et géopolitiques, tout en exploitant les divisions ethniques et politiques internes. Cette stratégie de déstabilisation peut permettre à certains pays et multinationales de contrôler les ressources naturelles de la RDC plus facilement, mais au prix de la paix et de la stabilité régionales. Pour empêcher ce scénario, la RDC doit renforcer ses institutions, son unité nationale, et chercher à établir des partenariats avec des puissances internationales qui respectent sa souveraineté et son intégrité territoriale.[153]

Section 2. Plan de Balkanisation de la RDC comme décision de gestion post-guerre froide et après Mobutu

La République Démocratique du Congo anciennement dénommée Zaïre sous le régime de Mobutu Sese Seko a occupé une position stratégique dans les configurations géopolitiques de l'Afrique centrale, notamment durant la période de la Guerre froide, où elle fut un acteur central dans les rivalités d'influence entre les grandes puissances. Cependant, après la fin de cette époque et la chute de Mobutu en 1997, la RDC est devenue un terrain de jeux pour des acteurs internationaux, y compris les États-Unis, qui ont adopté des stratégies visant à redéfinir la gestion du pays. L'idée de la balkanisation de la RDC, qui désigne la fragmentation du pays en plusieurs entités indépendantes ou autonomes, a été vue par certains analystes comme une conséquence indirecte de décisions prises par les États-Unis dans un contexte géopolitique en évolution après la Guerre froide.

---

[153] BASHI W., « RDC: y a-t-il un réel risque de balkanisation dans l'est? », in *https://www.dw.com/fr/rdc-le-risque-de-balkanisation-est-il-reel/a-64715189*, Consulté le 24/03/2025

§1. **Contexte Historique et Géopolitique Post-Guerre Froide**

La trajectoire politique de la République Démocratique du Congo à l'issue de la Guerre froide débute avec la chute du régime de Mobutu Sese Seko en 1997. Ayant accédé au pouvoir en 1965, Mobutu a construit sa légitimité sur un positionnement stratégique dans le système bipolaire mondial, s'érigeant en allié de premier plan des États-Unis dans leur lutte contre l'expansion soviétique en Afrique centrale. À ce titre, il bénéficia d'un soutien diplomatique, financier et militaire soutenu de la part des puissances occidentales, malgré les critiques croissantes à l'égard de son régime autoritaire, patrimonial et prédateur.

Toutefois, la fin de la Guerre froide et la disparition de l'Union soviétique ont modifié les priorités géostratégiques américaines, entraînant un désengagement progressif vis-à-vis du régime zaïrois. La transition politique qui s'ensuivit, avec l'accession au pouvoir de Laurent-Désiré Kabila en 1997, s'est opérée dans un climat de fragilité extrême, marqué par une déstabilisation politique, militaire et économique profonde. Le renversement de Mobutu a inauguré une nouvelle séquence stratégique dans laquelle les puissances occidentales, et en particulier les États-Unis, ont été contraintes de redéfinir leur posture dans la région. Cette redéfinition s'est précipitée avec le déclenchement de la guerre du Congo entre 1998 et 2003, également connue sous le nom de deuxième guerre du Congo, un conflit d'envergure impliquant une pluralité d'acteurs internes et externes.

Des États voisins comme le Rwanda et l'Ouganda y ont joué un rôle central, en appuyant des mouvements rebelles tels que le Rassemblement Congolais pour la Démocratie, tout en cherchant à établir une zone d'influence durable dans l'est congolais, riche en ressources stratégiques. Dans ce contexte, la politique américaine s'est révélée ambivalente. Si Washington s'est investi dans des démarches diplomatiques visant la résolution du conflit, il a parallèlement toléré, voire facilité, les incursions militaires rwandaises et ougandaises, permettant à ces deux puissances régionales d'étendre leur projection stratégique au-delà de leurs frontières. Cette posture contradictoire a contribué à une dynamique de fragmentation du territoire congolais, affaiblissant le pouvoir central et ouvrant davantage l'espace national aux logiques d'influence extérieure, notamment dans les zones à haute valeur minière.[154]

---

[154] « Le plan de Clinton pour balkaniser le Congo n'a pas marché, 30 ans après », in *https://actualite.cd/2024/04/15/le-plan-de-clinton-pour-balkaniser-le-congo-na-pas-marche-30-ans-apres-une-chronique-du#google_vignette*, Consulté le 25/04/2025

§2. Plan de Balkanisation et les Objectifs des États-Unis

Les États-Unis, après la fin de la Guerre froide, ont dû s'adapter à un nouveau contexte mondial et régional, où l'Afrique centrale est devenue une zone d'intérêt stratégique. La RDC, avec ses vastes ressources naturelles et sa position géographique, est vue comme un pays majeur dans l'équilibre régional. Cependant, l'instabilité interne, empirée par l'ingérence étrangère et les conflits internes, a fait de la gestion de la RDC un défi prépondérant pour les États-Unis. Dans certaines analyses géostratégiques à portée critique, il est soutenu que les États-Unis auraient implicitement opté pour une stratégie visant à favoriser la fragmentation territoriale de la République Démocratique du Congo, perçue comme un moyen pragmatique de répondre aux défis persistants liés à la gouvernance et à l'exploitation des ressources au sein de cet État-continent. Cette orientation, qualifiée de « balkanisation fonctionnelle », ne s'inscrirait pas dans le cadre d'une politique déclarée de démembrement territorial, mais relèverait plutôt d'une logique d'opportunisme géopolitique. Elle viserait à faire émerger des entités régionales plus aisément contrôlables ou manipulables, en particulier dans les zones à haute valeur minière ou stratégique.

Les provinces de l'Est congolais, particulièrement le Kivu et l'Ituri apparaissent comme des nœuds critiques dans ce dispositif, du fait de leur abondance en minerais convoités à l'échelle mondiale, tels que le coltan et le cobalt, indispensables aux chaînes de valeur de l'industrie technologique globale. Dans ce contexte, les conflits internes, souvent structurés autour de clivages ethniques ou territoriaux, ont été amplifiés par l'intervention directe ou indirecte de puissances étrangères, y compris les États-Unis, sous couvert d'assistance sécuritaire, de soutien à la stabilité ou de lutte contre le terrorisme. La consolidation de réseaux transnationaux d'exploitation minière, souvent en marge des cadres légaux étatiques, a ainsi permis à certains groupes armés, avec le soutien de pays voisins, de se maintenir dans une logique de rente violente, échappant à tout contrôle du gouvernement central. L'appui stratégique, même discret, apporté par Washington à des acteurs régionaux comme le Rwanda et l'Ouganda, durant les deux guerres du Congo et au-delà, s'inscrit dans une volonté plus large de sécuriser des zones d'accès aux ressources, en s'appuyant sur des partenaires régionaux jugés plus prévisibles ou malléables.

Le Rwanda, sous la direction de Paul Kagame, a joué un rôle central dans la recomposition des rapports de force en Afrique centrale, notamment à travers son appui manifeste à des groupes armés tels que le M23. Les actions de ce mouvement rebelle ont non seulement remis en cause l'autorité de l'État congolais, mais ont également reconfiguré l'administration locale selon des logiques d'allégeance à des intérêts extérieurs. La tolérance implicite de ces dynamiques par certaines puissances occidentales, en particulier les États-Unis, a participé à l'érosion progressive de la souveraineté effective de la République Démocratique du Congo sur des zones névralgiques de son territoire. À travers ce soutien indirect, c'est toute l'architecture territoriale de la RDC qui a été fragilisée, exposée à une fragmentation rampante, où les zones de conflit fonctionnent comme des interstices d'exploitation géoéconomique, sous la tutelle de puissances extérieures poursuivant des objectifs hégémoniques à peine voilés.[155]

§3. Conséquences de la Balkanisation sur la RDC

Si elle avait été appliquée de façon systématique, la fragmentation territoriale de la République Démocratique du Congo communément désignée sous le terme de balkanisation aurait inévitablement engendré une instabilité structurelle prolongée, tant sur le plan politique qu'économique, exacerbant les vulnérabilités déjà profondes de l'État et infligeant des répercussions majeures aux populations congolaises, prises au piège d'un processus de désintégration nationale aux effets durables. Cette fragmentation n'aurait fait que renforcer les clivages ethniques et les conflits régionaux, tout en facilitant l'exploitation des ressources naturelles sans véritable contrôle étatique. La balkanisation de la RDC aurait également permis une exploitation plus directe et moins régulée des ressources naturelles du pays. En réduisant le pouvoir central congolais, les acteurs étrangers auraient pu s'assurer de contrôler les richesses minérales de manière fragmentée, avec des accords bilatéraux plus favorables pour les puissances étrangères, au détriment des populations locales.

Une éventuelle désintégration territoriale de la République Démocratique du Congo aurait eu pour effet d'amplifier les tensions dans l'ensemble de la région des Grands Lacs, en exacerbant les risques de révoltes internes et de conflits à caractère transfrontalier. Des pays comme le Rwanda, l'Ouganda ou encore le Burundi auraient pu tirer parti de cette dislocation pour renforcer leur position stratégique, en consolidant leur présence politique, militaire et économique au sein des territoires fragilisés de l'Est congolais. Dans cette configuration, la tendance à la balkanisation apparue à la suite de

---

[155] « Le plan de Clinton pour balkaniser le Congo n'a pas marché, 30 ans après », op.cit.

l'effondrement du régime de Mobutu Sese Seko et du tournant post-guerre froide peut être interprétée comme l'effet d'une stratégie indirecte des États-

Unis, visant à reconfigurer les rapports de force en Afrique centrale selon une logique combinant sécurisation régionale, maîtrise des ressources naturelles et limitation des influences concurrentes. En facilitant certaines interventions extérieures, en nouant des partenariats avec des régimes frontaliers, et en minimisant les effets des ingérences militaires, Washington a contribué à un processus de fragmentation du tissu politique congolais, tout en ouvrant la voie à l'exploitation massive de ses ressources au détriment de la stabilité régionale et des aspirations du peuple congolais.[156]

Section 3. Responsabilité Américaine dans le Risque de Balkanisation de la RDC

§1. Contexte géopolitique post-guerre froide

À l'issue de la Guerre froide, les orientations stratégiques des États-Unis sur le continent africain ont connu une inflexion significative. Durant plusieurs décennies, l'ancien Zaïre, aujourd'hui République Démocratique du Congo avait occupé une place centrale dans la stratégie anticommuniste américaine en Afrique centrale, avec le régime de Mobutu Sese Seko bénéficiant d'un appui constant de Washington en raison de sa posture alignée sur le bloc occidental. La disparition du clivage Est-Ouest a entraîné une redéfinition des priorités stratégiques des États-Unis, reléguant la République Démocratique du Congo à une position marginale dans leur agenda géopolitique. Ce retrait partiel, survenu à un moment critique de transition, a contribué à l'affaiblissement progressif de l'appareil étatique congolais, facilitant l'émergence d'ingérences étrangères et l'exacerbation des tensions internes.

L'accession de Laurent-Désiré Kabila au pouvoir en 1997, à la suite de la chute du régime de Mobutu, a marqué une inflexion majeure dans l'évolution politique du pays. Si les États-Unis ont accueilli avec circonspection ce changement de régime, l'attitude de Kabila, perçue comme peu docile à l'égard des intérêts occidentaux, a engendré une certaine ambivalence dans les relations bilatérales. Dans un contexte régional en recomposition, Kinshasa s'est rapprochée de Kigali et de Kampala, considérés alors par Washington comme des

---

[156] Le plan de Clinton pour balkaniser le Congo n'a pas marché, 30 ans après », op.cit.

partenaires stratégiques dans la stabilisation sécuritaire de la région des Grands Lacs.[157]

§2. Rôle des États-Unis dans le conflit de l'Est de la RDC et la déstabilisation

Le conflit armé qui a secoué la République Démocratique du Congo entre 1998 et 2003, communément désigné comme la Deuxième Guerre du Congo, a été marqué par une implication extérieure complexe, à la fois manifeste et dissimulée, au sein de laquelle les États-Unis ont exercé une influence indirecte mais significative. Si Washington ne s'est pas engagé militairement auprès des mouvements rebelles, son positionnement stratégique vis-à-vis de certains États voisins de la République Démocratique du Congo, notamment le Rwanda et l'Ouganda, a contribué à légitimer ou à tolérer des ingérences extérieures dans le conflit. Ces deux pays ont été, à maintes reprises, mis en cause par Kinshasa et par divers rapports internationaux pour leur soutien actif à des factions armées opérant dans l'Est congolais, notamment le Rassemblement Congolais pour la Démocratie (RCD), dont les actions visaient tant à sécuriser leurs intérêts sécuritaires qu'à contrôler des zones minières à haute valeur stratégique.

En nouant des liens étroits avec le régime de Paul Kagame, perçu dans la perspective occidentale post-génocide comme un acteur de stabilité régionale, les États-Unis ont établi une coopération sécuritaire avec le Rwanda dans le cadre de la lutte contre les menaces transnationales. Toutefois, cette relation privilégiée s'est accompagnée d'un silence diplomatique notable face aux incursions militaires rwandaises en territoire congolais. Cette attitude ambivalente a alimenté de nombreuses critiques, laissant penser que le soutien, même indirect, apporté par Washington à Kigali et Kampala aurait contribué à fragiliser durablement les institutions congolaises, tout en accélérant l'érosion de l'autorité de l'État sur ses espaces stratégiques. Par ailleurs, dans un contexte où la RDC demeurait un épicentre de ressources naturelles stratégiques telles que coltan, cobalt, or, cuivre, la fragilité de l'autorité centrale apparaissait, aux yeux de certains intérêts extérieurs, comme une opportunité géoéconomique.

Cette dynamique a favorisé la consolidation de zones sous contrôle rebelle ou sous influence de puissances voisines, contribuant de facto à une balkanisation rampante du pays. Plutôt que de faire pression sur les États

---

[157] SARY NGOY, B., *La Politique étrangère américaine dans les conflits armés de l'Est de la RDC : de G. Bush à J. Biden,* Belgique, éditions du Pangolin, 2023

frontaliers pour mettre fin à leur soutien aux milices armées, les États-Unis ont privilégié une diplomatie de proximité avec ces régimes, mettant l'accent sur la stabilité régionale et l'accès aux ressources, au détriment d'une défense ferme de l'intégrité territoriale congolaise. Cette orientation a engendré un déséquilibre structurel du pouvoir au sein de la RDC, accentuant sa vulnérabilité face à la fragmentation et à la montée en puissance d'acteurs non étatiques ou para-étatiques dans ses régions périphériques.

§3. Attitude des États-Unis vis-à-vis des Accords de Paix et de la Stabilisation

Les Accords de Lusaka, conclus dans l'optique de mettre fin à la guerre qui ravageait la République Démocratique du Congo, ont constitué une initiative diplomatique d'envergure visant à instaurer la paix et à stabiliser durablement la région. Cependant, leur mise en œuvre s'est heurtée à un manque de volonté politique manifeste, en particulier de la part des grandes puissances.

Bien que les États-Unis aient participé aux efforts multilatéraux de négociation, leur engagement concret en faveur de l'application effective des clauses de l'accord est resté limité, suscitant des critiques quant à la portée réelle de leur implication. Ce manque de pression exercée sur les acteurs régionaux impliqués dans le conflit, en particulier le Rwanda et l'Ouganda, a contribué à maintenir une situation de guerre larvée, marquée par la persistance des soutiens logistiques et militaires aux groupes rebelles opérant dans l'est du Congo. En s'abstenant d'intervenir de manière rigoureuse pour contraindre les puissances voisines à respecter les termes de l'accord, les États-Unis ont, selon de nombreux observateurs, laissé se prolonger un processus de fragmentation territoriale dont les effets continuent d'affaiblir l'autorité centrale congolaise.

Si Washington a apporté un appui humanitaire conséquent et soutenu les efforts onusiens dans la recherche de solutions politiques au conflit, son absence de présence militaire directe et son approche prudente ont été perçues comme une forme de désengagement stratégique. En refusant de s'impliquer plus fermement pour contenir les agressions transfrontalières et freiner la montée en puissance des entités rebelles soutenues par des États tiers, les États-Unis ont contribué, par omission, à la désintégration progressive de l'espace étatique congolais et à la pérennisation d'un ordre fragmenté difficilement réconciliable avec l'idée d'un État souverain et unifié.[158]

§4. Conséquences de la responsabilité américaine

L'implication indirecte des États-Unis dans la dynamique régionale, notamment par leur tolérance face aux ingérences extérieures et leur posture ambivalente quant à la gestion des ressources stratégiques, a largement contribué à l'érosion de l'autorité centrale congolaise. La souveraineté nationale de la RDC s'est progressivement disloquée sous l'effet combiné d'un affaiblissement structurel de l'État et de pressions géoéconomiques et géopolitiques émanant d'acteurs régionaux soutenus, voire encouragés, par des puissances extérieures. En l'absence d'un engagement diplomatique fort et cohérent de la part des États-Unis pour soutenir l'intégrité territoriale du Congo, le pays est devenu le théâtre d'une compétition féroce entre intérêts contradictoires, où milices locales, gouvernements voisins et réseaux transnationaux exploitent les failles de l'État. Ce climat d'instabilité chronique a favorisé une fragmentation territoriale de facto, accentuant les lignes de fracture communautaires, ethniques et géoéconomiques, et aggravant l'insécurité régionale dans l'ensemble de l'espace des Grands Lacs.

L'inaction stratégique de Washington, combinée à un soutien politique et logistique implicite aux régimes frontaliers engagés dans des logiques d'influence territoriale et de prédation économique, a nourri un cycle de déstabilisation aux effets multiples. En ce sens, la responsabilité des États-Unis dans le processus de balkanisation rampante de la RDC ne relève pas uniquement de décisions explicites, mais aussi d'un faisceau de choix politiques, d'omissions volontaires et de calculs géostratégiques fondés sur la sécurisation des intérêts économiques dans un espace rendu gouvernable par sa fragmentation. Il en résulte une architecture régionale fragilisée, où la souveraineté congolaise reste suspendue à la capacité du pays à reprendre le contrôle de ses territoires, de ses ressources et de son destin géopolitique. En permettant que des pays voisins comme le Rwanda et l'Ouganda jouent un rôle prépondérant dans la déstabilisation du pays, tout en ne cherchant pas à maintenir l'intégrité du territoire

---

[158] CLARK, J.-F., *The Democratic Republic of Congo: Between Hope and Despair*, Londres, Zed Books, 2002, p. 90

congolais, les États-Unis ont indirectement contribué à la fragmentation de la RDC.[159]

Section 4. Responsabilité française dans le risque de balkanisation de la RDC
§1. Contexte historique et géopolitique de la France en Afrique

Bien que la République Démocratique du Congo n'ait jamais été une colonie française, son insertion dans la géopolitique régionale de l'Afrique centrale n'a jamais échappé à l'attention stratégique de Paris. Héritière d'un long compagnonnage historique avec les anciennes colonies francophones du continent, la France a constamment œuvré à maintenir une présence diplomatique, militaire et culturelle dans l'espace des Grands Lacs, en s'appuyant sur des réseaux politiques consolidés au Rwanda, au Burundi, au Congo-Brazzaville et en République Centrafricaine. Dans ce maillage d'alliances postcoloniales, la RDC, en tant qu'ancienne colonie belge, représentait une exception formelle mais non une marge d'indifférence stratégique. Paris a ainsi cherché à projeter son influence dans ce pays-continent en s'adossant à ses partenaires régionaux et en cultivant des relais au sein des élites congolaises. La France a perçu la RDC non seulement comme un pivot géographique incontournable au cœur de l'Afrique centrale, mais aussi comme un espace de compétition d'influence dans le contexte de la reconfiguration des rapports de force postcoloniaux.

Les enjeux liés à la maîtrise des corridors stratégiques, à la sécurisation des ressources naturelles rares, telles que le cobalt, l'uranium ou le coltan, et à la lutte contre l'émergence de nouvelles puissances concurrentes (États-Unis, Chine, ou Russie) ont renforcé la volonté de Paris de peser dans les dynamiques politiques congolaises, souvent à travers une diplomatie discrète mais active. Cette présence, bien que parfois marginalisée par d'autres puissances plus directement impliquées, a continué de s'exprimer par un engagement dans les forums multilatéraux, par le soutien à des opérations de maintien de la paix, et par l'appui à des transitions institutionnelles jugées favorables à ses intérêts. Dans ce contexte, la politique française en Afrique centrale, y compris à l'égard de la RDC, s'est construite sur une tension permanente entre la rhétorique de la souveraineté africaine et la réalité des arrangements géostratégiques, souvent

---

[159] VIRCOULON, T., « Ambigüités de l'intervention internationale en République démocratique du Congo », in *Pax africana, Le nouvel interventionnisme libéral, Politique africaine*, n° 98, 2005, pp.79-95.

marqués par des compromis militaires, des soutiens discrets à certains régimes ou mouvements, et des lectures sécuritaires de la stabilité régionale.

La France, tout en se proclamant garante d'une certaine idée de la stabilité francophone, a parfois fermé les yeux sur les dérives autoritaires ou les dynamiques de prédation à l'œuvre, tant que celles-ci n'entravaient pas directement ses intérêts fondamentaux ou ne menaçaient pas l'équilibre régional fragile qu'elle s'efforçait de préserver. La RDC, bien qu'en périphérie de la Françafrique institutionnelle, a donc été progressivement intégrée dans les logiques d'influence croisées qui structurent la compétition postcoloniale en Afrique centrale.[160]

§2. Responsabilité de la France dans les conflits de la RDC et la déstabilisation de l'Est

La guerre du Congo de 1998-2003, autrement appelée la deuxième guerre du Congo, a impliqué plusieurs pays africains, prioritairement le Rwanda, l'Ouganda, et le Burundi, avec des forces rebelles locales et des milices combattant l'armée congolaise. La France, bien que ne prenant pas part directement aux combats, a été impliquée politiquement et militairement dans la gestion de la situation, à travers ses relations avec les régimes voisins du Congo, comme le Rwanda et le Burundi, ainsi qu'avec le gouvernement de Joseph Kabila en RDC. La France a d'abord soutenu le gouvernement Mobutu pendant plusieurs années, pendant la guerre froide, mais après sa chute en 1997, elle a adapté sa politique étrangère.

Avec la prise de pouvoir par Laurent-Désiré Kabila, la France a cherché à maintenir des relations équilibrées dans la région, ce qui a parfois signifié fermer les yeux sur les ingérences des voisins et les milices en RDC. L'implication française s'est intensifiée pendant la guerre en 1998, à travers des interventions humanitaires comme l'opération Turquoise en 1994, mais cette aide a aussi été perçue comme un moyen d'établir une influence diplomatique et militaire dans la région des Grands Lacs. L'une des interventions les plus controversées de la France en RDC et dans la région des Grands Lacs fut l'opération Turquoise en 1994, lancée sous prétexte de mission humanitaire pendant le génocide au Rwanda. Bien que l'objectif déclaré de cette opération fut de protéger les populations réfugiées, cette intervention a eu des conséquences

---

[160] DJAMIL AHMAT, « Des puissances occidentales cherchent la balkanisation de la RDC », *https://www.alwihdainfo.com/Des-puissances-occidentales-cherchent-la-balkanisation-de-la-RDC%E2%80%8F_a5942.html,* Consulté le 18/03/2025

indirectes pour la stabilité de la RDC. En effet, l'opération a permis à de nombreux militaires et membres du gouvernement génocidaire rwandais (interahamwe) de se replier en RDC, où ils ont continué à semer la violence, contribuant à la déstabilisation continue de l'est du pays.

Cette opération a été vue par certains comme un soutien implicite à des forces qui ont par la suite joué un rôle central dans la guerre du Congo, avec des répercussions durables pour la sécurité de la RDC et pour les relations diplomatiques entre la France et les pays de la région, particulièrement le Rwanda. Un autre aspect de la responsabilité de la France réside dans son soutien à des régimes autoritaires dans la région des Grands Lacs, qui ont contribué à l'insécurité et à la balkanisation de la RDC. La France a maintenu des relations proches avec le Rwanda et le Burundi après les événements du génocide de 1994, malgré les accusations de soutien à des groupes rebelles qui intervenaient en RDC. Ce silence, perçu comme une forme de prudence géostratégique, a permis à des acteurs régionaux, notamment Kigali, de soutenir militairement et logistiquement des mouvements armés dans les provinces du Kivu et de l'Ituri sans faire l'objet d'une condamnation ferme et constante de la part de la diplomatie française. La France, tout en se positionnant comme acteur de paix et de médiation, a parfois adopté une attitude de neutralité sélective qui a laissé le champ libre aux puissances régionales poursuivant des visées expansionnistes ou extractives.

Au cœur de cette posture se trouvent des intérêts géopolitiques et économiques structurants. La France, comme d'autres puissances occidentales, a perçu la région des Grands Lacs non seulement à travers le prisme de la stabilité sécuritaire, mais aussi en fonction de ses intérêts stratégiques comme accès aux ressources naturelles de haute valeur (coltan, cobalt, or, terres rares), protection des investissements de groupes industriels opérant dans les zones frontalières, et maintien d'une influence sur les dynamiques régionales dans un contexte de recomposition multipolaire.

Cette grille d'analyse a pu conduire à une forme de diplomatie pragmatique, où les impératifs de stabilité économique, les alliances sécuritaires héritées, et la crainte d'un isolement géopolitique face à l'avancée de puissances comme la Chine ou les États-Unis ont prévalu sur une condamnation franche des violations du droit international perpétrées par les alliés régionaux. Ainsi, au lieu d'exercer une pression décisive sur les régimes qui entretiennent l'instabilité dans l'est de la RDC, notamment ceux impliqués dans le soutien aux groupes armés, la

France a souvent préféré le levier diplomatique discret, s'en remettant aux mécanismes multilatéraux ou à la médiation indirecte.

Cette attitude a contribué, aux yeux de nombreux Congolais et observateurs internationaux, à légitimer une fragmentation de facto du territoire congolais, en alimentant un climat d'impunité pour les acteurs régionaux et leurs alliés locaux. La France, en adoptant une posture d'équilibre entre ses alliances traditionnelles et la réalité d'un État congolais affaibli, a participé, par défaut ou par calcul, à la persistance d'un ordre régional fondé sur l'instabilité fonctionnelle, la prédation des ressources et la dilution de la souveraineté congolaise. En facilitant des alliances avec des pays comme le Rwanda et l'Ouganda, la France a indirectement contribué à l'affaiblissement de l'État congolais.[161]

§3. Intérêts économiques et l'exploitation des ressources naturelles

La France, à travers plusieurs entreprises multinationales, a un intérêt économique dans la région des Grands Lacs, concernant l'exploitation des ressources naturelles de la RDC, telles que le coltan, le cobalt, et d'autres minéraux. Le contrôle des ressources naturelles en République Démocratique du Congo, concentré entre les mains d'intérêts étrangers et de groupes armés, s'est érigé en moteur principal des conflits internes et de la désintégration politique progressive du territoire. L'exploitation des richesses congolaises s'est souvent opérée au détriment des communautés locales, qui demeurent marginalisées et privées des retombées économiques issues de leur propre sol. Dans ce contexte, certaines entreprises multinationales françaises, à l'instar de Total, opèrent dans des secteurs névralgiques tels que l'énergie, les hydrocarbures ou encore l'extraction de ressources naturelles. Si leur présence ne contrevient pas formellement aux cadres juridiques en vigueur, elle s'inscrit néanmoins dans un environnement caractérisé par une forte vulnérabilité institutionnelle, un déficit de régulation effective et la prolifération de circuits d'exploitation informels.

Cette configuration contribue à l'émergence de zones d'opacité où les logiques économiques se trouvent étroitement entremêlées aux dynamiques conflictuelles locales. La France, en tant qu'acteur influent sur la scène internationale et alliée historique de plusieurs pays de la région des Grands Lacs, a été accusée d'adopter une posture de tolérance stratégique vis-à-vis des circuits d'exploitation illégale des ressources opérés par des groupes armés, parfois

---

[161] NSAL'ONANONGO OMELENGE, C., *Les guerres à l'est de la RD Congo, entre génocide et statocide*, Paris, L'Harmattan, 2023

appuyés ou instrumentalisés par des États voisins. Cette attitude, perçue comme un défaut de vigilance ou comme une forme de complicité tacite, a contribué à renforcer des économies de guerre locales, consolidant l'implantation de seigneurs de guerre et de puissances régionales dans des espaces échappant au contrôle de l'État central congolais. Loin d'être un simple facteur conjoncturel, cette situation a nourri un climat de compétition violente autour de l'accès aux ressources, exacerbant les lignes de fracture identitaires, territoriales et politiques qui fragilisent l'unité nationale.

Dans ce processus, le rôle de la France a été l'objet de critiques récurrentes, non seulement pour son manque d'engagement à imposer une transparence effective dans les chaînes d'approvisionnement en minerais issus de zones de conflit, mais également pour son incapacité ou son refus stratégique de s'ériger en médiateur impartial dans la région. L'ambiguïté de ses relations avec certains acteurs centraux du conflit, notamment ceux impliqués dans le soutien aux mouvements armés ou dans la diplomatie d'influence extractive, a entamé sa légitimité comme puissance stabilisatrice. En privilégiant la continuité de ses intérêts économiques et ses alliances géopolitiques au détriment d'une action diplomatique proactive et éthique, la France a indirectement alimenté les dynamiques de balkanisation, contribuant à la fragmentation de la RDC en entités informelles soumises à des logiques de prédation et de contrôle transnational.[162]

§4. Conséquences de la responsabilité française

La présence française dans la région des Grands Lacs, bien que généralement enveloppée dans un discours axé sur la coopération internationale et la diplomatie multilatérale, a néanmoins exercé une influence indirecte mais non négligeable sur le processus de fragilisation de l'État congolais. Cette dynamique s'est traduite par une politique extérieure empreinte d'ambiguïtés, caractérisée par l'absence d'un appui explicite au renforcement des institutions nationales congolaises et à la sauvegarde effective de son intégrité territoriale.

En se positionnant comme un acteur de l'influence postcoloniale sans définir une stratégie cohérente de soutien aux structures étatiques de la République Démocratique du Congo, la France a laissé un vide dans lequel se sont engouffrées les dynamiques de prédation, d'ingérence et de fragmentation. Ce désengagement, nourri par des alliances régionales contradictoires et une

---

[162] KABANDA KANA, A., *L'interminable crise du Congo-Kinshasa: Origines et Conséquences,* Paris, L'Harmattan, 2025

diplomatie à géométrie variable, a eu pour effet de fragiliser durablement l'État congolais face aux puissances voisines, devenues de véritables architectes de l'instabilité à l'Est du pays. La France, tout en conservant des intérêts économiques et stratégiques dans la région, n'a pas su ou voulu exercer une pression diplomatique suffisante pour contenir les incursions répétées du Rwanda, de l'Ouganda ou du Burundi sur le sol congolais.

En tolérant ces ingérences sans condamner fermement les violations de la souveraineté congolaise, elle a indirectement validé la logique d'une balkanisation rampante, où certaines provinces riches en ressources naturelles, comme le Nord-Kivu, le Sud-Kivu ou l'Ituri, se sont peu à peu autonomisées de facto sous la coupe de groupes armés ou de puissances étrangères. La prolifération de ces zones de non-droit, dans lesquelles l'autorité de l'État central est absente ou symbolique, ne résulte pas d'un effondrement spontané mais d'un processus de désagrégation encouragé par l'inaction des puissances extérieures et leur complicité tacite avec les dynamiques d'occupation illégale. Au-delà du territoire congolais lui-même, les conséquences de cette politique ambivalente ont débordé sur l'ensemble de la région des Grands Lacs. La responsabilité française, dans ce cadre, ne se limite pas à une absence d'action décisive, mais renvoie aussi à une gestion diplomatique qui, en privilégiant les logiques d'équilibre entre partenaires régionaux, a banalisé les actes de prédation territoriale et permis la consolidation de zones d'influence hostiles à l'idée même d'un Congo unifié.[163]

Ainsi, si la France n'a pas été l'instigatrice directe de la déstabilisation de la RDC, sa posture diplomatique a contribué à naturaliser une fragmentation progressive du pays, en traitant les acteurs agresseurs comme des partenaires légitimes du dialogue régional, au même titre que les autorités congolaises. Par ce biais, elle a affaibli l'idée de souveraineté congolaise comme principe non négociable, réduisant l'État congolais à un simple acteur parmi d'autres, dans un jeu géopolitique marqué par l'impunité et l'opportunisme. Ce choix stratégique, dicté par des considérations de realpolitik et d'accès aux ressources, a contribué à ancrer la RDC dans une logique de division structurelle, dont les conséquences s'étendent bien au-delà de ses frontières.

En permettant aux lignes de fracture internes de se transformer en lignes de front géopolitiques, la France a indirectement participé à l'inscription de la balkanisation dans la réalité quotidienne de la RDC, en renonçant à jouer le

---

[163] KABAMBA, P., *En finir avec la crise multiforme en RD Congo, (Approche dialectique)* "Le Mot du Weekend*, Paris, L'Harmattan, 2023

rôle de garant de la souveraineté qu'elle aurait pu endosser dans une posture diplomatique plus responsable.

Section 5. Responsabilité des multinationales dans la balkanisation de la RDC et l'exploitation des ressources naturelles

§1. Multinationales et leur responsabilité dans la déstabilisation de la RDC

Les multinationales ont joué un rôle central dans la balkanisation de la RDC à travers l'exploitation des ressources naturelles. L'exploitation minière en République Démocratique du Congo s'est inscrite dans un système d'économie politique de prédation, dans lequel de nombreuses entreprises multinationales européennes, américaines et chinoises ont joué un rôle déterminant, en s'alliant discrètement mais efficacement à des acteurs locaux ou régionaux impliqués dans la déstabilisation du pays. Loin d'être de simples partenaires économiques extérieurs, ces entreprises ont, dans de nombreux cas, participé à la construction d'une économie de guerre, dans laquelle l'accès aux ressources naturelles passe par le contournement des institutions officielles, la négociation avec des groupes armés ou des régimes périphériques, et la banalisation de l'exploitation violente des territoires. Dans ce contexte, les logiques de maximisation du profit se sont superposées à celles de domination géostratégique, renforçant un système où les dynamiques extractives contribuent directement à l'effondrement de la souveraineté étatique.[164]

À travers ses provinces orientales, la République Démocratique du Congo s'est transformée en un espace emblématique d'un capitalisme de crise, où des minerais hautement stratégiques tels que le coltan, le cobalt, le tungstène ou l'or sont extraits dans des zones échappant à l'autorité effective de l'État central. Ces territoires, bien que marginalisés sur le plan institutionnel, sont pleinement intégrés dans des circuits d'approvisionnement mondialisés, sous l'emprise de grandes firmes transnationales. Les ressources issues de ces exploitations, indispensables à des secteurs clés comme l'électronique, l'aéronautique ou encore la transition énergétique, sont souvent obtenues dans des conditions sociohumaines extrêmement précaires et dégradantes. Le recours au travail forcé, y compris au travail des enfants, les violences systématiques contre les communautés locales, les déplacements forcés et les violences sexuelles de masse sont autant de manifestations d'une économie extractive profondément violente,

---

[164] SHAW, R., *The Great Lakes of Africa: Two Thousand Years of History*, Oxford, Royaume-Uni, Oxford University Press, 2003, p. 47

dont les fondements reposent sur l'effacement de toute protection juridique des populations et sur la désinstitutionnalisation programmée du territoire. Cette économie de guerre est étroitement liée à la stratégie de fragmentation du territoire congolais. L'efficacité des mécanismes de traçabilité s'est souvent heurtée à des intérêts financiers majeurs et à la volonté politique limitée de faire de la transparence un impératif éthique contraignant.[165]

L'Est de la RDC, et plus particulièrement les provinces du Nord-Kivu, du Sud-Kivu et de l'Ituri, est devenu le nœud géoéconomique de cette économie de prédation. Dans ces territoires, la guerre n'est pas un accident de parcours, mais une infrastructure de pouvoir, permettant la permanence d'un désordre stratégique propice aux flux illicites, à la captation des ressources et à l'imposition de formes d'autorité non étatiques. Le soutien logistique, militaire ou diplomatique de pays frontaliers comme le Rwanda ou l'Ouganda à des groupes rebelles tels que le M23 ou les FDLR s'inscrit dans cette logique de contrôle indirect, dans laquelle la guerre devient un instrument de régulation territoriale et de maintien d'un équilibre profitable à certaines puissances régionales et à leurs partenaires économiques étrangers. Les entreprises multinationales opérant dans le secteur minier congolais ne peuvent être dissociées de cette architecture complexe.

Leur rôle, souvent dissimulé derrière des sociétés écrans, des intermédiaires locaux ou des accords opaques, consiste à entretenir un climat d'ambiguïté dans lequel l'accès à des ressources à bas coût prime sur le respect des normes sociales, environnementales ou juridiques. En acceptant d'acheter des minerais extraits dans des conditions inhumaines, en négociant avec des groupes armés ou en refusant de dénoncer publiquement les mécanismes de financement des conflits, ces acteurs économiques ont joué un rôle structurant dans la reproduction de l'instabilité congolaise. Le profit issu du chaos a ainsi été préféré à l'investissement dans la stabilité, le développement et la souveraineté. Dans cette perspective, la fragmentation du territoire congolais, communément désignée sous le terme de balkanisation, ne relève pas d'une simple dynamique militaire ou politique. Elle est également la conséquence directe d'un système économique international qui tire avantage de l'éclatement de l'autorité étatique et de la permanence de zones grises propices à l'exploitation sans contrainte.

---

[165] LE STER, M. « L'Est de la République Démocratique du Congo : du « scandale géologique » au scandale politique, économique, humanitaire », In *Les Cahiers d'Outre-Mer*, 255, 2011, pp. 435-438.

La souveraineté congolaise, vidée de sa substance, est donc continuellement sapée par une alliance objective entre puissances régionales prédatrices, entreprises transnationales et mécanismes de marché mondialisés. Toute stratégie de sortie de crise en RDC exige, dès lors, une remise en question profonde de ce système extractif global, ainsi qu'une volonté politique forte de la communauté internationale de briser les chaînes de complicité qui relient l'économie mondiale aux zones de conflits armés. La France a également été impliquée dans ce soutien indirect, mais ce sont surtout les entreprises multinationales qui ont joué un rôle économique important en exploitant ces ressources en territoire congolais.[166]

§2. Multinationales impliquées dans l'exploitation des ressources naturelles de la RDC

Entreprise britannique Anglo American a été un acteur primordial dans l'exploitation des ressources minières en RDC, dans les provinces minières comme le Katanga, riche en cuivre et cobalt. L'exploitation de ces ressources a eu lieu dans des conditions très contestées, avec des accusations de soutien indirect à des groupes armés. Le géant minier suisse Glencore est l'une des plus grandes entreprises impliquées dans l'exploitation des ressources naturelles en RDC, dans le cobalt et le cuivre. Glencore détient des participations dans plusieurs mines en RDC, dont certaines dans des zones géopolitiquement sensibles, où des groupes armés luttent pour le contrôle des territoires. L'entreprise chinoise China Molybdenum Co., via ses investissements dans des mines de cobalt et de cuivre, est un autre acteur fondamental dans l'exploitation des ressources de la RDC. La Chine, par le biais de ses entreprises publiques et privées, est un partenaire stratégique du Rwanda et de l'Ouganda, deux pays impliqués dans les conflits en RDC.

La canadienne Barrick Gold a également été impliquée dans l'exploitation des ressources minières en RDC, bien que ses opérations aient été axées sur l'or. L'exploitation minière en République Démocratique du Congo s'inscrit dans un paradoxe fondamental, elle est à la fois l'un des piliers économiques potentiels du pays et l'un des moteurs profonds de sa déstabilisation chronique. Ce paradoxe prend une acuité particulière lorsqu'on observe la manière dont les grandes multinationales de la technologie, notamment dans les

---

[166] BOSSE, M., « Les minerais de sang, facteurs de conflits au Kivu (République Démocratique du Congo). Étude des rivalités territoriales dans une zone grise d'Afrique centrale », in *Géographie*, 2019.

secteurs de l'électronique, des télécommunications et de l'automobile, s'insèrent dans les chaînes globales d'approvisionnement en minéraux stratégiques issus de régions congolaises affectées par les conflits. L'or, le tungstène, le tantale (issu du coltan) et le cobalt, tous abondamment présents dans l'Est de la RDC, constituent les matériaux de base indispensables à la fabrication de smartphones, de véhicules électriques, d'ordinateurs, de batteries lithium-ion et d'autres technologies numériques et énergétiques centrales à l'économie contemporaine. Des entreprises comme Apple, Microsoft, Intel ou Samsung, en tant qu'acteurs majeurs de l'industrie technologique mondiale, se sont retrouvées exposées à une série d'accusations documentées selon lesquelles une partie significative des minéraux qu'elles intègrent dans leurs appareils proviendrait, directement ou indirectement, de zones de conflit en RDC.

Ces accusations ne reposent pas uniquement sur des allégations militantes, mais sur des rapports systématiques d'organisations internationales, de chercheurs indépendants et d'instances multilatérales qui ont mis en lumière les connexions entre l'extraction minière illégale, le financement des milices et la dynamique géopolitique de fragmentation du territoire congolais. Les ressources extraites dans des zones sous contrôle de groupes armés sont revendues à des négociants locaux, puis intégrées dans des chaînes d'approvisionnement complexes et mondialisées, dans lesquelles la traçabilité devient presque impossible à garantir sans volonté politique forte et infrastructure de transparence robuste.[167] Les réponses de ces entreprises aux critiques, bien qu'elles aient inclus certaines initiatives de conformité aux réglementations comme la section 1502 du Dodd-Frank Act aux États-Unis ou des programmes de certification comme la CFSI (Conflict-Free Sourcing Initiative), sont restées largement insuffisantes à contrer de manière structurelle l'économie politique des minerais de conflit.

Ces dispositifs reposent essentiellement sur des audits volontaires, des certifications fournies par des entités parfois en conflit d'intérêts, et sur une logique d'autorégulation qui permet à de nombreux maillons de la chaîne d'approvisionnement d'échapper au contrôle effectif. En d'autres termes, tout en affichant une volonté de nettoyer leurs chaînes logistiques, ces entreprises continuent d'absorber, dans leurs circuits de production, des ressources extraites au prix du sang, de la misère et de la dislocation de l'État congolais. Cette dynamique révèle une forme de complicité structurelle, non pas toujours intentionnelle mais systémique, entre les géants du numérique et la permanence

---

[167] KIBEL'BEL OKA, N., *RD Congo-Ituri. De la guerre identitaire au pillage des mines d'or de Kilo-Moto par des multinationales anglo-saxonnes*, éd. Scribe, 2016.

de l'instabilité en RDC. Tant que l'accès à des minerais à bas coût reste assuré par des circuits d'extraction où l'absence de régulation étatique permet d'écraser les prix et d'externaliser les coûts humains, sociaux et environnementaux vers les communautés locales congolaises, les logiques de guerre continueront à se perpétuer. Le désintérêt pour la provenance éthique des matériaux n'est pas un simple oubli ou une faille administrative ; il est une conséquence logique de l'architecture même du capitalisme extractif globalisé, dans lequel la valeur économique prime sur la justice, la souveraineté et la dignité humaine. La conséquence de cette situation est double. D'un côté, l'économie congolaise reste enfermée dans un modèle d'extraversion rentière, incapable de transformer ses propres ressources pour le développement interne et dépendante d'un commerce mondial asymétrique. De l'autre, l'État congolais voit sa souveraineté continuellement affaiblie, non seulement par la violence directe des groupes armés, mais par la manière dont l'économie souterraine minière structure le territoire, délégitime les institutions officielles et institue des zones de non-droit intégrées aux marchés mondiaux.

La balkanisation rampante du pays est donc alimentée non seulement par des agendas militaires ou politiques, mais aussi par la demande silencieuse des marchés occidentaux pour des composants toujours plus rares, moins chers et plus rapides à livrer, quelle que soit leur origine. La solution à ce problème dépasse la seule réforme des entreprises technologiques. Elle suppose une recomposition globale des normes de commerce international, l'instauration de mécanismes contraignants de transparence, une responsabilisation juridique effective des multinationales pour les violations commises tout au long de leurs chaînes d'approvisionnement, et surtout, un soutien massif à la reconstruction institutionnelle de l'État congolais. Sans une gouvernance souveraine forte, sans une infrastructure judiciaire capable de surveiller et de sanctionner, et sans un projet de développement endogène, la RDC restera prisonnière d'une économie mondialisée dont elle est la source, mais jamais la bénéficiaire.[168]

§3. Soutien indirect au Rwanda et rôle des multinationales

Le Rwanda, sous la direction de Paul Kagame, a été à plusieurs reprises accusé d'avoir soutenu des groupes armés opérant en République Démocratique du Congo, notamment le Mouvement du 23 mars, composé majoritairement de Tutsis rwandais. Ce groupe s'est rendu coupable de violations graves des droits humains, incluant des massacres de civils, des actes de violence

---

[168] PREGET, O., Op.cit.

sexuelle à caractère systématique ainsi que des déplacements forcés de populations. Cette logique de guerre déléguée s'est articulée à une économie régionale structurée autour de l'extractivisme minier. En ce sens, plusieurs entreprises multinationales opérant en République Démocratique du Congo entretiennent, de manière directe ou indirecte, des liens commerciaux avec des structures rwandaises impliquées dans la chaîne de valorisation et d'exportation des ressources minérales. Cette imbrication commerciale a paradoxalement contribué à stabiliser le régime rwandais, qui a pu financer ses interventions militaires à l'est de la RDC grâce aux revenus générés par l'exploitation et la réexportation de ressources congolaises transitant par le Rwanda. Les ressources extraites dans des zones de conflit telles que le coltan, le cobalt, l'or et le tungstène ont alimenté une chaîne d'approvisionnement opaque et permissive, facilitée par des entreprises peu regardantes sur la traçabilité des minerais.

Dans ce contexte, certaines multinationales ont indirectement soutenu les logiques de guerre et de fragmentation du territoire congolais, soit en s'approvisionnant via des réseaux commerciaux liés à des puissances régionales, soit en fermant les yeux sur les pratiques d'exploitation illégale menées dans les zones sous contrôle de groupes armés. Cette connexion structurelle entre milices transfrontalières, exploitation minière et économie globale a consolidé l'influence géopolitique du Rwanda dans la région des Grands Lacs, tout en affaiblissant davantage la souveraineté de l'État congolais et en nourrissant la logique de balkanisation rampante. La légitimation internationale tacite de ce système extractiviste militarisé souligne l'urgence d'une réforme des régulations globales sur les minerais de conflit et d'un sursaut diplomatique de la RDC en matière de souveraineté économique.[169]

La balkanisation de la RDC ne peut être attribuée à un seul acteur, mais résulte d'une dynamique complexe impliquant des acteurs locaux, des acteurs régionaux comme le Rwanda, ainsi que des multinationales qui ont été en partie responsables de l'exploitation des ressources naturelles de manière inefficace et indifférente aux conséquences géopolitiques. Les multinationales, par leur implication dans les ressources naturelles de la RDC, ont empiré la fragilité de l'État congolais en favorisant l'ingérence des voisins et en stimulant

---

[169] PREGET, O., Conflits armés intra étatiques et malédiction des ressources en République Démocratique du Congo : le rôle de l'intervention rwandaise, Mémoire de Recherche, Master Affaires Publiques, Université de Lille, 2023-2024.

les conflits par leur manque de transparence dans la chaîne d'approvisionnement et leur indifférence aux droits humains.

Troisième partie

Solution radicale, le Rwanda comme une des provinces de la RDC

CHAPITRE 11. RWANDA PROVINCE DE LA RDC COMME SOLUTION A LA BALKANISATION

La balkanisation de la République Démocratique du Congo est une question géopolitique multidimensionnelle. L'idée de considérer le Rwanda comme une province de la RDC, bien que radicale et difficile à envisager dans le contexte actuel, relève une réflexion intéressante sur l'intégrité territoriale du pays et sur les relations conflictuelles entre le Rwanda et la RDC. Une telle proposition, qui toucherait à l'essence de la souveraineté nationale de la RDC, devrait être examinée sous différents angles, tels que l'histoire, les intérêts géopolitiques, les dynamiques régionales et la question de l'intégration des peuples rwandophones dans le cadre d'un vaste projet territorial congolais.[170]

Section 1. Contexte historique et géopolitique du Rwanda et de la RDC

Les relations entre la RDC et le Rwanda sont marquées par une histoire tumultueuse. Les deux pays partagent une frontière de plus de 700 kilomètres et des liens culturels et ethniques profonds, par la présence de Rwandophones (Tutsis et Hutus) dans l'est de la RDC. Ces populations ont été historiquement présentes dans la région, et la frontière entre le Rwanda et la RDC, tracée par la colonisation, n'a jamais été une ligne strictement respectée, dans la région des Grands Lacs. La question des rwandophones en RDC, surtout dans les provinces du Kivu, a approvisionné de nombreuses tensions.[171] À la suite du génocide rwandais de 1994, la République Démocratique du Congo est devenue le théâtre d'une reconfiguration profonde des rapports de force régionaux. L'afflux massif de réfugiés hutus, parmi lesquels figuraient des éléments des ex-Forces armées rwandaises (ex-FAR) et des miliciens Interahamwe responsables du génocide, a provoqué une crise sécuritaire majeure dans l'est de la RDC.

L'installation durable de ces groupes armés sur le sol congolais, souvent sous la forme de bases militarisées opérant à partir des Kivus, a été l'élément déclencheur d'une série d'interventions militaires rwandaises, officiellement justifiées par la nécessité d'éliminer la menace persistante à la sécurité nationale du Rwanda. Cependant, l'entrée des troupes rwandaises en

---

[170] COLLINS NGUEULEU DJEUGA, I., *La place des entreprises transnationales dans les processus de justice transitionnelle en RDC et en RCA, Droit*, Université Paris Cité, 2019.
[171] MIGUEL DA COSTA, *Géopolitique de la RD Congo. Fragilités, menaces, opportunités et perspectives des relations avec l'Angola*, Paris, L'Harmattan, 2021

RDC dès la guerre de 1996, puis leur rôle actif dans la seconde guerre du Congo de 1998, a révélé des objectifs dépassant la seule logique sécuritaire.

Sous la présidence de Paul Kagame, le Rwanda a progressivement articulé une stratégie d'intervention qui mêle impératifs militaires, ambitions géopolitiques et visées économiques. L'invasion du Kivu et la création de groupes rebelles congolais alliés tels que le Rassemblement Congolais pour la Démocratie (RCD) ont permis à Kigali d'établir une présence indirecte dans les régions stratégiques de l'est congolais. Ces zones, riches en ressources naturelles comme coltan, or, cassitérite, etc., ont été intégrées à une économie de guerre transfrontalière, dans laquelle des réseaux commerciaux, militaires et politiques ont convergé pour garantir au Rwanda un accès privilégié à ces ressources. Cette stratégie a plongé la RDC dans un cycle prolongé de déstabilisation, marqué par des conflits récurrents, l'effritement de l'autorité étatique dans les zones frontalières, et une fragmentation de la souveraineté nationale.

Le soutien rwandais à ces groupes a été un facteur fondamental dans la fragmentation du territoire congolais, qui a renforcé le sentiment de balkanisation. La question du Kivu et des autres régions frontalières entre la RDC et le Rwanda, où des populations rwandophones en majorité des Tutsis sont présentes, constitue l'une des pierres angulaires du conflit. La politique rwandaise a été accusée de favoriser l'émigration et la réinstallation des rwandophones dans l'est de la RDC, contribuant à une dynamique de transfert de population, voire de remplacement ethnique, au nom de la protection des Tutsis mais aussi pour des raisons stratégiques liées à l'exploitation des ressources naturelles de la région.[172]

§1. **Rwanda comme province de la RDC**

L'une des premières raisons qui justifieraient l'idée du Rwanda comme province de la RDC serait la protection des populations rwandophones prioritairement les Tutsis de l'est de la RDC, qui ont été historiquement discriminées et persécutées, d'abord par le régime de Mobutu, puis à travers les conflits internes. Cette solution radicale peut offrir aux rwandophones une forme de sécurité politique et territoriale au sein d'un grand ensemble congolais, à condition qu'ils soient intégrés de manière égalitaire dans le tissu national congolais. Une telle solution peut permettre d'éviter les conflits ethniques et les réfugiés internes comme les exodes massifs des populations rwandophones et

---

[172] MBEKO, P., *Rwanda : malheur aux vaincus. 30 ans de crimes, de manipulation et d'injustice couverts par l'Occident,* éd. DUBOIRIS, 2024

hutus à chaque reprise de violence et d'améliorer la cohésion régionale. Cela impliquerait une révision des frontières actuelles et une réconciliation profonde entre les différentes communautés de la région, en garantissant des droits égaux à toutes les ethnies. Dans le cadre de cette solution, le Rwanda, tout en devenant une province au sein de la RDC, jouant un rôle central dans l'exploitation des ressources naturelles de l'est de la RDC, une zone riche en minerais stratégiques comme le coltan, le cobalt, et le cuivre.

L'idée d'une intégration institutionnelle ou fonctionnelle du Rwanda dans un cadre étatique ou régional partagé avec la République Démocratique du Congo, bien qu'elle puisse paraître irréaliste dans sa formulation rigide, ouvre néanmoins la voie à une réflexion innovante sur les mécanismes de gestion coopérative des ressources naturelles transfrontalières. En s'inscrivant dans une architecture institutionnelle fondée sur l'inclusivité, la transparence et la redevabilité, une telle perspective pourrait favoriser la mise en place d'un système de gouvernance conjointe des ressources stratégiques notamment minières reposant sur des principes d'équité et de traçabilité. Elle favoriserait une redistribution plus juste des bénéfices économiques, rompant avec les logiques prédatrices et les circuits opaques qui ont longtemps profité à des élites militaro-économiques, tant congolaises que rwandaises, au détriment des populations locales.

En repensant les relations économiques et géopolitiques entre la RDC et le Rwanda dans une perspective de codéveloppement, fondée sur l'interdépendance plutôt que sur la confrontation, cette orientation pourrait atténuer les tensions chroniques alimentées par les exploitations illégales et les rivalités d'influence. Une telle réforme ne viserait pas à diluer la souveraineté de chaque État, mais plutôt à créer des mécanismes partagés de régulation, de contrôle des flux miniers, et de responsabilité mutuelle, dans le cadre d'un pacte régional de stabilité et de développement durable. Loin d'un projet d'annexion ou de fusion, il s'agirait d'une intégration fonctionnelle basée sur la gouvernance coopérative des biens communs transfrontaliers, à même de transformer les ressources naturelles, jusqu'ici source de conflits, en leviers de paix, d'inclusion sociale et de sécurité régionale.[173]

L'intégration du Rwanda comme province peut permettre de rétablir une souveraineté consolidée pour la RDC, dont le territoire est constamment

---

[173] NICOLAÏ, H., « Progrès de la connaissance du Congo, du Rwanda et du Burundi de 1993 à 2008 », in *Belgeo*, n° 3-4, 2009, pp. 247-404.

fragilisé par les interventions extérieures et la présence de groupes armés soutenus par des puissances étrangères. Une telle solution permette à la RDC de se stabiliser à long terme en mettant fin à l'ingérence étrangère en instaurant un système de gouvernance unifiée qui offrirait une vision partagée de l'avenir du pays, intégrant à la fois les intérêts politiques, économiques et sécuritaires de la RDC et ceux du Rwanda.

§2. Défis et obstacles à la mise en œuvre de cette solution

La proposition visant à intégrer le Rwanda en tant qu'entité administrative relevant de la République Démocratique du Congo que ce soit sous la forme d'une province ou de toute autre structure d'incorporation relève d'une hypothèse extrême, en contradiction directe avec les principes cardinaux du droit international relatifs à la souveraineté des États, à l'intangibilité des frontières et à leur indépendance politique. Une telle orientation suscite des réserves majeures, non seulement sur le plan juridique, mais également au regard des dimensions symboliques, identitaires et historiques profondément enracinées. Du côté congolais, elle serait perçue comme une dilution inacceptable de la souveraineté nationale, un renversement de l'ordre constitutionnel et un affront à l'histoire d'un peuple dont les luttes pour l'unité territoriale et l'autodétermination ont toujours été au cœur des résistances politiques, de Patrice Lumumba à ce jour.

L'attachement des Congolais à l'unité de leur territoire, fortement mis à mal par les multiples ingérences extérieures et les conflits armés à répétition, rend politiquement inenvisageable toute démarche pouvant être assimilée à une capitulation symbolique ou à une fusion imposée. Du côté rwandais, une telle proposition serait tout aussi inacceptable, car elle supposerait l'abandon volontaire de la souveraineté nationale au profit d'un État avec lequel les relations ont été marquées par une histoire complexe de conflit, de méfiance et de rivalité géopolitique. Le Rwanda post-génocide s'est reconstruit autour d'un nationalisme affirmé, d'un État centralisé et d'un leadership fort incarné par le président Paul Kagame. L'idée d'une intégration au sein d'un État voisin perçu à la fois comme instable, fragmenté, et historiquement en tension avec Kigali, heurterait de plein fouet la mémoire nationale, l'élan de résilience post-traumatique et la légitimité même du pouvoir rwandais. Elle pourrait être interprétée comme une forme d'annexion déguisée ou d'effacement identitaire.

Si certains acteurs congolais, dans une lecture stratégique des enjeux sécuritaires de l'Est, peuvent envisager une coopération renforcée avec le Rwanda dans une optique de stabilisation et de codéveloppement, l'idée d'une fusion politique ou territoriale dépasse largement le cadre de la coopération régionale classique. Elle se heurterait à des résistances multiples, politiques, populaires, diplomatiques et culturelles, tant en RDC qu'au Rwanda. À défaut d'intégration, c'est donc davantage vers des mécanismes de coordination bilatérale sécurisée, de codéveloppement transfrontalier et de gouvernance partagée de certaines zones sensibles que peut se dessiner une voie réaliste, respectueuse des souverainetés respectives et tournée vers la pacification durable de la région des Grands Lacs.

La communauté internationale, comme les Nations Unies, l'Union Africaine, et les pays voisins, peut également être hostile à une telle idée, surtout si elle remet en cause l'intégrité des frontières de la RDC et menace la stabilité régionale. Les acteurs occidentaux et les puissances régionales risquent de percevoir cette solution comme une forme de révision des frontières et de domination qui peut pousser une redéfinition des rapports de pouvoir dans les Grands Lacs. L'idée de faire du Rwanda une province de la République Démocratique du Congo représente une solution radicale au problème de la balkanisation et des conflits de ressources dans l'est du pays. Si cette proposition vise à résoudre les tensions historiques entre le Rwanda et la RDC, elle se heurte à de grands obstacles politiques, économiques et sociaux.

La mise en œuvre d'un tel projet supposerait au préalable une réconciliation historique de grande ampleur entre les peuples de la région des Grands Lacs, fondée non seulement sur la reconnaissance des violences passées, mais aussi sur un processus authentique de réparation symbolique, de dialogue politique transfrontalier et de réhabilitation des mémoires collectives. Bien que sur le plan théorique cette hypothèse puisse stimuler des réflexions audacieuses sur l'intégration régionale, la mutualisation des ressources et la pacification durable des tensions, elle se heurte à la réalité actuelle d'un ordre régional fragmenté, traversé par des logiques d'instrumentalisation des différences identitaires, de compétition pour le contrôle des ressources et de faiblesse institutionnelle chronique.

Dans ce contexte, la faisabilité politique, juridique et sociale d'un tel projet demeure extrêmement incertaine. Elle suppose non seulement un changement de paradigme diplomatique, mais aussi l'émergence d'une volonté politique partagée, ancrée dans une vision post-nationale, solidaire et résolument tournée vers la souveraineté coopérative. À l'heure actuelle, cette perspective relève davantage d'une utopie géopolitique que d'un horizon opérationnel immédiat, même si elle peut, à terme, inspirer de nouvelles modalités d'intégration régionale repensées à partir des réalités africaines.[174]

Section 2. Réunification du Rwanda et de la RDC comme solution durable à la guerre à l'Est de la RDC

§1. Contexte historique, géopolitique et enjeux d'une réunification politique

Les relations entre le Rwanda et la République Démocratique du Congo ont été marquées par des siècles d'interactions entre les populations rwandophones, particulièrement les Tutsis et les Hutus, et les Congolais dans les régions de l'est de la RDC, comme le Kivu. Les frontières coloniales, tracées par les puissances européennes, ne correspondaient pas aux réalités ethniques et historiques des populations locales. Cela a entraîné de nombreuses frictions et conflits après l'indépendance des deux pays, empirés par la question de la gestion des ressources naturelles et l'influence étrangère. Le Rwanda a également été un acteur prépondérant dans les guerres qui ont secoué la RDC dans les années 1990 et 2000. En 1996, le Rwanda a joué un rôle important dans la chute du dictateur Mobutu Sese Seko et l'arrivée au pouvoir de Laurent-Désiré Kabila, mais les tensions entre les deux pays ont été exaspérées par les luttes pour le contrôle des ressources minières et l'impact du génocide rwandais de 1994, qui a créé un afflux massif de réfugiés et des milices hutu en RDC.[175]

Depuis le Rwanda a continué de jouer un rôle actif en soutien à des groupes rebelles comme le M23, tandis que les autorités congolaises ont accusé le Rwanda de soutenir les rébellions dans l'est du pays pour contrôler les ressources minières. Ce contrôle territorial leur permet d'alimenter des circuits parallèles de commercialisation transfrontalière, d'entretenir une instabilité chronique et de remettre en cause la souveraineté effective de l'État congolais. Dans une perspective strictement théorique, l'idée d'une unification ou d'une intégration politique entre la RDC et le Rwanda pourrait apparaître comme une réponse radicale à ces conflits transfrontaliers, en fusionnant les forces de sécurité et en dissolvant les logiques d'hostilité interétatique, une telle configuration institutionnelle pourrait théoriquement désactiver les motivations stratégiques des ingérences armées, rendre obsolètes les justifications sécuritaires de Kigali, et réorienter les ressources régionales vers un projet commun de stabilisation.

---

[174] « Historique de la Coopération Rwanda-RDC », in *https://www.rwandaindrc.gov.rw/diaspora/historique*, Consulté le 22/03/2023
[175] « Historique de la Coopération Rwanda-RDC », Op.cit.

Cependant, cette approche pose de redoutables défis politiques, historiques, identitaires et diplomatiques. Elle suppose non seulement la renonciation du Rwanda à sa souveraineté étatique, mais également une adhésion du peuple congolais à un projet d'union avec un pays perçu, à tort ou à raison, comme agresseur et acteur de la balkanisation. Toute tentative d'intégration forcée, ou perçue comme telle, risquerait d'exacerber les tensions internes, de provoquer des résistances nationalistes et de produire une fragmentation accrue. Si la pacification de l'Est passe par une reconfiguration des relations sécuritaires entre les deux pays, elle doit avant tout reposer sur la reconnaissance mutuelle des souverainetés, la cessation des soutiens extérieurs aux groupes armés, et la construction d'une architecture régionale de sécurité partagée. L'intégration géopolitique, pour être viable, ne peut être envisagée que dans un cadre volontaire, coopératif et multilatéral, et non sous la forme d'une absorption asymétrique.

Une gouvernance unifiée permette de lutter plus efficacement contre l'implication de milices étrangères et la manipulation des conflits par des puissances régionales.[176] L'intégration du Rwanda et de la RDC nécessiterait un processus de réconciliation profonde entre les populations rwandaises et congolaises, et aussi entre les rwandophones et les autochtones congolais. Les tensions ethniques, fournies par des siècles d'histoire coloniale et des décennies de conflits violents, sont un obstacle capital à une telle solution. Le processus de réunification impliquerait la mise en place de mécanismes de dialogue pour désamorcer les conflits ethniques et promouvoir une vision commune de l'avenir. Un tel projet aurait également besoin d'un cadre politique qui garantirait une représentation équitable des différentes communautés et groupes ethniques au sein du gouvernement et des institutions. Il serait impérieux que le Rwanda et la RDC trouvent un moyen d'intégrer les rwandophones du Kivu tout en garantissant les droits des autochtones congolais.

Une telle fédération impliquerait non seulement la création de nouvelles institutions hybrides, parlement fédéral, exécutif bicéphale, haute cour fédérale de justice, mais aussi la reconnaissance d'espaces d'autonomie garantis pour les régions à forte identité culturelle ou historique. L'équilibre du pouvoir entre le centre et les entités fédérées devrait être négocié avec précaution, de manière à éviter tout sentiment d'assujettissement ou de domination d'un peuple sur l'autre. Il faudrait également intégrer des mécanismes de co-représentation,

---

[176] CHATELO, C., « RDC : comment ramener la paix dans l'est du pays ? », in *https://www.lemonde.fr/afrique/article/2023/04/12/rdc-comment-ramener-la-paix-dans-l-est-du-pays_6169245_3212.html*, Consulté le 22/03/2025

d'alternance, de parité régionale, et de gestion concertée des ressources naturelles, dans une logique d'équité redistributive et de cohésion nationale. Toute tentative de fusion sans transformation institutionnelle profonde risquerait de reproduire des asymétries de pouvoir, de générer des résistances politiques, et d'exacerber les fractures historiques.

Ainsi, si l'unification devait être envisagée, elle ne saurait reposer sur une simple absorption d'un État par un autre, mais bien sur la construction patiente d'un pacte fédératif légitime, négocié, inclusif et souverainement accepté par les peuples concernés. Un gouvernement fédéral peut envisager aussi, avec un système où les différentes provinces auraient un certain degré d'autonomie tout en restant sous une autorité centrale. La question de la répartition du pouvoir et de la gestion des institutions publiques serait importante pour assurer une gouvernance stable et éviter de nouvelles tensions politiques. La création d'un nouveau pays unifié aurait un impact positif sur les relations diplomatiques et internationales des deux pays. Dans l'hypothèse d'un processus d'unification ou d'intégration politique entre la République Démocratique du Congo et le Rwanda, le rôle de la communauté internationale serait central, à la fois en tant que garant diplomatique, médiateur sécuritaire et facilitateur institutionnel.

Des acteurs tels que les Nations Unies, l'Union Européenne, les États-Unis ou encore l'Union Africaine seraient amenés à encadrer cette transformation par une structure d'accompagnement solide, articulée autour du respect des normes internationales, de la protection des droits fondamentaux et de la promotion d'une dynamique de réconciliation régionale fondée sur l'inclusivité et la légitimité. Il leur incomberait de veiller à ce que les dynamiques d'intégration ne deviennent pas des vecteurs de domination, d'inégalités ou de marginalisation politique, mais des opportunités de paix durable, de justice transitionnelle et de coopération équitable. Toute solution institutionnelle à une éventuelle fusion ou fédéralisation nécessiterait la mise en place de garanties internationales fortes, notamment en matière de respect de la souveraineté des entités voisines.

Il serait important de mettre en place des dispositifs efficaces de prévention des différends frontaliers, capables d'anticiper et de désamorcer les tensions récurrentes avec des pays comme l'Ouganda, l'Angola ou le Burundi, dont les sensibilités géostratégiques, les préoccupations sécuritaires et les équilibres régionaux pourraient être ébranlés par une telle évolution. La mise en œuvre d'un cadre multilatéral de concertation, réunissant l'ensemble des États riverains, apparaîtrait comme une condition indispensable pour instaurer une stabilité durable et consolider la confiance réciproque au sein de la région des Grands Lacs. Par ailleurs, la question de la gouvernance des ressources naturelles au cœur des dynamiques conflictuelles régionales devrait faire l'objet d'accords juridiquement contraignants et fondés sur la transparence. Ces instruments devraient garantir un accès équitable aux ressources, assurer leur traçabilité, prévenir leur utilisation à des fins militaires et encadrer une redistribution juste des revenus en faveur des communautés locales.

Des clauses spécifiques devraient également réguler les investissements étrangers et les accords commerciaux afin de prévenir toute forme de captation oligarchique ou de reproduction des logiques d'exploitation néocoloniale. L'unification politique, pour être légitime et durable, devra ainsi s'adosser à une diplomatie régionale prudente, à un multilatéralisme actif et à une ingénierie institutionnelle pilotée dans l'intérêt des peuples, non des seules élites ou puissances extérieures.[177]

§2. Enjeux économiques, sociaux de l'unification et obstacles de la réunification

L'un des arguments centraux en faveur d'une hypothétique réunification ou d'une intégration politico-économique entre la République Démocratique du Congo et le Rwanda réside dans la possibilité d'instaurer une gouvernance concertée, rationnelle et inclusive des ressources naturelles. L'Est de la RDC, qui concentre certaines des plus vastes réserves mondiales de minerais stratégiques tels que le coltan, le cobalt, le cuivre et l'or, constitue un enjeu géoéconomique majeur dont la mauvaise gestion alimente depuis plusieurs décennies une spirale de conflits armés, de prédations transfrontalières et de déstructuration étatique. Dans cette perspective, l'intégration du Rwanda, souvent présenté comme un État à l'administration centralisée, doté d'un appareil bureaucratique efficace et d'une vision stratégique affirmée, pourrait offrir un cadre institutionnel plus stable, plus prévisible et potentiellement plus transparent pour la régulation de l'extraction, de la commercialisation et de la redistribution des ressources naturelles.

Une telle configuration permettrait non seulement de rationaliser les circuits d'exportation minière, en réduisant le poids des trafics illicites transfrontaliers et des zones d'opacité fiscale, mais également de promouvoir un

---

[177] KOFFI SAWYER, « La Communauté de l'Afrique de l'Est peut-elle stabiliser l'est de la RDC ? », in *https://issafrica.org/fr/iss-today/la-communaute-de-lafrique-de-lest-peut-elle-stabiliser-lest-de-la-rdc*, Consulté le 22/03/2025

système de partage des bénéfices plus équitable entre les territoires et les populations concernées. L'intégration économique régionale qui en résulterait pourrait être adossée à une architecture de gouvernance minière commune, incluant des normes environnementales, des mécanismes de certification, des exigences de responsabilité sociale des entreprises, ainsi que des outils de redistribution interterritoriale, à l'image d'un fonds souverain ou d'une péréquation régionale. En mutualisant les infrastructures, les expertises technologiques et les dispositifs de sécurisation des sites miniers, cette unification créerait un environnement favorable aux investissements responsables, tout en réduisant les coûts de conflictualité liés à la compétition pour le contrôle des ressources.

Toutefois, cette approche suppose des préalables fondamentaux tels que la mise en place d'un cadre institutionnel inclusif, fondé sur la co-souveraineté, l'égalité des parties prenantes, la justice territoriale, et une transition pacifiée des rapports historiques de domination, d'hostilité ou de méfiance. Autrement dit, ce modèle ne pourra être fonctionnel que s'il transcende la logique de captation par l'un ou l'autre des acteurs au profit d'un projet commun de développement régional durable, régulé et politiquement légitimé. Cela contribue également à réduire les inégalités économiques et à financer le développement infrastructurel, dans les régions historiquement négligées du Kivu et du Katanga. Un tel projet de réunification devrait également se concentrer sur la réduction de la pauvreté et la reconstruction sociale.[178]

La réunification des deux pays ne serait pas sans défis. Des résistances fortes existeraient au sein de la population congolaise, parmi les groupes nationalistes qui considèrent cette idée comme une atteinte à la souveraineté et à l'intégrité de la RDC. De même, au Rwanda, une telle idée risquerait d'être perçue comme une perte d'autonomie politique et une remise en cause des acquis de la réconciliation post-génocide, sous la direction de Paul Kagame. Les pays voisins et la communauté internationale s'opposent également à une telle fusion, car elles modifient les équilibres géopolitiques dans la région des Grands Lacs. L'ingérence des puissances internationales et les intérêts économiques en jeu, dans l'exploitation des ressources naturelles, compliqueraient le processus. L'idée de fusionner la République Démocratique du Congo et le Rwanda en un seul et même État, dans l'objectif de résoudre durablement la guerre récurrente à l'Est de la RDC, relève d'un projet à la fois

---

[178] KOFFI SAWYER, Op.cit.

ambitieux et radical, qui interroge les fondements mêmes de la souveraineté, de l'identité nationale et des rapports de force en Afrique centrale.

Une telle proposition, bien qu'utopique dans le contexte actuel, peut être interprétée comme une tentative de repenser les configurations géopolitiques héritées de la colonisation et de dépasser les logiques d'affrontement répétitif entre États voisins, en introduisant une architecture politique inédite fondée sur l'unité institutionnelle, la mutualisation stratégique et l'intégration territoriale complète. Sur le plan politique, une fusion RDC-Rwanda impliquerait une redéfinition en profondeur des structures étatiques, avec la création d'un nouveau contrat social, d'une Constitution inclusive, et d'un système fédératif ou confédéral apte à préserver les équilibres ethniques, les représentations régionales et les principes de coresponsabilité démocratique. Cette perspective ouvrirait la voie à une croissance inclusive, à la réduction des inégalités spatiales et à la valorisation des populations frontalières souvent marginalisées par les logiques de souveraineté rigide. L'objectif sous-jacent serait de rompre avec l'économie de guerre, les trafics transfrontaliers et les conflits communautaires, pour bâtir une économie de coopération structurée sur les interdépendances.

Cependant, cette solution se heurte à des résistances majeures. Du côté de la RDC, le traumatisme historique des agressions militaires, le pillage systématique des ressources, l'instrumentalisation des groupes armés et le soupçon de balkanisation rendent politiquement inacceptable, pour une grande partie de la population et de la classe dirigeante congolaise, toute idée de fusion avec un pays perçu comme agresseur. L'unité nationale congolaise, bien que fragile, demeure un repère symbolique fondamental que l'absorption d'un voisin, même stratégique, viendrait mettre en péril. Du côté rwandais, une telle fusion impliquerait l'abandon de la souveraineté pleine et entière, ainsi que la dilution d'un modèle étatique fortement centralisé dans une entité perçue comme instable, complexe et difficilement gouvernable. La mémoire du génocide, la consolidation post-conflit et la fierté nationale autour du leadership rwandais constituent des barrières identitaires puissantes à toute tentative d'unification.

À cela s'ajoutent les obstacles géopolitiques. Une telle réorganisation de la carte politique africaine impliquerait l'aval voire l'intervention de la communauté internationale, notamment de l'Union Africaine, des Nations Unies, des grandes puissances occidentales et des acteurs économiques stratégiques. Ces derniers pourraient percevoir une telle fusion comme une menace à l'équilibre régional, une source d'instabilité imprévisible, ou une remise en cause des intérêts établis dans la région. De plus, les voisins comme l'Ouganda, le Burundi, la Tanzanie ou l'Angola pourraient s'opposer à ce scénario, craignant des effets de contagion ou une reconfiguration des axes d'influence régionaux. La proposition d'unir la RDC et le Rwanda en une seule entité politique constitue moins une option réaliste qu'un paradigme prospectif, destiné à interroger les limites des modèles actuels de coexistence étatique dans la région des Grands Lacs. Elle révèle les impasses du statu quo fondé sur les frontières coloniales figées, les souverainetés exclusives, et les compétitions interétatiques non régulées.

En cela, elle invite à repenser l'avenir de l'Afrique centrale non à travers la logique de cloisonnement et de fragmentation, mais à partir d'une dynamique d'interdépendance assumée, de gouvernance partagée et de diplomatie post-conflictuelle orientée vers la co-intégration territoriale et la construction d'un destin régional commun. Bien que théoriquement prometteuse, une telle fusion reste difficilement réalisable dans le contexte actuel, tant au niveau des volontés politiques qu'à cause des obstacles structurels liés à la souveraineté, aux identités nationales et à l'ingérence internationale.[179]

---

[179] KOFFI SAWYER, Op.cit.

CHAPITRE 12. ARGUMENTS EN FAVEUR D'UNE FUSION ENTRE LE RWANDA ET LA RDC

La proposition d'une fusion entre le Rwanda et la République Démocratique du Congo a été envisagée par certains observateurs et analystes comme une solution radicale aux conflits persistants dans la région des Grands Lacs. Bien qu'il s'agisse d'une idée controversée, plusieurs arguments peuvent être avancés en faveur de cette fusion, tant sur les plans politique, socioéconomique et sécuritaire.

Section 1. Résolution des conflits et la stabilisation de la région des Grands Lacs
§1. Avantages économiques d'une fusion

La République Démocratique du Congo est souvent décrite comme un scandale géologique en raison de l'abondance exceptionnelle de ses ressources naturelles, notamment le cobalt dont elle détient plus de 60 % des réserves mondiales, le coltan, le cuivre, l'or, le lithium, le manganèse et d'autres métaux rares stratégiques. Ces richesses représentent un potentiel immense pour le développement, non seulement de la RDC, mais de toute l'Afrique centrale et de l'économie mondiale. Pourtant, ce potentiel reste paradoxalement source d'instabilité, de prédation externe, de conflits armés, et de sous-développement endémique. La mauvaise gouvernance, la fragmentation territoriale, les systèmes clientélistes, la corruption institutionnalisée et l'absence de contrôle souverain sur les circuits d'extraction et d'exportation ont empêché l'État congolais de transformer cette manne minérale en levier de prospérité collective. C'est dans ce contexte qu'une fusion stratégique avec un pays comme le Rwanda pourrait être envisagée comme une alternative structurelle au modèle actuel d'exploitation anarchique et militarisée.[180]

Le Rwanda, bien que dépourvu de ressources minérales comparables à celles de la RDC, présente une trajectoire de gouvernance radicalement différente. Depuis la fin du génocide de 1994, le pays a entrepris des réformes profondes fondées sur l'efficacité administrative, la discipline budgétaire, la lutte contre la corruption, la planification centralisée et la promotion de l'investissement privé. Il a développé une stratégie d'industrialisation orientée

---

[180] POURTIER, R., Op.cit.

vers les nouvelles technologies, la transformation locale des matières premières, l'éducation, l'agro-industrie et les infrastructures.

Sa stabilité relative, son taux de croissance élevé, son attractivité pour les capitaux étrangers, ainsi que sa capacité à intégrer des projets régionaux comme le Corridor Central ou la Zone de libre-échange continentale africaine, lui confèrent une place stratégique dans la nouvelle architecture économique africaine. L'intégration des systèmes de traçabilité, de certification et de régulation pourrait mettre fin à l'économie de prédation qui caractérise l'Est de la RDC, en asséchant les circuits parallèles qui alimentent les conflits armés, les trafics illicites et les réseaux transnationaux de corruption. Sur le plan économique, cette union créerait un marché intérieur combiné de près de 100 millions d'habitants, offrant une masse critique de consommateurs, de producteurs et de main-d'œuvre. Ce marché élargi pourrait soutenir la construction de chaînes de valeur régionales dans des secteurs stratégiques : la métallurgie, la transformation du cobalt pour les batteries électriques, la fabrication de composants électroniques, l'agriculture de transformation, ou encore les énergies renouvelables. Le Rwanda, en tant que hub logistique et administratif, pourrait jouer un rôle de plateforme de coordination, tandis que les régions minières et agricoles de la RDC fourniraient les intrants primaires.

De plus, l'unification permettrait une rationalisation des infrastructures comme routes interconnectées, chemins de fer transfrontaliers, barrages hydroélectriques partagés, réseaux de fibre optique mutualisés. Cela contribuerait à baisser les coûts logistiques, à améliorer la connectivité régionale, et à stimuler l'industrialisation. Une telle fusion, si elle s'opérait dans un cadre politique consensuel et démocratique, permettrait aussi de mobiliser un nouveau narratif international. L'émergence d'un État binational ou d'un espace fédératif afrocentral serait perçue comme un signal de rupture avec les logiques de division héritées du colonialisme. Elle renforcerait la position du nouvel ensemble sur la scène internationale, en tant qu'acteur stratégique dans les négociations climatiques, énergétiques, commerciales ou numériques. Elle permettrait également une meilleure maîtrise des contrats internationaux, une réforme des codes miniers, et une sécurisation souveraine des ressources critiques face aux multinationales prédatrices.

Cependant, la réussite d'un tel projet supposerait la mise en place d'un mécanisme de transition complexe. Il faudrait établir un pacte constitutionnel, une administration fédérale bicéphale, une représentation paritaire des élites politiques et militaires, un calendrier électoral commun, et une réforme progressive des institutions de sécurité. Des garanties seraient nécessaires pour que ni le Rwanda ne soit dominé par le poids démographique et territorial de la RDC, ni que la RDC ne soit perçue comme absorbée ou manipulée par une puissance historiquement jugée hostile.

Ce processus devrait être soutenu par une médiation régionale et internationale, encadré par des observateurs neutres, et accompagné de mécanismes de réconciliation nationale profonde. La fusion RDC-Rwanda ne doit pas être envisagée comme une annexion, ni comme une solution miracle à court terme, mais comme une hypothèse géoéconomique audacieuse, destinée à renverser la logique actuelle de conflictualité par une architecture de coopération institutionnelle, de rationalité économique et de souveraineté partagée. Dans un contexte africain en pleine mutation, marqué par l'échec des modèles étatiques postcoloniaux centralisés et la montée de nouvelles formes d'intégration régionale, ce scénario pourrait constituer une matrice expérimentale pour repenser l'État africain du 21ième siècle. Une telle fusion peut également contribuer à stabiliser les économies des deux pays en mettant fin à l'instabilité politique qui a entravé leur développement économique.

En unifiant les politiques monétaires, fiscales et commerciales, le pays résultant peut attirer des investissements étrangers, renforcer les industries locales et stimuler la croissance économique. De plus, cela permettrait d'accélérer la réintégration de la RDC dans le commerce régional de l'Afrique de l'Est, grâce à l'appui du Rwanda, membre actif de la Communauté de l'Afrique de l'Est (EAC).[181]

§2. Sécurité et gouvernance plus stables

La fusion peut aussi permettre la fusion des forces armées et des services de renseignement des deux pays. Cela renforcerait la coordination des actions contre les milices, les groupes rebelles, et les réseaux criminels transnationaux opérant dans la région. La coopération entre les autorités de la RDC et du Rwanda conduit également à une réforme du système judiciaire et à l'amélioration des pratiques de gouvernance dans les zones de conflits. Une gouvernance unifiée permettrait de mettre en place des mécanismes plus solides de lutte contre la corruption et l'impunité, accusés d'être à la base des conflits

---

[181] KATSHINGU K. R., *Du miracle rwandais au paradoxe congolais. De la pauvreté à l'émergence économique*, Paris, L'Harmattan, 2015

dans la région. Le Rwanda, avec son modèle de gouvernance centralisée et ses politiques anticorruption efficaces, peut inspirer des réformes en RDC, en mettant l'accent sur la transparence, la responsabilité et l'accountabilité des dirigeants.[182]

§3. Favoriser la réconciliation sociale et ethnique

La reconnaissance sociale et ethique s'inscrit non seulement dans un registre géopolitique atypique, l'hypothèse d'une unification politique entre la République Démocratique du Congo et le Rwanda, mais aussi elle ouvre la possibilité d'un repositionnement stratégique majeur dans la région des Grands Lacs, en permettant d'aborder de manière structurelle les racines profondes des conflits récurrents. Dépassant les seules considérations d'ordre économique ou sécuritaire, une telle configuration pourrait constituer un levier inédit pour repenser les rapports entre des populations historiquement fragmentées par des clivages ethniques, des frontières héritées de la colonisation, et des antagonismes postcoloniaux persistants. Les provinces orientales de la RDC, en particulier le Nord-Kivu et le Sud-Kivu, demeurent depuis plusieurs décennies le théâtre de tensions identitaires aiguës opposant des communautés autochtones à des groupes rwandophones notamment les Banyamulenge souvent perçus comme exogènes et fréquemment instrumentalisés dans des logiques de violence armée.

Cette perception a nourri une hostilité réciproque, fragilisé les dynamiques de coexistence et servi de terreau à la prolifération de milices se positionnant tour à tour comme remparts communautaires. Dans ce contexte, l'union politique des deux États pourrait théoriquement permettre une relecture des rapports de force régionaux, en substituant aux logiques d'affrontement interétatique et de marginalisation identitaire un projet commun d'inclusion fondé sur la citoyenneté partagée, la souveraineté conjointe et une gouvernance intégrée. Un tel dispositif offrirait la possibilité de reconnaître pleinement les populations rwandophones comme membres à part entière d'un espace politique redéfini, contribuant ainsi à clore les controverses autour de leur nationalité, de leur enracinement territorial et de leur légitimité historique.

En intégrant ces groupes dans un cadre institutionnel commun, une telle fusion pourrait désactiver les mécanismes de conflictualité identitaire en les transposant dans un ordre fondé sur le droit, la représentation politique et la solidarité nationale. Toutefois, une réconciliation authentique ne saurait résulter d'un simple arrangement institutionnel. Elle impliquerait l'édification de

---

[182] MUKOKO SAMBA, D., *Guérir le Congo du mal zaïrois,* Paris, éd. Academia, 2021

mécanismes de justice transitionnelle à même de reconnaître les souffrances endurées, de réparer les traumatismes historiques et de forger une mémoire collective partagée, fondement d'un vivre-ensemble durable. Cela impliquerait la création de commissions conjointes, l'ouverture des archives, l'indemnisation des victimes, la reconnaissance des responsabilités croisées, mais aussi la mise en récit d'une histoire commune non fondée sur la revanche ou la déresponsabilisation.

Une union entre la RDC et le Rwanda offrirait également une réponse structurelle à la crise des déplacés internes, des réfugiés et des apatrides, dont la situation perdure depuis les guerres des années 1996-2003. En supprimant la frontière comme lieu de division, de suspicion et d'exclusion, une telle fusion pourrait donner un statut juridique clair à des populations déracinées, réintégrées dans un projet de société collectif. Elle permettrait la création de mécanismes conjoints de réinstallation, de sécurisation des zones de retour, d'accès aux services publics, et de relance des communautés rurales affectées par les conflits. Cette logique s'inscrirait dans une vision humaniste de la souveraineté, où l'État ne serait pas seulement le garant de l'intégrité territoriale, mais aussi le tuteur actif de la dignité de ses citoyens, quelles que soient leurs origines, leurs langues ou leurs itinéraires de migration. Sur le plan militaire, une telle fusion permettrait une coordination plus efficiente des efforts de désarmement, de démobilisation et de réintégration des anciens combattants.

Les centaines de groupes armés opérant dans l'est de la RDC prospèrent notamment sur les ambiguïtés frontalières, les rivalités interétatiques, les connivences transnationales, et les logiques communautaires de survie. En instaurant une autorité militaire unifiée, dotée d'une doctrine commune, d'une hiérarchie intégrée et d'une capacité de projection régionale, l'État fusionné pourrait assécher les bases arrière de l'instabilité chronique et imposer un monopole effectif de la violence légitime. Cette réorganisation sécuritaire devrait être accompagnée d'une réforme en profondeur de la police, de la justice militaire, de l'administration territoriale et des services de renseignement, afin d'éviter la reproduction des systèmes de domination ethno-militaires ou clientélistes. Politiquement, le projet de fusion porterait en lui une ambition forte : transformer une ligne de fracture géopolitique en axe d'unité civilisationnelle. Il ne s'agirait pas de créer un simple patchwork institutionnel, mais de refabriquer un contrat social capable de recevoir la pluralité sans le supprimer.

Cela supposerait une réforme constitutionnelle, une transition négociée des élites, une redistribution équilibrée des pouvoirs, et une refondation symbolique de l'État. Ce nouvel ensemble devrait puiser sa légitimité non dans la force ou la conjoncture, mais dans une volonté populaire exprimée démocratiquement, dans les deux pays, par voie référendaire ou constituante. Il faudrait construire une citoyenneté post-nationale, un patriotisme civique fondé sur la justice, la mémoire et le développement partagé, et non sur l'héritage des frontières coloniales. Mais une telle vision, aussi porteuse soit-elle de promesses, se heurte à des résistances considérables.

Les nationalismes historiques, les méfiances accumulées, les intérêts divergents des élites, les influences extérieures, les récits antagonistes et les douleurs encore vives constituent des obstacles majeurs à toute unification. La communauté internationale, notamment l'Union africaine, les Nations Unies, l'Union européenne, les États-Unis et les grandes puissances émergentes, auraient un rôle essentiel à jouer non comme arbitres imposés, mais comme facilitateurs de la transition, garants du droit international, et soutiens au développement. Toute tentative de fusion devrait s'appuyer sur des engagements régionaux clairs, sur la sécurisation des frontières externes, sur des garanties de respect des droits humains et sur une stratégie de développement durable à long terme.

Ainsi, bien que cette hypothèse puisse paraître utopique dans le contexte actuel, elle oblige à reposer la question du sens même de la souveraineté, de l'État, de la paix et du vivre-ensemble en Afrique centrale. Elle permet de penser la reconstruction de l'espace congolais non comme une restauration figée, mais comme une réinvention créatrice. Ce projet, s'il devait être poursuivi, ne pourrait réussir que s'il était porté par les peuples eux-mêmes, dans leur pluralité, leur souffrance et leur espérance, et non imposé d'en haut, sous couvert de calculs géopolitiques ou de rationalité technocratique. Il s'agirait, non de diluer les identités, mais de les inscrire dans une trajectoire commune, réconciliée et souveraine.[183]

---

[183] PIDIKA MUKAWA, D., *Les défis de la gouvernance sécuritaire en RDC. Mélanges offerts au professeur Login Mbela Hiza*, Paris, L'Harmattan, 2023

Section 2. RDC et Rwanda, de la guerre et tension à la coopération

§1. Origines des tensions géopolitiques entre la RDC et le Rwanda

Les tensions persistantes entre le Rwanda et la République Démocratique du Congo s'enracinent dans les bouleversements tragiques qui ont marqué la région des Grands Lacs au cours de la décennie 1990. Le génocide de 1994 au Rwanda constitue un point de bascule dans les relations entre les deux États. À la suite de l'effondrement du régime du président Juvénal Habyarimana, un nombre important de responsables politiques et de miliciens hutus impliqués dans les massacres s'est replié sur le territoire de l'ex-Zaïre, aujourd'hui République Démocratique du Congo, où ces groupes ont reconstitué leurs réseaux d'influence et établi de nouvelles bases arrière. Ce déplacement massif de populations et d'acteurs armés a ravivé les tensions entre Kigali désormais gouverné par le Front patriotique rwandais de Paul Kagame et le régime de Mobutu Sese Seko, accusé de tolérer, voire de soutenir de manière tacite ces éléments hostiles. Dans ce climat de suspicion et de méfiance croissante, les dynamiques conflictuelles se sont intensifiées, débouchant sur l'éclatement de la Première Guerre du Congo en 1996, lors de laquelle le Rwanda a activement soutenu la rébellion de Laurent-Désiré Kabila, aboutissant à la chute du pouvoir mobutiste. Toutefois, les relations entre le nouveau pouvoir congolais et Kigali se sont rapidement détériorées après la prise du pouvoir par Kabila, ouvrant une nouvelle phase de confrontation ouverte. Dès 1998, le Rwanda, rejoint par l'Ouganda, a apporté un appui militaire à plusieurs mouvements rebelles opérant sur le sol congolais, contribuant à l'embrasement d'un conflit régional d'envergure, connu sous le nom de Deuxième Guerre du Congo (1998–2003).

Cette séquence historique a profondément bouleversé les relations bilatérales, désormais marquées par des accusations croisées d'ingérence, de pillage organisé des ressources naturelles et de soutien actif à des groupes armés impliqués dans l'instabilité régionale. Les provinces orientales de la RDC, notamment le Kivu et l'Ituri, sont devenues les épicentres d'une instabilité chronique, où se déploient des groupes armés bénéficiant, selon de nombreuses sources, d'un appui logistique et opérationnel en provenance du Rwanda, dans un contexte de rivalité prolongée avec les forces régulières congolaises. Le M23 et d'autres mouvements rebelles ont régulièrement été accusés d'être en lien avec le gouvernement rwandais, créant une spirale de violence qui a déstabilisé la région.

Les tensions entre les deux pays ont donc été attisées par ces conflits, rendant toute forme de coopération difficile.[184]

§2. Fusion comme stratégie d'apaisement des tensions géopolitiques

L'idée d'une fusion entre la RDC et le Rwanda repose sur l'idée que cette unification constitue une solution radicale et pragmatique aux multiples tensions géopolitiques qui ont miné la stabilité de la région pendant des décennies. L'une des principales sources de tensions entre le Rwanda et la RDC réside dans la question de la sécurité transfrontalière. Les frontières poreuses et les mouvements de populations entre les deux pays ont permis l'émergence de milices et de groupes rebelles opérant des deux côtés de la frontière. En fusionnant les deux pays, il serait possible de créer une force de défense commune, capable de contrôler ces zones frontalières, de sécuriser les régions instables et de neutraliser les groupes armés, quel que soit leur camp. L'unification de ces deux nations permettrait aussi de mettre en place des politiques de désarmement, de démobilisation et de réintégration des anciens combattants plus efficaces. Une fusion des deux pays permettrait de créer une identité nationale commune qui peut contribuer à réconcilier les communautés congolaises et rwandaises. Plutôt que de se voir comme des ennemis ou des rivaux, les populations des deux pays peuvent se percevoir comme des citoyens d'un même État, réduisant ainsi les tensions ethniques, politiques et sociales. Des initiatives de réconciliation, telles que des comités de vérité ou des tribunaux de réconciliation, peuvent permettre aussi de tourner la page des conflits passés et de favoriser un climat de confiance et de coopération. Le modèle de gouvernance après une fusion est basé sur une structure fédérale ou décentralisée, permettant à chaque région, qu'elle soit rwandaise ou congolaise, de conserver une certaine autonomie tout en s'intégrant dans un système de gouvernance nationale.[185]

Le Rwanda, avec son expérience en matière de gouvernance post-conflit et de réformes économiques apporte une expertise précieuse pour réorganiser l'administration publique et améliorer les services dans les régions instables de la RDC. L'unification du Rwanda et de la RDC tisse une plus grande coopération économique entre ces deux pays. La RDC possède des ressources naturelles abondantes, tandis que le Rwanda a démontré une forte capacité à gérer des économies en développement et à développer des industries diversifiées, dans

---

[184] « Apaiser les Tensions dans l'Est de la RD Congo et les Grands Lacs », in *https://www.crisisgroup.org/fr/africa/great-lakes/democratic-republic-congo/b181-easing-turmoil-eastern-dr-congo-and-great-lakes,* Consulté le 20/03/2025
[185] « Apaiser les Tensions dans l'Est de la RD Congo et les Grands Lacs », Op.cit.

les secteurs des technologies, de l'agriculture et des services financiers. La fusion peut permettre également la création d'un marché unique, la construction d'infrastructures transfrontalières comme routes, chemins de fer, pipelines et le renforcement des échanges commerciaux entre les deux pays. Ce développement économique intégré transforme la région en un pôle économique dynamique.[186]

§3. Défis et obstacles à une fusion entre la RDC et le Rwanda

Malgré les bénéfices potentiels d'une fusion, les différences culturelles et identitaires entre les deux pays restent un obstacle majeur. Les parcours historiques distincts, les héritages culturels différenciés ainsi que les configurations linguistiques propres aux populations congolaise et rwandaise introduisent une complexité notable dans toute perspective de rapprochement identitaire. Certes, certains points de convergence peuvent être relevés notamment la présence du kinyarwanda au sein de communautés établies dans les zones frontalières, ou encore l'existence d'affinités ethniques transfrontalières, mais ces éléments, bien que réels, demeurent insuffisants pour constituer les fondements solides d'une identité nationale commune et pleinement intégrée. Les mémoires conflictuelles, les clivages ethnopolitiques encore vifs, ainsi que les sensibilités nationalistes fortement ancrées rendent difficile la construction d'un récit collectif unifié. Par ailleurs, une éventuelle fusion politique entre la RDC et le Rwanda soulèverait d'importantes résistances parmi les élites dirigeantes des deux pays, pour qui un tel projet pourrait signifier une remise en cause de leurs prérogatives, de leurs systèmes d'allégeance et de leur capital politique. Du côté rwandais, l'intégration dans une entité étatique plus vaste pourrait être perçue comme une menace à l'autonomie des réformes internes et à la projection régionale de son modèle politico-économique.

Au contraire, les décideurs congolais peuvent redouter que l'unification ne débouche sur un déséquilibre institutionnel au travers du Rwanda, compromettant la souveraineté effective de la RDC sur ses ressources naturelles. Sur le plan international, une telle recomposition géopolitique serait également susceptible d'alarmer plusieurs puissances étrangères et groupes d'intérêts transnationaux, qui bénéficient de la fragmentation actuelle de la région pour maintenir leur influence sur l'exploitation stratégique des richesses du sous-sol congolais. Ces facteurs cumulés rendent hautement improbable une unification

---

[186] « Apaiser les Tensions dans l'Est de la RD Congo et les Grands Lacs », in *https://www.crisisgroup.org/fr/africa/great-lakes/democratic-republic-congo/b181-easing-turmoil-eastern-dr-congo-and-great-lakes,* Consulté le 22/03/2025

sans tensions profondes, tant à l'échelle nationale que régionale et internationale. Les puissances occidentales et les multinationales opérant dans les secteurs miniers peuvent ne pas voir d'un bon œil une fusion qui affecterait leurs accès aux ressources et leur influence géopolitique dans la région. Bien que l'idée d'une fusion entre la RDC et le Rwanda pour apaiser les tensions géopolitiques qui semble être utopique et difficile à réaliser, elle représente un projet ambitieux qui peut donner une solution durable aux conflits régionaux et un modèle de coopération renforcée.

L'unification politique du Rwanda et de la République Démocratique du Congo pourrait, en théorie, ouvrir la voie à la constitution d'un espace régional cohérent, à même de favoriser une dynamique de réconciliation durable, de stimuler un développement économique transfrontalier et de renforcer les mécanismes collectifs de sécurité. En articulant leurs complémentarités économiques, démographiques et géopolitiques, les deux États seraient en mesure de poser les bases d'une gouvernance régionale plus stable, susceptible d'atténuer les conflits récurrents et d'encourager l'intégration structurelle de leurs sociétés. Néanmoins, la mise en œuvre d'un tel projet rencontre de nombreux obstacles, parmi lesquels les divergences culturelles profondément enracinées, les intérêts politiques parfois antagonistes, et les pressions exercées par des acteurs internationaux soucieux de préserver leurs zones d'influence et leurs privilèges d'accès aux ressources stratégiques de la région.

Pour qu'une telle fusion puisse être envisagée de manière réaliste, elle nécessiterait l'émergence d'une volonté politique lucide et partagée, l'instauration d'un dialogue inclusif impliquant l'ensemble des parties prenantes étatiques, communautaires et régionales ainsi qu'un accompagnement actif de la communauté internationale. Seule une approche fondée sur la concertation, la justice transitionnelle et le respect mutuel pourrait transformer les lignes de fracture actuelles en leviers de coopération innovante et de codéveloppement équitable.

Section 3. Gestion partagée des ressources naturelles une solution à l'exploitation illégale.

§1. Contexte de l'exploitation illégale des ressources naturelles en RDC

La République Démocratique du Congo se distingue par l'abondance de ses ressources naturelles d'importance géostratégique, suscitant l'intérêt constant d'acteurs nationaux et internationaux. Le sol congolais renferme d'importantes réserves de ressources naturelles stratégiques telles que le coltan, le cobalt, le cuivre, le diamant, l'or ou encore le pétrole, et son territoire est en grande partie couvert par des forêts équatoriales parmi les plus riches en biodiversité à l'échelle mondiale. Pourtant, cette abondance n'a que rarement été traduite en opportunités de développement équitable au bénéfice des populations locales. Au contraire, l'exploitation de ces richesses s'est fréquemment inscrite dans des dynamiques de captation, de pillage et de mauvaise gouvernance, accentuant les fractures sociales et nourrissant des conflits plutôt qu'un processus de croissance inclusive et durable.

Au contraire, elle a été une source de conflits, d'instabilité et d'exploitation illégale par des groupes armés et des entreprises multinationales. Les groupes armés, dont certains sont soutenus par des puissances régionales comme le Rwanda, jouent un rôle prépondérant dans l'exploitation illégale des ressources. Ces groupes exploitent les mines artisanales, dans des conditions de travail précaires et dans des zones où l'État congolais a peu de contrôle.[187] De plus, des entreprises multinationales, par le biais de pratiques opaques, exploitées illégalement ces ressources, dans des circuits de commerce illicite, détournant ainsi les bénéfices loin des communautés locales et de l'État congolais. L'exploitation illégale et non régulée des ressources naturelles en République Démocratique du Congo constitue l'un des moteurs majeurs de la crise multidimensionnelle qui affecte l'est du pays.

Ces ressources, au lieu de contribuer à la prospérité nationale, alimentent les circuits de financement de groupes armés et de milices transfrontalières, prolongeant les cycles de violence et sapant l'autorité de l'État dans les zones riches en minerais. Les communautés locales, premières affectées par cette dynamique extractiviste illicite, sont systématiquement exclues des retombées économiques issues de l'extraction, et vivent dans des conditions de précarité extrême. Par ailleurs, cette exploitation anarchique entraîne des dégradations environnementales profondes, déforestation accélérée, perturbation des écosystèmes fluviaux par le détournement des cours d'eau, contamination des sols et des nappes phréatiques par les produits chimiques utilisés dans les processus miniers. Ce modèle extractif, à la fois conflictuel et écocidaire, compromet ainsi les perspectives de développement durable et de paix dans les territoires concernés.

---

[187] « Apaiser les Tensions dans l'Est de la RD Congo et les Grands Lacs », Op.cit.

§2. Fusion de la RDC et du Rwanda, une stratégie de gestion partagée des ressources naturelles

Une fusion entre la RDC et le Rwanda représente une résolution innovante pour la gestion des ressources naturelles, en instaurant une gestion commune, plus transparente et plus équitable. L'une des premières étapes d'une fusion serait la mise en place d'un cadre juridique unifié pour la gestion des ressources naturelles. Actuellement, les politiques de gestion des ressources naturelles en RDC et au Rwanda sont disparates et incohérentes.

Une fusion des deux pays peut permettre l'élaboration d'une loi commune sur les ressources naturelles, garantissant une gestion transparente, équitable et durable. Des institutions régionales dédiées à la gestion des ressources naturelles peuvent créer, contrôler et réguler l'exploitation des ressources, tout en veillant à l'environnement et aux droits des communautés locales. En fusionnant, la RDC et le Rwanda peuvent adopter une approche de gestion partagée des ressources, où les bénéfices tirés des mines, des forêts et des richesses agricoles seraient utilisés pour financer des projets de développement durable dans les deux pays.[188] Le Rwanda jouant ainsi un rôle très important dans l'amélioration de l'organisation du secteur minier, en apportant son expertise dans le développement de chaines de valeur, qui favorisent la transparence et évitent l'exploitation abusive. La République Démocratique du Congo, pour sa part, tirerait profit de l'apport en main-d'œuvre, en infrastructures et en savoir-faire technologique nécessaires à une gestion plus efficace de ses ressources naturelles.

Une fusion avec le Rwanda offrirait la possibilité de mutualiser les efforts de sécurisation des zones minières situées dans l'Est congolais, une région historiquement marquée par des conflits alimentés à la fois par des rivalités ethniques et par la lutte pour le contrôle des richesses du sous-sol. Par ailleurs, l'harmonisation des régimes douaniers et des politiques commerciales favoriserait la lutte contre le trafic transfrontalier illicite de minerais et d'autres ressources naturelles, en permettant la mise en place de mécanismes de contrôle renforcés ainsi que de dispositifs de sanction plus efficaces. Cela constituerait un frein majeur à l'exportation illicite des ressources naturelles qui soutiennent les groupes armés. Un autre avantage de la fusion serait le renforcement des capacités locales dans la gestion des ressources naturelles. Plutôt que de permettre à des acteurs externes, des multinationales, de prendre le contrôle des richesses naturelles, la fusion permettrait aux populations locales des deux pays de mieux contrôler les

---

[188] PIDIKA MUKAWA, D., Op.cit.

ressources présentes sur leurs territoires. Par le biais de partenariats public-privé ou de projets communautaires, les bénéfices issus de l'exploitation des ressources naturelles peuvent être partagés plus équitablement, et utilisés pour financer des projets d'infrastructure, d'éducation, de santé et d'emploi dans les zones concernées.[189]

§3. Défis à surmonter pour la mise en œuvre d'une gestion partagée

L'instauration d'un modèle de gestion concertée des ressources naturelles entre la République Démocratique du Congo et le Rwanda se heurte à des antagonismes politiques et économiques profonds. Le Rwanda, bien que géographiquement restreint, bénéficie d'une stabilité institutionnelle relative et d'une trajectoire de croissance soutenue, ce qui alimente une crainte de dilution de ses capacités décisionnelles dans une entité politique élargie. À l'inverse, la RDC, vaste territoire aux ressources naturelles abondantes mais fragilisé par des décennies de crises politiques et institutionnelles, redoute que cette coopération renforcée n'ouvre la voie à une mainmise rwandaise sur ses gisements stratégiques. Ces asymétries alimentent la méfiance mutuelle et compliquent la mise en œuvre d'un cadre équitable de codécision et de partage des bénéfices issus de l'exploitation des ressources naturelles. Une telle fusion serait également confrontée à des résistances internes de la part des populations et des élites locales, qui perçoivent cette unification comme une menace à leur identité nationale ou comme un instrument pour le Rwanda de dominer la RDC sur le plan politique et économique.[190]

Les acteurs internationaux, tels que les multinationales et les puissances extérieures, qui ont des intérêts dans les ressources naturelles de la RDC, s'opposent également à une gestion commune des ressources. Les dynamiques actuelles d'exploitation des ressources naturelles en République Démocratique du Congo sont largement façonnées par l'opacité contractuelle et une gouvernance permissive, au bénéfice d'acteurs économiques souvent peu scrupuleux. Toute tentative de réforme visant à instaurer davantage de transparence et à encadrer strictement les pratiques liées à l'exploitation des ressources naturelles se heurterait inévitablement à des intérêts puissants, aussi bien à l'échelle nationale qu'internationale. Dans ce contexte, bien que hautement ambitieuse et politiquement délicate, l'hypothèse d'une fusion entre la

---

[189] MARTIAL, P., « RDC : Une guerre de trente ans », in *https://www.cadtm.org/RDC-Une-guerre-de-trente-ans*, consulté le 22/03/2025

[190] MERAL, P., CASTELLANET, C. & LAPEYRE, R., *La gestion concertée des ressources naturelles. L'épreuve du temps,* Paris, Karthala, 2008

République Démocratique du Congo et le Rwanda pourrait être envisagée comme une option de transformation structurelle.

Une telle intégration permettrait l'émergence d'un cadre institutionnel unifié et potentiellement plus cohérent, propice à la mise en œuvre d'une gouvernance conjointe des ressources, capable de contenir les dynamiques prédatrices, de stabiliser les zones minières et de promouvoir une gestion plus inclusive et durable. Toutefois, la réussite d'un tel projet supposerait l'adoption de politiques publiques transparentes, la création de dispositifs institutionnels communs robustes, et l'engagement mutuel dans un mécanisme de reddition de comptes, à même de garantir une distribution équitable des bénéfices et de restaurer la confiance entre les parties prenantes. Seule une volonté politique forte, un soutien régional et international, et un engagement réel en faveur du bien-être des populations locales permettraient de transformer cette idée en une solution durable pour la RDC et le Rwanda, tout en mettant fin à l'exploitation illégale et aux conflits liés aux ressources naturelles.

Section 4. Création d'une zone de stabilité en réduisant les risques de conflit ethnique.

§1. Contexte des conflits ethniques en RDC et au Rwanda

La République Démocratique du Congo se caractérise par une mosaïque ethnique complexe, réunissant plus de deux cents groupes distincts répartis sur l'ensemble de son territoire. Cette diversité, bien qu'elle constitue un riche patrimoine socioculturel, devient également le terreau de tensions récurrentes, particulièrement dans les provinces orientales telles que le Kivu, l'Ituri et le Katanga. La situation s'est complexifiée avec l'émergence de groupes armés qui exploitent les tensions ethniques pour légitimer leurs actions et leurs revendications territoriales.

Le M23 a été en grande partie perçu comme un groupe armé représentant une minorité rwandaise au sein de la RDC, fournissant ainsi les frictions ethniques et la méfiance entre les deux pays. Les conflits en RDC sont également soutenus par la multiplicité des identités ethniques au sein de la population congolaise. L'absence de consolidation étatique en République Démocratique du Congo, conjuguée à la faiblesse structurelle des mécanismes de gouvernance, a laissé un vide institutionnel que les groupes armés ont largement investi. Souvent soutenus, armés ou instrumentalisés par des puissances étrangères poursuivant des intérêts géopolitiques ou économiques, ces acteurs non étatiques exploitent les clivages ethniques pour renforcer leur emprise territoriale. Dans ce contexte, les tensions intercommunautaires, alimentées par la compétition autour des ressources naturelles et le contrôle des zones stratégiques, se transforment en vecteurs de conflit durable. Le Rwanda, dont l'histoire récente demeure profondément marquée par le traumatisme du génocide de 1994 au cours duquel près de 800 000 personnes, en majorité des Tutsis, ont été exterminées par des extrémistes hutus projette ses propres vulnérabilités sécuritaires dans la région.

Cette mémoire tragique structure en partie ses orientations politiques et militaires, notamment en ce qui concerne ses interventions directes ou indirectes dans l'est de la RDC, souvent justifiées par la nécessité de neutraliser les milices hutu génocidaires réfugiées au-delà de ses frontières. Cet évènement tragique a aggravé les divisions ethniques au sein de la société rwandaise. Après le génocide, le Rwanda a entrepris un processus de réconciliation nationale fondé sur l'unité nationale et le pluralisme politique. Cependant, des tensions ethniques sous-jacentes persistent, en ce qui concerne la gestion de la mémoire historique et la reconstruction de l'identité nationale. Les tensions entre le Rwanda et ses voisins, prioritairement la RDC, ont également une composante ethnique importante, car de nombreux réfugiés rwandais et des groupes armés hutus se sont installés dans l'Est de la RDC, où ils ont participé à des conflits violents et ont été perçus comme une menace pour la stabilité du Rwanda.

§2. Fusion entre la RDC et le Rwanda comme stratégie de réduction des risques de conflit ethnique

L'éventualité d'une union politique entre la République Démocratique du Congo et le Rwanda ouvre une perspective inédite pour dépasser les divisions ethniques qui, souvent de manière conflictuelle, structurent les dynamiques sociopolitiques internes des deux États.

L'instauration d'institutions partagées reposant sur des principes de gouvernance inclusive pourrait permettre de redéfinir les appartenances collectives autour de repères communs, en rupture avec les logiques identitaires fragmentaires issues des héritages coloniaux et postcoloniaux. Ce processus de réarticulation institutionnelle serait l'occasion de redéfinir les modalités de représentation politique afin de garantir une participation équitable des différentes communautés à la gestion des affaires publiques, tout en remédiant aux injustices historiques issues des découpages ethniques arbitraires. Dans cette perspective, l'élaboration d'un dispositif de justice transitionnelle à l'échelle régionale, s'inspirant des mécanismes rwandais post-génocidaires, pourrait être étendue à l'ensemble des territoires concernés afin de traiter les contentieux mémoriels, restaurer la confiance entre les groupes et inscrire la coexistence dans un horizon politique stable.

Une telle configuration impliquerait l'adoption d'un modèle de gouvernance fédérale ou d'une décentralisation renforcée, permettant aux communautés locales de jouir d'une autonomie politique et administrative significative, tout en participant à un projet politique unifié. Ce système, en limitant les phénomènes d'exclusion et de marginalisation, constituerait un rempart contre les résurgences de violences interethniques. Par ailleurs, l'unification des appareils de sécurité, fondée sur une doctrine commune de souveraineté territoriale et de lutte contre les groupes armés transnationaux, permettrait de mutualiser les ressources, d'harmoniser les réponses aux menaces et de désamorcer les suspicions ethno-politiques qui entourent les opérations militaires dans la région. En réduisant les asymétries de traitement sécuritaire et en assurant une couverture équitable des zones sensibles, cette coopération intégrée contribuerait à renforcer la paix structurelle.[191]

Enfin, la gestion conjointe des ressources naturelles, souvent au cœur des rivalités ethniques et des conflits violents, pourrait être repensée dans un cadre institutionnel transparent, redistributif et fondé sur l'intérêt collectif, permettant ainsi de dépasser les logiques extractivistes concurrentielles au profit d'une gouvernance minière solidaire. En établissant des mécanismes de gestion commune des ressources et en assurant une répartition équitable des bénéfices, les tensions liées à l'exploitation des ressources naturelles peuvent être réduites. La coopération pour le partage des mines, des forêts, de l'eau et des terres agricoles peut, en effet, devenir un essor de paix et de développement pour les deux pays.

L'exploitation partagée des ressources évite les conflits liés à l'accaparement des terres et des richesses naturelles, empirés par des divisions ethniques. La consolidation politique entre la République Démocratique du Congo et le Rwanda pourrait engendrer l'émergence d'un espace de stabilité durable au sein de la région des Grands Lacs, historiquement marquée par des tensions ethniques récurrentes. En dépassant les lignes de fracture identitaires par le biais d'une intégration institutionnelle et économique, cette fusion ouvrirait la

---

[191] MUZINGALOLA, N., « les conflits etwliques et les problèmes d'identité à l'est de la république démocratique du Congo: cas des banyamulenge », in *https://core.ac.uk/download/pdf/51338082.pdf*, consulté le 20/03/2025

voie à la constitution d'un cadre de coexistence pacifiée, dans lequel la citoyenneté s'affranchit des déterminismes ethniques. En effet, l'unification politique offrirait les fondements d'un ordre socioéconomique commun, fondé sur l'égalité d'accès aux opportunités de développement, quels que soient l'origine ou le statut des individus.

La mise en place d'une gouvernance concertée des ressources naturelles, articulée à des mécanismes redistributifs transparents, pourrait ainsi transformer l'économie de prédation en économie de coopération. Une telle dynamique, en garantissant une répartition équitable des richesses et en réduisant les disparités territoriales, contribuerait non seulement à la réduction des inégalités, mais également à la neutralisation des logiques de ressentiment communautaire. En ce sens, la prospérité générée par une gestion partagée et rationnelle du potentiel économique régional constitue un levier structurant pour désamorcer les tensions interethniques et construire une harmonie sociale résiliente, portée par des institutions communes, inclusives et légitimées.[192]

§3. Défis à surmonter pour réduire les risques de conflit ethnique

L'un des principaux freins à l'éventualité d'une fusion entre la République Démocratique du Congo et le Rwanda réside dans la profondeur des résistances internes, tant du côté des communautés ethniques que des structures politiques établies. Pour de nombreux groupes, une telle unification pourrait être perçue comme une menace directe à la préservation de leurs spécificités culturelles, linguistiques et identitaires. Du côté rwandais, la crainte d'un effacement progressif de l'identité nationale dans un ensemble étatique plus vaste, plus complexe et historiquement instable, alimente les réticences. À l'inverse, certaines composantes de la société congolaise redoutent que cette dynamique d'intégration ne conduise, de manière implicite, à une consolidation de l'influence rwandaise sur l'espace géopolitique de l'Est congolais, renforçant ainsi des déséquilibres de pouvoir déjà perceptibles sur le terrain.

Par ailleurs, la présence de multiples acteurs internationaux États, entreprises multinationales et groupes d'intérêts dont les stratégies économiques reposent sur la fragmentation territoriale et l'instabilité chronique de la région, complexifie davantage le projet d'unification. Les enjeux liés à l'exploitation des ressources naturelles, notamment les minerais stratégiques, inscrivent la région

---

[192]JACQUEMOT, P., « Rwanda : pourquoi son expansion dans les Kivu congolais ? », in *https://www.jean-jaures.org/publication/rwanda-pourquoi-son-expansion-dans-les-kivu-congolais/*, consulté le 20/03/2025

dans une géopolitique de la rente, où les logiques extractives priment souvent sur les aspirations populaires à la paix et à la justice sociale. Sur le plan domestique, les disparités structurelles en matière de développement entre la République Démocratique du Congo et le Rwanda qu'il s'agisse des infrastructures, de la qualité des services publics ou des capacités institutionnelles représentent un obstacle majeur à toute tentative d'unification. Une telle entreprise ne pourrait être envisagée de manière durable sans un travail préalable de rapprochement économique, d'harmonisation des cadres institutionnels et de réduction tangible des inégalités sociales.

La mise en place d'un dispositif équitable de répartition des bénéfices, de gestion partagée des ressources et de construction d'un intérêt collectif régional apparaîtrait comme une condition essentielle pour éviter que cette fusion ne reproduise, voire n'aggrave, les déséquilibres et tensions déjà existants. Si la fusion entre la RDC et le Rwanda s'inscrit comme une stratégie innovante et potentiellement transformatrice dans la perspective d'une pacification durable de la région des Grands Lacs, sa réalisation dépendrait d'un engagement politique exceptionnel, d'une volonté partagée par les élites et les populations, et d'un accompagnement international structurant. Ce processus ne pourrait aboutir que s'il repose sur une éthique de la réciprocité, un effort de réconciliation sincère, et une gouvernance fondée sur la justice, la transparence et la participation des citoyens des deux pays.[193]

---

[193] JACQUEMOT, P., Op.cit.

CHAPITRE 13. OBSTACLES A UNE FUSION DE LA RDC ET DU RWANDA

Bien que l'idée de fusionner la République Démocratique du Congo et le Rwanda comme solution pour créer une zone de stabilité et réduire les conflits ethniques dans la région des Grands Lacs puisse sembler séduisante sur le papier, elle comporte de nombreux défis et obstacles. Ces défis sont d'ordre politique, socioéconomique et géopolitique.

Section 1. Obstacles politiques, socioéconomiques et géopolitiques

§1. Résistance et manque de volonté politique

La résistance d'une fusion entre la République Démocratique du Congo et le Rwanda réside dans l'attachement viscéral des populations à la souveraineté étatique et la force du sentiment national et. Le récit national congolais, forgé dans l'expérience d'une colonisation belge particulièrement marquée, s'est structuré autour d'une conception large du territoire et d'une pluralité ethno-linguistique assumée, tandis que le Rwanda, marqué par l'héritage du génocide de 1994, a recentré sa gouvernance sur une logique d'unité nationale fortement encadrée et d'homogénéisation politique. Dans ce contexte, toute tentative de fusion, même théorique, se heurterait à des résistances multiples, tant du côté des élites politiques que des sociétés civiles. Pour les autorités en place, consentir à transférer une part de leur souveraineté à une entité supranationale ou issue d'un processus de fusion reviendrait à ébranler les fondements mêmes de leur légitimité, à affaiblir leur emprise sur les leviers institutionnels et à compromettre leur capacité de pilotage des affaires internes.

Le poids du nationalisme façonné par l'héritage des conflits, la récurrence des différends frontaliers et les soupçons d'ingérence alimente une méfiance réciproque, rendant toute perspective d'unification particulièrement sensible sur le plan politique, voire potentiellement explosive. Un autre écueil majeur serait la question du partage du pouvoir. Le Rwanda, avec un régime fortement centralisé et une efficacité administrative saluée à l'échelle continentale, pourrait percevoir toute fusion avec un État perçu comme politiquement instable à l'instar de la RDC, en proie depuis des décennies à une gouvernance fragmentée, à des crises institutionnelles cycliques et à des défis endémiques de corruption comme un risque d'absorption dans un système dysfonctionnel.

À l'inverse, les Congolais pourraient craindre une captation des leviers du pouvoir par une élite rwandaise perçue comme plus disciplinée, plus structurée et plus stratégiquement organisée. Cette asymétrie des régimes politiques et des cultures de gouvernance rendrait l'intégration extrêmement difficile, tant au niveau des institutions que des représentations symboliques du pouvoir. L'idée de fusionner les deux régimes poserait des défis liés à la distribution du pouvoir, à la gestion des affaires administratives et à l'intégration des systèmes politiques, en compétition pour dominer. De plus, l'enjeu du système politique fédéral ou unitaire ne manquerait pas de susciter des divisions internes, tant à Kinshasa qu'à Kigali.[194]

§2. **Questions ethniques et identitaires**

Bien que la fusion puisse théoriquement réduire les tensions ethniques, elle risque aussi de raviver des divisions ethniques historiques. Les tensions entre Hutus et Tutsis, intensifiées par le génocide de 1994 au Rwanda et par l'implication du Rwanda dans les conflits de l'Est de la RDC, sont encore très présentes dans les mémoires collectives des deux pays. Par ailleurs, certains groupes ethniques congolais, souvent confrontés à des situations de marginalisation, perçoivent le projet de fusion comme une forme de domination potentielle exercée par le Rwanda, suscitant des inquiétudes profondes quant à la préservation de leur identité culturelle. Cette défiance s'exprime par une opposition au processus d'unification, pouvant aller jusqu'à des mobilisations populaires. Le poids de l'ethnicité et la mémoire encore vive des conflits passés constituent des obstacles majeurs à une telle initiative, dans la mesure où les populations des deux pays peuvent associer cette fusion à une menace pour leur sécurité, à une dilution de leur héritage collectif ou à un changement politique susceptible de fragiliser leurs repères culturels fondamentaux.

Un autre point de friction serait le statut des réfugiés et des minorités dans l'Est de la RDC, les réfugiés rwandais et les groupes armés issus des Hutus qui y ont trouvé refuge après le génocide de 1994. De nombreuses communautés rwandaises sont présentes sur le sol congolais, mais leur intégration dans une structure étatique plus large provoque des tensions ethniques entre les populations

---

[194] JACQUEMOT, P., « Rwanda : pourquoi son expansion dans les Kivu congolais ? », Op.cit.

locales et les réfugiés, sur des questions de représentation politique et de citoyenneté. La gestion de ces minorités ethniques dans un cadre fusionné rendant difficile la réconciliation durable.[195]

§3. Défis socioéconomiques et inégalités Structurelles

La perspective d'une mutualisation des ressources naturelles et des structures économiques entre la République Démocratique du Congo et le Rwanda soulève d'importantes tensions d'ordre économique et structurel. Si la RDC figure parmi les pays les plus dotés en ressources naturelles stratégiques à l'échelle mondiale, elle souffre toutefois d'une gouvernance extractive marquée par une instabilité chronique, une corruption systémique et une exploitation largement informelle et prédatrice de ses richesses.

En contraste, le Rwanda, bien que limité en ressources naturelles, a su construire un modèle économique plus résilient, orienté vers la diversification et fondé sur le développement des secteurs du tourisme, de l'agriculture modernisée et des services numériques. Cette divergence de trajectoires économiques crée une asymétrie de perception et d'intérêts : là où la RDC pourrait rechercher une optimisation de la gestion de ses ressources à travers une coopération élargie, le Rwanda pourrait redouter les effets de dilution de sa stabilité économique au sein d'un ensemble plus vaste et institutionnellement fragile. La mise en commun de ces deux systèmes économiques, fondés sur des logiques et des temporalités différentes, nécessiterait ainsi non seulement des réformes profondes en matière de transparence, de traçabilité et de redistribution, mais également un alignement des visions de développement qui reste aujourd'hui encore largement hypothétique.

Le partage des ressources et la répartition des richesses dans un tel scénario de fusion seraient complexes et risqueraient d'induire des inégalités sociales et des conflits économiques entre les différentes régions. Les infrastructures et les systèmes de développement entre les deux pays sont également très différents. Le Rwanda, qui a fait d'énormes progrès dans les domaines de l'éducation, de la santé et des infrastructures depuis la fin du génocide, est aujourd'hui l'un des pays les plus avancés de la région en matière de développement humain. En outre, la RDC, en raison de ses vastes dimensions géographiques et de ses difficultés internes, peine à offrir des services de base de qualité à ses citoyens. L'unification irrite ces inégalités structurelles, rendant

---

[195] JACQUEMOT, P., Op.cit.

difficile l'intégration socioéconomique. Un autre aspect difficile de cette fusion serait la gestion des terres et des ressources naturelles dans les régions frontalières, dans le Kivu, le Katanga et l'Ituri, où les rivalités pour le contrôle des ressources minérales et agricoles sont aiguées.

§4. **Obstacles géopolitiques et internationaux**

Les dynamiques des relations internationales constituent un facteur déterminant dans la stabilité politique et économique tant de la République Démocratique du Congo que du Rwanda. L'éventualité d'une fusion entre ces deux États viendrait profondément reconfigurer les équilibres géopolitiques existants, à la fois sur le plan régional et mondial. Le Rwanda, appuyé de longue date par plusieurs puissances occidentales telles que les États-Unis, le Royaume-Uni et l'Union Européenne, a su capitaliser sur son image de partenaire sécuritaire fiable et de modèle de gouvernance post-conflit. À l'inverse, la RDC, du fait de sa taille, de ses ressources stratégiques et de sa position géographique centrale, entretient des relations plus complexes et plurielles avec une diversité d'acteurs internationaux, incluant des puissances émergentes comme la Chine, la Russie, l'Inde et des pays arabes, en plus des partenaires traditionnels occidentaux.[196]

Une unification politique entre la République Démocratique du Congo et le Rwanda pourrait profondément reconfigurer les équilibres régionaux, en remettant en cause les alliances établies et en redéfinissant les sphères d'influence. Une telle transformation susciterait probablement des préoccupations au sein des acteurs internationaux investis dans la région, en particulier les multinationales opérant dans le secteur extractif. Liées à des circuits informels ou à des dispositifs de rente, ces entreprises pourraient percevoir cette intégration comme une menace à la pérennité de leur accès privilégié aux ressources minières, voire à la stabilité de certains accords bilatéraux qui leur garantissent des avantages stratégiques. De même, certaines puissances étrangères pourraient redouter que cette recomposition étatique serve de levier pour une plus grande souveraineté économique et géopolitique régionale, susceptible d'affaiblir leur propre influence. Dès lors, toute tentative de fusion devrait composer avec un environnement diplomatique complexe, où les intérêts géoéconomiques externes peuvent constituer des freins puissants à l'émergence d'une nouvelle architecture politique régionale.

---

[196] « Entre la RDC et le Rwanda, la paix encore manquée », in *https://www.courrierinternational.com/article/diplomatie-entre-la-rdc-et-le-rwanda-la-paix-encore-manquee_225738*, consulté le 21/03/2025

Certaines puissances régionales, comme l'Ouganda et le Burundi, voient d'un mauvais œil une fusion entre la RDC et le Rwanda, car cela bouleverse l'équilibre des forces en Afrique centrale. Ces pays perçoivent une telle fusion comme une menace pour leur propre stabilité ou leurs relations avec les puissances occidentales.

Il existe également des groupes rebelles ou militaires qui profitent de l'instabilité de la région pour renforcer leurs propres positions, et leur opposition à cette fusion menant à des escalades violentes. Si l'éventualité d'une union politique entre la République Démocratique du Congo et le Rwanda peut être envisagée comme un instrument novateur en faveur de l'apaisement des tensions ethniques et de la consolidation d'une stabilité durable dans la région des Grands Lacs, sa concrétisation se heurte à un ensemble de contraintes structurelles et conjoncturelles d'une grande complexité. Les questions liées à la souveraineté étatique, aux rivalités identitaires persistantes, à la concurrence pour le contrôle des ressources naturelles, aux écarts socioéconomiques, ainsi qu'aux réticences exprimées par certains acteurs internationaux, constituent des freins majeurs à la viabilité d'un tel projet, dont la charge politique est particulièrement sensible.

Dans ce contexte, toute démarche orientée vers un rapprochement structurel entre les deux pays requerrait non seulement une vision stratégique audacieuse et lucide, mais aussi la mise en place d'un dispositif de dialogue diplomatique élargi, incluant les institutions nationales, les forces vives de la société civile et les partenaires extérieurs. Ce n'est qu'en réunissant ces conditions qu'il serait possible de faire émerger une architecture d'union fondée sur la justice, la réciprocité et l'intérêt partagé, apte à reconfigurer les antagonismes hérités du passé en une dynamique de coopération durable et transformatrice.

Section 2. Question de la souveraineté et de l'identité nationale comme obstacle à la fusion de la RDC et du Rwanda

§1. Souveraineté nationale une vertu immuable

Elle consacre le droit inaliénable d'un État à exercer une autorité exclusive sur son territoire et ses affaires intérieures, à l'abri de toute ingérence extérieure. Dans des contextes nationaux comme ceux de la République Démocratique du Congo et du Rwanda, cette souveraineté revêt une portée quasi sacrée, incarnant à la fois l'indépendance politique durement acquise et la volonté de préserver l'autodétermination collective face aux dynamiques exogènes. Pour la RDC en particulier, dont l'immensité géographique s'accompagne d'une mosaïque de cultures et d'histoires régionales, le sentiment national repose en grande partie sur la conviction que chaque peuple et chaque territoire doivent pouvoir construire leur avenir dans le cadre d'une unité politique souveraine.

Marquée par les séquelles de la colonisation belge, la longue dictature de Mobutu Sese Seko, et les conflits armés qui ont ravagé son territoire, la société congolaise perçoit la préservation de son intégrité territoriale non seulement comme un impératif stratégique, mais aussi comme un socle identitaire irréductible. L'idée de fusionner avec un pays voisin, particulièrement le Rwanda, avec lequel la RDC a eu des relations conflictuelles sur plusieurs décennies, à cause des guerres dans l'est du pays et du rôle du Rwanda dans l'armement et l'appui de groupes rebelles dans cette région, peut être perçue comme un danger pour l'intégrité territoriale du pays. Beaucoup de Congolais estiment que la fusion forme une perte de contrôle sur leurs ressources naturelles et affaiblir leur indépendance politique. Par ailleurs, les gouvernements successifs de la RDC ont mis un point d'honneur à défendre leur territoire national face aux incursions militaires rwandaises dans le passé, et une fusion serait perçue par de nombreux Congolais comme une ingérence extérieure visant à affaiblir l'unité nationale.

Depuis le génocide de 1994, le Rwanda, sous la direction de Paul Kagame et du Parti du Front Patriotique Rwandais, a œuvré pour maintenir une politique de sécurité interne rigoureuse et pour assurer un contrôle politique centralisé. Le Rwanda a réussi à se stabiliser grâce à des réformes économiques et politiques, mais cette stabilité repose aussi sur une gestion autoritaire et une forte surveillance de l'opposition politique. L'idée d'une fusion avec la RDC peut alors être perçue comme une menace à la gouvernance centralisée et aux intérêts stratégiques du Rwanda, qui voit dans sa souveraineté une protection face à des conflits ethniques internes et une quête de sécurité régionale. Une telle fusion peut aussi affaiblir l'influence politique de Kigali sur les processus de sécurité dans la région des Grands Lacs, en ce qui concerne la lutte contre les groupes armés et le contrôle des ressources naturelles.[197]

§2. Identité nationale comme barrière culturelle et sociale

La notion d'identité nationale est étroitement liée à celle de souveraineté, dans la mesure où elle regroupe les fondements culturels, linguistiques, religieux, traditionnels et symboliques qui donnent cohérence et

---

[197] MINTER, W.-B., *Unequal Alliances: The United States and the Democratic Republic of Congo*, Trenton, New Jersey, États-Unis, Africa World Press, 1999, p. 14

légitimité à un État-nation. Ces repères sont mobilisés pour définir les contours de l'appartenance collective. En République Démocratique du Congo, pays caractérisé par une diversité ethnique remarquable avec plus de 200 groupes la pluralité des langues, des pratiques culturelles et des croyances religieuses compose un tissu national profondément hétérogène.

L'unité congolaise repose ainsi sur un équilibre délicat entre des identités régionales affirmées et une volonté commune de préserver les patrimoines culturels locaux. Dans ce contexte, l'idée d'une fusion politique avec le Rwanda suscite des appréhensions, notamment en raison de la crainte que cette démarche n'entraîne une homogénéisation des spécificités culturelles et une mise en péril de la singularité des groupes ethniques et territoriaux. L'un des obstacles les plus sensibles à cette perspective réside dans les tensions persistantes au sein de certaines régions, en particulier dans l'Est du pays notamment au Kivu où la présence importante de communautés rwandophones, en particulier tutsies, a ravivé des rivalités identitaires et attisé la méfiance entre populations congolaises et rwandaises.

De plus, la mémoire des génocides rwandais de 1994, reste vivace dans les esprits des congolais, et cette mémoire historique a créé des stigmates profondément enracinés. Une fusion des deux pays risquerait d'empirer ces tensions ethniques et de raviver des conflits identitaires qui ont été un moteur indispensable des violences dans l'Est du pays. Au Rwanda, l'identité nationale s'est profondément reconstruite dans le sillage du génocide de 1994, à travers une politique volontariste de réconciliation et de refondation de l'unité nationale. L'État rwandais a articulé sa légitimité autour d'un récit collectif centré sur la cohésion sociale, effaçant institutionnellement les distinctions ethniques pour favoriser une appartenance commune à la nation.

Ce projet d'unification, s'il a permis une relative stabilité interne, repose toutefois sur une dynamique centralisatrice qui peut apparaître problématique dans le cadre d'une éventuelle fusion avec un État tel que la RDC, caractérisé par une extrême diversité ethnique, linguistique et culturelle. L'intégration de communautés perçues comme extérieures à l'histoire nationale rwandaise risquerait de réactiver des lignes de fracture identitaires, tant du côté congolais que rwandais. Pour une partie de la population congolaise, le modèle rwandais d'unité est parfois interprété non comme une stratégie inclusive, mais comme une forme d'uniformisation qui ne laisse que peu de place à la pluralité. Dès lors, toute tentative de fusion entre les deux pays pourrait être perçue comme une menace d'assimilation politique et culturelle, ravivant des tensions mémorielles et nourrissant une méfiance profonde à l'égard de l'État rwandais, dont le projet national reste encore intimement lié aux blessures de son passé génocidaire.[198]

§3. **Enjeux géopolitiques et pressions internationales**

Les acteurs internationaux et régionaux ont également leur mot à dire dans cette question de souveraineté et d'identité nationale. La communauté internationale de l'Union Européenne, des États-Unis et d'autres puissances occidentales, ont des intérêts stratégiques en RDC et au Rwanda, en matière de sécurité et d'exploitation des ressources naturelles. Une fusion entre la République démocratique du Congo et le Rwanda entraînerait une reconfiguration profonde des équilibres géopolitiques dans la région des Grands Lacs, suscitant potentiellement l'opposition de puissances extérieures telles que les États-Unis ou la France. Ces États, investis dans des alliances différenciées avec Kigali et Kinshasa, pourraient percevoir un tel rapprochement comme une menace à leurs intérêts stratégiques respectifs et à l'architecture diplomatique établie.

Par ailleurs, l'éventualité d'une intégration politique soulèverait de fortes résistances internes au sein de la RDC, notamment dans les zones orientales. Plusieurs groupes armés, qui tirent profit d'un contexte de guerre chronique, de l'exploitation illégale des ressources naturelles et du soutien de puissances étrangères, interpréteraient cette fusion comme une remise en cause de leurs zones d'influence et de leurs réseaux de rente. Les questions de souveraineté nationale et d'identité nationale sont des obstacles considérables à l'idée de fusion entre la RDC et le Rwanda. La souveraineté, dans la situation de la gouvernance et de l'indépendance politique, est profondément fondée dans la conscience des citoyens et des dirigeants des deux pays.[199]

Section 3. Opposition des groupes politiques et des populations locales

§1. **Tensions ethniques comme les barrières historiques et politiques profondes**

L'histoire commune du Rwanda et de la RDC, dans la région des Grands Lacs, est marquée par des conflits violents, des migrations forcées et des tensions ethniques complexes. Ces tensions, entre les communautés Tutsis et

---

[198] « Entre la RDC et le Rwanda, la paix encore manquée », op.cit.
[199] Idem

Hutus, ont eu un impact direct sur les relations entre les deux pays, après le génocide rwandais de 1994. Pour beaucoup de Congolais, surtout ceux des régions orientales du pays comme le Kivu, l'implication du Rwanda dans les conflits internes de la RDC à travers le soutien aux groupes rebelles comme le M23 a avivé les ressentiments ethniques et politiques.

La présence de communautés rwandophones dans l'est de la République Démocratique du Congo, notamment celle des Tutsis congolais, constitue l'un des foyers les plus sensibles des tensions identitaires dans cette partie du pays. Bien que ces populations soient installées depuis plusieurs générations sur le sol congolais, elles continuent d'être perçues par une partie de la population comme étrangères, ce qui entretient un climat de défiance et accentue les fractures ethniques. L'ethnicisation progressive des conflits dans les provinces orientales a donné lieu à des épisodes de violence d'une extrême gravité, caractérisés par des massacres, des déplacements massifs de civils et des cycles de représailles entre communautés. Dans ce contexte, les Hutus, souvent assimilés aux groupes armés issus des anciennes forces génocidaires réfugiées en RDC après 1994, se retrouvent fréquemment en confrontation avec les Tutsis qu'ils soient d'origine rwandaise ou citoyens congolais dans un affrontement nourri par des mémoires conflictuelles.

Cette polarisation identitaire, renforcée à la fois par des narratifs historiques divergents et par l'exploitation politique des appartenances communautaires, a profondément désarticulé le tissu social local, rendant particulièrement difficile toute tentative de réconciliation durable et de pacification régionale. Cette situation a créé des fractures sociales profondes entre les groupes ethniques, rendant difficile la coopération transfrontalière et l'idée d'une fusion entre les deux nations. Les tensions ethniques et la suspicion envers les rwandais se trouvent renforcées par le fait que les populations locales de l'Est de la RDC ont longtemps vécu sous l'occupation militaire ou les pressions d'agents étrangers. L'idée d'une fusion risque de renforcer cette division, perçue comme une ingérence ethnique ou une tentative de domination par un voisin historiquement vu comme oppresseur.

Les communautés locales de la République Démocratique du Congo, notamment dans des régions comme le Kivu, l'Ituri ou le Katanga, font face à des difficultés socioéconomiques structurelles qui rendent l'idée d'une intégration dans un cadre régional élargi particulièrement délicate. Nombre d'habitants de ces zones expriment un attachement profond à leurs ancrages identitaires locaux et à la défense de leurs intérêts communautaires, qu'ils perçoivent comme menacés par ce qu'ils considèrent être des velléités extérieures d'assimilation ou de domination. Les groupes issus des grandes familles ethniques tels que les Bantous, les Kikuyu, les Nganda ou encore les Hutus congolais redoutent une perte de souveraineté culturelle et territoriale face à une éventuelle fusion avec un État rwandais perçu comme fortement centralisé et ethniquement unifié. Pour une large part de ces populations, une telle initiative représenterait une dilution de leur identité nationale ainsi qu'un effacement de leurs autonomies locales.

Par ailleurs, les Congolais rwandophones de l'Est, en particulier les Tutsis, subissent une hostilité croissante, alimentée par des ressentiments historiques. Ils sont souvent assimilés, à tort ou à raison, à une extension de l'influence rwandaise, ce qui renforce la défiance et fragilise davantage la cohésion sociale dans un contexte déjà marqué par les tensions intercommunautaires. De cette manière, la fusion serait perçue non seulement comme un affaiblissement de la cohésion interne de la RDC, mais aussi comme un risque d'ethnicisassions avivée et de marginalisation des peuples autochtones au profit de groupes considérés étrangers.[200]

§2. Exigence de souveraineté et de contrôle politique

Un autre obstacle très important à la fusion entre la RDC et le Rwanda est l'opposition des élites politiques des deux pays, qui ont chacune un contrôle exagéré sur leur territoire et un intérêt à préserver leur souveraineté et leur hégémonie politique. En RDC, plusieurs groupes politiques locaux, au sein du gouvernement central, se positionnent fermement contre toute idée de fusion, à cause du poids économique et territorial de la RDC comparé à celui du Rwanda. Ils craignent une perte de pouvoir et une remise en cause des structures administratives et institutionnelles qui maintiennent l'unité du pays. Les acteurs politiques congolais, surtout ceux issus des régions qui se sentent historiquement marginalisées, comme le Kivu ou le Katanga, craignent que la fusion ne résulte en une centralisation excessive du pouvoir, au profit du Rwanda. L'idée d'une fusion peut être expliquée comme une stratégie d'annexion ou d'exploitation des ressources naturelles de la RDC par un pays plus petit mais politiquement plus cohérent et puissant. Le Rwanda, de son côté, est un pays gouverné par une élite politique centrale qui a mis en place une politique très autoritaire sous la direction de Paul Kagame. Une fusion avec un pays aussi vaste et instable que la RDC peut

---

[200] KIYIREMBERA, R. T., *L'interventionnisme du Rwanda en République Démocratique du Congo. Hégémonie ou puissance prédatrice ?,* Paris, L'Harmattan, 2024

comprendre cela par les autorités rwandaises comme une menace pour la stabilité interne et la politique de réconciliation qui a dominé le pays depuis le génocide.[201]

§3. Résistances culturelles et le profond attachement à l'identité

Une éventuelle fusion entre la République démocratique du Congo et le Rwanda impliquerait non seulement une intégration institutionnelle, mais aussi une harmonisation culturelle complexe, fondée sur un dialogue entre deux ensembles de représentations, de normes et de pratiques sociales profondément distincts. Cette exigence de convergence entre les référentiels culturels constitue l'un des points de crispation majeurs dans l'imaginaire collectif congolais. En effet, pour une large frange de la population congolaise, notamment dans les centres urbains tels que Kinshasa, Lubumbashi ou Kisangani, ainsi que dans les territoires ruraux aux identités fortement enracinées, les traditions locales sont perçues comme des marqueurs essentiels d'appartenance et de souveraineté symbolique. Les pratiques coutumières, les langues vernaculaires, les systèmes de parenté et les codes sociaux qui caractérisent des régions comme le Katanga, l'Équateur ou le Kasaï, puisent leur légitimité dans une longue histoire précoloniale, souvent érigée en rempart face à toute tentative d'uniformisation culturelle perçue comme intrusive. Dans ce contexte, les référents sociétaux du Rwanda, bien qu'ils reposent sur une cohérence interne post-génocidaire articulée autour de l'unité nationale et de la réconciliation, peuvent être interprétés par certains Congolais comme porteurs d'une altérité menaçante, voire d'un modèle culturel exogène susceptible de diluer la diversité congolaise.

Ainsi, toute perspective d'unification entre les deux pays devrait impérativement intégrer une approche sensible à la pluralité des identités culturelles et proposer des mécanismes inclusifs de reconnaissance mutuelle, afin d'éviter que l'unification politique ne se traduise par une domination culturelle implicite. Dans cette optique, une fusion pourrait être vécue comme une tentative de dissolution des identités culturelles locales et un rejet des systèmes sociaux traditionnels. Les résistances seraient fortes parmi les groupes ethniques qui, en raison de leur histoire coloniale et postcoloniale, ont cultivé des identités distinctes et qui craignent l'uniformisation culturelle, qui viendrait avec une telle intégration. Les populations locales craignent également d'être assimilées dans une unité régionale dominée par Kigali.[202]

---

[201] KIYIREMBERA, R. T, Op.cit.
[202] KIYIREMBERA, R. T, Op.cit.

Pour ces communautés, une intégration politique avec le Rwanda pourrait être interprétée non comme une convergence souveraine, mais comme une tentative d'absorption dissimulée, susceptible d'éroder leurs repères culturels et leurs mécanismes d'autonomie territoriale. Les craintes de marginalisation s'expriment notamment autour de la gestion des ressources naturelles, de la gouvernance locale et du respect des équilibres identitaires fragiles. En ce sens, l'opposition à un tel projet d'unification ne résulte pas uniquement d'enjeux institutionnels, mais s'enracine dans des mémoires collectives blessées, des trajectoires nationales différenciées, et une défiance persistante entre les sociétés civiles des deux pays.

La fusion envisagée, bien qu'animée par une volonté de pacification et de développement régional, supposerait une redéfinition profonde des imaginaires géopolitiques, une reconfiguration des souverainetés, et un processus de dialogue interculturel fondé sur la reconnaissance, la réciprocité et la garantie de non-domination.

Section 4. Impact d'une telle fusion sur la géopolitique régionale

§1. Nouveau centre de puissance en Afrique Centrale

Une éventuelle unification entre la République Démocratique du Congo et le Rwanda pourrait entraîner une reconfiguration des rapports de force au sein de la région des Grands Lacs, en faisant émerger un nouveau centre de gravité régional. En associant l'étendue géographique, le poids démographique et les ressources naturelles exceptionnelles de la RDC à la stabilité institutionnelle et à l'efficacité administrative du Rwanda, cette entité recomposée serait en mesure de s'imposer comme un acteur géopolitique de premier plan sur la scène africaine. Toutefois, cette centralisation inédite du pouvoir pourrait être perçue par les pays voisins notamment l'Ouganda, le Burundi et le Congo-Brazzaville comme une menace directe à leur propre influence, suscitant des dynamiques de méfiance, voire de rivalité. La concentration d'atouts géostratégiques dans un seul bloc étatique alimenterait des inquiétudes quant à une éventuelle volonté hégémonique, entraînant une reconfiguration des alliances régionales et une intensification des jeux d'alignement diplomatique.

Ce nouvel équilibre instable pourrait ainsi ouvrir la voie à des logiques de containment, à des stratégies de contre-influence ou, dans les cas extrêmes, à des conflits indirects nourris par des puissances extérieures soucieuses de préserver leurs intérêts dans la région. La constitution d'un tel centre de gravité politique et économique, loin d'aplanir les tensions, pourrait donc paradoxalement raviver des rivalités latentes et susciter des dynamiques de polarisation dans l'espace géopolitique des Grands Lacs. Le Rwanda, en tant qu'Etat plus petite mais politiquement cohérente et bien gouvernée, cherche à dominer les affaires politiques et économiques du nouveau pays fusionné. Cette dynamique risquerait de marginaliser les populations et les élites politiques congolaises, créant des fractures internes. En conséquence, cette fusion devienne un terrain propice à des tensions internes interethniques et interrégionales, dans les régions périphériques de la RDC, telles que le Kivu et l'Ituri, où l'influence rwandaise est déjà vue comme un facteur de déstabilisation.

Le risque est qu'un Rwanda dominant dans une fusion provoque une résistance à l'échelle régionale et internationale, ce qui compliquerait la mise en œuvre de toute politique de coopération régionale pacifique. De plus, le modèle de gouvernance centralisé du Rwanda peut être inadapté à la réalité politique et ethnique de la RDC, menaçant ainsi la cohésion nationale du pays fusionné.[203]

§2. Risques de contagion et instabilité pour les pays voisins

L'Ouganda, voisin immédiat de la RDC, a déjà des antécédents de tensions militaires et politiques avec le Rwanda, au sujet du contrôle de ressources naturelles et de la gestion des groupes armés dans l'Est de la RDC. Une fusion entre la RDC et le Rwanda est aussi comprise comme une tentative de domination régionale, mettant en péril les équilibres de pouvoir dans la région. L'Ouganda peut voir cette initiative comme une menace pour ses propres ambitions géopolitiques en Afrique centrale, dans le secteur des ressources naturelles, des énergies renouvelables et de l'accès aux marchés internationaux via ses ports et ses réseaux d'infrastructure. En réponse à cette nouvelle dynamique, l'Ouganda peut renforcer ses alliances militaires avec d'autres pays voisins ou même avec des puissances extérieures afin de contrer l'expansion de l'influence rwandaise. Cela risquerait de conduire à une escalade des conflits par procuration dans la région, au Soudan du Sud, en Somalie ou dans les zones frontalières avec la RDC et le Rwanda, où les groupes rebelles sont déjà actifs. Le Burundi, autre voisin de la RDC et du Rwanda, peut également voir cette fusion comme un risque pour la stabilité de sa propre politique intérieure.

---

[203] POURTIER, R., « Guerre et géographie ». In CHALEARD J-L & POURTIER, R., *Politiques et dynamiques territoriales dans les pays du Sud*, Paris, éditions de la Sorbonne, 2000

L'histoire du Burundi demeure profondément marquée par les tensions cycliques entre les communautés hutu et tutsi, dont les dynamiques, bien qu'ancrées dans des trajectoires nationales spécifiques, présentent de nombreuses résonances avec celles observées au Rwanda. Dans ce contexte sensible, l'hypothèse d'une fusion politique entre la République Démocratique du Congo et le Rwanda pourrait susciter des inquiétudes notables au sein de la société burundaise, notamment au sein des segments hutu de la population. Une telle union, interprétée comme un renforcement de l'emprise politique et militaire des élites tutsies rwandaises sur l'ensemble de la région, risquerait d'alimenter les craintes d'un déséquilibre ethnopolitique régional susceptible d'ébranler les équilibres internes déjà précaires du Burundi.

Ce scénario, en projetant une possible hégémonie d'un axe tutsi dans une structure étatique transfrontalière, pourrait réactiver des peurs historiques, accentuer les discours identitaires clivants, et renforcer la polarisation politique. Il existe ainsi un risque réel que les dynamiques de cette fusion alimentent une contagion des tensions, en exportant ou en ravivant des conflits latents vers des zones frontalières déjà vulnérables. Dans cette optique, la mise en œuvre d'un tel projet sans mécanismes solides de dialogue interethnique, de garanties institutionnelles et de dispositifs de prévention des conflits pourrait compromettre non seulement la stabilité interne du Burundi, mais également l'équilibre sécuritaire de l'ensemble de la région des Grands Lacs. En conséquence, cette dynamique engendre un effet dominant qui exaspérait les tensions ethniques au Burundi, augmentant la volatilité et le risque d'une guerre civile prolongée. Le soutien à des groupes rebelles dans la région des Grands Lacs, par exemple, les FDLR ou les milices Hutu se multiplient également dans le but de déstabiliser le nouvel équilibre géopolitique imposé par la fusion.[204]

§3. **Conséquences économiques et nouvelle concurrence pour les ressources**

L'un des facteurs structurels majeurs alimentant les conflits persistants dans la région des Grands Lacs réside dans la compétition pour l'accès, le contrôle et l'exploitation des ressources naturelles stratégiques. La République Démocratique du Congo, dotée d'un sous-sol exceptionnellement riche en coltan, cobalt, cuivre, diamant et autres minerais essentiels à l'économie mondiale, constitue un espace convoité par divers acteurs étatiques, paraétatiques et transnationaux. En l'absence de garanties institutionnelles solides et d'un cadre équitable de gouvernance des ressources, un tel scénario risque d'exacerber les

---

[204] Idem

rivalités internes, d'alimenter les griefs communautaires et de renforcer les dynamiques conflictuelles autour des enjeux d'appropriation, de fiscalité minière et de redevabilité territoriale.

Ainsi, loin d'atténuer les tensions, une fusion mal préparée pourrait catalyser de nouvelles formes de fragmentation et de conflictualité socioéconomique. L'influence accrue du Rwanda dans les affaires économiques du pays fusionné peut accentuer les inégalités économiques entre les différentes régions, comme celles du Kivu et du Katanga, où les intérêts économiques et miniers sont les plus importants. Ce risque implique également de nouvelles rivalités entre les compagnies minières internationales, les groupes armés locaux et les états voisins qui cherchent à s'assurer le contrôle des ressources stratégiques. En l'absence d'un système de gouvernance régional solide et d'un partage équitable des ressources, les conflits pour le contrôle des richesses risqueraient de s'intensifier, aggravant la fragilité régionale. Enfin, la fusion entre la RDC et le Rwanda attire l'attention d'acteurs extérieurs comme les États-Unis, la Chine, la France ou l'Union européenne, intéressés par l'exploitation des ressources naturelles de cette nouvelle entité géopolitique.

Les puissances régionales et internationales pourraient entrer en compétition directe pour garantir leur accès privilégié aux ressources stratégiques de l'espace unifié, tout en tentant d'orienter les choix diplomatiques et économiques du nouvel ensemble étatique. Ce climat de rivalité favoriserait l'émergence d'interférences extérieures plus marquées, voire de coalitions opportunistes aux fondements idéologiques ou géopolitiques incohérents, rendant la stabilité régionale d'autant plus précaire. En dépit de son ambition apparente de pacification, l'éventualité d'une fusion entre la RDC et le Rwanda serait susceptible de provoquer une reconfiguration brutale de la géopolitique de l'Afrique centrale. Une telle intégration, si elle n'est pas accompagnée de mécanismes d'apaisement robustes et d'une architecture diplomatique préventive, pourrait au contraire accélérer la propagation des tensions ethniques, politiques et économiques à l'échelle régionale.

L'émergence d'un nouveau pôle de puissance, articulant ressources naturelles abondantes, poids démographique et capital institutionnel, viendrait perturber les équilibres précaires entre États, attisant les rivalités pour le contrôle des corridors commerciaux, des zones minières et des leviers d'influence transfrontaliers. Dans ce contexte, la dynamique de fusion, loin de neutraliser les foyers d'instabilité, risquerait de catalyser une série de repositionnements conflictuels à l'échelle des Grands Lacs. Pour que toute initiative de fusion entre la RDC et le Rwanda puisse être durable, elle devra prendre en compte ces dimensions géopolitiques et territoriales, tout en mettant en place des mécanismes de gouvernance inclusive, de partage des ressources et de réconciliation régionale.[205]

[205] POURTIER, R., Op.cit.

CHAPITRE 14. MISE EN PLACE D'UNE UNION POLITIQUE ET ECONOMIQUE ENTRE LE RWANDA ET LA RDC

Section 1. Objectifs d'une union politique et économique

La présence de groupes armés rwandais tels que les FDLR et les affrontements récurrents autour des ressources naturelles, comme le coltan et le cobalt ont empiré les relations entre ces deux pays voisins. Une union peut donner un cadre pour résoudre ces problèmes de manière durable en permettant une coopération directe en matière de sécurité, de gestion des frontières et de réconciliation entre les communautés. Une telle union donne également un cadre plus stable pour la gouvernance dans les deux pays. Le Rwanda, avec son modèle de gouvernance centralisé et efficace, peut aider à structurer l'administration de la RDC, un pays vaste et marqué par des défis de gestion décentralisée. Une union politique offrirait des mécanismes de gouvernance partagée, d'où la possibilité de renforcer l'État congolais tout en favorisant un leadership régional stable.[206]

§1. Défis de la mise en place d'une union politique et économique

Un des principaux obstacles à la mise en place d'une union politique entre la RDC et le Rwanda est la question de la souveraineté nationale et de l'identité culturelle. La République Démocratique du Congo, en raison de son immensité territoriale et de sa mosaïque ethnique, porte en elle une mémoire historique marquée par la résistance à toute forme d'assujettissement extérieur. Cette sensibilité souverainiste s'est consolidée à travers les expériences coloniales, les ingérences postindépendance et les guerres transfrontalières, nourrissant une forte réticence à toute tentative perçue comme une dilution de la souveraineté nationale.

Dans ce cadre, l'hypothèse d'une fusion avec le Rwanda, bien que formulée dans une logique d'intégration régionale ou de stabilisation durable, peut être interprétée, par certaines composantes de la société congolaise, comme une menace existentielle. Les régions du Kivu et du Katanga, en particulier, où les fractures identitaires sont historiquement vives, perçoivent l'adossement à une

---

[206] KENGE MUKINAYI, D., « Pistes de solution à la crise sécuritaire de l'est de la République démocratique du Congo », in *Études caribéennes*, n°56, 2023,

entité étrangère comme un risque de marginalisation culturelle, d'effacement des spécificités locales, et d'affaiblissement de leur autonomie politique.

Les divergences linguistiques, les mémoires conflictuelles et les différenciations structurelles en matière de gouvernance alimentent ainsi une crainte diffuse, celle d'une hégémonie silencieuse du Rwanda sur un espace national congolais déjà fragilisé par des décennies d'instabilité. Le Rwanda, quant à lui, peut craindre une submersion par la diversité de la RDC et le défi que représenterait la gestion d'un territoire aussi vaste et fragmenté. Une union politique impliquerait donc des concessions mutuelles sur la souveraineté et l'organisation administrative de l'union.[207] La RDC, en raison de son hétérogénéité ethnique, voit une telle union comme un risque de domination de certaines régions, aussi comme celle du Kivu, déjà sujette à des tensions ethniques liées aux Hutus et Tutsis. Le Rwanda, marqué par le traumatisme du génocide de 1994, a engagé un processus politique fondé sur la réconciliation nationale et la consolidation de l'unité interne, au prix d'un contrôle étatique rigoureux sur les discours identitaires. Dans ce contexte, toute dynamique de gouvernance inclusive telle que pratiquée, même de manière imparfaite, par la République Démocratique du Congo, peut être perçue comme une mise en tension du modèle rwandais.

En effet, l'ouverture pluraliste inhérente au système congolais, bien qu'entravée par une fragilité institutionnelle chronique, repose sur une architecture constitutionnelle à vocation démocratique, qui contraste fortement avec la centralisation autoritaire caractéristique du régime rwandais. Cette divergence de structures politiques alimente une incompatibilité de visions sur la manière de gérer la diversité, le pouvoir et les libertés publiques. Du point de vue de Kigali, l'intégration dans une entité étatique élargie, dont le contrôle serait plus diffus, pourrait être interprétée comme une menace à la stabilité interne du pays et à la continuité de son projet national centralisé. À l'inverse, pour Kinshasa, la perspective d'une domination technocratique ou d'un basculement vers un modèle de gouvernance perçu comme autoritaire et exogène suscite des réticences d'ordre stratégique.

Dès lors, les logiques politiques qui structurent les deux régimes apparaissent fondamentalement divergentes, rendant non seulement l'unification institutionnelle particulièrement délicate, mais également porteuse de tensions potentielles au sein de leurs équilibres internes respectifs. La question de la

---

[207] JACQUEMOT P., Op.cit.

compatibilité de ces deux systèmes politiques serait une difficulté majeure pour toute tentative d'union. L'union entre la RDC et le Rwanda peut être perçue avec méfiance par les populations congolaises des régions riches en ressources naturelles.

Le contrôle des ressources minières comme le coltan, le cobalt, le cuivre, et les terres agricoles devienne un sujet de discorde, surtout si la répartition des bénéfices économiques de cette union semble déséquilibrée en faveur du Rwanda.[208]

§2. Étapes nécessaires pour la mise en place d'une union

Pour qu'un tel projet d'union puisse être envisagé de manière sérieuse et légitime, il serait impératif d'initier un dialogue structuré et approfondi entre les gouvernements congolais et rwandais. Ce processus de concertation devrait porter sur l'ensemble des enjeux fondamentaux liés à la souveraineté, à l'organisation institutionnelle, et à la gouvernance partagée. Il s'agirait notamment de négocier la répartition des compétences entre les niveaux de pouvoir, d'élaborer des mécanismes équitables de gestion et de redistribution des ressources naturelles, ainsi que de définir des protocoles communs en matière de sécurité, de contrôle des frontières et de coopération régionale. La mise en place d'un cadre juridique strict, adossé à des accords bilatéraux clairs et transparents, serait indispensable pour définir les fondements constitutionnels d'une telle union, en précisant les mécanismes de réciprocité, les garanties institutionnelles et les principes régissant la transition tant politique qu'administrative.

Un tel processus ne saurait aboutir sans un engagement réciproque des deux parties à dépasser les logiques de suspicion mutuelle, à reconnaître les déséquilibres structurels existants, et à œuvrer à l'élaboration d'un projet partagé, reposant sur les valeurs de justice, de co-gouvernance et de respect des souverainetés et identités nationales respectives. La mise en place de l'union nécessiterait une transition politique soigneusement planifiée, durant laquelle les structures étatiques des deux pays seraient adaptées pour garantir l'inclusivité et l'égalité entre les différentes régions et communautés. Des réformes administratives seraient nécessaires pour établir une gouvernance partagée, et la RDC renforcerait ses institutions pour garantir une participation équilibrée de toutes ses régions à la vie politique du pays fusionné. La mise en place d'une

---

[208] JACQUEMOT P., « L'économie politique des conflits en République démocratique du Congo », in *Afrique contemporaine*, Op.cit.

union politique et économique entre le Rwanda et la RDC représente une proposition ambitieuse qui a des conséquences profondes sur la géopolitique régionale. Bien qu'elle donne des solutions potentielles aux tensions géopolitiques et aux défis économiques de la région des Grands Lacs, elle implique des défis considérables en termes de souveraineté nationale, de cohésion sociale et de gestion des ressources naturelles.

La réussite d'une telle union dépendra de la volonté politique des deux pays à surmonter leurs différends historiques, à garantir une gouvernance inclusive et à mettre en place des mécanismes équitables pour la répartition des ressources.

Section 2. Proposition d'une réorganisation territoriale, gouvernance partagée et autonomie des régions.

§1. Principes d'une gouvernance partagée et d'autonomie des régions

La décentralisation constitue un pilier stratégique dans le cadre de la refondation territoriale de la République Démocratique du Congo. Dans un État marqué par une étendue territoriale considérable et une mosaïque socioculturelle complexe, le modèle d'administration centralisée, historiquement déconnecté des réalités locales, a révélé ses limites en termes d'efficacité et d'adaptabilité. L'instauration d'un mode de gouvernance partagée vise à rapprocher les lieux de décision des populations, en renforçant la responsabilité et la capacité d'action des structures locales, tout en maintenant une fonction nationale de pilotage stratégique et de coordination globale. Par le biais d'une décentralisation administrative véritablement opérationnelle, les régions pourraient accéder à une autonomie relative dans la mise en œuvre des politiques publiques relevant de leurs compétences spécifiques, notamment en matière d'éducation, de santé, d'aménagement du territoire ou de gestion des ressources naturelles. Chaque entité territoriale serait alors dotée d'institutions régionales disposant de pouvoirs exécutifs et législatifs encadrés, mais suffisamment souples pour s'adapter aux réalités économiques, sociales et culturelles propres à leur espace géographique.

L'idée de la gouvernance partagée ne se limite pas à une décentralisation administrative, mais comprend également une autonomie politique et économique pour chaque région. Cela signifie que les régions, bien qu'elles fassent partie de la RDC, prenaient des décisions sur leur propre développement économique, gérer leurs ressources naturelles et établir des partenariats économiques. Par exemple, des régions comme le Kivu, le Katanga, et l'Ituri peuvent mieux gérer l'exploitation de leurs ressources minières et agricoles au bénéfice de leurs populations, sans dépendre excessivement de l'autorité centrale. La reconfiguration de l'organisation territoriale en République Démocratique du Congo doit s'inscrire dans une dynamique dialectique harmonisant, d'une part, la nécessité de préserver l'unité de la Nation, et d'autre part, la reconnaissance formelle et institutionnelle de la pluralité régionale.

Une telle réforme ne doit nullement être perçue comme un démantèlement de l'État, mais plutôt comme une réorganisation fonctionnelle destinée à valoriser les spécificités locales dans le respect d'un cadre juridique unificateur, garant de l'intégrité du territoire, de la cohésion nationale et d'une solidarité interrégionale renforcée. Il s'agit de concevoir un modèle de gouvernance où les entités régionales disposent d'une marge d'action substantielle, leur permettant de répondre de manière adaptée à leurs enjeux propres, tout en restant pleinement engagées dans un projet collectif de développement harmonisé à l'échelle nationale. Ce modèle repose sur l'idée que la différenciation territoriale ne constitue pas une menace pour l'unité, mais peut, au contraire, en renforcer les fondements lorsqu'elle est pensée comme une dynamique de complémentarité, de justice spatiale et de participation démocratique.[209]

§2. Enjeux d'une réorganisation territoriale pour la RDC

L'un des arguments stratégiques majeurs en faveur d'une réorganisation territoriale fondée sur une gouvernance partagée repose sur la nécessité de désamorcer les tensions ethniques et sociales profondément ancrées dans certaines provinces historiquement marginalisées, telles que le Kivu, l'Ituri ou le Katanga. Reléguées pendant de longues décennies aux marges du pouvoir central, ces régions ont vu naître un fort sentiment d'exclusion, nourri par l'impression d'un centralisme déconnecté, inégalitaire et peu attentif aux réalités locales. L'introduction d'une autonomie régionale juridiquement encadrée permettrait de doter les collectivités territoriales d'outils institutionnels adaptés à la prise en charge de leurs priorités, en favorisant une participation directe des communautés à la formulation des politiques publiques en fonction de leurs besoins propres.

---

[209] BRICE. B., « La fin de la guerre ? Les ambigüités de la paix démocratique : intérêts, passions et idées. Science politique », in *EHESS*, 2015.

Une telle démarche contribuerait en outre à atténuer les perceptions de captation du pouvoir par certaines élites à dominance ethno-régionale, en assurant une représentation plus équilibrée et inclusive au sein des structures de gouvernance publique. L'un des enjeux les plus sensibles demeure la gouvernance des ressources naturelles, dont la distribution est inégale à travers le territoire national. Le Katanga, les Kivus ou encore l'Ituri, riches en minerais stratégiques, coexistent avec d'autres provinces à vocation essentiellement agroalimentaire. Dans un modèle de gouvernance partagée, chaque entité territoriale serait dotée de compétences accrues en matière de gestion et de valorisation de ses ressources, dans un cadre de péréquation nationale assurant solidarité et cohésion. Une telle configuration offrirait l'opportunité de déconcentrer le pouvoir économique historiquement concentré à Kinshasa, en dotant les régions de capacités fiscales propres leur permettant de financer de manière autonome leurs priorités en matière d'infrastructures, de services sociaux et de développement local. Ce recentrage des leviers économiques au niveau territorial contribuerait à réduire la dépendance systémique vis-à-vis de l'administration centrale. Par ailleurs, l'implantation de zones économiques spéciales dans certaines provinces constituerait un levier stratégique pour attirer les investissements, tant nationaux qu'internationaux, et stimuler ainsi la croissance régionale à travers des dynamiques de développement endogène.

L'instauration d'une gouvernance partagée permettrait également de réduire la centralisation excessive et de donner des mécanismes pour mieux gérer les conflits politiques internes. En déléguant davantage de responsabilités aux autorités locales, les tensions entre le pouvoir central et les régions peuvent être apaisées. Les gouvernements locaux seraient plus proches des réalités de terrain, ce qui permettrait une meilleure gestion des problèmes locaux, réduisant ainsi le risque de conflits et de violence liés à des politiques inefficaces venant de la capitale. Les gouvernements locaux se représenteraient comme médiateur et facilitateur entre les différentes communautés, limitant ainsi les conflits interethniques et contribuant à une harmonisation des politiques dans des zones sensibles comme le Kivu et l'Ituri, où des tensions ethniques sont intensifiées par l'ingérence d'acteurs extérieurs.[210]

---

[210] LUNTUMBUE, M., *RDC : les enjeux du redécoupage territorial. Décentralisation, équilibres des pouvoirs, calculs électoraux et risques sécuritaires*, Grip, 2017

§3. Mécanismes à mettre en place pour une gouvernance partagée

La réorganisation territoriale nécessiterait la mise en place d'une nouvelle constitution, ou à tout le moins la révision de la constitution existante, pour permettre une répartition des pouvoirs entre le gouvernement central et les gouvernements régionaux. Dans une perspective de refondation institutionnelle visant à articuler l'unité nationale avec la reconnaissance effective de la diversité socio-territoriale, l'adoption d'un modèle fédératif ou d'une décentralisation avancée apparaît comme une option stratégique de gouvernance. Une telle configuration impliquerait l'octroi d'une autonomie législative et exécutive substantielle aux entités régionales, tout en maintenant l'unité de l'État autour des compétences régaliennes essentielles que sont la politique extérieure, la défense nationale, la sécurité intérieure, la régulation monétaire et les principes fondamentaux de justice.

La réussite d'un tel modèle supposerait la mise en place d'institutions régionales solides, dotées d'une personnalité juridique propre, d'un budget indépendant et d'un mandat clair, défini en fonction des priorités locales. Chaque région pourrait être administrée par un exécutif élu au suffrage universel, dirigé par un gouverneur, et assisté d'une assemblée délibérative compétente pour légiférer sur les matières relevant de la compétence régionale. Les administrations locales, enracinées dans les réalités sociales, culturelles et économiques propres à chaque territoire, seraient chargées de mettre en œuvre les politiques publiques dans des secteurs clés tels que l'éducation, la santé, les infrastructures, le développement rural ou encore la protection de l'environnement. Afin d'éviter une fragmentation institutionnelle ou des politiques contradictoires, des mécanismes formalisés de coopération interrégionale seraient mis en place, sous forme de conseils de coordination ou de forums multilatéraux.

Ces instances interrégionales permettraient d'articuler les actions entre les différentes entités territoriales et de construire une convergence autour des enjeux transversaux majeurs, notamment développement économique intégré, gestion concertée des ressources naturelles, mobilité des personnes et des biens, harmonisation des systèmes éducatifs ou encore mutualisation de certaines infrastructures. Ce dispositif de gouvernance multiniveaux viserait à créer un équilibre dynamique entre autonomie locale et cohésion nationale, en assurant à la fois l'expression des identités régionales et la construction d'un projet commun fondé sur la solidarité territoriale, la justice spatiale et l'efficience administrative.

§4. Obstacles à la réorganisation territoriale

Toute tentative de réorganisation territoriale fondée sur une décentralisation renforcée se heurte à une résistance notable émanant de segments influents de l'élite politique centralisée, notamment à Kinshasa. Ces acteurs, souvent ancrés dans une logique de centralisation du pouvoir, perçoivent le renforcement de l'autonomie régionale non seulement comme un affaiblissement de leur emprise sur les mécanismes étatiques, mais aussi comme un risque potentiel pour la cohésion du cadre national. Si la décentralisation constitue une réponse pragmatique aux tensions identitaires et aux aspirations locales en matière d'autodétermination, elle n'en demeure pas moins porteuse de dynamiques ambivalentes, susceptibles de générer de nouveaux équilibres mais aussi de nouvelles fragilités.

En effet, dans des contextes caractérisés par une forte hétérogénéité ethnique et un faible enracinement des institutions démocratiques, l'extension de l'autonomie territoriale peut réactiver ou exacerber des compétitions identitaires latentes, particulièrement dans les zones où la mémoire des conflits intercommunautaires reste vive. Ainsi, la décentralisation, si elle n'est pas accompagnée de mécanismes solides de régulation politique, de justice distributive et de cohésion territoriale, risque paradoxalement de générer de nouvelles dynamiques de fragmentation au lieu d'approfondir l'unité dans la diversité. Certaines régions refusaient de coopérer avec d'autres ou chercher à imposer leur domination sur des groupes ethniques voisins. Le Kivu est marqué par des tensions entre différentes communautés ethniques, et une autonomie régionale augmentant ces rivalités.[211]

La gestion des ressources naturelles pose également un sérieux problème, en ce qui concerne la répartition des revenus générés par l'exploitation des minerais et autres ressources naturelles. Les provinces congolaises particulièrement dotées en ressources naturelles, à l'instar du Katanga ou des Kivus, constituent des zones sensibles où persistent des tensions internes liées à la gouvernance des richesses et à leur redistribution à l'échelle nationale. L'absence de dispositifs transparents, équitables et juridiquement encadrés pour la gestion et le partage des revenus issus de l'exploitation minière alimente un sentiment de frustration, tant au niveau local que national, cristallisant ainsi les

---

[211] LUNTUMBUE, M., Op.cit.

rivalités interterritoriales et renforçant les perceptions d'injustice fiscale et de déséquilibre économique.

Dans ce contexte, la proposition d'une réorganisation territoriale fondée sur une gouvernance partagée et une autonomie régionale accrue apparaît comme une piste structurante pour améliorer la gestion des affaires publiques. En rapprochant le pouvoir décisionnel des réalités locales et en responsabilisant les institutions régionales, cette architecture permettrait non seulement de pacifier les tensions latentes, mais aussi de jeter les bases d'un développement plus équilibré, fondé sur la justice territoriale, la transparence budgétaire et l'appropriation locale des ressources. Toutefois, la mise en œuvre de cette réforme nécessiterait des ajustements délicats dans la constitution du pays, une forte volonté politique, et un engagement à respecter les diversités culturelles et ethniques.

Le défi réside dans la capacité à créer un équilibre entre autonomie régionale et unité nationale, tout en veillant à éviter l'émergence de nouvelles sources de conflits ou de déséquilibres économiques.[212]

Section 3. Démocratie rotative sur la base des provinces de la RDC et du Rwanda comme une proposition pour une gouvernance partagée

§1. Fondements de la démocratie rotative entre la RDC et le Rwanda

Le principe de démocratie rotative s'inscrit dans une logique de répartition équitable du pouvoir entre les différentes composantes d'un État, en instituant une alternance régulée dans l'exercice des fonctions exécutives, législatives et judiciaires. Transposé à une hypothétique union entre la République Démocratique du Congo et le Rwanda, ce mécanisme pourrait se décliner à travers une architecture fédérale ou confédérale reposant sur une rotation institutionnalisée des responsabilités de gouvernance. Dans un tel dispositif, les provinces congolaises et les districts rwandais se verraient conférer, de manière cyclique, l'accès aux principales charges étatiques, telles que la présidence, la vice-présidence, les ministères régaliens ou les hautes juridictions suivant une périodicité fixée, par exemple, sur un cycle quinquennal ou tout autre cadre temporel négocié.

---

[212] MABIALA MANTUBA-NGOMA, « Fédéralisme ou Unitarisme en République démocratique du Congo », in *Publication de la Fondation Konrad Adenauer*, Kinshasa, 2004, pp.12-17.

Un tel modèle permettrait non seulement d'assurer une représentation équilibrée des différentes entités géopolitiques de l'union, mais également de favoriser une appropriation mutuelle des leviers de souveraineté, renforçant ainsi la légitimité des institutions communes et consolidant la stabilité régionale à travers une dynamique d'inclusion politique structurée.[213] La démocratie rotative se concrétise par un système de rotation des pouvoirs exécutifs et législatifs, dans lequel des représentants des provinces congolaises et des districts rwandais seraient choisis pour occuper des fonctions de gouvernance à tour de rôle. L'idée serait de permettre aux provinces de la RDC et aux régions du Rwanda de prendre part à l'exercice du pouvoir politique, tout en garantissant une certaine fluidité politique et une dynamique de coopération. Ainsi, chaque région aurait à la fois une responsabilité de gestion et un droit de contrôle sur la direction du pays, ce qui éviterait que l'une des parties, qu'elle soit congolaise ou rwandaise, n'exerce un pouvoir hégémonique sur les autres.

Cela permettrait de limiter les conflits de pouvoir, les tensions ethniques et politiques en équilibrant les intérêts des différentes régions tout en permettant à chaque région d'exprimer ses priorités et ses besoins.

§2. Avantages de la démocratie rotative pour la RDC et le Rwanda

La RDC et le Rwanda sont tous deux marqués par des tensions ethniques et des conflits internes, irrités par une gestion centralisée qui ne prend pas en compte les spécificités régionales. En favorisant une rotation des pouvoirs, la démocratie rotative permettrait à chaque région de participer à la gestion du pays, réduisant ainsi les risques de marginalisation et de domination de certaines régions sur d'autres. Ce modèle de gouvernance fondé sur la rotation des responsabilités institutionnelles constitue un levier structurant pour promouvoir une démocratie plus inclusive, apte à répondre aux défis engendrés par les clivages ethniques et culturels. En garantissant à des régions longtemps marginalisées telles que le Kivu, un accès périodique aux fonctions politiques centrales, ce dispositif contribue à intégrer les dynamiques locales dans les processus de décision nationaux, renforçant ainsi la légitimité des institutions et la cohésion de l'ensemble étatique.

Une telle participation active des provinces à la gouvernance permettrait d'apaiser les tensions communautaires, de renforcer les initiatives de

---

[213] TAZI KIZEY TIEN-A-BE, M.-J., « De la démocratie belligène à la démocratie rotative », in *Cahiers Congolais d'Etudes des Relations Internationales*, n°01, Juillet 2011, pp. 40-58

réconciliation nationale et de prévenir la résurgence des conflits. Par ailleurs, l'implantation d'une démocratie rotative faciliterait une gestion plus équitable des ressources naturelles. La République Démocratique du Congo, dotée de vastes réserves minières et agricoles, verrait ses provinces les plus stratégiques telles que le Katanga ou le Kivu devenir des actrices majeures des décisions économiques, réduisant ainsi les sentiments d'exclusion souvent à l'origine de conflits internes. Le Rwanda, pour sa part, bénéficierait d'un tel modèle de gouvernance en intégrant ses zones frontalières dans un dispositif de coopération institutionnalisée, fondé sur la gestion conjointe des ressources partagées et la convergence des intérêts économiques. Une telle dynamique ouvrirait la voie à la mise en place de mécanismes de régulation transfrontalière, visant à maximiser les retombées économiques tout en garantissant une répartition équilibrée des profits entre les différentes entités impliquées.

En outre, la démocratie rotative permettrait de structurer une coopération régionale renforcée dans des secteurs stratégiques tels que la sécurité des frontières, la gestion conjointe des corridors commerciaux et la lutte contre les réseaux criminels. L'implication institutionnelle des régions frontalières contribuerait ainsi à consolider les relations bilatérales sur des bases de solidarité, de codécision et de stabilité partagée.

Le Rwanda et la RDC, en partageant des régions communes dans un modèle rotatif de gouvernance, auraient la possibilité de négocier ensemble des accords économiques, de lutter contre les groupes armés transfrontaliers et de garantir une sécurité commune. Cela peut aider à créer une zone de stabilité qui bénéficierait à l'ensemble des populations des deux pays, et améliorerait la gestion des questions liées à la migration, à la protection des droits de l'homme, et au commerce transfrontalier.[214]

§3. **Défis à surmonter pour mettre en place la démocratie rotative**

La mise en œuvre d'une démocratie rotative serait confrontée à plusieurs résistances politiques, de la part des élites politiques de chaque pays qui craignaient une perte de pouvoir ou une dilution de leur autorité. En particulier, les dirigeants centraux de la RDC et du Rwanda sont réticents à partager leurs pouvoirs avec les régions ou à céder un certain contrôle sur les affaires de l'État. De plus, l'idée d'une gouvernance partagée entre deux États différents soulevé des

---

[214] TAZI KIZEY TIEN-A-BE, M.-J., « De la démocratie belligène à la démocratie rotative », Op.cit.

questions de souveraineté, chez ceux qui craindraient que ce modèle ne mène à une perte d'autonomie nationale pour chaque pays. Les différences culturelles et ethniques entre la RDC et le Rwanda constitueraient également un obstacle à la mise en place de la démocratie rotative. Les tensions entre les communautés ethniques du Rwanda, telles que les Hutus et les Tutsis, et celles qui existent en RDC, au Kivu et en Ituri, rendraient difficile la gestion des délégations rotatives et des partages de pouvoir entre les régions. L'implémentation d'un système de démocratie rotative entre la République Démocratique du Congo et le Rwanda risquerait de susciter des tensions internes, liées à la complexité des équilibres politiques, des rivalités territoriales et des sensibilités identitaires.

Dans cette perspective, la démocratie rotative, envisagée comme un mécanisme d'alternance territoriale et de participation inclusive, représente une réponse institutionnelle novatrice aux défis récurrents de gouvernance dans la région des Grands Lacs. En combinant autonomie régionale et pilotage fédératif, elle permettrait de désamorcer les tensions ethno-politiques, d'assurer une gestion plus équitable des ressources naturelles, et de structurer une coopération interétatique durable. Toutefois, sa mise en œuvre effective supposerait de surmonter des résistances politiques ancrées, des divergences culturelles profondes, ainsi qu'une inertie institutionnelle marquée par la méfiance mutuelle.

Dès lors, l'enjeu ne serait pas seulement technique ou juridique, mais éminemment politique, nécessitant une volonté commune, une ingénierie institutionnelle adaptée, et un accompagnement international crédible pour assurer la légitimité et la viabilité d'un tel projet de gouvernance partagée. Toutefois, avec un engagement sérieux des acteurs politiques et une gestion minutieuse des défis internes, ce modèle marquerait un tournant majeur vers une gouvernance plus inclusive, pacifique et durable dans la région.[215]

Section 4. Proposition de gouvernance partagée pour la RDC et le Rwanda

Une idée novatrice pour la gestion politique de la République Démocratique du Congo et du Rwanda est la mise en place d'un système de démocratie rotative pour le choix du président, dans lequel chaque province ou région, qu'elle soit congolaise ou rwandaise aurait à tour de rôle la possibilité de présenter un candidat aux élections présidentielles, élus ensuite au suffrage universel national. Ce modèle viserait à assurer une équité politique, une

---

[215] TAZI KIZEY TIEN-A-BE, M.-J., « De la démocratie belligène à la démocratie rotative », Op.cit.

participation régionale active, et à garantir que le pouvoir exécutif ne soit pas dominé par une seule province ou une seule ethnie. Ce mécanisme peut être aussi un moyen de renforcer l'unité nationale tout en respectant la diversité des régions.

§1. Sélection des candidats par les primaires provinciales et rotation

Chaque année ou chaque cycle électoral, chaque province ou région du pays, qu'il s'agisse des provinces congolaises ou des régions rwandaises, organiserait des primaires locaux pour sélectionner un ou plusieurs candidats potentiels à la présidence. Le processus des primaires provinciales constituerait une étape cruciale d'un dispositif démocratique interne, destiné à garantir une représentation équitable et légitime au sein des institutions de gouvernance partagée. Chaque province disposerait du droit souverain de désigner un candidat issu de sa population, selon une procédure encadrée par des critères rigoureux. La sélection des prétendants s'effectuerait en priorité sur la base d'une expérience avérée dans la conduite des affaires publiques, qu'elle relève de la gestion institutionnelle à l'échelle locale, de l'engagement civique, ou d'un rôle actif dans la médiation des conflits communautaires. Toutefois, au-delà des qualifications administratives ou politiques, un critère essentiel résiderait dans la capacité du candidat à incarner une vision intégrative de la nation, capable de dépasser les clivages ethniques, régionaux ou linguistiques.

Chaque prétendant à une fonction de haute responsabilité devrait porter un projet de cohésion nationale, susceptible de mobiliser les différentes sensibilités territoriales autour d'une ambition partagée. L'objectif de ces primaires serait ainsi de faire émerger des figures de convergence, à la fois profondément ancrées dans leur territoire d'origine et reconnues à l'échelle interprovinciale comme des symboles d'unité, de probité et de leadership inclusif. Les candidats seraient évalués selon leurs antécédents en matière de lutte contre la corruption, de gestion des ressources publiques et de respect des droits de l'homme. Les primaires provinciaux assureraient ainsi une large participation des citoyens locaux, garantissant que les candidats choisis pour représenter chaque province soient véritablement issus de la base et légitimés par leurs électeurs. Le principe fondamental de ce modèle réside dans l'idée de rotation.

Dans ce modèle de rotation géographique du pouvoir, chaque cycle électoral quinquennal deviendrait une opportunité pour une province différente de jouer un rôle de premier plan dans la gouvernance nationale. En instaurant une alternance structurée, ce système limiterait les dynamiques centralisatrices souvent sources de frustrations régionales et de conflits politiques. Il contribuerait ainsi à un apaisement des tensions interprovinciales, en reconnaissant le droit de chaque région à participer, à échéance fixe et prédéterminée, à l'exercice du pouvoir suprême. Le calendrier fixe de rotation instaurerait une visibilité politique, renforçant la confiance entre les entités territoriales, tout en dissuadant les tentatives d'accaparement durable du pouvoir par une élite régionale. Ce mécanisme institutionnaliserait un équilibre territorial, valoriserait les ressources humaines de toutes les provinces, et encouragerait une responsabilisation locale accrue.[216]

Chaque région serait incitée à former ses élites et à promouvoir des leaderships compétents, ancrés dans les réalités socioculturelles de leur territoire, mais dotés d'une vision nationale. Une telle réforme suppose cependant des garanties constitutionnelles solides, des institutions électorales impartiales, et un consensus politique élargi pour éviter que cette rotation ne soit perçue comme une forme déguisée de favoritisme régional ou d'exclusion d'autres provinces. Placée au cœur d'une architecture fédérative ou confédérale, la rotation géographique du pouvoir contribuerait ainsi à refonder le contrat politique national sur des bases de justice territoriale, de reconnaissance mutuelle et d'unité inclusive.

Par exemple, chaque province peut avoir la possibilité d'être le fournisseur de candidats présidentiels une fois tous les 10 ou 15 ans, selon le nombre total de provinces dans les pays concernés. Une fois les candidats choisis par leurs provinces respectives lors des primaires locales, ces derniers seraient présentés à l'ensemble du pays pour un vote national. Le suffrage universel direct permettrait à l'ensemble de la population, qu'elle soit rwandaise ou congolaise de choisir le président parmi ces candidats. Ce système assure que, bien que chaque province ait sa chance de présenter un candidat, le choix final demeure entre les mains de l'ensemble de la population, garantissant ainsi un processus démocratique inclusif. Chaque candidat issu d'une province serait alors évalué sur ses propositions de politique nationale, et non seulement en fonction de son appartenance géographique. L'accent serait mis sur des valeurs telles que l'unité nationale, la réconciliation et le développement équitable à travers le pays. Ce processus aurait l'avantage de renforcer la cohésion nationale et de créer un véritable engagement national, où chaque citoyen aurait un intérêt à soutenir un candidat, indépendamment de son origine géographique.[217]

---

[216] TAZI KIZEY TIEN-A-BE, M.-J., Op.cit.
[217] TAGOU, C., *Démocratie rotative et élections présidentielles en Afrique. Transcendance et transformation politique des conflits ethno politiques dans les sociétés plurielles*, Paris, L'Harmattan, 2018

§2. Avantages de la démocratie rotative présidentielle

Le principal avantage de ce système est qu'il permette une représentation équitable de toutes les provinces dans l'élection présidentielle. Il assure que les candidats à la présidence ne viennent pas uniquement des régions historiquement plus puissantes ou plus peuplées, mais que chaque province ait une chance de présenter un candidat capable de concourir à l'échelle nationale. Cela permet de réduire les déséquilibres de pouvoir qui existent entre les différentes régions et empêche une domination politique par une seule province. En donnant à chaque province une occasion de présenter un candidat à la présidence, ce système contribue à renforcer l'unité nationale en valorisant la diversité des régions. Il fait en sorte que toutes les provinces soient incluses dans la dynamique nationale, ce qui peut aider à apaiser les tensions ethniques ou régionales, sources de conflits.

Ce processus contribue à réduire les rivalités et à encourager un engagement politique régional constructif, basé sur des projets de développement communs. Le système de primaires provinciales assure un niveau élevé de participation des citoyens locaux à la vie politique du pays. Chaque province serait responsable de sélectionner son propre candidat, ce qui encouragerait un débat local sur les enjeux politiques, tout en stimulant la mobilisation électorale à l'échelle nationale. Un tel processus de rotation provinciale dans la sélection des candidats à la présidence permettrait d'asseoir une démocratie territorialisée, fondée sur la proximité, la représentativité équitable et la responsabilisation des élites locales.

En rompant avec les logiques de captation du pouvoir par certaines régions historiquement favorisées, il offre une structure d'inclusion systématique qui assure à chaque territoire la possibilité d'être, à son tour, le centre politique du pays. Cela permettrait aux électeurs de s'affranchir progressivement des déterminismes identitaires, en recentrant leur évaluation sur la compétence, le bilan, la vision politique et l'ancrage communautaire réel des candidats. De plus, en associant chaque province à la gouvernance nationale par l'alternance programmée, on redonne du sens à l'unité dans la diversité : chaque entité territoriale se sentirait représentée dans l'architecture politique et participerait activement à la formulation des priorités nationales.

Ce modèle renforcerait aussi la cohérence entre politiques publiques et réalités locales, en encourageant une gestion différenciée des territoires, adaptée aux spécificités économiques, sociales, culturelles ou environnementales de chaque région. Les politiques de santé, d'éducation, d'infrastructures ou de gestion des ressources naturelles pourraient ainsi être conçues avec une meilleure connaissance des contextes provinciaux, tout en s'inscrivant dans une stratégie globale de développement harmonisé. Enfin, en obligeant les futurs dirigeants à construire des majorités nationales au-delà de leur base régionale d'origine, ce mécanisme contribuerait à l'émergence de coalitions interprovinciales, à la valorisation des compétences issues de toutes les régions, et à la consolidation d'un patriotisme de co-construction.[218]

§3. Défis de la mise en œuvre du système rotatif

Le système de rotation des provinces peut également engendrer des risques de division accrue entre les régions, si une province se sent marginalisée lorsqu'il n'est pas son tour de présenter un candidat. Les provinces les moins avantagées sont souvent perçues comme marginalisées ou peu influentes dans la sphère politique nationale, en particulier durant les périodes où elles ne présentent pas de candidats à des postes de responsabilité. Pour qu'un modèle de démocratie rotative soit véritablement équitable et fonctionnel, il est crucial de s'assurer que l'alternance présidentielle entre provinces ne reproduise pas, sous une autre forme, les déséquilibres territoriaux déjà existants.

Bien que la rotation offre une opportunité d'élargir la participation des différentes entités provinciales à la gouvernance de l'État, ce principe pourrait être fragilisé par des disparités structurelles, notamment en matière démographique ou économique. Les provinces disposant d'un poids démographique important ou d'une assise économique plus solide pourraient exercer une influence excessive sur les résultats des scrutins, ce qui irait à l'encontre des objectifs de justice représentative et d'équilibre interrégional. Il conviendrait donc d'élaborer des dispositifs électoraux correcteurs, tels qu'une pondération équilibrée des suffrages ou un système à double seuil, de manière à garantir que chaque province bénéficie d'une capacité effective de représentation, indépendamment de sa taille ou de sa richesse.

Fondé sur des primaires organisées au niveau provincial et un suffrage universel national, ce modèle constituerait une innovation démocratique en mesure de renforcer l'inclusion politique et de dépasser les clivages ethniques ou régionaux. Il favoriserait une participation citoyenne élargie, tout en assurant

---

[218] BRUNETEAU, B., et al., *L'aventure démocratique*. Rennes, Presses universitaires de Rennes, 2017

une distribution plus équitable du pouvoir et des ressources à l'échelle nationale. Toutefois, sa réussite dépendrait d'une gestion rigoureuse des tensions potentielles, ainsi que de l'introduction de mécanismes d'équilibrage garantissant que chaque territoire puisse bénéficier de manière tangible des avancées démocratiques générées par ce processus.[219]

Section 5. Mise en place d'un système de quotas équitables pour chaque communauté provinciale en RDC et au Rwanda

§1. Problématique de la représentation provinciale dans une fédération multiethnique

La République Démocratique du Congo et le Rwanda sont caractérisés par une mosaïque ethnique dense, au sein de laquelle coexistent de multiples groupes communautaires dont les interactions sont souvent marquées par une histoire de coexistence complexe, parfois traversée de tensions et de rivalités. Dans de tels contextes, les dynamiques de marginalisation, qu'elles soient réelles ou ressenties qu'elles relèvent du champ politique, économique ou identitaire alimentent un climat propice à l'émergence de tensions intercommunautaires et à l'affaiblissement du lien national. En ce sens, la garantie d'une représentativité équitable au sein des institutions publiques revêt une portée stratégique, non seulement pour prévenir les fragmentations internes, mais aussi pour renforcer la cohésion et la résilience des structures étatiques. L'introduction d'un dispositif de quotas provinciaux, conçu comme mécanisme de régulation inclusive, pourrait permettre de garantir à chaque communauté ethnique une place effective dans la gouvernance locale. Ce système de représentation différenciée viserait à promouvoir l'équité politique tout en valorisant la diversité socioculturelle, assurant ainsi une participation active et légitime de tous les groupes à la gestion des affaires publiques. Une telle approche, fondée sur la reconnaissance pluraliste des identités, peut contribuer à réduire les sentiments d'exclusion, à renforcer la cohésion sociale et à fonder une légitimité institutionnelle plus enracinée dans la réalité multiculturelle des États.

§2. Objectifs du système de quotas provinciaux

L'objectif fondamental de ce dispositif est d'assurer à chaque communauté ethnique présente au sein d'une province une représentation

---

[219] TCHAGNAOU AKIMOU, « La rotation du pouvoir : une alternative contre les crises sociopolitiques en Afrique », in *https://revues.acaref.net/wp-content/uploads/sites/3/2022/07/Akimou-TCHAGNAOU.pdf*, consulté le 19/03/2025

politique effective, à travers des mécanismes électifs qui garantissent l'expression équitable de leurs intérêts au sein des institutions locales. Cela permettrait d'éviter qu'une communauté soit dominée ou marginalisée par une autre, en veillant à ce que toutes les communautés aient un accès égal à la représentation politique. Les quotas seraient attribués en fonction de la démographie ethnique de chaque province. Par exemple, dans une province où une communauté représente 40 % de la population et une autre 30 %, un quota devrait être attribué pour garantir que ces deux groupes aient une représentation proportionnelle en fonction de leur poids démographique, tout en permettant à d'autres groupes plus petits d'être également représentés de manière décisive.

La mise en place d'un mécanisme de représentation équitable, reposant sur des quotas provinciaux tenant compte de la diversité ethnique, offrirait une voie prometteuse pour instaurer une gouvernance plus inclusive et pacifiée dans les provinces à forte hétérogénéité ethnoculturelle de la RDC et du Rwanda. En garantissant à chaque communauté une présence au sein des institutions provinciales, un tel dispositif permettrait d'atténuer les sentiments d'exclusion ou de relégation, souvent à l'origine des tensions intercommunautaires persistantes. L'objectif est de substituer à la logique de domination ethnique une culture politique fondée sur la reconnaissance mutuelle, la coopération intergroupes et la coresponsabilité dans la gestion des affaires publiques. Ce cadre favorise l'apprentissage du compromis et le développement de mécanismes institutionnels de médiation et de partage du pouvoir. En valorisant l'ensemble des composantes culturelles et sociales dans l'élaboration des politiques publiques, il renforcerait la cohésion sociale et la légitimité des institutions locales.

Ainsi, la mise en place d'un tel système ne se limite pas à une redistribution symbolique du pouvoir, mais constitue une stratégie de pacification durable, d'intégration politique et de consolidation démocratique dans des sociétés historiquement marquées par la fragmentation et la méfiance. En plus de garantir la représentation des communautés majoritaires, un système de quotas vise à protéger également les droits et les intérêts des communautés minoritaires. Les groupes ethniques moins nombreux mais néanmoins présents dans chaque province auraient ainsi une chance de faire entendre leur voix, contribuant à leur inclusion dans les processus décisionnels à l'échelle locale et provinciale.[220]

---

[220]. KOBIANE J.-F. et LANGE M.-F., *L'Etat réhabilité en Afrique. Réinventer les politiques publiques à l'ère néolibérale*, Paris, éd. Karthala, 2018

§3. Mécanisme de mise en place des quotas provinciaux

La première étape décisive dans l'implémentation d'un système de quotas serait de recenser précisément les groupes ethniques et les communautés sociales présentes dans chaque province. Lorsqu'il est mené avec impartialité, dans un strict respect des principes de transparence et de dignité humaine, le recensement constitue une étape décisive dans l'instauration d'un système de représentation juste et inclusive. Il permettrait de produire une lecture objectivée de la composition socioculturelle des provinces, en établissant une cartographie fiable des appartenances communautaires condition indispensable à la mise en place de quotas fondés sur des bases légitimes. Les données issues de ce processus fourniraient ainsi une assise statistique robuste pour allouer les sièges au sein des institutions provinciales en proportion des poids démographiques effectifs des groupes présents.

Ce principe de représentation proportionnelle pourrait s'appliquer non seulement aux assemblées provinciales, mais également à la répartition des fonctions exécutives, aux nominations au sein de l'administration territoriale, ainsi qu'à la composition des instances consultatives. Il ne s'agirait pas de figer les identités dans une logique rigide ou essentialiste, mais plutôt de bâtir un cadre institutionnel équilibré, fondé sur la reconnaissance réciproque et la coopération intercommunautaire. Un tel dispositif viserait à rompre avec les dynamiques d'exclusion ou de domination qui nourrissent les tensions identitaires, tout en renforçant la légitimité démocratique des gouvernances locales. En intégrant la pluralité socioculturelle dans l'architecture du pouvoir, il deviendrait un outil stratégique de prévention des conflits et de consolidation de la paix territoriale.

Dans chaque province, des sièges ou des postes seraient réservés pour chaque groupe ethnique, selon le principe de la proportionnalité. Cela garantirait que toutes les communautés soient équitablement représentées dans les institutions provinciales, et donc que leurs intérêts et préoccupations soient pris en compte dans la gestion des affaires publiques. Les candidats provenant de chaque communauté peuvent choisir à travers des primaires internes ou des mécanismes d'élections spécifiques, permettant de garantir que chaque communauté dispose d'une voix égalitaire dans le processus politique. Un dispositif électoral reposant sur le suffrage universel tout en intégrant des quotas ethniques proportionnels constitue une tentative de conciliation entre le principe d'égalité démocratique et la reconnaissance effective de la pluralité socioculturelle. Ce modèle vise à dépasser les limites inhérentes à une logique strictement majoritaire, qui tend à marginaliser les groupes minoritaires, en instaurant une représentativité plus fidèle aux équilibres démographiques et identitaires à l'échelle locale.[221]

Pour assurer la pérennité et la légitimité d'un tel système, il est impératif de l'encadrer par des mécanismes juridiques et constitutionnels solides, capables de garantir à la fois son intégrité et sa conformité aux principes fondamentaux de justice électorale. Ces dispositifs doivent définir avec précision les modalités de répartition des sièges, les critères de calcul démographique, la durée des mandats et les mécanismes de révision périodique du système de quotas en fonction des évolutions démographiques. La mise en œuvre effective du système suppose également la création d'organes techniques autonomes, tels que des commissions de délimitation électorale et de régulation de la représentativité, dotées de compétences précises et protégées contre toute ingérence politique. Le recours à des missions d'observation électorale indépendantes, qu'elles soient nationales ou internationales, revêtirait une importance capitale pour garantir la transparence du processus, restaurer la confiance citoyenne dans le dispositif électoral, et prévenir les risques de manipulation partisane ou de dérive communautariste.

Ces instances de surveillance auraient pour mandat de s'assurer du respect strict des principes d'équité, de justice et de non-discrimination, tout en contribuant à l'instauration d'un climat électoral serein, pluraliste et véritablement inclusif. Une telle approche conjugue la logique de l'unité nationale avec la reconnaissance effective de la pluralité identitaire, en construisant une démocratie enracinée dans la réalité sociopolitique des territoires, capable de transformer la diversité en ressource institutionnelle et non en facteur de fragmentation.

§4. Avantages du système de quotas provinciaux

Ce système donne une solution équitable à la répartition du pouvoir en s'assurant que toutes les communautés, quelle que soit leur taille, aient une représentation politique. Cela réduirait la possibilité d'exclusion ou de marginalisation, et permettrait à chaque groupe de se sentir investi dans le processus politique. Pour garantir une représentation équitable de toutes les communautés, ce système peut permettre de réduire les tensions ethniques et d'encourager des relations pacifiques et collaboratives entre les groupes. Lorsque

---

[221] DAOUDA DIA, Les dynamiques de démocratisation en Afrique noire francophone, Université Jean Moulin Lyon 3, Thèse de doctorat en Science Politique, 2010

chaque communauté bénéficie d'une reconnaissance institutionnelle explicite dans les mécanismes de gouvernance, elle développe un sentiment d'appartenance plus fort à l'ensemble national et une volonté accrue de participer à la construction collective de la paix et du développement. Le système de quotas, en tant que dispositif d'équilibre et de reconnaissance, contribue ainsi à transformer les logiques d'exclusion en dynamiques d'inclusion politique. En garantissant une représentation minimale et proportionnelle aux groupes minoritaires, il agit comme un rempart contre la marginalisation chronique, souvent à l'origine de frustrations identitaires, de ruptures sociales et de violences communautaires.[222]

Cette sécurisation politique de la diversité par des mécanismes de partage du pouvoir permet non seulement de prévenir les conflits interethniques, mais également de favoriser des coalitions transversales entre les différents groupes. En assurant une présence effective des communautés historiquement marginalisées au sein des instances décisionnelles, un tel dispositif contribue à renforcer le sentiment d'équité au sein du régime politique, consolidant ainsi la légitimité des institutions. Il offre également un canal structuré de participation et de revendication, limitant le recours à la violence ou à la contestation radicale comme seule modalité d'expression dans l'espace public. Lorsqu'il est élaboré avec rigueur, dans la transparence et en adéquation avec les réalités démographiques et culturelles des différentes provinces, un système de quotas devient un levier de stabilisation institutionnelle, de cohésion sociale et de construction d'une citoyenneté inclusive, apte à refléter la diversité et la complexité des identités territoriales.

§5. Défis du système de quotas provinciaux

L'un des principaux défis liés à la mise en œuvre d'un tel mécanisme réside dans la complexité de la gestion de la pluralité ethnoculturelle à l'échelle provinciale. Dans les régions caractérisées par une forte hétérogénéité identitaire, la répartition équitable des représentations peut s'avérer particulièrement délicate et susciter des tensions sous-jacentes. Une critique récurrente adressée à ce type de dispositif souligne le risque de figer les appartenances communautaires, en renforçant les clivages existants plutôt qu'en favorisant l'émergence d'un sentiment d'unité civique partagé. Cette dynamique pourrait accentuer les segmentations internes, confinant davantage les groupes à leurs identités

---

[222] MWEZE CIRHUZA, A., al., « Conflits armes dans la région de grands-lacs africains : une analyse géopolitique des enjeux et des conséquences à l'Est de la République Démocratique du Congo », in *Revue Internationale du Chercheur*, n° 2, pp.252-284

particulières. Par ailleurs, un danger non négligeable réside dans l'éventualité d'une instrumentalisation politique des quotas par certaines élites, tant locales que nationales, qui pourraient s'en servir pour asseoir leur autorité en marginalisant les composantes sociales les moins représentées ou influentes.

Si cette politique de quotas provinciaux entend promouvoir une représentation inclusive des différentes couches ethniques et sociales, elle s'inscrit également dans une logique de pacification et de stabilité dans des contextes marqués par des clivages historiques, comme en République Démocratique du Congo ou au Rwanda. En permettant à chaque groupe d'avoir une voix dans la gestion des affaires publiques, elle peut devenir un levier de réduction des antagonismes et de renforcement du tissu social. Cela dit, la réussite d'une telle entreprise suppose une vigilance constante afin d'éviter les dérives et de faire de la diversité un vecteur de cohésion plutôt qu'un ferment de division.

Section 6. État fédéral unique pour la RDC et le Rwanda pour un nouveau modèle de gouvernance

§1. Contexte de tensions et fragmentation dans la région des Grands Lacs

Après les événements du génocide de 1994 au Rwanda, qui ont déstabilisé toute la région, et les guerres des Grands Lacs opposant les deux pays, pendant la guerre de l'Est de la RDC de 1998-2003, l'idée de fonder une union politique entre ces deux nations a été évoquée. La balkanisation potentielle de la RDC, stimulée par les acteurs internes et externes, et les ambitions géopolitiques du Rwanda dans la région, ont soutenu les spéculations sur une possible fusion entre ces deux États.

L'Est de la RDC, au Kivu et en Ituri, conduit une instabilité chronique, avec des groupes armés locaux et étrangers se battant pour le contrôle des ressources naturelles, nourrissant les conflits ethniques et les tensions intercommunautaires. Le Rwanda, quant à lui, avec sa petite taille et sa densité démographique élevée, a régulièrement projeté des ambitions expansionnistes sur le territoire congolais, justifiées par des préoccupations sécuritaires ou économiques. Cette dynamique a jeté les bases de discussions sur la possibilité de structurer les deux pays sous une forme fédérale unique, capable de mieux gérer la diversité régionale et ethnique tout en garantissant une coopération politique et économique plus étroite.

§2. Modèle fédéral unique

Dans le cadre d'un État fédéral unique, la RDC et le Rwanda conservaient une autonomie régionale, en partageant des institutions fédérales communes. Ces institutions comprendraient un gouvernement central qui gèrerait les affaires étrangères, la défense, et d'autres politiques nationales d'importances, tout en respectant l'autonomie régionale. Des gouvernements provinciaux dans chaque province ou région, y compris les anciennes entités étatiques de la RDC, tels que le Kivu, le Katanga, le Kasaï, l'Ituri, etc., qui auraient la gestion des affaires locales, y compris les ressources naturelles, la sécurité interne et les politiques socioéconomiques locales. Une constitution fédérale qui garantirait l'équilibre entre l'autonomie des régions et les pouvoirs du gouvernement central, en prévoyant des mécanismes pour gérer les conflits entre les différents niveaux de gouvernance.

Les instances représentatives incluraient un parlement fédéral avec des représentants élus des provinces de l'ancienne RDC et du Rwanda, permettant à chaque groupe ethnique ou communauté locale de se faire entendre. Ce parlement serait l'organe législatif central, mais les parlements régionaux gardaient une large part de la législation locale. La démocratie dans un État fédéral unique nécessiterait l'élection démocratique des représentants à tous les niveaux de gouvernement. Les élections présidentielles et législatives se tiendraient à un niveau national, mais les candidats seraient choisis selon un système rotatif permettant une représentation équitable des différentes régions du pays, à celles issues de la RDC et du Rwanda.[223]

§3. Avantages d'un État fédéral unique pour la RDC et le Rwanda

L'un des plus grands défis en RDC et au Rwanda est la diversité ethnique. En fédérant les deux pays, il serait possible d'intégrer les différentes communautés tout en respectant leurs identités culturelles et leurs aspirations politiques. Par exemple, une région ayant une majorité de Tutsis, comme dans le Rwanda continue toujours à défendre ses spécificités tout en s'inscrivant dans un cadre plus large, et de même pour les Hutus et les autres groupes ethniques en RDC. Ce système permettrait à chaque région de s'épanouir en fonction de ses particularités tout en offrant une structure plus stable et inclusive. L'une des principales sources de conflit entre le Rwanda et la RDC est l'exploitation des

---

[223] Idem

ressources naturelles, dans l'Est du pays comme minerais, terres agricoles, forêts, etc.

Un modèle fédéral permet une gestion équitable et transparente de ces ressources, évitant leur pillage par des acteurs extérieurs, en assurant une redistribution équitable des profits pour améliorer le développement local. Dans une structure fédérative, les entités régionales disposant d'abondantes ressources naturelles, telles que le Katanga ou le Kivu, pourraient exercer un contrôle accru sur l'exploitation de leurs richesses, tout en participant à une dynamique de solidarité nationale par le partage de ces ressources avec des zones moins pourvues. Cette redistribution encadrée renforcerait l'équité territoriale. Par ailleurs, face aux décennies de violences et d'instabilités ayant marqué les relations entre le Rwanda et la République Démocratique du Congo, notamment à travers des interventions armées répétées, un fédéralisme bien conçu offrirait la possibilité de bâtir une architecture sécuritaire commune.

Une telle configuration permettrait de mettre en place une force de défense intégrée, chargée d'assurer la protection de l'ensemble de la fédération, tout en respectant les spécificités sociopolitiques et identitaires de chaque région constitutive. Ce système donnerait des réponses plus efficaces aux menaces extérieures, notamment les groupes armés dans l'Est de la RDC et aux tensions internes. L'intégration des économies de la RDC et du Rwanda sous une forme fédérale permettrait de renforcer les liens commerciaux et économiques entre les deux pays, tout en stimulant des projets de développement d'envergure régionale.[224]

§4. Défis et obstacles à la création d'un État fédéral unique

L'un des obstacles majeurs à une éventuelle unification réside dans la problématique de la souveraineté nationale. Le Rwanda et la République Démocratique du Congo possèdent chacun une identité étatique affirmée, et leurs populations respectives demeurent profondément attachées à leur indépendance politique. Un tel projet de fusion soulèverait inévitablement des interrogations quant à la préservation des souverainetés respectives ainsi qu'à la continuité des traditions politiques propres à chaque pays. Les rwandais et les congolais peuvent être réticents à perdre leur autonomie nationale et à céder une partie de leur pouvoir à un gouvernement fédéral perçu comme étant dirigé par un autre pays.

---

[224] PARENT, C., *L'Etat des fédérations. L'unité dans la diversité*, Québec, Presse Universitaire de Québec, 2019,

Le projet d'une fusion fédérale rencontrerait une forte résistance de la part des élites politiques des deux pays. Les dirigeants actuels qu'ils soient au Rwanda ou en RDC, ont construit leur pouvoir sur base de structures centralisées, et une transition vers un modèle fédéral impliquerait des réformes institutionnelles profondes qui peuvent nuire à leurs intérêts.[225]

En République Démocratique du Congo, certaines provinces telles que le Katanga ou le Kivu expriment des aspirations croissantes à une autonomie élargie, tandis qu'au Rwanda, une telle évolution pourrait remettre en question l'architecture d'un pouvoir présidentiel fortement centralisé. La création d'un État fédéral unifié entre les deux pays comporterait ainsi d'importants risques de fragmentation, voire de dynamiques sécessionnistes. Certaines entités territoriales pourraient revendiquer un contrôle accru sur leurs ressources naturelles ou réclamer une redistribution plus favorable du pouvoir politique, ce qui risquerait d'alimenter des tensions internes. Des provinces congolaises stratégiques, à l'instar du Kivu, riche en minerais, pourraient notamment chercher à capter davantage les retombées économiques de leurs ressources, au détriment d'un équilibre national déjà fragile, exacerbant ainsi les rivalités interprovinciales.

Dans ce contexte, l'hypothèse d'une fédération regroupant la RDC et le Rwanda constitue une proposition audacieuse, visant à répondre à des défis géopolitiques enracinés dans l'histoire de la région des Grands Lacs. Toutefois, la mise en œuvre d'un tel projet nécessiterait une refonte institutionnelle de grande ampleur, fondée sur un pacte politique solide et sur une volonté commune de construire une entité interétatique fondée sur la confiance, la complémentarité et l'inclusion.

Bien que confrontée à des résistances prévisibles, tant internes qu'externes, une gestion lucide et concertée de ce processus pourrait permettre une reconfiguration durable des dynamiques régionales, en posant les bases d'une paix pérenne et d'un développement partagé.

Section 7. État fédéral Congo- -Rwanda

La création d'un État fédéral Congo-Rwanda donne une solution de gouvernance pour les deux pays dans un contexte où la diversité ethnique, géographique et politique occupe une place importante dans les tensions internes et les défis de gouvernance. Un système fédéral par principe, permet une gestion

---

[225] LE FUR, L., *État fédéral et confédération d'États*, Paris, éditions Panthéon-Assas, 2000

décentralisée du pouvoir, en offrant aux différentes provinces ou régions une grande autonomie tout en maintenant l'unité nationale. Cela réduirait ainsi les tensions ethniques, promouvoir une répartition équitable des ressources et donne une grande stabilité politique. Un État fédéral est un système de gouvernance dans lequel un pays est divisé en unités politiques autonomes, comme des états ou des provinces qui partagent la souveraineté avec un gouvernement central. Ces unités disposent généralement d'un certain degré d'autonomie législative, exécutive et judiciaire et ont leurs propres institutions politiques et ressources naturelles, tout en étant liées au gouvernement central par une constitution commune. L'État fédéral combine aussi des aspects d'unité nationale et de diversité régionale.[226]

§1. Gouvernance fédérale comme solution aux défis internes

La RDC, avec ses plus de 450 groupes ethniques, connait des divisions internes profondes, entre les grandes régions comme le Kivu, l'Ituri, le Katanga, et le Kasaï, où les tensions ethniques et sociales enveniment les conflits. Le Rwanda, étant hétérogène sur le plan ethnique, a aussi connu de conflits interethniques, entre les Hutus et les Tutsis, avec des conséquences dramatiques sur sa structure sociale et politique. L'État fédéral, dans ce contexte, permettrait d'offrir une autonomie administrative et politique aux régions en maintenant l'intégrité nationale. Cela donne une réponse aux aspirations locales à plus de pouvoir tout en réduisant les risques de marginalisation des groupes minoritaires. Les conflits récurrents dans l'est de la RDC, les guerres civiles, et la présence de plusieurs groupes armés soutenus par des puissances étrangères ont montré les limites du système actuel, centralisé autour du pouvoir présidentiel.

L'adoption d'un modèle fédéral offrirait l'opportunité d'instaurer une gouvernance territoriale davantage enracinée dans les réalités locales, en conférant aux régions une capacité décisionnelle élargie et adaptée à leurs spécificités. En décentralisant les leviers de pilotage politique, une telle architecture permettrait de réduire significativement les ingérences verticales souvent perpétrées par des élites centralisées, tout en renforçant la légitimité des institutions régionales aux yeux des populations concernées. Cette dynamique favoriserait l'émergence de dispositifs de régulation endogène, capables de désamorcer les tensions locales à travers des réponses institutionnelles contextualisées. Ainsi, la résolution des conflits ne serait plus exclusivement pensée depuis le sommet de l'État, mais relèverait aussi d'une médiation

---

[226]Idem

horizontale intégrée aux structures provinciales, ouvrant la voie à des processus de stabilisation plus adaptés, ancrés et durables.

§2. Avantages d'un système fédéral pour la RDC et le Rwanda

L'un des avantages structurants que présente le modèle fédéral réside dans la reconfiguration de l'architecture du pouvoir au profit des entités régionales, leur octroyant une marge significative d'autonomie dans la conduite des affaires publiques. En se dotant de compétences institutionnelles adaptées à leurs spécificités sociales, économiques et culturelles, les régions deviennent à même de formuler des politiques en cohérence avec les dynamiques locales, rompant ainsi avec les logiques uniformisantes imposées par une centralisation étatique souvent perçue comme déconnectée des réalités de terrain. Cette redistribution des responsabilités contribue à désengorger le centre, tout en favorisant l'émergence d'un pilotage territorial plus réactif, plus souple et mieux ancré dans les aspirations concrètes des populations. Elle constitue, à ce titre, une réponse structurelle aux déséquilibres historiques entre le pouvoir central et les périphéries, ouvrant la voie à une gouvernance polycentrique et contextualisée.

Cela serait pertinent pour des pays comme la RDC et le Rwanda, où les besoins locaux varient considérablement d'une province à l'autre. Par exemple, les régions de l'est de la RDC peuvent bénéficier d'une autonomie accrue pour gérer les questions de sécurité, de développement économique, et de réconciliation communautaire sans attendre une intervention lente du gouvernement central. Le fédéralisme offre une plateforme pour que chaque région ou groupe ethnique exprime ses préoccupations, son identité culturelle et ses aspirations politiques. Les tensions interethniques en RDC, entre les Hutus et les Tutsis ou les Luba et les Kasaïens, sont apaisées si chaque groupe se voyait donner une représentation équitable dans un gouvernement régional autonome, en contribuant à l'unité du pays.

Les mécanismes de résolution de conflits seraient également mieux adaptés au conte dans un État fédéral, chaque région dispose d'un grand contrôle sur ses ressources naturelles. En RDC, cela serait pertinent dans des provinces riches en minéraux, comme le Katanga, où l'exploitation des ressources minières a conduit à des conflits. Si ces ressources étaient gérées à un niveau local, avec une redistribution équitable des bénéfices, cela réduirait la concurrence violente pour le contrôle des richesses et donner aux populations locales un sentiment d'autosuffisance local. L'un des défis fondamentaux des systèmes centralisés est leur fragilité face aux crises. En cas de crise politique ou économique, les systèmes centralisés ont tendance à créer des pressions excessives sur les institutions nationales, ce qui conduit des pannes de gouvernance. Dans un État fédéral, la responsabilité est partagée entre le gouvernement central et les gouvernements régionaux, réduisant la concentration du pouvoir et donnant une meilleure résilience face aux crises.[227]

§3. **Difficultés d'implémentation d'un système fédéral unique Congo-Rwanda**

L'un des plus grands défis de la mise en place d'un État fédéral est de garantir l'unité nationale en permettant aux régions une autonomie politique. La RDC, avec ses problèmes de fragmentation ethnique et géographique, peut voir dans le fédéralisme une opportunité pour des tendances sécessionnistes potentielles. Certaines régions comme le Katanga ou le Kivu ont déjà montré des signes d'aspirations à plus d'autonomie ou même à l'indépendance. L'instauration d'un système fédéral doit donc être soigneusement encadrée pour éviter toute dislocation du pays. Le passage à un système fédéral aggravait les inégalités économiques et sociales entre les régions. Certaines provinces comme celles du Kivu ou du Katanga, riches en ressources naturelles, se retrouve avec des revenus beaucoup plus élevés que d'autres régions plus rurales ou moins dotées en ressources naturelles.

Il serait important de gérer l'équité entre les régions par une redistribution des richesses, sous forme de fonds de péréquation, pour éviter des tensions supplémentaires. Au Rwanda comme en RDC, le pouvoir central voit la mise en place d'un système fédéral comme une perte de contrôle sur les provinces et une diminution de son autorité nationale. Les élites politiques au pouvoir bénéficient actuellement d'un contrôle direct sur les affaires du pays, s'opposant vigoureusement à toute initiative fédéraliste, de peur de perdre une partie de leur légitimité politique ou de leurs pouvoirs économiques.

La mise en place d'un système fédéral nécessiterait une refonte en profondeur de l'ossature juridique de l'État, impliquant la rédaction d'un nouveau cadre constitutionnel destiné à clarifier la répartition des compétences entre le pouvoir central et les unités régionales autonomes. Une telle mutation institutionnelle exigerait de surmonter d'importants verrous juridiques, en instaurant un dispositif législatif structuré, apte à garantir la stabilité des rapports

---

[227] SCHNEIDER, H.-P., « Le débat sur le fédéralisme en Allemagne : avantage et limites du fédéralisme exécutif », in *Notes du Cerfa*, n°11, 2004, pp.1-15

de pouvoir. L'objectif fondamental serait d'assurer que l'octroi d'une autonomie accrue aux entités territoriales ne compromette ni l'unité de l'État ni la cohérence de son fonctionnement global. Dans le contexte de la République Démocratique du Congo et du Rwanda, l'adoption d'un tel système constituerait une approche novatrice face aux complexités liées à la diversité politique, ethnique et territoriale.

En articulant gouvernance centralisée et gestion locale, un fédéralisme bien pensé offrirait aux communautés une participation active aux décisions qui les concernent, tout en consolidant les fondations d'un État plus inclusif, fonctionnel et résilient. Toutefois, les défis liés à la consolidation de l'unité nationale, à la gestion des inégalités régionales et à l'opposition des acteurs politiques centraux ne doivent pas être sous-estimés. Un processus de réconciliation nationale et de construire un consensus large serait nécessaire pour faire de cette idée une réalité viable.[228]

Section 8. Modèles de fédéralisme applicables à l'union entre la RDC et le Rwanda

L'idée de créer une union politique entre la République Démocratique du Congo et le Rwanda, sous un modèle fédéral ou décentralisé, est une proposition audacieuse. Un tel projet est une solution pour apaiser les tensions entre ces deux pays voisins, dans la région des Grands Lacs, tout en permettant à chaque pays de conserver un degré d'autonomie, en harmonie avec une gouvernance partagée. Cependant, pour que cette union fonctionne, il est très important de définir un modèle de fédéralisme ou de décentralisation qui respecte la diversité ethnique, géographique et culturelle des deux pays, en répondant aux besoins de gouvernance régionale et de développement économique.

Dans cette perspective, plusieurs modèles de fédéralisme ou de décentralisation peuvent être envisagés.

§1. Fédéralisme de type dualiste à deux niveaux

Un modèle de fédéralisme dualiste impliquerait deux niveaux de gouvernance bien distincts. Un gouvernement central pour les affaires nationales et une gouvernance régionale pour les affaires locales. Dans ce système, la RDC

---

[228] « NOTE sur L'organisation des États fédéraux : démocratie, répartition des compétences, État de droit et efficacité de l'action publique », in *Note LC242-Federations*, n° 407, 2013-2014

et le Rwanda seraient respectivement les entités principales de l'État fédéral, chaque pays constituant une unité fédérative, avec des régions internes disposant de larges prérogatives. L'autorité fédérale aurait pour mission de gérer les domaines relevant de l'intérêt commun, notamment la défense nationale, la diplomatie, la politique monétaire et les relations économiques extérieures. Elle serait constituée de représentants issus des deux États, à savoir la République Démocratique du Congo et le Rwanda, selon un mode de représentation proportionnelle assurant une égalité de voix dans les processus décisionnels. L'ensemble de l'espace fédéré serait structuré en provinces autonomes, dotées de compétences propres et bénéficiant d'une marge d'autonomie leur permettant de répondre aux spécificités locales tout en s'inscrivant dans le cadre institutionnel de l'union.

Ces provinces auraient la possibilité de légiférer et de gouverner dans des domaines tels que l'éducation, la santé, la gestion des ressources naturelles, et la culture. L'autonomie provinciale serait prévue par la constitution fédérale, garantissant que les spécificités locales soient prises en compte. Dans un tel modèle, les régions riches en ressources naturelles, à celles de l'Est de la RDC (Kivu, Ituri, etc.), conserveraient une part importante des recettes issues de ces ressources. Une redistribution serait cependant nécessaire pour éviter les disparités extrêmes entre les régions riches et pauvres, et les richesses naturelles seraient gérées selon des critères d'intérêt général.[229]

Un système judiciaire fédéral avec des tribunaux de niveau supérieur, par exemple, une cour suprême fédérale est chargé de résoudre les différends entre le gouvernement central et les gouvernements régionaux. Ce système garantirait que les tensions sur la répartition du pouvoir, ou les conflits d'intérêts entre les régions, sont tranchés de manière équitable. Ce modèle permettrait une gestion partagée des affaires publiques et de la diversité régionale en maintenant une certaine unité nationale. La gestion des ressources naturelles, importantes dans les deux pays, peut être plus efficace et moins conflictuelle si elle est régulée par des institutions locales ayant un pouvoir décisionnel. L'un des principaux défis réside dans la répartition du pouvoir entre les deux pays.

Si une des parties par exemple, la RDC, se sent marginalisée, le modèle peut engendrer des tensions politiques internes. De plus, la gestion des

---

[229] « NOTE sur L'organisation des États fédéraux : démocratie, répartition des compétences, État de droit et efficacité de l'action publique », Op.cit.

minorités ethniques, dans les régions frontalières comme le Kivu, où les tensions interethniques sont fortes, posait un défi de taille.

§2. Fédéralisme asymétrique

Le fédéralisme asymétrique se définit comme une architecture institutionnelle dans laquelle les entités constitutives d'un même État fédéral disposent de degrés d'autonomie variables, adaptés à leurs spécificités historiques, culturelles, économiques ou géographiques. Transposé au cas de la République Démocratique du Congo et du Rwanda, un tel modèle permettrait d'articuler l'unité politique à la reconnaissance des disparités régionales, en tenant compte des déséquilibres structurels ainsi que des identités différenciées qui traversent les deux pays. Cette approche offrirait ainsi un cadre de gouvernance flexible, apte à répondre de manière différenciée mais cohérente aux besoins locaux. En permettant une adaptation fine des compétences institutionnelles, il contribuerait à maintenir l'unité de l'ensemble tout en reconnaissant les spécificités locales.

Des provinces comme le Kivu ou le Katanga, confrontées à des tensions identitaires récurrentes et à une grande complexité ethnique, pourraient ainsi se voir accorder une marge de manœuvre élargie dans la gestion de leurs affaires internes, sans remettre en cause l'intégrité de l'État fédéral. D'autres régions, plus homogènes sur le plan ethnique et moins enclines à des tensions internes, fonctionnaient avec un modèle de décentralisation moins poussé. Gouvernement fédéral renforcé pour la gestion des ressources et de la sécurité. Dans ce modèle, l'État fédéral jouerait un rôle plus prépondérant dans la gestion des ressources naturelles et dans la politique de sécurité régionale, dans les zones frontalières et les régions où l'instabilité politique et militaire est plus prononcée. Si les régions peuvent accéder à une certaine autonomie en matière de gestion économique, il resterait indispensable d'organiser une coordination interrégionale dans des domaines stratégiques tels que la sécurité ou le développement des infrastructures majeures.

Le recours à un fédéralisme asymétrique offrirait un cadre institutionnel souple permettant de reconnaître et d'intégrer les spécificités ethniques propres à chaque territoire. Ce modèle permettrait notamment d'instaurer des garanties différenciées pour les diverses communautés à travers, par exemple, un système de représentation équilibrée au sein des structures administratives et politiques, fondé sur des quotas ethniques ajustés.

Loin d'intensifier les lignes de fracture existantes, une telle configuration viserait à atténuer les tensions intercommunautaires, notamment dans des territoires particulièrement vulnérables tels que le Kivu, régulièrement marqués par des antagonismes persistants entre les communautés hutu, tutsi et d'autres groupes locaux. Ce dispositif favoriserait l'émergence d'un climat de reconnaissance réciproque et de stabilité institutionnelle, sans compromettre la cohésion de l'ensemble fédéral. En tenant compte des besoins différenciés des diverses régions, l'asymétrie offrirait une alternative à l'uniformisation des politiques publiques, souvent inadaptée aux réalités territoriales spécifiques. Ce modèle offrirait aussi plus de flexibilité pour gérer la diversité ethnique et géographique de la RDC et du Rwanda. Un tel modèle tisse des inégalités de développement entre les régions, avec des régions moins autonomes risquant d'être marginalisées. De plus, la complexité d'un tel modèle rend la gouvernance plus difficile, dans la coordination entre les niveaux fédéraux et régionaux.[230]

§3. Modèle de décentralisation unitaire

Un modèle de décentralisation unitaire consisterait à conserver un État centralisé mais avec un degré élevé de décentralisation administrative et politique. Dans ce système, la RDC et le Rwanda continueraient à exister en tant qu'entités nationales séparées, mais les pouvoirs locaux et les régions jouiraient de larges prérogatives, en matière de gestion des affaires quotidiennes. Unité nationale maintenue avec une décentralisation accrue. Le gouvernement central de l'État fédéré serait responsable de la politique étrangère, de la défense, et de la législation nationale. Cependant, les régions seraient largement responsables de la gestion des services publics, de l'économie locale, des infrastructures et des politiques sociales. Chaque province ou région disposerait d'un gouvernement local élu démocratiquement, qui aurait la possibilité de légiférer sur des questions qui affectent directement ses populations.

Ce type d'agencement institutionnel impliquerait notamment la prise en charge, par les entités fédérées, des questions relatives à la sécurité intérieure, à l'orientation des politiques éducatives, ainsi qu'à la gestion des ressources naturelles présentes sur leur sol. En alignant les mécanismes décisionnels sur les réalités concrètes des territoires, une telle architecture renforcerait la proximité

---

[230] « NOTE sur L'organisation des États fédéraux : démocratie, répartition des compétences, État de droit et efficacité de l'action publique », Op.cit.

entre gouvernants et gouvernés, permettant une gouvernance plus réactive, enracinée dans les spécificités locales.

Ce mode d'organisation serait de nature à optimiser la performance administrative et à susciter une participation citoyenne plus substantielle à la conduite des affaires publiques. Toutefois, l'un des enjeux majeurs résiderait dans la recherche d'un juste équilibre entre le pouvoir exercé par l'État central et celui dévolu aux autorités régionales. Il s'agirait d'éviter que des divergences de priorités ou des orientations contradictoires n'entraînent des frictions institutionnelles susceptibles de compromettre la cohérence globale de l'action publique. De plus, les inégalités économiques et sociales entre les différentes régions peuvent s'accentuer. La mise en place d'une union fédérale entre la RDC et le Rwanda nécessite un choix éclairé du modèle de gouvernance, en fonction des spécificités locales, des tensions ethniques, des ressources naturelles, et des aspirations politiques des deux pays. Les modèles de fédéralisme dualiste, fédéralisme asymétrique, et décentralisation unitaire ont chacun des avantages et des défis qu'il conviendrait de peser soigneusement pour aboutir à une solution stable et durable. La gouvernance partagée serait indicateur du succès d'une telle union, et le processus devrait impérativement être inclusif, démocratique, et respectueux des diversités locales.[231]

Section 9. Gestion des frontières et question de l'intégration des populations déplacées

La gestion des frontières et l'intégration des populations déplacées représentent deux des défis forts pour la République Démocratique du Congo et le Rwanda dans la région des Grands Lacs. Les conflits récents, les tensions ethniques, et l'exploitation des ressources naturelles ont aggravé les déplacements massifs de populations. La manière dont ces défis sont gérés est capital pour garantir la stabilité régionale, la cohésion sociale et le développement durable. Une gestion efficace des frontières et l'intégration des populations déplacées sont des éléments importants à la construction d'une paix durable et à la création de conditions propices à l'unité régionale et nationale.

§1. Frontières entre la RDC et le Rwanda

Les frontières entre la RDC et le Rwanda sont historiquement instables et marquées par une complexité géopolitique majeure. Plusieurs facteurs

---

[231] « NOTE sur L'organisation des États fédéraux : démocratie, répartition des compétences, État de droit et efficacité de l'action publique », Op.cit.

contribuent à cette situation. Les frontières actuelles de la RDC et du Rwanda ont été tracées à l'époque coloniale sans tenir compte des réalités ethniques, des mouvements migratoires et des relations historiques entre les peuples de la région.

Par exemple, les populations rwandophones présentes dans l'est de la RDC, précisément dans les provinces du Kivu, entretiennent des liens ethniques et culturels étroits avec celles du Rwanda créant des tensions. Ces frontières n'ont pas été perçues comme naturelles et sont remises en question à travers des revendications territoriales et des conflits militaires, en témoignent les rébellions menées par le M23, soutenu par le Rwanda. La gestion des frontières pose également un problème de souveraineté et de contrôle sur les territoires riches en ressources naturelles. L'instabilité dans l'est de la RDC a été stimulée par des acteurs externes, notamment le Rwanda, qui a cherché à maintenir une influence sur les ressources naturelles et les routes commerciales. Cette dynamique a engendré des conflits militaires, de violence ethnique, et une série de déplacements forcés de populations.

Les mouvements transfrontaliers sont un autre élément indispensable dans la gestion des frontières. De nombreuses populations des deux côtés de la frontière ont migré au fil des siècles pour des raisons économiques, politiques ou culturelles. Ces flux migratoires ont engendré des populations transfrontalières qui vivent à cheval sur les deux pays et qui sont confrontées à des difficultés administratives et juridiques, aussi pour l'accès aux services de santé, à l'éducation, et aux droits de propriété. Le manque de régulations communes et d'accords bilatéraux renforcent ces défis.[232]

§2. Intégration des populations déplacées

Les populations déplacées, qu'elles soient réfugiées ou migrantes internes, sont vulnérables dans la région des Grands Lacs. Les causes de leur déplacement sont multiples, mais principalement liées aux conflits armés, aux violences ethniques et à l'exploitation des ressources naturelles. Les déplacements massifs en RDC, dans les provinces de l'Est comme Kivu, Ituri et Haut-Uélé, ont été déclenchés par des violences armées, des conflits interethniques et l'exploitation des ressources naturelles. L'occupation militaire, les violations des droits humains, ainsi que les poussées de groupes armés (M23, FDLR...), ont rendu de vastes territoires inhabités et dangereux pour les populations civiles,

---

[232] MATHYS G., « Entre le Rwanda et la RD Congo, une discorde frontalière anachronique », in *https://afriquexxi.info/Entre-le-Rwanda-et-la-RD-Congo-une-discorde-frontaliere-anachronique*, consulté le 18/03/2025

contraignant des centaines de milliers de personnes à fuir vers des régions voisines ou des camps de réfugiés. L'arrivée massive de populations réfugiées en provenance du Rwanda, du Burundi et d'autres États voisins, conjuguée à l'augmentation du nombre de déplacés internes sur le territoire congolais, engendre une pression aiguë sur les capacités socio-économiques des zones d'accueil. Face à cette situation, la question de leur intégration se pose comme un défi structurel de première importance, nécessitant l'élaboration de dispositifs équitables de répartition des ressources, la mise en œuvre de politiques inclusives tenant compte des spécificités contextuelles, ainsi qu'un soutien humanitaire constant et coordonné.

Les camps, souvent surpeuplés, souffrent d'un déficit criant en infrastructures essentielles, qu'il s'agisse d'établissements scolaires, de centres de santé ou de services sociaux, ce qui complique toute dynamique d'insertion réelle. Par ailleurs, la sécurité dans ces espaces demeure extrêmement fragile, des groupes armés et des réseaux criminels y trouvent un terreau favorable pour le recrutement de combattants ou la planification d'actes violents, notamment dans les zones frontalières. En parallèle, ces populations déplacées sont fréquemment privées de droits fondamentaux tels que l'accès à la terre, à la citoyenneté ou aux services publics, ce qui compromet durablement leur inclusion sociale, économique et politique dans les communautés hôtes.[233]

§3. Stratégies de gestion des frontières et d'intégration des populations déplacées

Pour réussir la gestion des frontières et l'intégration des populations déplacées, plusieurs stratégies peuvent être mises en place. La coopération bilatérale entre la RDC et le Rwanda est indispensable pour la gestion des frontières et des mouvements de population. Des accords bilatéraux sur la régulation des frontières, la sécurité transfrontalière et l'assistance humanitaire peuvent aider à renforcer la paix et la stabilité dans la région. Cela intégrait des efforts pour mieux contrôler les mouvements transfrontaliers de personnes, de marchandises et d'armements, en garantissant le respect des droits humains des populations affectées.

Il incombe aux autorités des États concernés de concevoir des dispositifs de gouvernance collaborative susceptibles de favoriser l'inclusion

---

[233] Le Groupe de   la Banque mondiale, « Déplacements forcés des populations dans la région des Grands Lacs », Washington, DC, 2015.

socioéconomique des populations déplacées. Cela implique l'adoption de politiques publiques garantissant un accès effectif aux services de santé, à l'éducation, ainsi qu'aux droits fonciers. En coordination avec les acteurs internationaux, les gouvernements nationaux peuvent également initier des programmes de soutien à l'emploi et de microfinancement, dans le but de promouvoir l'autonomisation économique des réfugiés et des déplacés internes, tout en consolidant leur ancrage social dans les territoires d'accueil.

Une politique de réinstallation à long terme devrait s'ancrer dans des mécanismes d'accueil solidement structurés, assurant aux personnes déplacées un accès effectif au logement, aux services sociaux essentiels ainsi qu'à des perspectives d'insertion économique au sein des communautés hôtes. Le succès de cette démarche repose sur une synergie opérationnelle entre les autorités publiques, les organisations non gouvernementales et les acteurs économiques locaux, en vue de créer un cadre propice à l'autonomisation progressive et durable des populations concernées. Parallèlement, des programmes de réconciliation doivent être instaurés pour renforcer le lien social entre les communautés hôtes et les nouveaux arrivants, en promouvant une culture du vivre-ensemble. Cela suppose l'introduction de formations centrées sur la tolérance interethnique, la résolution non violente des différends et la promotion des droits fondamentaux.

L'éducation à la cohabitation pacifique devrait être intégrée non seulement dans les curricula des écoles locales, mais également dans les centres éducatifs des camps de réfugiés. La maîtrise des dynamiques migratoires et la gestion partagée des espaces frontaliers, en particulier entre la République Démocratique du Congo et le Rwanda, s'imposent comme des axes stratégiques déterminants pour la consolidation de la stabilité dans la région des Grands Lacs. Ces problématiques requièrent la mise en œuvre de réponses concertées et multilatérales, articulées autour de politiques inclusives, de mécanismes robustes de prévention des conflits, et d'une gouvernance transfrontalière fondée sur la coopération. Par l'adoption d'une approche intégrée, ces deux États seraient en mesure non seulement de renforcer leurs propres dispositifs institutionnels, mais également d'esquisser un modèle régional innovant pour l'administration des mobilités humaines et des zones frontalières à fort enjeu en Afrique centrale.[234]

---

[234] Le Groupe de la Banque mondiale, Op.cit.

Quatrième partie

Perspectives pour la paix durable dans la région des Grands Lacs africains

CHAPITRE 15. SOLUTIONS ALTERNATIVES A LA BALKANISATION ET A LA FUSION

Section 1. Renforcement de la gouvernance démocratique et de l'État de droit

§1. Décentralisation et l'autonomie régionale comme réponse aux inégalités

L'une des pistes majeures pour corriger les déséquilibres territoriaux persistants en République Démocratique du Congo réside dans le renforcement effectif du processus de décentralisation. Cette orientation offrirait aux différentes régions une autonomie élargie dans la conduite de leurs affaires politiques, économiques et dans la gestion de leurs ressources naturelles. Pour des provinces comme le Kivu, l'Ituri ou le Katanga, souvent marquées par des tensions liées à l'exclusion ou à une centralisation jugée distante et insensible à leurs réalités, un tel transfert de compétences constituerait une réponse structurante. En repensant l'organisation administrative de l'État de manière à accorder un pouvoir réel aux provinces, il deviendrait possible d'articuler plus finement la gouvernance nationale avec la diversité ethnique, culturelle et socioéconomique du pays.[235]

Cette dynamique, en permettant aux territoires riches en ressources minières de prendre part directement à leur exploitation et à leur valorisation, pourrait atténuer les frustrations historiques des populations locales à l'égard du pouvoir central et favoriser une forme de justice territoriale plus équilibrée et inclusive. De plus, cela renforcerait la participation citoyenne, en donnant aux populations un grand pouvoir de décision sur des questions qui affectent directement leur vie quotidienne. La décentralisation est accompagnée de mécanismes de redistribution équitable des revenus tirés des ressources naturelles comme mines, forêts, terres agricoles entre l'État central et les provinces, aidant à répondre aux demandes des communautés locales pour une meilleure gestion de leurs ressources naturelles et à éviter les conflits liés à l'exploitation illégale ou non partagée des richesses du sous-sol.

---

[235] JACQUEMOT, P., « Ressources minérales, armes et violences dans les Kivus (RDC) », in *Pillages et piraterie, Hérodote,* n° 134, 2009, pp. 38 à 62

§2. Coopération régionale renforcée comme stratégie de stabilisation pour la RDC et le Rwanda

Plutôt que de s'engager dans des trajectoires extrêmes telles que la fusion institutionnelle ou la dislocation territoriale, une alternative mesurée et réaliste résiderait dans le renforcement progressif de la coopération régionale. Compte tenu de leur voisinage immédiat et de l'enchevêtrement de leurs intérêts stratégiques, notamment en matière de sécurité transfrontalière et de gestion concertée des ressources naturelles, la République Démocratique du Congo et le Rwanda gagneraient à instaurer un cadre partenarial structuré. Une telle dynamique permettrait d'apaiser les tensions récurrentes tout en consolidant les souverainetés nationales, en substituant à la logique d'opposition une logique de complémentarité et d'interdépendance maîtrisée.

À long terme, la stabilité entre les deux pays pourrait être consolidée par l'adoption d'un modèle de coopération économique régionale ancré dans les logiques d'interdépendance stratégique et de croissance partagée. La relance d'un marché commun dans la région des Grands Lacs, l'harmonisation des cadres économiques sous-régionaux, ainsi que la création de zones de libre circulation et d'échange, favoriseraient non seulement une dynamique commerciale durable, mais contribueraient également à limiter la captation des économies nationales par des intérêts extérieurs, en renforçant l'autonomie collective et la résilience régionale.[236]

La gestion commune des ressources naturelles, des mines et des forêts, peut également faire l'objet d'accords transnationaux afin de promouvoir un développement durable, réduire les conflits et éviter l'exploitation illégale. La coopération en matière de sécurité est indispensable pour éviter une escalade des conflits. La RDC, le Rwanda, le Burundi et d'autres pays de la région des Grands Lacs collaborent de manière plus étroite dans le cadre d'organisations régionales telles que la CAE ou la CIRGL pour partager des informations sur les menaces transnationales, lutter contre les groupes armés illégaux et promouvoir la stabilité. Une force de maintien de la paix régionale, placée sous le contrôle des États

---

[236] MARCOU, G., *La décentralisation et la démocratie locale dans le monde, Cités et Gouvernements Locaux Unis*, 2008

voisins mais soutenue par des acteurs internationaux, jouant également un rôle dans la sécurisation des zones sensibles.[237]

§3. Réconciliation nationale et promotion de l'unité sociale

Le processus de réconciliation nationale est capital pour surmonter les divisions ethniques et les traumatismes historiques en RDC, après des décennies de guerre et de violence. L'instauration d'un dialogue national authentiquement inclusif, impliquant l'ensemble des segments de la société, y compris les réfugiés et les déplacés internes, constitue une condition essentielle à la pacification du climat sociopolitique et au renforcement du lien national. Dans cette perspective, l'adoption de mécanismes de justice transitionnelle à l'instar de juridictions spécialisées ou de commissions de vérité et de réconciliation s'impose comme une démarche incontournable pour adresser les différends intercommunautaires et poser les fondements d'un système de réparation crédible à l'égard des victimes des violences passées. La reconstruction du tissu social ne saurait faire l'économie d'une reconnaissance explicite des injustices historiques, ni se soustraire à la nécessité d'initiatives concrètes en faveur de la restauration de la confiance mutuelle entre les communautés.

Cela implique, en parallèle, la conception de programmes adaptés à la réinsertion des ex-combattants, des déplacés internes et des réfugiés, afin de prévenir les risques de marginalisation susceptibles de nourrir des dynamiques de radicalisation ou de dislocation territoriale. Les alternatives crédibles face à la tentation de balkanisation du territoire congolais, ou à toute velléité d'intégration politique avec un État voisin comme le Rwanda, ne peuvent se concevoir qu'à travers une approche holistique articulée autour de la démocratisation des institutions, de l'approfondissement des dynamiques décentralisatrices, du renforcement de la coopération régionale et de l'édification d'un véritable processus de réconciliation nationale.

Le succès de cette stratégie repose, en dernière instance, sur la mise en œuvre de politiques publiques inclusives, respectueuses à la fois des diversités culturelles et des aspirations économiques et sociales des populations concernées. Par cette voie, il est possible d'assurer une unité nationale forte tout en répondant aux spécificités locales et régionales, créant ainsi les conditions propices à une

---

[237] CHAHED, N., « Le Rwanda et la RDC décident de renforcer leur coopération pour éradiquer l'insécurité », 2021 voir aussi CONGO : pas de stabilité au Kivu malgré le rapprochement avec le Rwanda, Rapport Afrique, n°165 du 16 novembre 2010

stabilité durable et à un développement inclusif pour toute la région des Grands Lacs.[238]

Section 2. Promotion du fédéralisme entre la RDC et le Rwanda

§1. Justifications possibles du fédéralisme RDC-Rwanda

Un modèle fédéral entre la RDC et le Rwanda, bien qu'improbable à court terme, est soutenu sur plusieurs bases. La RDC et le Rwanda bénéficieraient d'une mutualisation de leurs ressources naturelles. L'Est du Congo regorge de minerais stratégiques, tandis que le Rwanda a développé un modèle économique plus structuré, avec une bonne gestion administrative et une croissance soutenue. L'instauration d'un cadre fédéral faciliterait les échanges commerciaux, en stimulant le développement des infrastructures et en consolidant l'intégration régionale. L'éventualité d'une coopération économique approfondie, voire d'un développement commun au sein d'un cadre politico-institutionnel unifié entre la République Démocratique du Congo et le Rwanda, soulève des enjeux d'une extrême complexité, en raison tant des héritages historiques que des configurations politiques et socioéconomiques contemporaines. Une telle perspective supposerait une transformation structurelle majeure des systèmes de gouvernance existants, une convergence soutenue des politiques économiques, ainsi qu'un engagement résolu en faveur de la consolidation de la stabilité régionale.

Les rapports bilatéraux demeurent marqués par les séquelles des conflits à répétition dans l'est congolais, notamment en raison des interventions militaires du Rwanda, justifiées par la traque des Forces Démocratiques de Libération du Rwanda (FDLR), et des accusations persistantes relatives à l'implication de Kigali dans le soutien à divers groupes armés actifs dans cette région. Ces dynamiques ont alimenté une méfiance durable entre Kinshasa et Kigali. Néanmoins, en dépit de ces tensions sécuritaires et politiques, les deux pays entretiennent des formes d'interdépendance économique notables, notamment par le biais des échanges transfrontaliers de biens et de l'exploitation partagée quoique souvent informelle de ressources naturelles stratégiques. Ces

---

[238] Le processus d'unité et de réconciliation au Rwanda, CNUR, Décembre 2016 et NDAYIZIGA C., ABIOSSEH D., « Capacités de résilience pour la réconciliation dans la Sous-région des Grands-Lacs. Dialogue transfrontalier pour la Paix dans la Région des Grands Lacs », *Interpeace*, 2020

dynamiques contradictoires soulignent à la fois les obstacles et les opportunités d'un rapprochement structuré fondé sur des intérêts économiques partagés.[239]

§2. Enjeux économiques d'une fusion ou d'une intégration

L'économie de la République Démocratique du Congo demeure fortement tributaire de l'extraction minière, tandis que le Rwanda s'est progressivement orienté vers un modèle économique plus diversifié, fondé notamment sur les services, les technologies et la valorisation locale des matières premières. Dans l'hypothèse d'un rapprochement économique structuré entre la République Démocratique du Congo et le Rwanda, la mise en œuvre d'une dynamique d'intégration serait susceptible d'engendrer une reconfiguration en profondeur de l'économie congolaise, à travers une réorientation vers la diversification de sa base productive, en s'inspirant partiellement des trajectoires stratégiques adoptées par le Rwanda. En contrepartie, un tel partenariat permettrait au Rwanda de sécuriser et d'élargir son accès aux importantes ressources naturelles congolaises, tout en renforçant ses dispositifs industriels et ses infrastructures logistiques, dans une logique d'interdépendance fonctionnelle à l'échelle régionale.

Cette interdépendance naissante nécessiterait néanmoins des mécanismes équitables de régulation et de répartition des bénéfices pour éviter des déséquilibres structurels au détriment de la souveraineté économique congolaise. Qu'une fusion impliquerait la création de réseaux de transport modernes, de zones industrielles conjointes et d'une interconnexion énergétique. Un marché unique permettrait une circulation fluide des biens, des capitaux et des travailleurs. De ce point de vue, il y a lieu de savoir que cette réalité entraine des avantages et des inconvénients. Une fusion politique et économique mette fin à la rivalité et promeuve un climat de paix durable. La mise en valeur concertée des ressources naturelles pourrait poser les bases d'une économie régionale plus robuste, innovante et résiliente. Une dynamique de synergie favoriserait des investissements substantiels dans des secteurs structurants tels que l'éducation, la santé ou la recherche technologique.

Toutefois, les blessures encore ouvertes des conflits passés compliquent toute perspective d'unification politique, car les mémoires collectives demeurent marquées par la violence et la méfiance. Une éventuelle

---

[239] MPAKA, R., *Le renouveau congolais : fédéralisme et refondation de l'Etat en RD Congo : hommage au Dr Etienne Tshisekedi wa Mulumba*, Paris, éd. Paari, 2021

union exigerait l'instauration d'un système de gouvernance partagée, un enjeu éminemment délicat dans un contexte où le Rwanda dispose d'un appareil étatique centralisé et performant, alors que la RDC souffre d'une faiblesse chronique dans la gestion publique. Dans cette perspective, la préservation des souverainetés nationales respectives s'impose comme un cadre pragmatique et réalisable, à partir duquel la République Démocratique du Congo et le Rwanda peuvent structurer un marché commun et procéder à l'harmonisation ciblée de certaines politiques sectorielles. La création d'un organe supranational aux compétences limitées, chargé de la régulation des intérêts partagés, permettrait d'assurer la coordination nécessaire tout en laissant aux États membres une pleine autonomie dans la conduite de leurs affaires internes.

Ce schéma de coopération approfondie, fondé sur l'intégration économique sans fusion politique, serait à même de générer des bénéfices réciproques substantiels, tout en évitant les tensions identitaires et institutionnelles qu'impliquerait une unification étatique. Néanmoins, une union politique à proprement parler semble peu envisageable à court ou moyen terme, en raison de profondes divergences institutionnelles, culturelles et historiques qui limitent, pour l'instant, les possibilités d'intégration totale. Une intégration progressive par le commerce et les infrastructures semble être une alternative plus réaliste et pragmatique. La République Démocratique du Congo est un pays caractérisé par une diversité ethnique, géographique et culturelle immense rendant la gestion politique et sociale complexe. L'un des enjeux les plus pressants auxquels est confrontée la République Démocratique du Congo réside dans la consolidation de son unité nationale et la préservation de sa stabilité interne, particulièrement dans les provinces orientales marquées depuis plusieurs décennies par des conflits armés récurrents, des mouvements insurrectionnels, des rivalités territoriales persistantes et des violences intercommunautaires.

Cette configuration de crise prolongée met en évidence la nécessité de repenser en profondeur le modèle de gouvernance nationale, afin de doter ces régions d'instruments institutionnels adaptés à la gestion de leurs spécificités sociopolitiques, tout en assurant leur ancrage durable au sein de l'architecture étatique congolaise. Le fédéralisme se manifeste comme une solution plausible pour promouvoir une autonomie renforcée des régions de l'Est, afin de mieux répondre aux défis locaux en maintenant l'intégrité et la souveraineté de l'État central. Le fédéralisme, dans cette réalité, est vue comme un modèle qui accorde aux provinces une gestion plus décentralisée de leurs affaires, en intégrant un système de gouvernance fédérale qui garantit l'unité nationale.[240]

§3. Contexte historique de l'est de la RDC et les défis actuels

Les provinces orientales de la République Démocratique du Congo particulièrement le Nord-Kivu, le Sud-Kivu, l'Ituri et le Maniema constituent, depuis plusieurs décennies, le foyer d'une instabilité persistante aux ramifications multiples. Cette insécurité structurelle trouve sa racine dans une imbrication de dynamiques conflictuelles, où se croisent la prolifération des groupes armés, les tensions identitaires et territoriales, ainsi que les luttes de pouvoir autour de la maîtrise des ressources naturelles, qu'il s'agisse des gisements miniers ou des zones forestières stratégiques. La présence massive de personnes déplacées à l'intérieur du pays, conjuguée à l'afflux de réfugiés et à la lutte pour l'appropriation des richesses locales, a contribué à exacerber les tensions sociales.

Pour de nombreux habitants de ces régions, l'État central est perçu comme lointain, défaillant, voire complice des prédations opérées par des intérêts étrangers ou des milices armées. Ce sentiment d'exclusion s'alimente également du déficit de représentation politique et de la concentration du pouvoir au sommet de l'appareil étatique, nourrissant chez les populations locales un profond ressentiment, fait d'amertume et de désillusion face à l'incapacité persistante des institutions à répondre aux aspirations légitimes de justice, de sécurité et de développement. Cette situation a contribué à la montée des mouvements séparatistes ou indépendantistes et a encouragé la formation de milices armées cherchant à contrôler les territoires au détriment de l'État congolais.[241]

§4. Fédéralisme comme Solution à la Gouvernance de l'Est

Le fédéralisme permettrait d'accorder davantage de pouvoir aux régions en garantissant une unité nationale à travers un système de gouvernance partagée. Chaque province disposait d'une autonomie politique et administrative qui lui permettrait de gérer efficacement ses affaires internes, y compris l'exploitation de ses ressources naturelles, le développement local, la sécurité, et la gestion des conflits ethniques. Dans un système fédéral, les provinces de l'Est

---

[240] NGOMA KHUABI, C., « La coopération économique entre la République Démocratique du Congo, le Rwanda et le Burundi : état des lieux et perspectives », in *Librairie Africaine d'Etudes Juridiques*, n°3, 2016.
[241] N'KODIA, C., *L'intégration économique : les enjeux pour l'Afrique centrale*, Paris, L'Harmattan, 2000

de la RDC bénéficieraient d'une grande autonomie administrative et politique. Les provinces disposaient de l'autorité pour gérer et exploiter leurs ressources naturelles, en redistribuant une partie des recettes au gouvernement central. Cette gestion locale permettrait de répondre directement aux besoins des populations locales, de lutter contre l'exploitation illégale et de garantir les bénéfices tirés des ressources qui profitent aux habitants des régions concernées. En bénéficiant d'une autonomie institutionnelle renforcée, les provinces auraient la capacité d'élaborer et de mettre en œuvre des stratégies de sécurité adaptées aux réalités locales, en articulation avec les Forces armées de la République Démocratique du Congo. Cette autonomie inclurait la gestion des unités de police territoriale, rendant possible une réponse plus précise face aux menaces persistantes que représentent les milices et groupes armés pour la stabilité régionale.

Sur le plan financier, les entités provinciales disposeraient de compétences fiscales leur permettant de mobiliser des ressources propres et de concevoir un cadre budgétaire aligné sur les priorités socioéconomiques locales. Cette capacité de pilotage budgétaire favoriserait une allocation plus efficiente des fonds publics, stimulant l'investissement dans des secteurs essentiels tels que les infrastructures, l'éducation et la santé, et contribuant ainsi à un développement territorial autoporté. En outre, une architecture fédérale offrirait aux communautés locales, notamment dans des provinces comme le Kivu, l'Ituri ou le Maniema, un cadre protecteur propice à la coexistence pacifique. En assurant une représentation politique équitable des groupes ethniques au sein des institutions locales et nationales, un tel système permettrait une inclusion effective des minorités dans les mécanismes décisionnels. L'organisation des scrutins provinciaux et la création d'organes politiques décentralisés renforceraient cette dynamique participative, en assurant à chaque communauté une voix réelle dans la gouvernance. Le fédéralisme permet de mieux répondre aux problématiques liées aux migrations internes et à l'intégration des réfugiés ou déplacés internes dans les communautés locales, en leur offrant une voix dans la gouvernance locale et en leur fournissant des services adaptés à leurs besoins.[242]

§5. **Défis et obstacles au fédéralisme en RDC**

Même si le fédéralisme apparaisse comme une solution potentielle, plusieurs défis doivent être surmontés pour que ce système soit viable en RDC.

---

[242] DIUR NGWEJ, J.-J. et NGOYI KAJAMA, P.-V., « plus du fédéralisme en république démocratique du Congo : les moyens juridiques », in *https://www.nomos-elibrary.de/de/10.5771/2363-6262-2017-2-185.pdf?download_full_pdf=1*, consulté le 15/2/2025

L'octroi d'une autonomie élargie aux entités provinciales soulève la crainte de dérives centrifuges pouvant compromettre la cohésion nationale. Quoique le renforcement des prérogatives locales soit susceptible d'accroître l'efficacité de l'action publique et d'adapter plus finement les réponses aux réalités territoriales, il comporte également, dans certains environnements, le risque de réactiver des velléités séparatistes longtemps contenues. Ainsi, des provinces telles que l'Ituri ou le Kivu, porteuses d'un passé marqué par des revendications d'autonomie, pourraient percevoir cette évolution institutionnelle comme une opportunité d'affirmer des ambitions sécessionnistes. Dans ce cadre, le rôle de l'État central demeure essentiel, il lui revient de préserver la cohésion nationale en assurant l'harmonisation des politiques publiques entre les entités fédérées, notamment dans des domaines stratégiques tels que l'éducation, la santé et les infrastructures.

Cette fonction de régulation, si elle est exercée avec impartialité et dans le respect des spécificités régionales, peut constituer un rempart contre la fragmentation tout en consolidant la légitimité d'un État à la fois unitaire et pluraliste. Il doit veiller à ce que l'autonomie provinciale ne soit pas utilisée pour contester l'intégrité territoriale de la RDC ou pour miner les politiques nationales. Une autre difficulté réside dans les inégalités économiques entre les provinces. Tandis que certaines régions, comme le Kivu ou le Katanga, sont riches en ressources naturelles, d'autres sont moins bien dotées en termes de capital économique. Le système fédéral intègre des mécanismes de redistribution des richesses pour éviter que les provinces riches ne dominent pas les autres, et pour que chaque région puisse bénéficier d'un développement équilibré. Le fédéralisme se présente comme une voie stratégique et prometteuse pour réorienter la gouvernance dans l'Est de la République Démocratique du Congo. En conférant aux provinces des compétences élargies, ce modèle pourrait offrir une réponse institutionnelle plus en phase avec les aspirations locales, tout en réduisant le sentiment d'exclusion entretenu par la perception d'un pouvoir central distant ou peu attentif.

Néanmoins, la mise en œuvre d'une telle orientation requiert un processus de réforme profond, soutenu par une volonté politique ferme et porté par un dialogue inclusif et constructif, associant de manière équilibrée les autorités nationales, les communautés locales et les partenaires internationaux. L'enjeu principal consisterait à établir un juste équilibre entre l'autonomie des territoires et la préservation de l'unité nationale, condition sine qua non d'une paix durable et d'un développement partagé. Si bien pensé et solidement ancré dans les réalités congolaises, ce modèle fédéral pourrait également constituer une source d'inspiration pour d'autres nations africaines confrontées à des défis comparables, en valorisant la gouvernance participative, la reconnaissance des diversités internes, et l'ancrage territorial du pouvoir comme fondements d'une stabilité politique et d'un essor économique durables.[243]

Section 3. Renforcer la coopération bilatérale entre la RDC et le Rwanda par le partenariat régional gagnant-gagnant.

§1. Contexte des Relations RDC-Rwanda

Les rapports entre la République Démocratique du Congo et le Rwanda ont longtemps été empreints de méfiance et de tensions, largement héritées des séquelles du génocide de 1994 au Rwanda et des bouleversements régionaux qui ont suivi. L'effondrement du régime de Mobutu a plongé la RDC dans un conflit d'envergure continentale, impliquant plusieurs États de la région, parmi lesquels le Rwanda, dont l'intervention militaire a profondément reconfiguré les dynamiques internes congolaises.

Kigali a par la suite été accusé de soutenir des mouvements armés opérant dans l'Est du Congo, notamment le M23, composé en grande partie de combattants rwandophones, ce qui a exacerbé les tensions et nourri un climat de suspicion réciproque. Néanmoins, avec le temps, une conscience partagée de l'impasse conflictuelle s'est imposée, ouvrant la voie à des tentatives de dialogue et de rapprochement. Dans cette perspective, plusieurs initiatives ont été mises en œuvre pour restaurer une coopération bilatérale, notamment à travers des mécanismes conjoints de sécurité, des cadres de concertation politique, et des efforts visant à apaiser les tensions ethniques dans les zones frontalières.

§2. Fondements d'un partenariat gagnant-gagnant

La sécurité régionale demeure l'un des piliers importants de la coopération bilatérale entre la République Démocratique du Congo et le Rwanda. L'instabilité récurrente dans les provinces frontalières du Kivu, de l'Ituri et du Maniema génère des impacts qui dépassent les seules frontières congolaises, affectant également le Rwanda par les effets indirects d'une insécurité persistante. Dans ce cadre, le renforcement du partenariat entre les deux pays représenterait une opportunité stratégique pour harmoniser et intensifier leurs actions face aux

---

[243] MABIALA MANTUBA-NGOMA, « Fédéralisme ou Unitarisme en République Démocratique du Congo ? », in *Publications de la Fondation Konrad Adenauer*, Kinshasa 2004

groupes armés transnationaux. Des entités telles que les Forces Démocratiques de Libération du Rwanda (FDLR), le M23 et d'autres mouvements rebelles opérant dans la région pourraient ainsi être visées par une riposte conjointe, articulée autour d'une coopération militaire, sécuritaire et diplomatique calibrée selon les réalités opérationnelles du terrain.[244]

En partageant des renseignements de sécurité, en menant des opérations conjointes et en coordonnant leurs politiques de défense, la RDC et le Rwanda peuvent éliminer les menaces communes et réduire l'influence des groupes armés. De plus, la coopération sécuritaire intègre des initiatives visant à désarmer les groupes armés, à garantir la protection des civils et à promouvoir la réconciliation à travers des projets de justice transitionnelle.

La consolidation d'un partenariat robuste entre la République Démocratique du Congo et le Rwanda apparaît comme un préalable incontournable à la construction d'un climat de confiance réciproque et à l'instauration d'une sécurité pérenne, éléments indispensables à tout projet de développement à long terme dans les deux États. Ces pays, liés par une frontière stratégique, disposent d'un espace transfrontalier riche en ressources naturelles, incluant d'importants gisements miniers, des étendues forestières considérables et des terres agricoles à haut rendement potentiel. La mise en place de mécanismes de gestion conjointe de ces ressources apparaît dès lors comme un pilier central de leur coopération bilatérale, ouvrant la voie à une valorisation plus équitable et efficiente des richesses communes, au bénéfice réciproque de leurs économies et de leurs populations. En RDC, l'exploitation illégale des ressources naturelles dans les zones de conflits, a contribué à la déstabilisation du pays. Le Rwanda de son côté, a des intérêts dans le secteur minier, étant un acteur majeur dans le commerce de certains minerais comme le coltan, le tungstène et l'étain.

Un partenariat bilatéral performant offrirait la possibilité d'instaurer un cadre stable, transparent et régulé pour l'exploitation des ressources naturelles, garantissant une répartition équitable des retombées économiques entre la République Démocratique du Congo et le Rwanda. La création d'un marché régional intégré dans le domaine minier représenterait un levier stratégique majeur pour renforcer la résilience et la complémentarité des deux économies. L'harmonisation des normes relatives à l'extraction et à la commercialisation des

---

[244]Nexus Santé, Les bases d'un partenariat gagnant, *https://en.healthnexus.ca/sites/en.healthnexus.ca/files/u47/les_bases_dun_partenariat_gagna nt.pdf,* consulté le 22/2/2025

ressources permettrait non seulement de réduire les flux illicites, mais également de favoriser une croissance plus inclusive et durable. De manière complémentaire, l'extension et la modernisation des infrastructures régionales qu'il s'agisse de réseaux routiers, ferroviaires ou énergétiques contribueraient à intensifier l'intégration économique, à fluidifier les échanges commerciaux et à accroître l'attractivité pour les investissements extérieurs. Ces initiatives structurantes, en stimulant la création d'emplois et en améliorant l'accès aux services, joueraient un rôle déterminant dans l'élévation du niveau de vie et la réduction de la pauvreté au sein des communautés frontalières.

La question des migrations et des réfugiés reste un défi majeur pour les deux pays. La RDC accueille des millions de réfugiés et de déplacés internes en raison des conflits dans l'Est du pays. Le Rwanda, quant à lui, a accueilli un beau nombre de réfugiés congolais au fil des décennies. La coopération bilatérale peut intégrer des initiatives communes pour l'amélioration des conditions de vie des réfugiés et des déplacés internes, en veillant à leur intégration socioéconomique.

En renforçant les programmes d'éducation, d'accès à la santé et de réhabilitation des infrastructures dans les zones touchées par les déplacements massifs, les deux pays peuvent travailler ensemble à la reconstruction des régions frontalières et à la réconciliation des communautés. Un autre aspect de la coopération concerne le développement rural dans les provinces frontalières, où l'agriculture et les industries légères sont des secteurs indispensables pour le développement socioéconomique. Des projets conjoints pour la gestion des eaux transfrontalières, l'agriculture durable et la lutte contre les changements climatiques peuvent améliorer la qualité de vie des populations locales tout en renforçant la coopération régionale.[245]

§3. Défis et obstacles à la coopération bilatérale

Malgré les nombreux avantages d'un partenariat renforcé, plusieurs défis subsistent pour que cette coopération soit pleinement réalisée. Les relations passées entre les deux pays, dans les accusations de soutien à des groupes armés, restent une source de méfiance. La résorption des tensions persistantes entre la République Démocratique du Congo et le Rwanda nécessite un effort diplomatique constant, assorti de dispositifs institutionnalisés favorisant la

---

[245] LIGODI, P., « RDC-Rwanda: des interrogations sur la coopération militaire entre les deux pays », in *https://www.rfi.fr/fr/afrique/20210402-rdc-rwanda-des-interrogations-sur-la-coop%C3%A9ration-militaire-entre-les-deux-pays*, consulté le 20/3/2025

confiance réciproque. Si les deux États partagent de nombreux intérêts économiques convergents, des divergences demeurent, notamment concernant la gestion et la régulation des ressources naturelles, ou encore dans les choix stratégiques de politique étrangère, en particulier dans leurs relations avec certaines puissances extérieures telles que la France ou les États-Unis.

Par ailleurs, chacun fait face à des défis internes structurels, qu'il s'agisse de la gouvernance publique, de la lutte contre la corruption ou de la stimulation d'un développement économique inclusif. Ces fragilités internes peuvent constituer des obstacles à la réalisation efficace de projets communs. Néanmoins, le renforcement de la coopération bilatérale offre une voie stratégique pour consolider la paix, garantir la sécurité et favoriser un développement durable dans l'espace des Grands Lacs. En misant sur une gouvernance conjointe des ressources, sur une sécurité régionale codéfinie, et sur une vision partagée de l'intégration économique, la RDC et le Rwanda peuvent bâtir une relation de complémentarité dynamique, profitable à leurs sociétés respectives comme à l'ensemble de la sous-région.

Un tel partenariat, s'il est structuré sur des principes de réciprocité et de transparence, pourrait devenir une référence pour d'autres États africains confrontés à des enjeux similaires de souveraineté, de stabilité et de développement territorial.

Section 4. Implication des acteurs internationaux et de la communauté régionale dans la stabilisation de la RDC

Depuis plusieurs décennies, la RDC fait face à des conflits internes approvisionnés par des rivalités ethniques, des groupes armés, et une exploitation illégale de ses ressources naturelles. En réponse à cette situation multidimensionnelle, plusieurs acteurs internationaux et régionaux ont joué un rôle fabuleux dans la gestion de cette crise, telles que l'Organisation des Nations Unies, l'Union Africaine et la Communauté de Développement de l'Afrique Australe.

§1. Rôle de l'ONU dans le maintien de la paix et aide humanitaire

L'Organisation des Nations Unies a été un acteur central dans l'effort de stabilisation de la RDC. Depuis la guerre de 1998-2003, l'ONU a déployé de missions de maintien de la paix, par exemple le cas de Monusco. Elle s'est lancée en 2010. Son mandat est centré sur la protection des civils, le désarmement des groupes armés, et le soutien au processus de paix en RDC. Malgré des défis considérables, la Monusco a joué un rôle considérable dans plusieurs domaines. La Monusco a été déployée dans des zones sensibles, telles que le Kivu et l'Ituri, où les violences interethniques et les attaques des groupes armés ont conduit à des déplacements massifs de population. L'ONU, à travers ses casques bleus et son dispositif de renseignement a cherché à protéger les populations vulnérables face aux affrontements et aux violences. Elle a fourni un soutien logistique et diplomatique pour les accords de paix et les élections en RDC, en encourageant le dialogue entre le gouvernement congolais et les groupes rebelles.

L'organisation a supervisé le désarmement de certains groupes armés et soutenu les initiatives de réconciliation nationale. Avec des millions de déplacés internes et de réfugiés, l'ONU a été un acteur important dans l'apport d'une aide humanitaire, allant de l'approvisionnement en vivres à la fourniture de soins médicaux et de services éducatifs. Malgré la diversité et la durée de ses interventions, la MONUSCO a fait l'objet de critiques croissantes quant à son aptitude réelle à assurer la protection des civils et à neutraliser durablement la menace des groupes armés.

Aux yeux de nombreux analystes, ses actions de maintien de la paix n'ont pas été à la hauteur de la complexité et de la gravité du contexte sécuritaire, nourrissant un sentiment d'impuissance face à une violence structurelle et persistante. La combinaison d'un mandat aux contours flous, d'un déficit de ressources humaines et logistiques, ainsi que de relations parfois tendues avec les autorités congolaises, a considérablement freiné son efficacité opérationnelle. Ces faiblesses structurelles ont, par ailleurs, entamé la crédibilité et la légitimité de la mission auprès d'une partie de la population, qui demeure en attente de réponses tangibles et durables aux défis sécuritaires du quotidien.

§2. Implication de l'Union Africaine

En tant qu'acteur continental central dans la promotion de la paix et de la stabilité, l'Union Africaine a déployé des initiatives majeures pour s'attaquer aux causes structurelles des conflits en République Démocratique du Congo. Inscrite dans une stratégie globale de sécurité, son action a privilégié les approches diplomatiques et le dialogue inclusif, associant à la fois les parties nationales et les partenaires internationaux. L'UA a ainsi facilité plusieurs processus de médiation destinés à instaurer un climat de confiance et à favoriser l'émergence de solutions concertées face aux crises récurrentes. Parmi ses interventions marquantes figure son implication dans la mise en place du

Mécanisme de Luanda en 2013, un cadre d'accord réunissant la RDC, le Rwanda et divers acteurs régionaux, visant à restaurer les relations diplomatiques et à freiner l'expansion des groupes armés.

L'Union Africaine a également mis en place un comité dédié à la réconciliation nationale et à l'appui à la reconstruction post-conflit, dans une logique de cohésion sociale et de transition démocratique inclusive. Par ailleurs, elle a servi de médiatrice dans divers cycles de négociation entre les autorités congolaises et les mouvements rebelles, avec pour objectif central la démobilisation, le désarmement et la réintégration des ex-combattants dans la société civile. Toutefois, malgré son engagement, l'action de l'UA demeure entravée par des contraintes structurelles, notamment le déficit de ressources financières et humaines, qui limite sa capacité à déployer des missions robustes et durables sur le terrain. De plus, les divergences d'intérêts entre les pays membres de l'UA, à ceux directement concernés par les conflits régionaux, ont parfois freiné les efforts de médiation.

§3. SADC et la coopération régionale pour la Stabilité

La Communauté de Développement de l'Afrique Australe est un autre acteur aussi capital dans la gestion des conflits en RDC.

Encore que la RDC ne fait pas partie de la SADC, cette organisation a une influence importante sur les dynamiques politiques et sécuritaires de la région, en raison de ses liens avec les pays voisins tels que l'Angola, le Zimbabwe et la Zambie. La SADC a joué un rôle actif dans le renforcement de la sécurité régionale dans l'Est de la République Démocratique du Congo, motivée par les tensions persistantes liées à l'instabilité des frontières partagées avec le Rwanda et l'Ouganda. Elle a plaidé pour la cessation des violences et facilité des cadres de dialogue régionaux afin de consolider la stabilité en RDC. Son implication s'est traduite par un appui aux démarches congolaises visant à résoudre la crise liée au groupe armé M23, en mobilisant les pays voisins autour d'une réponse concertée. Elle a également encouragé le renforcement de la coopération régionale pour prévenir la poursuite des ingérences étrangères et limiter les conflits transfrontaliers. Cependant, l'efficacité de son action demeure contrainte par la diversité des intérêts au sein de ses États membres et par des rivalités géopolitiques, certains pays étant accusés de soutenir des mouvements rebelles, ce qui complique la mise en œuvre de solutions durables.

L'implication conjointe des Nations unies, de l'Union Africaine et de la SADC dans les initiatives de stabilisation en RDC illustre la complexité géopolitique propre à la région des Grands Lacs. Ces organisations ont déployé une gamme d'instruments diplomatiques, apporté une assistance humanitaire ciblée et soutenu diverses opérations de maintien de la paix. Néanmoins, malgré ces avancées, des obstacles structurels majeurs persistent, notamment dans l'identification et le traitement des causes profondes de l'instabilité, dans la mise en place d'une gouvernance équitable et transparente des ressources naturelles, ainsi que dans la gestion des tensions interethniques qui continuent d'alimenter les cycles de violence. La pérennité des efforts de stabilisation dépendra dès lors d'une approche coordonnée, multidimensionnelle et centrée sur la transformation des causes systémiques du conflit. Pour que ces efforts produisent des résultats durables, il est vital que les acteurs régionaux et internationaux coordonnent davantage leurs actions, en respectant la souveraineté des pays concernés. En fin de compte, la paix et la stabilité en RDC dépendront de la volonté politique de ses dirigeants et de la coopération régionale et internationale.[246]

---

[246] LIGODI, P., Op.cit.

CHAPITRE 16. IMPORTANCE DE LA RECONCILIATION NATIONALE ET DE LA RECONSTRUCTION SOCIALE EN RDC

Section 1. Réconciliation nationale comme processus nécessaire pour la cohésion Sociale

§1. Reconstruction sociale pour la paix durable

La reconstruction sociale en République Démocratique du Congo s'inscrit dans une dynamique de réparation à la fois matérielle et symbolique des séquelles laissées par des décennies de conflits armés. Elle vise à instaurer un ordre social fondé sur l'inclusion, la paix et la dignité humaine. Ce processus englobe de multiples dimensions de la vie quotidienne des populations, depuis la remise en état des infrastructures essentielles jusqu'au soutien apporté aux survivants des violences. Les guerres successives ont engendré des traumatismes psychologiques profonds, en particulier chez les femmes, les enfants et les communautés les plus exposées. Ainsi, la réconciliation sociale passe inévitablement par une prise en compte systématique des souffrances mentales engendrées par les violences, à travers la mise en place de dispositifs de soutien psychologique et de services spécialisés en santé mentale. Une attention particulière doit également être accordée à la réintégration des anciens combattants et des enfants enrôlés de force, dont la réhabilitation nécessite un accompagnement adapté visant à restaurer leur estime de soi, à reconstruire leur équilibre psychique et à favoriser leur réinsertion dans le tissu social. [247]

La République Démocratique du Congo, en dépit de l'abondance de ses ressources naturelles, demeure confrontée à un profond sous-développement. Le déficit en infrastructures essentielles qu'il s'agisse de réseaux routiers, d'établissements scolaires, de structures hospitalières ou de services publics de base entrave considérablement les efforts de reconstruction et de réhabilitation sociale dans l'après-guerre. Une reconstruction physique est importante pour relancer l'économie, attirer des investissements, et faciliter l'intégration sociale des communautés affectées. La mise en exécution de projets de réhabilitation des

---

[247] FUNGULA KWILU, F., *La Réconciliation comme volonté de vie. Une Proposition socio-anthropologique et éthique pour la reconstruction du vivre ensemble en République Démocratique du Congo*, Bruxelles, Peter Lang, 2019.

infrastructures dans les zones dévastées par les conflits, et l'accès aux services publics comme éducation, santé, eau potable… sont indispensables pour améliorer la vie des populations.

Ces efforts doivent être accompagnés de politiques de décentralisation pour garantir que les régions les plus éloignées bénéficieraient d'un développement équitable. La reconstruction économique de la RDC est l'un des piliers de la réconciliation sociale. L'instabilité économique alimentée par les conflits a laissé un grand nombre de Congolais dans une situation de pauvreté extrême dans les régions touchées par la guerre. La création d'emplois pour les jeunes est capitale pour prévenir les conflits futurs. Les investissements dans les secteurs centraux comme agriculture, industrie, infrastructure etc., offrent des opportunités économiques et réduisent la vulnérabilité des populations aux groupes armés et à l'exploitation illégale des ressources. L'éducation joue une fonction essentielle dans la reconstruction sociale. Les conflits ont détruit des milliers d'écoles et ont privé des générations entières de l'accès à une éducation de qualité. Réhabiliter et moderniser le système éducatif congolais sur l'éducation civique et la formation professionnelle, est un outil vital pour former des citoyens responsables et sensibiliser les nouvelles générations aux valeurs de paix.

§2. Défis de la réconciliation et de la reconstruction sociale

La réconciliation et la reconstruction sociale en RDC sont des processus de long terme. Si des progrès sont fiables, plusieurs défis doivent être surmontés. La justice pénale et la justice réparatrice restent limitées dans leur application. L'absence de responsabilité pour les infractions commises pendant la guerre et l'impunité qui perdure à tous les niveaux du gouvernement peuvent freiner les efforts de réconciliation. Les rivalités politiques et ethniques, souvent exacerbées par l'ingérence d'acteurs extérieurs, entravent la dynamique de réconciliation nationale. Pour y faire face, le gouvernement congolais devra déployer des stratégies cohérentes et efficaces visant à désamorcer ces tensions et à garantir l'inclusion de l'ensemble des communautés dans le processus de reconstruction. Parallèlement, l'exploitation des ressources naturelles par des multinationales et divers acteurs étrangers continue d'alimenter financièrement certains groupes armés, compromettant ainsi les initiatives de paix et fragilisant les efforts de stabilisation du pays. Un contrôle plus strict des ressources naturelles et des accords internationaux équitables pour la RDC seront nécessaires pour garantir une paix durable. La réconciliation nationale et la reconstruction sociale sont indissociables du processus de paix durable en RDC nécessitant une volonté politique forte, une coopération régionale et internationale, ainsi qu'une implication active de toutes les couches de la société congolaise.[248]

Section 2. Rôle de la réconciliation entre les peuples congolais et rwandais dans la consolidation de la paix.

§1. Apaiser les tensions historiques et mémorielles

Les relations entre la République Démocratique du Congo et le Rwanda portent l'empreinte d'un passé douloureux, façonné par le génocide, les tensions interethniques et des rivalités politiques persistantes. Après le génocide rwandais de 1994, un afflux massif de réfugiés hutus, incluant parmi eux des individus soupçonnés d'avoir participé aux massacres, a franchi la frontière et trouvé refuge dans l'est de la RDC. Cet afflux massif a intensifié les tensions existantes entre les communautés congolaises et rwandophones, alimentant une instabilité chronique et posant les bases de futures confrontations. Ce contexte post-génocidaire a engendré une dynamique de méfiance persistante, où la mémoire collective, la peur de l'impunité et les rivalités identitaires continuent d'influencer les rapports bilatéraux et les perceptions réciproques entre les deux nations.

Les tensions liées à l'accueil des réfugiés hutus en RDC ont engendré une dynamique de méfiance entre les deux pays, avec des accusations mutuelles d'ingérence, d'exploitation des ressources et de soutien aux groupes armés. L'arrivée de réfugié a aussi intensifié la lutte pour le contrôle des terres, dans l'est de la RDC et favorisé la création de groupes armés dans la région. Les militas rwandaises ont soutenu ces réfugiés, irritant ainsi les rivalités et les violences interethniques.[249] La réconciliation entre la République Démocratique du Congo et le Rwanda exige une reconnaissance mutuelle des blessures héritées du passé et la construction d'une mémoire commune, offrant à chaque peuple l'espace nécessaire pour exprimer ses souffrances et affronter ses traumatismes sans raviver les ressentiments. Un tel cheminement suppose l'instauration d'un cadre fondé sur une vérité assumée et une justice à forte portée symbolique, où les récits de douleur et les responsabilités historiques puissent coexister de manière apaisée, à l'abri de toute instrumentalisation.

---

[248] KASEREKA PATAYA, C., *jalons pour une théologie du pardon et de la réconciliation en Afrique. Cas de la République Démocratique du Congo (RDC)*, éd. Academia, 2013
[249] KASEREKA PATAYA, C., Op.cit.

La mise en place de commissions de vérité et réconciliation, de forums de dialogue transfrontalier ou d'espaces de témoignage public peut servir de socle à l'émergence d'un pardon collectif, non comme oubli, mais comme dépassement. Une telle démarche exige que soient mises en lumière, de manière équitable et critique, les fautes, les violences et les injustices perpétrées par l'ensemble des protagonistes du conflit, dans une logique de vérité intégrale.

En faisant ce travail de mémoire active, les deux nations peuvent ouvrir la voie à une coopération sincère, fondée non sur la dénégation ou le silence, mais sur la reconnaissance partagée de l'humanité blessée et la volonté commune de ne pas répéter l'histoire.

§2. Renforcement de la confiance mutuelle pour la coopération

La réconciliation entre les peuples congolais et rwandais constitue un moteur de confiance qui permet de poser les bases d'une coopération régionale plus large, dans la gestion des ressources naturelles et la sécurité. La confiance mutuelle est nécessaire pour garantir que les différends passés ne continuent pas à ravitailler des conflits ouverts. Les groupes armés opérant à la frontière entre la RDC et le Rwanda, précisément le M23 (Mouvement du 23 mars), ont approvisionné les conflits et ont été soutenus par différentes parties en fonction de leurs intérêts stratégiques. Ces groupes sont des relais de tensions politiques et socioéconomiques entre les deux pays. Une réconciliation véritable permet de démanteler ces groupes armés et de coopérer activement à la sécurité régionale. Une coopération plus forte en matière de sécurité entre la RDC et le Rwanda permet de mieux contrôler les frontières communes, de démanteler les réseaux de trafic d'armes et de ressources illégales, et de neutraliser les groupes armés qui opèrent en toute impunité dans cette zone.

Les deux pays peuvent mieux partager des informations sur les menaces transfrontalières et établir des protocoles de coopération policière pour prévenir la criminalité organisée et les violences interethniques. Les régions frontalières entre la RDC et le Rwanda, notamment aux Kivu, sont riches en ressources naturelles telles que les minerais, terres agricoles, etc., et sont donc un terrain de rivalité et de conflit. La réconciliation donnerait l'opportunité de mettre en exécution un cadre de gestion conjointe des ressources naturelles contribuant à la stabilité économique et à la réduction des tensions. Des accords bilatéraux sur l'exploitation des ressources naturelles, respectueux des principes de durabilité et d'équité, pour prévenir les exploitations illégales et permettre aux deux nations de bénéficier équitablement de ces ressources sans soutenir les conflits. De plus, en réconciliant les peuples, on réduirait la tentation pour certains acteurs externes d'entretenir des milices ou des factions afin de contrôler des ressources spécifiques, ce qui a été le cas dans le passé.[250]

§3. Rôle des peuples dans la paix durable

La réconciliation entre le Rwanda et la RDC ne doit pas se limiter aux gouvernements ou aux élites politiques. Elle doit aussi s'étendre aux populations locales, qui sont les premières victimes des conflits. La réconciliation populaire est un élément fondamental pour un processus de paix durable. Le dialogue entre les peuples congolais et rwandais doit réduire les préjugés, la méfiance et la stigmatisation. Il est essentiel de favoriser un dialogue authentique entre les communautés locales situées de part et d'autre de la frontière entre la République Démocratique du Congo et le Rwanda, notamment dans les zones ayant été durement éprouvées par les conflits. Ce dialogue doit permettre d'aborder les modalités d'une cohabitation pacifique, les mécanismes de gestion des tensions interethniques et les perspectives de mise en œuvre de projets de développement partagés. Des initiatives à ancrage communautaire, telles que des festivals dédiés à la paix, des programmes éducatifs transfrontaliers ou encore des échanges culturels réguliers, peuvent jouer un rôle structurant dans la reconstruction du tissu social et dans l'émergence d'une confiance renouvelée entre les populations.

Toutefois, pour qu'un processus de réconciliation prenne véritablement racine, il est impératif que les droits des victimes soient reconnus, que des réparations soient mises en place et que les personnes affectées par les violences qu'il s'agisse des déplacés internes, des survivants ou des communautés exposées aux exactions des groupes armés bénéficient d'un accompagnement digne et adapté. La réintégration des réfugiés rwandais dans leur pays d'origine, tout comme celle des Congolais dans leurs zones d'accueil, devra être encadrée par des politiques de protection, de médiation sociale et de garantie des droits fondamentaux, afin de désamorcer les tensions résiduelles et de consolider un sentiment de sécurité collective dans l'espace transfrontalier.[251]

---

[250] « Comment rassurer et renforcer la confiance organisationnelle des collaborateurs dans un contexte d'incertitude ? », in *Question(s) de management*, n°45, 2023, pp. 200-254
[251] NGALAMULUME TSHIEBUE, G., Évaluation finale du projet « Paix, Justice, Réconciliation et Reconstruction au Kasaï Central (PAJURR-KC), Rapport final de l'évaluation, 2021

§4. Appui des acteurs internationaux à la réconciliation

Les dynamiques de réconciliation entre les peuples congolais et rwandais bénéficient de l'appui constant de la communauté internationale, qui s'engage à travers divers canaux institutionnels et diplomatiques. Des dispositifs tels que les missions onusiennes de maintien de la paix, les médiations conduites par l'Union Africaine ou la Communauté des États de l'Afrique de l'Est (EAC), offrent un accompagnement technique et politique indispensable pour faciliter le dialogue et encadrer les engagements pris par les parties prenantes. Au-delà de l'accompagnement diplomatique, la communauté internationale contribue également par un soutien financier et logistique essentiel à la mise en œuvre d'initiatives de réconciliation, en veillant au respect des accords de paix et à la création de mécanismes de suivi crédibles.

Dans la configuration délicate de la région des Grands Lacs, la réconciliation entre Congolais et Rwandais représente un pilier incontournable de toute stratégie visant une paix pérenne. Elle ne se limite pas à la réparation des blessures héritées des conflits passés, mais ambitionne d'ouvrir la voie à une coopération solidaire, capable de convertir les tensions historiques en moteurs de stabilité, de codéveloppement et d'intégration régionale. Pour être véritablement durable et conduire à une paix pleinement partagée, ce processus doit associer de manière étroite les gouvernements, les acteurs de la société civile et les communautés locales, afin de garantir une appropriation collective et inclusive des démarches engagées. La coopération régionale, la gestion des ressources naturelles et la protection des droits humains sont des axes qui, s'ils sont bien gérés, peuvent transformer les relations entre le Rwanda et la RDC en un modèle de paix et de prospérité pour toute la région.[252]

Section 3. Nécessité d'un processus de justice transitionnelle et de réintégration des réfugiés et déplacés.

§1. Contexte du processus de justice transitionnelle

La justice transitionnelle désigne l'ensemble des mécanismes juridiques, institutionnels et symboliques mis en place par un État à la suite d'un conflit armé ou d'un régime répressif, afin de traiter les violations graves des droits humains, notamment les crimes de guerre, les crimes contre l'humanité et

---

[252] KASONGO SAFARI G., « Justice Transitionnelle en République Démocratique du Congo : Avancées, Obstacles…et Opportunités ? », in *Great Lakes Dispatches*, n°5, 2017

les atteintes systématiques aux droits des populations civiles. Dans le contexte particulier de la République Démocratique du Congo et de l'ensemble de la région des Grands Lacs, profondément marqués par des décennies de violences, de conflits armés et de violations massives des droits humains, la mise en place d'un cadre de justice transitionnelle apparaît comme une nécessité incontournable. Un tel dispositif offrirait non seulement la possibilité de reconnaître et d'honorer les souffrances endurées par les victimes, mais permettrait également d'établir les fondations d'une réconciliation durable, de restaurer la dignité humaine et de reconstruire le tissu social sur des principes de vérité, de responsabilité et de réparation. En RDC, des violations systémiques ont eu lieu, des massacres, des violences sexuelles, des exécutions sommaires, et des disparitions forcées perpétrées par des groupes armés nationaux et étrangers.

Ces crimes ont été intensifiés par l'exploitation des ressources naturelles, le contrôle de territoires et la lutte pour le pouvoir. Au Rwanda, le génocide de 1994, où environ un million de Tutsis et des Hutus modérés ont été tués, a laissé des cicatrices profondes dans la société rwandaise et dans toute la région. La justice transitionnelle est très capitale pour identifier les responsables de ces atrocités, offrir des réparations aux victimes, et poser les bases d'une justice équitable pour prévenir la répétition de telles violations dans le futur. Un processus de justice transitionnelle complète dans la RDC et dans la région des Grands Lacs peut comprendre plusieurs dimensions. Ces commissions offrent une plateforme où les victimes et les responsables des violations peuvent s'exprimer, ce qui est capitale pour la guérison sociale. Ces mécanismes participent à l'établissement d'une vérité historique en consignant rigoureusement les faits et en reconnaissant publiquement les souffrances vécues par les populations, créant ainsi les conditions propices à un processus de pardon collectif.

Les responsables de crimes de guerre, de crimes contre l'humanité et d'autres violations graves des droits humains sont traduits en justice devant les juridictions nationales ou, le cas échéant, devant des instances internationales spécialisées telles que le Tribunal pénal international pour le Rwanda (TPIR) ou la Cour pénale internationale (CPI). Ces procédures judiciaires ont pour objectif de garantir que les responsables répondent de leurs actes, affirmant ainsi de manière claire que l'impunité ne saurait constituer une option acceptable dans un État de droit engagé dans un processus de justice réparatrice et de réconciliation durable. Ces programmes visent à apporter une compensation aux victimes des violences, qu'il s'agisse de réparations financières, mais aussi de soutien psychosocial, de programmes de réhabilitation pour les victimes de violences sexuelles et d'initiatives d'éducations sur les droits humains.[253]

§2. Réintégration des réfugiés et déplacés

Les conflits en RDC, dans l'Est du pays aux provinces du Kivu, de l'Ituri et du Katanga, ont occasionné des déplacements massifs de populations, à la fois internes et externes.

Des millions de personnes ont fui la violence et nombre d'entre elles se retrouvent dans des camps de réfugiés, dans des pays voisins comme le Rwanda, l'Ouganda et le Burundi. La réintégration des réfugiés et des déplacés internes représente un défi majeur pour la paix et la stabilité en RDC. La majorité des réfugiés ont subi des expériences marquées par une violence extrême, des privations sévères et la perte de leurs biens. Leur réintégration nécessite un processus structuré en plusieurs phases importantes. Le retour dans les zones d'origine représente une priorité stratégique, mais il ne peut être envisagé qu'à la condition que des garanties de sécurité strictes soient assurées, afin de prévenir toute reprise des violences à leur encontre. Une telle démarche suppose la stabilisation réelle et durable des territoires de retour, ainsi que des engagements clairs et contraignants de la part des autorités locales pour garantir la protection et le respect des droits des personnes rapatriées.

L'un des défis les plus sensibles demeure l'accès à la terre et aux ressources. Dans de nombreux cas, les terres ancestrales ont été occupées, soit par d'autres réfugiés, soit par des groupes armés ou des communautés nouvellement installées, exposant les déplacés de retour à un risque de dépossession et de marginalisation. La résolution de ces tensions foncières est essentielle pour prévenir de nouveaux conflits et garantir une réintégration durable des populations déplacées. Un mécanisme de répartition équitable des terres, associé à des politiques de développement durable, peut favoriser une réintégration harmonieuse. L'inclusion sociale est un aspect vital de la réintégration. Les populations retournées doivent participer à la vie socioéconomique et politique des régions d'accueil. Des programmes de formation professionnelle, d'éducation et des projets d'infrastructures sont nécessaires pour l'amélioration de la qualité de vie des rapatriés et des communautés hôtes.

---

[253] NGOMA-BINDA, E., *Justice transitionnelle en RD Congo*, Paris, L'Harmattan, 2008

Les politiques de réintégration doivent s'appuyer sur des approches plaçant la dignité humaine et l'inclusion sociale au cœur des priorités, en mobilisant de manière coordonnée l'expertise des organisations humanitaires, des autorités locales et des ONG. Elles doivent garantir aux personnes rapatriées ou déplacées un accès réel et durable aux services essentiels, qu'il s'agisse de soins de santé, de logements adaptés ou d'une éducation de qualité. Cependant, au-delà des mesures matérielles, il est indispensable de mener parallèlement un travail de médiation sociale et de dialogue interculturel, afin de reconstruire la confiance, de restaurer les relations intercommunautaires et de favoriser une cohabitation harmonieuse entre les populations locales et celles de retour.

La réconciliation communautaire devient alors une condition fondamentale pour éviter la résurgence de tensions latentes et construire les bases d'un vivre-ensemble durable, fondé sur la confiance, le respect mutuel et la solidarité territoriale. Les réparations collectives et individuelles doivent intégrer des compensations pour les pertes de biens, des projets d'assistance alimentaire et médicale, et un accès à des programmes de santé mentale pour les populations traumatisées par des années de guerre.[254]

§3. Nécessité d'un cadre régional et international de soutien

La communauté internationale joue une fonction primordiale dans la gestion de la réintégration et de la justice transitionnelle en RDC. Des organismes internationaux, comme l'ONU, l'Union Africaine (UA), la SADC (Communauté de Développement de l'Afrique australe), et des donateurs internationaux, doivent soutenir ces processus par des ressources financières, humaines et logistiques. La stabilité régionale est également importante pour garantir le succès de la réintégration. Il est très important que les pays voisins de la RDC (Rwanda, Ouganda, Burundi) soutiennent les initiatives de retour et d'intégration des réfugiés garantissant la protection des frontières et encourageant les accords bilatéraux pour la sécurité transfrontalière. Un processus de justice transitionnelle et de réintégration des réfugiés et des déplacés est indispensable pour la réconciliation durable et la paix en RDC et dans la région des Grands Lacs. Ces deux processus sont soutenus par des réformes politiques, un engagement ferme des gouvernements locaux et des communautés internationales, et une volonté politique des acteurs régionaux. La réconciliation entre les peuples congolais et rwandais accompagnée de la réintégration des réfugiés et des déplacés est un

---

[254] LASSAILLY-JACOB, V., MARCHAL, J.-Y. & QUESNEL, A., *Déplacés Et Réfugiés. La mobilité sous contrainte*, éd. IRD Orstom, 1999

instrument pour établir une paix durable aux cycles de violence et ouvrant la voie à une coopération régionale fructueuse.

Section 4. Rôle de la société civile, des médias et des institutions éducatives dans la promotion de la paix.

§1. Rôle de la société civile dans la promotion de la paix

La société civile, constituée d'organisations non gouvernementales, d'associations locales, de mouvements sociaux, de structures communautaires et d'individus engagés, occupe une position stratégique dans les dynamiques de consolidation de la paix. Elle intervient à la fois comme médiatrice, vigie des droits humains et catalyseur de dialogue social, en proposant des réponses concrètes aux tensions sociopolitiques qui traversent les sociétés en crise. Dans les contextes marqués par de fortes divisions ethniques ou régionales, son rôle devient encore plus crucial, notamment dans la création d'espaces de rencontre et de parole entre communautés. À travers l'organisation de forums intercommunautaires, d'ateliers de médiation ou de processus de réconciliation participatifs, la société civile permet aux différents acteurs, qu'ils soient issus des territoires concernés ou de la diaspora, de confronter leurs récits, d'entendre les voix des victimes et des survivants, et de co-construire des solutions collectives.

Par sa proximité avec les réalités locales et sa capacité à mobiliser la parole citoyenne, elle devient un maillon essentiel de toute architecture de paix durable. Ces dialogues participatifs sont très sérieux pour construire la confiance entre les communautés et les institutions étatiques. Promouvoir l'acceptation des différences culturelles et ethniques, réduisant les risques de nouvelles violences. Donner des espaces de réparation pour les victimes, dans lesquels elles peuvent obtenir des excuses publiques et des engagements à ne pas répéter les abus. Les organisations de la société civile surveillent activement les violations des droits humains et plaident pour la justice, la restitution des terres et des réparations pour les victimes de violences. Elles sensibilisent également les autorités publiques et les acteurs internationaux sur les conditions de vie des populations vulnérables, des réfugiés, des déplacés internes, et des communautés marginalisées.

En mettant la pression sur les gouvernements pour qu'ils respectent leurs obligations en matière de droits humains, elles contribuent à maintenir une paix sociale stable et à favoriser l'inclusion. La société civile peut aussi jouer un rôle décisif dans le renforcement de la gouvernance locale en sensibilisant les communautés à leurs droits civiques, et en les encourageant à participer aux processus politiques, tels que les élections ou les réformes constitutionnelles. Elle peut aider à promouvoir des politiques publiques inclusives, qui bénéficient à toutes les parties de la société, qu'elles soient majoritaires ou minoritaires, tout en combattant les injustices historiques et en prônant l'égalité entre les citoyens.[255]

§2. Rôle des médias dans la promotion de la paix

Les médias, qu'ils soient traditionnels comme télévision, radio, presse écrite ou numériques telles que réseaux sociaux, plateformes en ligne, jouent un rôle fondateur dans la construction de la paix en tant que vecteurs d'information, mais aussi en tant que moteurs de changement social. Les médias occupent un rôle central dans la construction d'une culture de paix en informant les citoyens sur les enjeux liés à la prévention des conflits, en sensibilisant aux risques de violence et en offrant une tribune aux voix traditionnellement marginalisées. Toutefois, dans les contextes de guerre ou de polarisation extrême, ils peuvent aussi être instrumentalisés à des fins de propagande ou de désinformation, alimentant les tensions identitaires et exacerbant les clivages sociaux.

Cette ambivalence confère aux médias une responsabilité éthique majeure, celle de promouvoir la vérité, de déconstruire les discours de haine et de relayer des informations vérifiées, équilibrées et contextualisées, afin de prévenir la manipulation de l'opinion publique et de freiner la radicalisation des discours. Leur contribution à la paix ne se limite pas à la diffusion d'actualités ; elle s'exprime aussi par des programmes pédagogiques, des initiatives de journalisme de paix et des campagnes de sensibilisation à la réconciliation. Les radios communautaires, les documentaires, les reportages d'investigation et les plateformes numériques peuvent ainsi servir de vecteurs pour expliquer les mécanismes de justice transitionnelle, favoriser la compréhension des processus de réconciliation, et valoriser les récits positifs issus d'expériences locales de paix. En mettant en lumière des exemples concrets de restauration du lien social dans des contextes marqués par la violence, les médias contribuent activement à la reconstruction d'un imaginaire collectif fondé sur la coexistence, la solidarité et le respect des droits humains.

Aussi, ils encouragent la participation citoyenne en soutenant des plateformes qui favorisent un débat constructif sur les politiques publiques. Les

---

[255] Office des nations unies contre la drogue et le crime, Société civile pour le développement, Les possibilités offertes par la Convention des Nations Unies contre la corruption, Vienne, 2020

médias usent également un rôle capital dans la pratique de modèles de résilience et de réconciliation. Ensuite, les médias diffusent des histoires inspirantes de personnes ou de communautés ayant réussi à surmonter les divisions et à reconstruire des liens sociaux après des périodes de violence. Ces modèles permettent de renforcer les narratifs de paix et à encourager d'autres à s'engager dans des initiatives similaires.[256]

§3. Rôle des institutions éducatives dans la promotion de la paix

Le rôle des institutions éducatives, des écoles primaires aux universités sont importantes dans la formation des jeunes générations à la paix, à la tolérance et à la résolution des conflits. L'éducation est un outil puissant pour la transformation des mentalités, la promotion des valeurs démocratiques et la sensibilisation aux défis de la coexistence. Les écoles et les universités sont des lieux où les enfants et les jeunes adultes peuvent acquérir des compétences à la paix sociale, comme la résolution pacifique des conflits, l'empathie et le respect de l'autre. Les programmes de l'éducation à la paix peuvent intégrer des cours sur les droits de l'homme, la justice sociale et les mécanismes de gouvernance participative favorisant un dialogue interculturel et intercommunautaire.

Dans des sociétés marquées par des tensions ethniques et communautaires, l'éducation à la paix peut être un instrument puissant de la réconciliation, pour enseigner aux jeunes à accepter les différences et à comprendre les causes intenses des conflits. Les systèmes éducatifs inclusifs jouent un rôle essentiel dans la construction d'une identité nationale partagée et dans la promotion d'un avenir commun fondé sur la compréhension mutuelle, la tolérance et la solidarité. Les institutions d'enseignement, en particulier les universités, ne se limitent pas à transmettre des savoirs techniques ; elles participent activement à la formation de leaders engagés pour la paix, de médiateurs compétents et de spécialistes en résolution des conflits. En intégrant dans leurs cursus des modules portant sur la gouvernance, la diplomatie, la gestion pacifique des différends et les droits humains, ces établissements préparent les générations futures à exercer des responsabilités avec lucidité et sens éthique dans des contextes fragiles.

Dans des sociétés post-conflit telles que la République Démocratique du Congo et l'ensemble de la région des Grands Lacs, la promotion de la paix ne saurait se concrétiser sans une mobilisation conjointe des acteurs éducatifs, de la

---

LASSAILLY-JACOB, V., MARCHAL, J.-Y. & QUESNEL, A., Op.cit.

société civile et des médias. Ensemble, ils contribuent à informer les citoyens, à déconstruire les préjugés, à ouvrir des espaces de dialogue intercommunautaire et à encourager des dynamiques de réconciliation. Leur implication collective constitue une pierre angulaire dans les efforts de reconstruction du tissu social, de prévention des tensions ethniques et de restauration de la confiance entre les peuples, en posant les fondements d'une paix durable et d'une stabilité régionale inclusive.[257]

---

[257] GALICE G., *Quels médias pour la paix ?,* Paris, L'Harmattan, 2023

CHAPITRE 17. ECONOMIE ET DEVELOPPEMENT DURABLE COMME ELEMENT CENTRAL DE LA STABILITE

Section 1. Rôle de l'économie dans la stabilité d'un pays

Un des principaux moteurs de la stabilité dans tout le pays est la création d'emplois. Dans des sociétés comme celles de la RDC, où le taux de chômage est élevé, la création d'emplois devient impérieuse pour éviter le retour à la violence. Les jeunes délaissés par les systèmes éducatifs et d'insertion professionnelle, représentent une population vulnérable aux narratifs radicaux et sont recrutés par des groupes armés ou des mouvements de rébellion. En outre, un secteur économique en expansion, capable de générer des opportunités d'emploi, permet de canaliser l'énergie de cette jeunesse vers des activités productives, contribuant à la réduction de la pauvreté et à l'amélioration de la qualité de vie.

Les secteurs stratégiques tels qu'agriculture, exploitation minière, s'ils sont bien régulés, les technologies de l'information et de la communication peuvent jouer une fonction centrale dans l'intégration des populations et la réduction des inégalités économiques, aussi ils sont un facteur vital pour éviter les tensions sociales et ethniques qui peuvent mener à des conflits.[258] Le développement économique est également lié au renforcement des institutions publiques. Un secteur économique diversifié peut fournir les ressources nécessaires pour financer des réformes institutionnelles, renforcer l'État de droit et établir des mécanismes de gouvernance transparents et efficaces créant un environnement où les citoyens ont confiance dans leurs dirigeants et dans le système judiciaire, pour réduire ainsi les risques de corruption et de mauvaise gestion qui nourrissent le mécontentement social. Une gestion économique efficace, associée à la mise en exécution de mécanismes de bonne gouvernance, jouant un rôle capital pour éviter l'apparition de tensions communautaires et politiques.

Un tel système doit garantir une gestion équitable des ressources et une répartition juste des plus-values du développement entre les différentes régions et communautés dans des circonstances comme celui de la RDC, où des

---

[258] MARTIN, J.-Y., *Développement durable ?*. IRD Éditions, 2002,

disparités régionales persistantes sont de source des frictions. Une économie forte et bien structurée permet à l'État de renforcer ses capacités de défense et de sécurité.

Pendant la période de crise, une solidité économique peut servir de coussin tampon pour la maintenance de l'ordre public, financer des forces de sécurité mieux équipées et soutenir des actions de désarmement, de démobilisation et de réintégration des ex-combattants.

§1. Développement durable comme facteur de la stabilité

Dans un contexte comme celui de la République Démocratique du Congo, le développement durable constitue un levier stratégique essentiel pour rompre avec la logique de la malédiction des ressources. Une gouvernance responsable et équitable des richesses naturelles peut générer des bénéfices durables, tout en réduisant les risques de conflits liés à leur exploitation anarchique ou illégale. Pour atteindre cet objectif, il est impératif de mettre en place des politiques publiques fondées sur la transparence, la redevabilité et l'inclusion, tout en développant des partenariats équilibrés avec les entreprises nationales et internationales. Ces partenariats doivent impérativement garantir que les revenus générés par les ressources extractives soient réinvestis dans le développement local, au profit direct des populations concernées, plutôt que détournés par des intérêts étrangers ou captés par des groupes armés. [259]

Seule une gestion éthique, inclusive et tournée vers le bien commun permettra à la RDC de transformer son immense potentiel naturel en moteur de stabilité, de prospérité et de justice sociale. Le développement durable implique aussi l'exécution de mécanismes de protection de l'environnement, face aux menaces du changement climatique, qui avivant les inégalités et rendant certaines zones plus vulnérables aux conflits. Une gestion durable des forêts, des ressources en eau et des terres agricoles contribue non seulement à l'économie, mais permet aussi de réduire les tensions liées à l'accès et à l'utilisation des terres. Le développement durable passe également par des investissements d'infrastructures durable, comme l'accès à l'énergie, par exemple, les énergies renouvelables, les routes, les écoles et les établissements de santé.

En République Démocratique du Congo, la reconstruction des infrastructures représente un levier essentiel pour atténuer les disparités

---

[259] MARTIN, J.-Y., Op.cit.

régionales et consolider la cohésion nationale. En assurant une meilleure connectivité entre les territoires et en garantissant l'accès équitable aux services de base pour l'ensemble des citoyens, cette dynamique contribue à renforcer le sentiment d'unité nationale et à poser les bases d'un développement harmonisé.

Toutefois, ces investissements structurants doivent impérativement s'accompagner d'un renforcement de la gouvernance locale, de manière à favoriser l'implication directe des communautés dans la gestion de leurs ressources. En ancrant les décisions dans les réalités locales et en encourageant des modèles économiques participatifs, la reconstruction infrastructurelle devient un vecteur de justice territoriale, de responsabilisation citoyenne et de développement inclusif à long terme. Le secteur agricole représente une part importante de l'économie de la RDC et de la région des Grands Lacs. Promouvoir un développement agricole durable et l'autonomie alimentaire permettrait de réduire la dépendance vis-à-vis des importations, d'améliorer la résilience des populations face aux crises et de générer des emplois pour les jeunes.

Une agriculture durable, respectueuse des modes de vie locaux et de l'environnement, c'est vraiment un pilier pour la paix et la stabilité, car elle donne aux populations des alternatives fiables à l'exploitation illégale des ressources naturelles. Un modèle de développement durable est axé sur l'inclusion économique, en ce qui concerne les groupes marginalisés et les zones rurales. L'une des principales causes des conflits en RDC est liée aux inégalités socioéconomiques irritées par des décennies de mauvaise gestion des ressources et de négligence des besoins des populations rurales et des minorités, en intégrant ces communautés dans les processus économiques et en améliorant leur accès aux ressources, l'État peut réduire les risques de marginalisation, d'injustices sociales et de violences communautaires.[260]

§2. **Rôle des partenaires internationaux dans le développement durable**

Le rôle de la communauté internationale, y compris les organisations internationales et les investisseurs privés, est primordial pour la promotion d'un développement économique durable. Des initiatives de partenariats public-privé entretenues par des aides au développement et de programmes d'investissement centrés sur les secteurs stratégiques particulièrement l'agriculture, l'énergie renouvelable et les infrastructures, peuvent user un rôle capital dans la

---

[260] ABDELMALKI L. & MUNDLER, P., *Économie de l'environnement et du développement durable*, Belgique, Albin Michel, 2010, p.80

transformation de l'économie congolaise. Cependant, il est nécessaire que ces partenariats soient fondés sur le respect des droits humains, la transparence et un engagement à long terme évitant de pratique d'exploitation à court terme. L'économie et le développement durable sont des indicateurs pour garantir la stabilité de la République Démocratique du Congo, mais aussi de la région des Grands Lacs.

Pour promouvoir une croissance inclusive en réduisant les inégalités économiques, et en mettant en exécution des modèles de développement durable, la RDC peut créer un cadre propice à la paix et à la stabilité, résolvant les causes intenses des conflits. Les principaux mécanismes pour établir une base solide de développement économique qui contribuera à une paix durable dans la région, sont particulièrement la gestion des ressources naturelles, l'investissement dans les infrastructures sociales et la réduction des inégalités.

Section 2. Gestion des ressources naturelles

La gestion des ressources naturelles constitue un pilier fondamental dans le processus de développement économique et social, particulièrement dans des pays riches en matières premières, comme la RDC. Cependant, l'exploitation de ces ressources a été un facteur de conflits, de mauvaise gouvernance et de destruction environnementale. La RDC, dotée d'une abondance de ressources naturelles, telles que les minéraux, les forêts, les terres agricoles et les réserves d'eau, a longtemps été confrontée à des conflits économiques exacerbés par des réformes institutionnelles insuffisantes et une mauvaise gestion des ressources. Pour réduire ces conflits et favoriser un développement économique durable, il est impérieux de mettre des réformes institutionnelles profondes dans la gestion des ressources naturelles. Ces réformes doivent réguler l'exploitation des ressources, promouvoir la transparence et garantir que les dividendes de cette exploitation soient répartis équitablement à travers la société, parmi les communautés locales souvent affectées par l'exploitation illégale et non durable.[261]

§1. Causes des conflits liés à la gestion des ressources naturelles

En République Démocratique du Congo, la mauvaise gouvernance des ressources naturelles a favorisé une exploitation illégale et non encadrée, ouvrant la voie à l'appropriation de richesses stratégiques par des groupes armés,

---

[261] MARTIN, J.-Y., Op.cit.

des entreprises clandestines et des acteurs étrangers. Dans des provinces riches en minerais comme le Kivu, l'Ituri et le Katanga, cette prédation s'est opérée dans des conditions marquées par de graves atteintes aux droits humains, des dégradations environnementales sévères, et une marginalisation quasi totale des communautés locales, exclues des retombées économiques.

Cette concurrence violente pour le contrôle des ressources a intensifié les tensions locales, les groupes armés finançant leurs activités militaires par la contrebande des matières premières, alimentant ainsi des cycles de violence prolongés et profondément enracinés. L'incapacité de l'État à exercer un contrôle effectif sur ces territoires et à mettre en place un cadre de régulation transparent a créé un vide institutionnel, propice aux pratiques illégales, à l'économie de guerre et à une forme de pillage systématique qui mine les perspectives de stabilité et de développement durable dans le pays.[262] Les richesses générées par l'exploitation des ressources naturelles sont restées concentrer entre les mains de quelques acteurs économiques et politiques. Les communautés locales des zones riches en ressources, au contraire, ont vu leurs conditions de vie se dégrader, tout en étant souvent privées des bénéfices de cette richesse.

Cette inégalité économique a généré des frustrations, des tensions sociales et des conflits entre les communautés locales, l'État central et les acteurs économiques étrangers. Ces inégalités économiques sont un terreau fertile pour la radicalisation, l'insécurité et la violence. Un des principaux moteurs des conflits économiques liés aux ressources naturelles est la corruption au sein de l'État. Le manque de transparence dans la gestion des ressources naturelles et la captation des profits par des élites politiques et économiques ont exacerbé les inégalités et favorisé la détérioration des institutions publiques. L'absence de contrôles efficaces et de mécanismes de reddition de comptes a permis à certaines parties prenantes de profiter des ressources naturelles de manière illégale et anti-éthique, au détriment du bien-être des populations locales et du développement durable du pays.[263]

---

[262] ABDELMALKI L. & MUNDLER, P., Op.cit.
[263] KAZEMBE NGALULA, S., La *résolution des conflits liés aux ressources naturelles en République Démocratique du Congo: La gestion des conflits environnementaux*, éd. Universitaire européenne, 2022

§2. Réformes institutionnelles pour une gestion durable des ressources naturelles

La première étape pour réduire les conflits économiques liés aux ressources naturelles est de renforcer la gouvernance au niveau national et local. Les réformes visent à créer des institutions robustes et transparentes capables de gérer les ressources naturelles de manière équitable et durable. Ces réformes donnent une compréhension sur plusieurs aspects. La création d'une législation claire et rigoureuse pour l'exploitation des ressources naturelles, définit des règles strictes pour l'accès aux ressources, la gestion de l'environnement et la redistribution des dividendes. L'instauration de mécanismes de transparence et de contrôle indépendant, par exemple des audits publics régulés des contrats d'exploitation minière et des licences d'exploration avec la participation de la société civile et des communautés locales.

La révision du cadre législatif régissant les secteurs minier et forestier s'impose comme une nécessité pour garantir que les acteurs impliqués dans l'exploitation des ressources naturelles respectent scrupuleusement les normes environnementales, sociales et éthiques. Parallèlement, l'amélioration de la gouvernance fiscale est essentielle afin d'assurer que les revenus tirés de ces activités soient efficacement mobilisés pour financer les services publics fondamentaux, notamment dans les domaines de la santé, de l'éducation et des infrastructures. Il est également crucial d'instaurer des mécanismes contractuels de partage équitable des bénéfices entre les entreprises exploitantes et les communautés locales, de manière à ce que ces dernières puissent bénéficier directement des retombées économiques de l'exploitation de leurs ressources, renforçant ainsi la justice sociale, la redevabilité territoriale et la stabilité à long terme.

La création de fonds de développement communautaire qui financent des projets locaux, tels que des écoles, des hôpitaux et des infrastructures publiques, en utilisant les revenus générés par l'exploitation des ressources naturelles. Le renforcement des droits fonciers et des droits de gestion des ressources pour les communautés, afin de leur permettre de bénéficier de manière équitable des ressources naturelles présentes sur leurs terres. Une gestion efficace des ressources naturelles nécessite également une diversification de l'économie pour réduire la dépendance excessive aux secteurs extractifs. Le pays doit promouvoir des secteurs alternatifs, comme l'agriculture durable, l'industrie manufacturière, les technologies de l'information et les énergies renouvelables, afin d'offrir de nouvelles sources de revenus et des opportunités d'emploi.

Une économie diversifiée permettra de réduire la vulnérabilité du pays aux fluctuations des prix des ressources naturelles sur les marchés internationaux, tout en offrant des alternatives aux communautés locales afin qu'elles ne dépendent pas exclusivement des activités extractives, qui peuvent être instables et sources de conflits. Les réformes institutionnelles doivent également prendre en compte les enjeux environnementaux et sociaux. Les pratiques d'exploitation minière, forestière ou agricole doivent être durables et respectueuses de l'environnement. Les réformes doivent donc inclure ou intégrer.

Des politiques de gestion environnementale rigoureuses, telles que des normes strictes en matière de reboisement, de réhabilitation des sols, et de réduction des émissions polluantes des industries extractives. Encourager une exploitation responsable des ressources naturelles permet de limiter les effets néfastes sur les écosystèmes locaux et de protéger la santé des populations vivant à proximité des sites d'extraction. Cet objectif implique une démarche proactive de sensibilisation et de formation à l'attention des acteurs économiques, des entreprises exploitantes et des communautés locales, afin de renforcer leur compréhension des enjeux environnementaux et de l'importance de préserver les équilibres écologiques pour les générations futures. Pour que l'exploitation des ressources contribue réellement à un développement durable et équitable, la République Démocratique du Congo doit harmoniser ses pratiques avec les standards internationaux en matière de gestion environnementale et de gouvernance des ressources naturelles, en intégrant des principes de durabilité, de transparence et de responsabilité partagée.

L'adhésion à des initiatives internationales, telles que l'Initiative pour la transparence des industries extractives (EITI) ou les principes du Pacte mondial de l'ONU, qui promeuvent la transparence, la responsabilité et le respect des droits de l'homme dans l'exploitation des ressources naturelles. La signature d'accords internationaux qui intègrent des clauses relatives à la responsabilité sociale et environnementale des entreprises opérant sur le territoire congolais. Les réformes institutionnelles de la gestion des ressources naturelles sont primordiales pour réduire les conflits économiques et sociaux en République Démocratique du Congo. En renforçant la gouvernance, en intégrant les communautés locales dans les processus décisionnels, en diversifiant l'économie et en promouvant des pratiques durables, la RDC pourra transformer ses ressources naturelles en un moteur de développement inclusif et durable. L'implémentation de ces réformes permettra de limiter l'exploitation illégale, de réduire les inégalités, et de prévenir les conflits, contribuant ainsi à la stabilité et à la paix dans le pays et dans la région des Grands Lacs.[264]

Section 3. Création d'opportunités d'emploi et de développement pour stabiliser la région de l'Est.

§1. Importance de la création d'emplois pour la stabilité

La région de l'Est de la RDC est riche en ressources naturelles, notamment en minerais (coltan, or, cobalt), mais l'exploitation de ces ressources a été marquée par une gestion chaotique et souvent violente. Le déficit criant d'emplois formels et l'absence d'infrastructures de développement ont poussé une grande partie de la population, en particulier les jeunes, à se replier sur des activités informelles ou illicites, souvent contrôlées par des groupes armés ou influencées par des acteurs extérieurs. Cette dynamique a considérablement réduit les perspectives économiques légitimes, tout en exacerbant les fractures sociales et les tensions identitaires. Dans ce contexte, la précarité devient un terreau fertile pour l'embrigadement et l'instabilité, alimentant un cercle vicieux où la pauvreté chronique, le désespoir et l'absence d'alternatives renforcent les logiques de violence et de fragmentation communautaire.

Les déséquilibres économiques ravitaillés par des secteurs informels non régulés, ont créé une marge de manœuvre pour les groupes armés qui exploitent ces ressources pour financer leurs activités. De ce fait, la création d'emplois formels, durables et respectueux de l'environnement devient un moteur vital pour réduire les tensions sociales et améliorer la situation sécuritaire. Un autre facteur déterminant pour sortir de cette dynamique de violence est de réduire le chômage parmi la jeunesse. Les jeunes représentent une part importante de la population de l'Est de la RDC, et beaucoup sont sans emploi, vulnérables et parfois instrumentalisés par des groupes armés. En créant des opportunités économiques et en facilitant l'accès à des emplois stables, il est possible de canaliser l'énergie de cette jeunesse vers des activités productives, réduisant ainsi les risques de radicalisation et de recrutement par des groupes rebelles.[265]

---

[264] TCHAPMEGNI R., NGNINTEDEM, J.-C., NLÉND G. B.-V, *La gouvernance des ressources naturelles et de l'énergie en Afrique. Quelle perspective pour une gestion durable et une régulation équitable ?*, Independently published, 2020
[265] TCHAPMEGNI R., NGNINTEDEM, J.-C., NLÉND G. B.-V, Op.cit.

§2. Stratégies de développement durable pour créer des opportunités d'emploi

La réhabilitation des infrastructures constitue un levier fondamental pour relancer l'activité économique et générer de nouvelles opportunités d'emploi à grande échelle. Des équipements de base tels que les routes, les établissements scolaires, les centres de santé, ainsi que les réseaux d'approvisionnement en eau et en électricité, sont indispensables au développement équilibré des régions. Leur reconstruction facilitera les échanges commerciaux, renforcera l'attractivité économique des territoires et contribuera à une amélioration tangible des conditions de vie des populations. Par ailleurs, ce processus mobilisera une main-d'œuvre importante, tant dans les secteurs de la construction et de la maintenance que dans la gestion technique et administrative des infrastructures, stimulant ainsi la croissance inclusive et la cohésion sociale. Cela aura également un impact direct sur le secteur agricole, permettant aux producteurs locaux d'accéder plus facilement aux marchés. L'agriculture est un secteur indicateur de l'économie de l'Est de la RDC, employant une grande partie de la population. Pourtant, ce secteur souffre d'un manque d'investissements, de technologies modernes, de formation des agriculteurs et d'accès aux marchés. Le développement de l'agriculture durable et résiliente au changement climatique est une voie stratégique pour la création des emplois massifs et la lutte contre la pauvreté.

La modernisation du secteur agricole passe par la formation des agriculteurs à des pratiques à la fois plus productives et respectueuses de l'environnement. Un appui renforcé à la production locale implique de faciliter l'accès à des semences de qualité, à des fertilisants écologiques et à du matériel agricole adapté aux réalités du terrain. Par ailleurs, la structuration des producteurs à travers la création de coopératives agricoles permet de renforcer leur capacité d'organisation, d'améliorer leurs conditions de commercialisation, et de favoriser une meilleure distribution des produits sur les marchés, contribuant ainsi à la sécurité alimentaire, à l'essor rural et à une croissance inclusive du secteur. En plus, pour fournir des emplois directs, le soutien à l'agriculture créera des opportunités dans les secteurs connexes, comme la transformation des produits agricoles, le transport, et la commercialisation. Le secteur minier est une source de revenus substantiels pour la République Démocratique du Congo, mais son exploitation est chaotique et liée à des pratiques illégales.

Pour la création des emplois durables et responsables dans le secteur minier, il est nécessaire d'organiser le secteur minier, de formaliser les activités minières et de promouvoir une exploitation responsable. La formalisation de l'exploitation minière artisanale permet de soumettre cette activité à un cadre réglementaire clair, garantissant des conditions de travail plus sûres pour les mineurs tout en l'intégrant pleinement dans la chaîne de valeur minière nationale. Parallèlement, le développement de la transformation locale des ressources contribue à réduire la dépendance à l'exportation de matières premières brutes, tout en favorisant la création d'emplois dans des filières à plus forte valeur ajoutée. L'introduction de technologies adaptées dans le secteur extractif permet non seulement de limiter les impacts environnementaux, mais aussi de générer des emplois dans des domaines émergents tels que la gestion écologique des déchets et la réhabilitation durable des sites d'exploitation, renforçant ainsi le lien entre développement économique, responsabilité sociale et préservation des écosystèmes. La région de l'Est de la RDC attire des touristes du monde entier à travers sa biodiversité et ses sites naturels exceptionnels, comme les Parcs Nationaux des Virunga.

En développant le secteur touristique, à travers le tourisme écologique et culturel, il est possible de créer des emplois directs dans l'hôtellerie, la restauration, le transport et les activités culturelles. Le développement du tourisme peut également avoir un effet multiplicateur sur d'autres secteurs, comme l'agriculture c'est-à-dire fourniture de produits locaux aux hôtels, la construction et les services. Cependant, cela nécessite des réformes institutionnelles pour garantir une gestion durable du secteur, protéger l'environnement et impliquer les communautés locales dans les bénéfices du tourisme. En parallèle, des infrastructures touristiques doivent être développées pour accueillir les visiteurs de manière sécurisée et responsable.[266]

§3. Education, formation et infrastructures sociales

Une autre priorité est le renforcement de l'éducation et de la formation professionnelle pour mieux préparer les jeunes aux exigences du marché de l'emploi. L'investissement dans des programmes de formation technique et professionnelle permettra aux jeunes de développer des compétences dans des secteurs tels que l'agriculture, la mécanique, la gestion des ressources naturelles, et les technologies numériques. La réinsertion des enfants et des jeunes affectés par les conflits, à travers des programmes éducatifs adaptés, est également importante pour éviter une nouvelle génération de jeunes sans avenir, facilement exploités par des groupes armés ou des réseaux criminels. En parallèle de la création d'emplois, il est capital de développer les services sociaux de base santé,

---

[266] FIALAIRE, J., *Les stratégies de développement durable*, Paris, L'Harmattan, 2008

éducation, eau potable, et électricité. Ces services sont importants pour améliorer la qualité de vie et réduire les inégalités sociales. L'amélioration des infrastructures sociales ne contribue pas seulement à l'économie, mais joue également un rôle prépondérant dans la réduction des tensions sociales et ethniques, en offrant des services équitables à toutes les communautés, quel que soit leur groupe ethnique ou leur lieu de résidence.

§4. Collaboration régionale et partenariats internationaux

La stabilisation de la région de l'Est ne peut pas se faire sans la collaboration des pays voisins et des acteurs internationaux. Des partenariats régionaux avec l'Ouganda, le Rwanda, et le Burundi aideraient à coordonner les efforts de développement transfrontaliers en résolvant les problèmes communs comme la mouvance des groupes armés et la gestion des ressources naturelles partagées.

Les investisseurs internationaux dans les infrastructures, l'éducation et les secteurs économiques peuvent également user un rôle décisif dans la création d'opportunités d'emplois durables. Pour créer des opportunités d'emploi et de développement durable dans la région de l'Est de la RDC, elle doit stabiliser cette région qui est marquée par des décennies de conflits. La réhabilitation des infrastructures, le soutien à l'agriculture durable, la formalisation de l'exploitation minière, le développement du secteur touristique et l'amélioration des services sociaux constituent des instruments vitaux pour la stimulation de l'économie locale, en offrant aux populations des alternatives à la violence. Toutefois, cela nécessite une gouvernance forte, une régulation efficace des ressources naturelles, et une implication active des communautés locales dans les processus de développement.[267]

Section 4. Rôle des investissements étrangers et de l'infrastructure dans la pacification de la RDC.

La République Démocratique du Congo avec sa vaste étendue, ses richesses naturelles exceptionnelles et sa population jeune représente de développement considérable. Cependant, la fragilité institutionnelle, la concurrence pour les ressources, l'instabilité politique et la présence de groupes armés créent un environnement difficile pour le développement durable et la paix. Dans cette circonstance, les investissements étrangers et l'infrastructure usent un

---

[267] WIDLOECHER, P., QUERNE, I., Le *guide du développement durable en entreprise: Stratégie. Actions. Indicateurs. Leviers de réussite. Aides et financements*, Organisation, 2009

rôle stratégique en tant que moteurs potentiels de pacification et de développement durable. Ces éléments favorisent non seulement la croissance économique, mais aussi, ils contribuent à la réduction des conflits, à la création d'emplois, et à l'amélioration des conditions de vie pour renforcer la gouvernance et la stabilité sociale.

§1. Investissements étrangers comme un catalyseur pour la paix et la stabilité

La RDC, malgré ses immenses ressources naturelles, elle reste l'un des pays sous développés du monde à cause de décennies de guerre civile, de mauvaise gestion des ressources et d'une absence de sécurité. Le pays souffre également d'une insécurité généralisée et d'un manque d'infrastructures de base qui découragent les investisseurs. L'instabilité politique et la présence de groupes armés dans certaines régions, précisément l'Est de la RDC, empêchent l'émergence d'un climat économique propice aux investissements à grande échelle.

Cependant, les investissements étrangers, particulièrement ceux destinés à l'infrastructure et à l'industrie, peuvent être un outil pour restaurer la stabilité. Ils contribuent à la création d'emplois, à la réduction de la pauvreté, et à la réinsertion des jeunes dans le processus économique. De plus, des investissements dans des secteurs stratégiques, comme l'énergie, les mines, l'agriculture et les infrastructures de transport, sont également utilisés comme des instruments de reconstruction après de période des conflits. Les secteurs stratégiques qui peuvent attirer des investissements étrangers en RDC comprennent.

La RDC est l'un des plus grands producteurs mondiaux de minéraux stratégiques, comme le cobalt, le cuivre, le coltan et l'or. Une gestion plus transparente et régulée de ces ressources pourrait attirer des investissements étrangers dans un cadre de gouvernance améliorée, réduisant ainsi l'exploitation illégale et l'implication des groupes armés. Le manque d'infrastructures dans des domaines tels que le transport, l'électricité, l'eau potable, et les télécommunications constitue un obstacle majeur au développement économique. Les investissements étrangers dans ces secteurs peuvent améliorer les conditions de vie des populations, stimuler les activités économiques, et par conséquent, réduire les tensions qui naissent souvent de la pauvreté et de l'isolement. L'agriculture est un secteur essentiel pour la majorité des Congolais. Les investissements dans des techniques agricoles modernes et durables, ainsi que dans la transformation des produits agricoles, peuvent non seulement améliorer la sécurité alimentaire, mais aussi générer des emplois et des revenus pour des millions de personnes. Les investissements étrangers contribuent à la pacification en l'une des causes fondamentales de l'instabilité en RDC est le taux élevé de chômage, en particulier parmi les jeunes.

Les investissements étrangers dans les secteurs stratégiques de l'économie congolaise peuvent jouer un rôle catalyseur dans la création d'emplois, aussi bien directs qu'indirects, dans des domaines variés allant de la construction d'infrastructures à la gestion durable des ressources naturelles. Lorsqu'ils sont orientés vers les régions marginalisées ou fragiles, notamment dans l'Est du pays, ces projets permettent de réduire les inégalités territoriales et de renforcer la cohésion sociale, en réintégrant des zones historiquement exclues du développement national. La mise en place de zones économiques spéciales ou de pôles industriels ciblés peut ainsi devenir un levier pour stimuler l'activité économique dans les zones vulnérables et contribuer à résorber certaines causes structurelles des conflits. En parallèle, les investissements dans les infrastructures sociales telles que les écoles, les établissements de santé ou les réseaux d'accès à l'eau potable sont essentiels pour améliorer les conditions de vie et restaurer la confiance des populations dans les institutions étatiques.

Lorsqu'ils s'accompagnent de réformes institutionnelles cohérentes, ces apports extérieurs peuvent également renforcer la gouvernance locale, lutter contre la corruption et instaurer un climat favorable à un développement inclusif, éthique et durable.[268]

§2. Infrastructures comme pilier pour la réconciliation et la stabilité sociale

Les infrastructures sont essentielles pour garantir un développement équilibré et équitable, particulièrement dans un pays vaste et riche en ressources naturelles comme la RDC. Le manque d'infrastructures dans des secteurs vitaux, comme l'eau potable, l'électricité, la santé et l'éducation, constitue non seulement un frein au développement, mais aussi un facteur d'instabilité. Les infrastructures de transport, tels que les routes, les chemins de fer et les aéroports sont particulièrement importantes pour favoriser l'accès aux marchés, réduire l'isolement des régions, et faciliter le commerce entre les provinces. Ces infrastructures contribuent également à la mobilité interne et à l'accès aux services

---

[268] LAVIEC, J.-P., *Protection et promotion des investissements*, Graduate Institute Publications, 1985,

sociaux et économiques, réduisant les inégalités et les frustrations qui peuvent alimenter les tensions locales.

Les infrastructures de transport comme routes, chemins de fer et ponts permettent de relier des régions jusque-là enclavées et de favoriser les échanges économiques, pour créer une dynamique de cohésion nationale et réduit les tensions liées à l'isolement ou à l'inaccessibilité de certaines zones. La construction et l'entretien des infrastructures créent un bon nombre d'emplois directs dans des secteurs tels que le bâtiment, l'ingénierie, et les services. Ces emplois peuvent être une alternative pour des jeunes enclins à rejoindre des groupes armés faute de perspectives économiques. Les infrastructures à celles liées à la gestion de l'eau, à l'éducation et à la santé, sont nécessaires pour l'amélioration des conditions de vie de la population et pour le renforcement de la légitimité de l'État.

Lorsque les citoyens ont accès à des services de qualité, la confiance des autorités locales et nationales se renforcent, ce qui contribue à la pacification du pays. Les infrastructures sociales, telles que les établissements scolaires, les centres de santé et les équipements communautaires, jouent un rôle déterminant dans les processus de réconciliation sociale. En offrant des services essentiels au cœur des territoires fragilisés, elles contribuent à rétablir le lien de confiance entre les populations et l'État.

Lorsque les communautés constatent un engagement concret des autorités dans la reconstruction de leur région et l'amélioration de leurs conditions de vie, cela favorise une reconnaissance mutuelle et permet d'atténuer les ressentiments hérités des conflits passés. Ces investissements sociaux deviennent ainsi des vecteurs de pacification, de réparation symbolique et de reconstruction du contrat social. Les infrastructures communautaires peuvent également être utilisées pour favoriser le dialogue interethnique et pour créer des espaces d'échanges, contribuant à réduire les tensions ethniques qui ont alimenté les conflits dans le passé.[269]

§3. **Rôle des partenariats public-privé et de la coopération internationale**

L'implication des investisseurs étrangers dans la reconstruction de la RDC ne doit pas être perçue uniquement comme une relation exploitative. Il est

---

[269] UNOPS, « Les infrastructures au service de la consolidation de la paix. Le rôle des infrastructures pour éliminer les facteurs sous-jacents de la fragilité », in *Danish Institute for international studies*, 2020

important de promouvoir des partenariats public-privé dans le cadre de projets d'infrastructure, afin que les bénéfices économiques soient également partagés avec les populations locales. Les entreprises peuvent être incitées à investir dans des projets responsables, qui incluent la création d'emplois locaux, la protection de l'environnement, et l'amélioration des conditions sociales. La communauté internationale, à travers des organisations multilatérales comme la Banque mondiale, l'Union européenne, ou l'ONU, joue également un rôle producteur dans le financement des projets d'infrastructure.

Ces partenaires fournissent des prêts à faible taux d'intérêts, des subventions et des assurances pour la soutenance des investissements dans les infrastructures vitales. Les investissements étrangers et les infrastructures, ce sont des outils importants pour la pacification de la RDC améliorant les conditions économiques et sociales à travers des projets d'infrastructures, pour créer des emplois durables, et réduire les inégalités régionales. Il est possible de réduire les tensions et d'instaurer une stabilité durable. Ces investissements, cependant, doivent être réalisés dans un cadre de gouvernance transparente, de respect des droits humains, et d'implication des communautés locales afin de favoriser un développement inclusif et durable.[270]

[270] RICHTER, J., « Partenariats public-privé et politique de développement », in *Annuaire suisse de politique de développement*, n°24, 2005, pp.193-213.

CHAPITRE 18. EXPERIENCE MALHEUREUSE DE LA CEPGL

La Communauté Économique des Pays des Grands Lacs (CEPGL), fondée en 1976, est un projet de coopération régionale visant à promouvoir le développement économique, la stabilité politique et la coopération entre les pays de la région des Grands Lacs, à savoir le Burundi, le Rwanda et la République Démocratique du Congo. Cependant, malgré ses objectifs ambitieux, la CEPGL n'a pas réussi à atteindre les résultats escomptés, en raison de diverses difficultés internes et externes qui ont entravé son fonctionnement et sa viabilité. Il est donc important, dans le cadre de ce papier d'analyser les raisons de cette expérience malheureuse, les problèmes rencontrés dans son fonctionnement, et les préalables nécessaires à sa réactivation et son amélioration afin qu'elle soit la base sur laquelle se grefferait la fusion si pas entre les trois pays au moins entre le Rwanda et la RDC.[271]

§1. Nature et objectifs de la CEPGL

La CEPGL a été créée dans un contexte de tensions politiques et économiques dans la région des Grands Lacs, à la suite des indépendances, des rivalités entre les nations nouvellement indépendantes et des besoins sérieux de coopération pour surmonter les défis du développement. Les objectifs principaux de la CEPGL étaient :

- ✓ Promouvoir la coopération économique régionale,
- ✓ Stimuler la croissance et le développement à travers des projets communs dans des secteurs tels que l'énergie, le commerce, les infrastructures, et l'agriculture,
- ✓ Renforcer la stabilité politique et sécuritaire dans la région en réduisant les tensions entre ses membres et
- ✓ Créer des mécanismes de gestion commune des ressources naturelles de la région, particulièrement dans des domaines tels que l'eau, l'énergie, et les forêts.

---

[271] MUTABAZI, N., « Politique d'intégration économique des pays des grands lacs : lecture d'un échec », in *Reconstruction de la République Démocratique du Congo. Le rôle de la société civile, Cahiers des droits de l'homme et de la paix en région des Grands Lacs*, n° 1, 2004, 116-127.

En théorie, la CEPGL aurait dû permettre de stimuler la croissance économique par une meilleure gestion commune des ressources et une coopération accrue entre les États membres. Toutefois, la pratique de plusieurs défis ont empêché l'exécution de ces ambitions.

§2. Difficultés de la CEPGL

L'un des principaux défis de la CEPGL à la réussite de sa mission, a été le manque de stabilité politique dans les trois pays membres. Chaque pays membre a connu de période de turbulences internes, marquées par des guerres civiles, des changements de régimes et des conflits ethniques. A titre exemplatif, le Rwanda a traversé le génocide de 1994, un évènement fort qui a profondément affecté ses relations avec ses voisins, de l'autre côté la RDC, où des milliers de réfugiés rwandais ont trouvé refuge. Le Burundi, tout comme le Rwanda a été marqué par des conflits internes violents et des tensions ethniques entre les Hutus et les Tutsis. La RDC a été déstabilisée par des guerres civiles récurrentes, la première et la deuxième guerre du Congo, ainsi que par des conflits internes dans ses provinces orientales. Ces conflits ont donné lieu à des relations tendues entre les pays membres rendant toute forme de coopération régionale difficile, voire même impossible.[272]

Un autre frein majeur ou obstacle au fonctionnement de la CEPGL, est également le manque d'infrastructures adéquates. Les pays membres de la CEPGL ont des infrastructures limitées avec des réseaux de transport et de communication insuffisants pour faciliter les échanges commerciaux et l'intégration régionale. La construction et la maintenance des infrastructures régionales, comme les routes transfrontalières, les lignes électriques ou les systèmes d'irrigations, sont nécessaires pour la coopération économique, mais elles ont été négligées en raison de la guerre et des priorités internes des pays.[273] La Communauté Économique des Pays des Grands Lacs (CEPGL) a été confrontée à d'importantes difficultés en matière de gouvernance. Les divergences de vision entre les trois États membres, tant sur le plan de la gestion économique que sur celui de la coopération régionale, ont largement entravé l'élaboration de politiques communes cohérentes.

---

[272] YADI M., « la communauté économique des pays des grands lacs », in *Studia Diplomatica*, n°6, 1981, pp. 709 751

[273] SUDI, J., *L'Impact Social de l'Appartenance de la RD Congo à la CEPGL: RD Congo et CEPGL*, Éditions universitaires européennes, 2021

L'absence de leadership structurant, combinée à un financement insuffisant et à un cadre institutionnel peu fonctionnel, a compromis la mise en œuvre de projets régionaux durables. En outre, les rivalités internes et la persistance d'une méfiance mutuelle entre les membres ont paralysé les mécanismes de prise de décision, freinant considérablement la dynamique d'intégration régionale.

Autre problème récurrent de la CEPGL était le manque de volonté politique des dirigeants des trois pays de poursuivre une coopération véritable. Les rivalités politiques, les différends historiques et les intérêts nationaux ont pris le dessus sur les objectifs de coopération régionale. La question de la souveraineté a été un point de friction majeur, chacun des pays étant réticent à céder une partie de son autorité ou de ses ressources au profit d'un projet régional.[274]

§3. Préalables pour un fonctionnement réussi de la CEPGL

Pour que la Communauté Économique des Pays des Grands Lacs puisse fonctionner de manière optimale et réaliser pleinement ses objectifs, certains prérequis s'avèrent essentiels. La condition première à une relance efficace de cette organisation régionale réside dans la normalisation et la réconciliation des relations politiques entre ses États membres. La réduction des tensions interétatiques et la résolution des conflits internes passent nécessairement par l'instauration de mécanismes crédibles de dialogue politique, de médiation régionale et de prévention des crises. Une stabilité politique durable constitue ainsi le socle indispensable à toute dynamique d'intégration fonctionnelle et de coopération régionale renforcée. La stabilité politique dans chaque pays est primordiale pour la création d'un environnement propice à la coopération régionale. Un autre préalable majeur est le développement d'infrastructures régionales intégrées. Les pays membres doivent travailler ensemble pour construire et améliorer les routes, les chemins de fer, les lignes électriques et les réseaux de communication transfrontaliers, pour faciliter le commerce intra régional et renforcer l'intégration économique. La construction de projets communs comme des barrages hydroélectriques ou des systèmes d'irrigation contribue également à renforcer la coopération.

Il est capital de renforcer les institutions de la CEPGL pour assurer une coordination efficace entre les pays membres, cela inclurait la mise en

---

[274] KASEREKA BISIKA, F., *De l'intégration régionale de la RDC a la CEPGL - Une bonne diplomatie rend possible la mise en place de mécanismes de rétablissement de la paix*, Université Européenne, 2022

exergue d'une autorité centrale avec des pouvoirs exécutifs renforcés pour la supervision des projets régionaux, la définition des politiques communes et la garantie d'exécuter les décisions prises. Un autre élément important pour éviter la paralysie du projet réside dans la gestion transparente et une bonne gouvernance institutionnelle. Il est nécessaire d'investir dans la formation des ressources humaines et dans le développement des compétences locales afin que les pays membres gèrent mieux les projets régionaux.

Des mécanismes de partage des connaissances et des meilleures pratiques entre les pays renforcent également la coopération. La CEPGL ne doit pas se limiter aux gouvernements; il est également important pour elle, d'intégrer les secteurs privés et la société civile dans le processus. La participation des entreprises et des ONG locales peut dynamiser les initiatives économiques et sociales, en garantissant que les projets bénéficient réellement aux populations locales.[275]

§4. Comment améliorer la CEPGL

L'amélioration de l'efficacité de la Communauté Économique des Pays des Grands Lacs nécessite l'adoption d'un ensemble de mesures concrètes et coordonnées. Il est impératif de définir une feuille de route opérationnelle, assortie d'objectifs clairs, de priorités hiérarchisées et d'échéances réalistes, afin d'assurer une mise en œuvre cohérente des engagements pris. La création d'un fonds régional de développement s'impose également comme un levier stratégique pour soutenir le financement des projets d'intérêt commun. Par ailleurs, les États membres doivent renforcer les mécanismes de suivi et d'évaluation, en mettant en place des instruments de contrôle rigoureux permettant de mesurer l'impact et la progression des initiatives régionales.

Enfin, une révision approfondie des accords fondateurs et des cadres juridiques existants est nécessaire afin de les adapter aux défis actuels et aux nouvelles réalités géopolitiques, économiques et sécuritaires de la région des Grands Lacs. Bien que l'expérience de la CEPGL ait été marquée par des échecs et des difficultés, il reste un fondement pontentiel pour que cette organisation réussisse à user un rôle important dans la coopération régionale des Grands Lacs. Une relance de la CEPGL nécessite un engagement renouvelé de la part des pays

---

[275] MWAKA BWENGE, A., « D'une CEPGL à une autre : quelles alternatives dans les stratégies actuelles d'intégration et de coopération pour le développement ? », in *https://publication.codesria.org/index.php/pub/catalog/download/111/910/2786?inline=1*, consulté le 23/03/2025

membres, une réconciliation politique et un investissement dans des infrastructures et des institutions solides.

Section 2. Faire de la CEPGL une fédération entre les pays membres

La CEPGL fondée en 1976, a pour mission de promouvoir la coopération socioéconomique et politique entre le Burundi, le Rwanda et la République Démocratique du Congo.

Cette organisation régionale a connu des difficultés liées aux conflits internes, à la gouvernance inefficace et à l'absence de mécanismes clairs de coopération. L'idée de faire de la CEPGL une fédération entre ses membres ferait en sorte qu'elle soit représentée comme une solution audacieuse pour dépasser ces obstacles, en unissant les pays dans une structure plus intégrée et plus stable.[276]

§1. Comprendre la fédération et ses objectifs

Une fédération se définit comme une structure politique unissant plusieurs entités autonomes sous l'égide d'un pouvoir central commun, tout en leur laissant la gestion de certaines compétences spécifiques à l'échelle régionale ou locale. Dans le cas de la CEPGL, cela signifierait une transformation de l'organisation en une structure fédérale où les trois pays membres partagent une partie de leur souveraineté en matière de politique étrangère, de défense, de sécurité, d'économie et de ressources naturelles, pour conserver une certaine autonomie dans des domaines internes comme la culture, l'éducation ou les politiques sociales. L'objectif d'une fédération entre les pays membres de la CEPGL est de promouvoir une coopération économique plus forte pour stimuler le développement régional par des politiques intégrées en matière d'infrastructures, d'énergie, de commerce, etc. Aussi, renforcer la sécurité collective face aux menaces internes et externes, en créant une force de défense commune. Ensuite, construire une identité régionale unifiée en respectant les particularités culturelles, linguistiques et ethniques de chaque pays. Enfin, mettre en place une gouvernance partagée pour résoudre les conflits de manière pacifique et éviter les rivalités destructrices.

§2. Préalables à la création d'une fédération

La réconciliation entre les trois États membres constitue un fondement incontournable pour envisager la mise en place d'une fédération

---

[276] MWAKA BWENGE, A., Op.cit.

régionale. Les antagonismes historiques, notamment ceux qui opposent le Rwanda et la République Démocratique du Congo, doivent être résolus ou du moins atténués de manière significative. Aucun projet fédéral ne peut aboutir sans une volonté politique partagée, adossée à un climat de sécurité durable. La construction d'une telle fédération suppose un processus approfondi de dialogue régional, encadré par des médiateurs impartiaux et soutenu par des mécanismes institutionnels de consolidation de la paix.

Par ailleurs, les États concernés devront s'engager dans des accords de sécurité collective, fondés sur une reconnaissance mutuelle des menaces transnationales telles que la prolifération des groupes armés ou le terrorisme et sur une coopération active en matière de stabilisation régionale. La création d'une force de défense fédérale peut être envisagée pour faire face aux conflits internes dans la région et aux interventions extérieures. Pour qu'une fédération soit fiable, il est important de mettre en exécution une institutionnalisation de la coopération qui soit claire, transparente et efficace.[277] L'établissement d'un gouvernement central fédéral avec un président élu à l'échelle régionale, est capable de coordonner les politiques économiques, diplomatiques et sécuritaires de la fédération. Une cour suprême fédérale peut arbitrer les conflits entre les États membres et assurer l'unité juridique de la fédération. Un parlement fédéral composé de représentants élus par les trois pays membres, avec une représentation équitable de chaque pays, pour garantir que toutes les parties prenantes aient voix au chapitre. Chaque pays conserverait une autonomie dans certains domaines, tels que la gestion des affaires intérieures, les systèmes éducatifs, les politiques culturelles mais devrait déléguer au gouvernement fédéral certaines prérogatives en matière de politique étrangère, de défense, de commerce et d'autres enjeux d'intérêt régional.

§3. Création d'une monnaie commune et d'un système économique unifié

Pour réaliser une véritable fédération économique, il est important d'harmoniser les politiques économiques des pays membres. La création d'une monnaie commune faciliterait les échanges et les transactions entre les trois pays, en favorisant une plus grande stabilité économique régionale. Aussi, il y a une union douanière et commerciale pour faciliter la libre circulation des biens et des services entre les États membres, sans barrières tarifaires et permettre également

---

[277] CEPGL, *Dix ans après 1976* et KASEREKA BISIKA, F., De l'intégration régionale de la RDC a la CEPGL - Une bonne diplomatie rend possible la mise en place de mécanismes de rétablissement de la paix, Université Européenne, 2022, p.16

une plus grande intégration des marchés locaux. Ensuite, un fonds de développement commun pour financer des projets d'infrastructures régionaux comme routes, ponts, lignes électriques, etc., et pour améliorer les conditions de vie des populations locales. Ce fonds soutient également des actions de développement durable et de gestion des ressources naturelles partagées, à titre illustratif, le bassin du fleuve Congo. La fédération met en place une politique sociale commune pour l'amélioration des conditions de vie dans les trois pays membres, pour inclure des projets conjoints dans le domaine de la santé, de l'éducation, du logement et de la protection sociale.

De plus, il serait nécessaire d'élaborer une stratégie régionale de gestion des ressources naturelles pour éviter les conflits liés à l'exploitation des ressources communes comme les minéraux en RDC ou les ressources en eau partagées.[278]

§4. Étapes de mise en place de la fédération

La première étape serait de créer un dialogue entre les dirigeants des trois pays membres pour définir les grandes lignes de la fédération et fixer un calendrier de mise en œuvre. Ce dialogue pourrait inclure des négociations bilatérales et trilatérales sur les questions fondamentales de la gouvernance, la sécurité, l'économie, etc., avec la participation d'acteurs de la société civile et des experts internationaux. Des accords préliminaires devraient être signés pour poser les bases de la fédération, y compris des principes de non-ingérence et de respect des souverainetés nationales. Un mécanisme de transition fédérale pourrait être mis en place pour superviser l'évolution vers la fédération, établir les institutions fédérales et rédiger une constitution fédérale. Cette commission serait composée de représentants des trois pays, des experts en droit constitutionnel et des médiateurs internationaux.

Elle serait responsable de la rédaction des lois fondamentales et de l'organisation des premières élections fédérales. Une fois la commission de transition en place, il serait nécessaire d'organiser les élections fédérales pour choisir les représentants au parlement fédéral, ainsi que le président de la fédération. Simultanément, des réformes institutionnelles au niveau national seraient capital pour l'harmonisation des systèmes judiciaires, politiques et économiques des trois pays membres, afin qu'ils soient conformes aux exigences

---

[278] KABAMBA, B., Interrégionalité des pays des Grands Lacs africains. Élaboration d'un modèle d'intégration régionale et son application à la région des Grands Lacs africains, Thèse de doctorat en Sciences politiques, Faculté de Droit, Université de Liège, 2000

ou besoins de la fédération. Un projet de sensibilisation et d'éducation des populations sur les avantages et le fonctionnement de la fédération serait indispensable. Des campagnes d'information sont lancées pour expliquer les bienfaits de cette intégration régionale, en insistant sur les aspects socioéconomiques, sécuritaires et culturels.[279]

§5. Défis à surmonter

La création d'une fédération entre les pays membres de la CEPGL représenterait un chantier complexe et de longue haleine. Parmi les obstacles majeurs figurent la résistance prévisible des élites politiques nationales, soucieuses de préserver leurs prérogatives, ainsi que les divergences ethniques, culturelles et historiques, notamment les tensions persistantes entre la République Démocratique du Congo et le Rwanda. À ces défis s'ajoutent les contraintes économiques liées à l'harmonisation des politiques fiscales, des régimes monétaires et des structures économiques des trois États. Pourtant, malgré ces difficultés, l'édification d'une fédération régionale offre une opportunité historique de refonder la région des Grands Lacs sur des bases de paix, de stabilité et d'intégration économique durable.

Transformer la CEPGL en une entité fédérale ambitieuse mais fonctionnelle exigerait une volonté politique affirmée, un cadrage stratégique cohérent et un engagement ferme en matière de sécurité collective, de réformes institutionnelles et de gouvernance partagée. Avec des mécanismes de soutien adaptés, un cadre juridique solide et une coopération renforcée entre les parties prenantes, une telle fédération pourrait devenir un modèle innovant d'intégration régionale en Afrique centrale. Elle peut offrir encore une voie vers la stabilité, la prospérité économique et la paix durable pour la région des Grands Lacs.[280]

Section 3. CEPGL de l'intégration et coopération à une véritable fédération

La Communauté Économique des Pays des Grands Lacs, fondée en 1976, a pour ambition de promouvoir la coopération économique, sociale et politique entre ses trois pays membres, notamment le Burundi, le Rwanda et la République Démocratique du Congo. Bien que cette organisation a favorisé

---

[279] KILOMBA SUMAILI, A., « Le potentiel de la Communauté Economique des Pays des Grands Lacs et de la Conférence Internationale sur la Région des Grands Lacs pour l'instauration d'une paix durable en RDC », *Librairie Africaine d'Etudes Juridiques*, n°1, 2014, pp.647-671.
[280] Sénat de Belgique, La Communauté Economique des Pays des Grands Lacs ,2006.

certaines formes de collaboration, elle n'a jamais atteint pleinement son ambition en raison de plusieurs défis internes, notamment en ce qui concerne des divergences politiques, des conflits régionaux, des problèmes de gouvernance et une mise en exécution partielle de ses objectifs. L'idée de faire de la CEPGL une véritable fédération entre ses pays membres constituerait un tournant majeur, changeant l'organisation en une union plus forte et plus intégrée.[281]

§1. Comprendre les différences entre coopération et fédération

Avant de discuter de la mutation de la CEPGL vers une fédération, il est important de différencier la coopération à celle de la fédération. Dans son format actuel, la CEPGL repose sur une coopération limitée entre les pays membres, pour inclure des initiatives telles que l'échange d'informations et de connaissances, l'énergie et les infrastructures, la création de projets régionaux dans des secteurs comme l'agriculture, la mise en place de mécanismes de concertation pour gérer certaines ressources partagées, par exemple, les ressources en eau du bassin du fleuve Congo. Cependant, cette coopération est volontaire et chaque pays conserve sa souveraineté totale. Les pays membres de la CEPGL restent responsables de leurs propres politiques économiques, sociales et politiques. Les décisions prises au sein de l'organisation ne sont pas contraignantes et peuvent être ignorées si elles ne correspondent pas aux intérêts nationaux.

Une fédération va bien au-delà de la simple coopération. Dans un système fédéral, les pays membres acceptent de partager une partie de leur souveraineté avec un gouvernement central, tout en conservant des pouvoirs sur certaines questions internes. En d'autres termes, une fédération implique une gouvernance partagée, où les États membres délèguent au gouvernement fédéral certaines compétences majeures comme la politique étrangère, la défense, la gestion des ressources naturelles partagées, etc., tout en conservant une autonomie dans d'autres domaines, comme la culture, l'éducation ou la politique intérieure. La transformation de la CEPGL en une fédération signifierait un engagement profond des pays membres pour construire une structure politique et économique commune, une identité régionale forte et un avenir intégré.[282]

---

[281] TCHAMI, T., « Manuel sur les Coopératives à l'usage des Organisations de Travailleurs », in *Organisation Internationale du Travail*, 2004.
[282] FLORENCE, J.-C., et GARDIN, L., « Introduction: la coopération dans tous ses états ». L'économie sociale et solidaire en coopérations

§2. Étapes pour passer de la coopération à une fédération

Le passage de la coopération à une fédération nécessite une volonté politique forte de la part des dirigeants des trois pays membres. Cette volonté devrait se traduire par un engagement à surmonter les divisions historiques, les conflits internes et les tensions géopolitiques. Un processus de réconciliation régionale serait indispensable pour construire une base de confiance mutuelle. Les pays membres s'engagent dans des dialogues de paix et de coopération pour apaiser les problèmes territoriaux et sécuritaires entre le Rwanda et la RDC, qui ont été marqués par des conflits violents dans les années 1990 et 2000. Il serait nécessaire d'établir un instrument de résolution des conflits et de promouvoir des politiques de non-ingérence dans les affaires intérieures des États membres. Cela peut se faire au moyen des accords bilatéraux, la médiation internationale et des efforts soutenus pour le renforcement de la stabilité interne de chaque pays membre. Le cœur d'une fédération réside dans sa structure institutionnelle, et la CEPGL devrait se transformer en une organisation politique et administrative fédérale, dans laquelle les trois pays membres délègueraient certaines de leurs prérogatives à un gouvernement central.

La réforme institutionnelle implique la création de nouvelles institutions communes et des instruments de prise de décision partagés. Ce gouvernement central est composé d'un président élu au niveau régional, d'un parlement fédéral et d'un système judiciaire fédéral. Le gouvernement fédéral serait responsable de la coordination des politiques régionales, des relations extérieures, de la gestion des ressources naturelles communes et de la sécurité collective. Le parlement à son tour, serait composé de représentants élus des trois pays membres, selon un système de représentation proportionnelle qui assurera une voix équitable à chaque pays membre. Ce parlement fédéral aurait pour rôle de légiférer sur les grandes questions régionales, dans le cadre de la défense, de l'économie et des politiques environnementales. Une cour suprême pour trancher les différends entre les États membres et garantir le respect de la constitution fédérale, assurant ainsi l'unité juridique de la fédération.[283]

Une des pierres angulaires de la fédération serait une union économique. Les pays membres devraient harmoniser leurs politiques économiques pour faciliter l'intégration des marchés, la circulation des biens et des services, et la gestion des ressources partagées. Pour favoriser les échanges

---

[283] GARDIN, L. & FLORENCE, J.-C., *L'économie sociale et solidaire en coopérations*, Presses universitaires de Rennes, 2016

commerciaux intra régionaux et renforcer la stabilité économique, une monnaie commune pourrait être instaurée. Cela pourrait impliquer une union monétaire à l'image de la zone euro, mais adaptée aux réalités de la région des Grands Lacs. Les trois pays pourraient ouvrir leurs frontières économiques, pour faciliter les échanges et les investissements. Cela comprendrait l'abandon des barrières douanières et la création d'une union douanière. Les pays devraient établir des programmes conjoints dans les domaines de l'éducation, de la santé, de la protection sociale et de l'environnement. Cela permettrait de réduire les inégalités régionales et d'améliorer les conditions de vie des populations. Un des piliers d'une fédération est l'existence d'une constitution fédérale qui définit les droits et les responsabilités des États membres, les structures de gouvernance, ainsi que les compétences fédérales et nationales.

La constitution fédérale définit aussi les pouvoirs et les responsabilités de chaque niveau de gouvernement (fédéral, national et local) et garantie les droits des citoyens à travers des instruments de protection des droits fondamentaux et une justice impartiale. Enfin, elle définit des mécanismes de gouvernance démocratique pour garantir la légitimité et la transparence du gouvernement fédéral et des institutions fédérées. Cette constitution devrait être adoptée un processus démocratique avec des consultations larges auprès des citoyens, des acteurs politiques et des experts.[284]

§3. Défis à surmonter pour établir une fédération et ses avantages

Les divergences politiques et économiques entre les pays membres rendent difficile la prise de décisions collectives et l'exécution de réformes communes. Les différends historiques et les tensions géopolitiques persistantes entre la République Démocratique du Congo et le Rwanda rendent impérative une démarche de réconciliation sincère, ainsi qu'une gestion apaisée des litiges territoriaux et politiques. Par ailleurs, les écarts marqués en termes de développement économique et social entre les pays membres constituent un obstacle majeur à l'élaboration d'une politique économique harmonisée et équitable. À cela s'ajoutent les résistances internes, tant du côté des élites politiques que des sociétés civiles, qui peuvent percevoir le projet fédéral soit comme une menace à la souveraineté nationale, soit comme une initiative imposée de l'extérieur, déconnectée des aspirations populaires. Ces enjeux nécessitent une

---

[284] BOSSUAT, G. « L'OECE entre la coopération et la fédération européenne ». In *La France, l'aide américaine et la construction européenne*, 1944-1954, Institut de la gestion publique et du développement économique, Comité pour l'histoire économique et financière de la France, 1997

approche graduelle, inclusive et fondée sur la confiance mutuelle pour assurer la viabilité d'un tel processus d'intégration.

Une fédération renforce la coopération en matière de sécurité, pour réduire les conflits internes et les tensions géopolitiques. Une économie intégrée avec une monnaie commune et un marché unique permettrait une croissance durable et une bonne gestion des ressources naturelles. Telle que démontrée par une union fédérale, la région des Grands Lacs use un rôle plus influent dans les organisations internationales et les négociations mondiales. La transformation de la CEPGL en une véritable fédération représenterait une entreprise ambitieuse, requérant des réformes institutionnelles fines, une architecture de gouvernance partagée et un engagement sincère des trois États membres pour dépasser leurs divergences structurelles.

Bien que ce processus implique des ajustements complexes, il ouvre la voie à des retombées durables, tant sur le plan de la stabilité politique que du dynamisme économique et de l'intégration régionale. Une telle évolution permettrait de forger une union solide et solidaire, apte à relever de manière concertée les défis internes et les pressions extérieures, en offrant à la région des Grands Lacs un modèle d'action collective fondé sur la coopération, la cohérence et la confiance mutuelle.[285]

Section 4. Ce que la fusion entre la RDC et le Rwanda revolerait de manière significative

§1. Tensions entre la RDC et le Rwanda

La préoccupation de la fusion entre la République Démocratique du Congo et le Rwanda est un sujet multidimensionnel qui va au-delà des simples considérations géopolitiques. Dans l'hypothèse où une telle fusion veut se réaliser, il serait important d'examiner ou d'analyser de manière approfondie les facteurs potentiellement apaisés ou, au contraire, intensifier les tensions entre ces deux pays, qui ont été historiquement marquées par des conflits armés, des rivalités ethniques et des interventions militaires. Les relations entre la République Démocratique du Congo et le Rwanda sont depuis longtemps marquées par une histoire conflictuelle, des enjeux sécuritaires profonds et de fortes divergences politiques. Les tensions entre les deux pays trouvent leur

---

[285] ROBERT FRANK, R., *Pour l'histoire des relations internationales*, Presses Universitaires de France, 2012

origine dans les événements survenus après le génocide rwandais de 1994, lorsque des centaines de milliers de réfugiés hutus, parmi lesquels figuraient des miliciens impliqués dans les massacres, se sont installés dans l'est de la RDC, provoquant une instabilité majeure dans la région des Grands Lacs.

La présence prolongée de ces éléments armés sur le sol congolais a conduit le Rwanda à mener plusieurs interventions militaires, officiellement justifiées par la nécessité d'éliminer les menaces transfrontalières. Ce climat de méfiance a été exacerbé par des accusations réciproques : soutien présumé à des mouvements rebelles, exploitation illégale des ressources naturelles congolaises, et tensions intercommunautaires persistantes entre Hutus et Tutsis. Si une fusion politique entre les deux pays apparaît peu envisageable à court terme en raison des obstacles diplomatiques, institutionnels et mémoriels, elle pourrait néanmoins être envisagée, dans une perspective à long terme, comme un projet audacieux de réconciliation régionale.

Une telle intégration, pour être crédible et viable, devrait s'appuyer sur un ensemble de réformes structurelles profondes sur les plans institutionnel, social et économique susceptibles de transformer les antagonismes historiques en opportunités de stabilité et de codéveloppement.[286] En théorie, les avantages d'une telle fusion seraient multiples et dépendraient de l'efficacité de l'intégration des deux pays à tous les niveaux. L'un des principaux leviers permettant de résoudre les tensions serait l'unification des institutions politiques et la création d'un gouvernement central inclusif, représentant équitablement les intérêts de toutes les communautés ethniques et régionales, en particulier les hutus et les tutsis. La mise en place d'une gouvernance partagée constitue un levier essentiel pour favoriser la réconciliation nationale et apaiser les tensions historiques, en rompant avec la perception selon laquelle les décisions politiques bénéficieraient à un groupe ethnique au détriment d'un autre.

Une telle gouvernance repose sur une réelle décentralisation du pouvoir, la création de mécanismes institutionnels inclusifs, ainsi qu'une réforme en profondeur du système judiciaire afin de garantir l'équité et l'accès à la justice pour l'ensemble des citoyens, indépendamment de leur origine. Dans le cadre des relations entre la République Démocratique du Congo et le Rwanda, l'un des nœuds fondamentaux de la discorde demeure la question sécuritaire, notamment liée à la présence de milices armées incontrôlées. La coopération autour de la

---

[286] KABAMBA, B., Op.cit.

sécurité régionale et du désarmement des groupes armés représente ainsi un enjeu central pour bâtir une paix durable et restaurer la confiance entre les deux États.

Aussi, une fusion permet une gestion cohérente et centralisée de la frontière commune avec des mesures renforcées de désarmement et de démobilisation des groupes armés pour opérer dans la région. La RDC et le Rwanda devraient travailler ensemble pour la sécurisation de leur frontière, la prévention des infiltrations de groupes rebelles et la limitation des mouvements de réfugiés armés. Un contrôle militaire unifié et la création d'une force de maintien de la paix régionale pourraient user un rôle fondamental dans la stabilité de la région. Les tensions entre les deux pays ont également été aggravées par les richesses naturelles que recèle la RDC dans la région du Kivu. La fusion permettrait théoriquement un partage plus équitable de ces ressources, évitant ainsi l'exploitation unilatérale qui alimente les conflits. Le Rwanda, en particulier, bénéficie d'une politique de croissance économique fondée sur la durabilité et la coopération régionale.

Si cette approche était transposée dans un cadre unifié, elle pourrait permettre de mettre en place des mécanismes de gestion transparente des ressources naturelles, réduisant ainsi l'incitation aux conflits liés à l'exploitation des minerais.[287]La fusion entre la RDC et le Rwanda pourrait aussi permettre de jeter les bases d'un véritable processus de réconciliation entre les communautés tutsis et hutus des deux pays, qui ont été au centre des conflits. Il est évident que cette réconciliation se fonde sur la reconnaissance mutuelle des souffrances vécues par chaque groupe. Des programmes de réconciliation, d'intégration et de développement communautaire devraient être lancés pour la promotion de l'unité nationale et la réparation des divisions ethniques. Bien que la fusion offre théoriquement plusieurs avantages, elle présente aussi des défis considérables. La première objection à une fusion réside dans le questionnement de la souveraineté nationale.

La République Démocratique du Congo et le Rwanda se distinguent par des trajectoires historiques et des cultures politiques profondément différentes. La RDC, vaste territoire aux ressources immenses, est confrontée à des défis internes complexes liés aux infrastructures, à la gouvernance, ainsi qu'à des conflits persistants. Le Rwanda, en revanche, bien que plus petit sur le plan géographique, se caractérise par une gouvernance fortement centralisée et un rythme de développement économique soutenu. Dans ce contexte, toute

---

[287] FLORENCE, J.-C., & GARDIN, L., Op.cit.

perspective de fusion entre les deux pays soulève des interrogations majeures, notamment en ce qui concerne la répartition du pouvoir politique, la reconnaissance des droits des populations locales et la garantie d'une représentation équitable des régions et des communautés au sein d'une éventuelle structure commune. Ces questions touchent au cœur de la souveraineté, de l'inclusion et de l'équilibre institutionnel, et nécessitent une réflexion approfondie sur les modalités d'une gouvernance partagée respectueuse des diversités nationales.

Les tensions ethniques entre Hutus et Tutsis, est une réalité dans les deux pays. La fusion peut aggraver ces divisions si des instruments adéquats ne sont pas mis en exergue pour garantir une représentation équitable et prévenir des violences ethniques. Un tel projet nécessiterait une forte volonté politique pour l'instauration d'une société réellement inclusive et multiculturelle, ce qui peut être difficile dans une situation de méfiance profonde et de préjugés historiques. L'intégration économique de deux pays à des niveaux de développement différents représente un obstacle de taille.

La RDC est confrontée à des difficultés chroniques, telles qu'infrastructures, pauvreté et corruption, en revanche le Rwanda est relativement stable tant sur le plan économique avec des infrastructures plus modernes, que politique de croissance cohérente. L'harmonisation politiques, économiques et sociales nécessite l'importante des réformes structurelles et un transfert de ressources, ce qui peut générer des tensions internes si les inégalités constatées entre les deux anciens pays restent présentes. Enfin, la fusion pourrait induire une réaction des autres puissances régionales ou internationales, qui pourraient voir d'un mauvais œil l'émergence d'une nouvelle grande entité dans une région déjà marquée par des rivalités et des interventions extérieures. Les pays voisins pourraient être préoccupés par les implications géopolitiques d'une telle fusion et pourraient essayer d'interférer pour protéger leurs propres intérêts stratégiques. En théorie, une fusion entre la RDC et le Rwanda donne des solutions à long terme aux tensions entre eux, mais elle serait accompagnée à des défis majeurs sur les plans politique, économique et social.

Le succès de cette fusion entre la RDC et le Rwanda dépendrait d'une volonté politique claire, d'une gestion intégrée des communautés ethniques, d'une répartition équitable des ressources naturelles et d'une coopération sécuritaire renforcée. Une telle action repose sur base solide de réconciliation, d'inclusivité et de respect mutuel. Toutefois, en raison des complexités et des défis inhérents à cette idée, la consolidation de la paix entre la RDC et le Rwanda pourrait être plus réaliste à travers une coopération régionale progressive plutôt qu'une fusion immédiate.

§2. Disputes autour des frontières héritées de la colonisation

La question des frontières héritées de la colonisation est un sujet délicat en Afrique et dans la région des Grands Lacs. Les frontières actuelles de la République Démocratique du Congo et du Rwanda sont le résultat d'accords coloniaux imposés par des puissances européennes sans tenir compte des réalités ethniques, culturelles et géographiques locales. Ces frontières actuelles de la RDC et du Rwanda ont été tracées par les puissances coloniales européennes, principalement la Belgique pour la RDC et l'Allemagne, puis la Belgique pour le Rwanda, pendant la période du scramble for Africa ou la course aux colonies à la fin du 19ième siècle et au début du 20ième siècle. En même, ces frontières ont été définies sans prendre en compte les réalités ethniques et les liens historiques entre les différentes communautés vivant dans ces régions. Dans l'hypothèse d'une fusion entre ces deux pays, la résolution des disputes est l'un des aspects les plus sensibles concernant ces frontières héritées de la colonisation. Ces disputes ont soutenu une grande partie des tensions actuelles entre la RDC et le Rwanda.

Le Rwanda et la RDC partagent une frontière qui a été tracée de façon arbitraire, sans tenir compte des relations historiques entre les communautés Hutu, Tutsi et Twa. Cette frontière après le génocide rwandais en 1994, est devenue un point de friction, lorsque des centaines de milliers de réfugiés hutus, dont plusieurs génocidaires ont trouvé refuge dans l'est de la RDC, alimentant un cycle de violence et d'instabilité dans la région, pour attiser les tensions entre les deux pays. Les frontières coloniales ont créé une situation où des peuples aux identités culturelles et historiques entremêlées, et ont été séparés par des lignes artificielles, en désaccord avec la réalité des flux migratoires, des alliances politiques, des lignées tribales et des interactions économiques de la période précoloniale. Par conséquent, la fusion entre la RDC et le Rwanda pourrait théoriquement offrir une solution aux disputes autour de ces frontières, à condition que certains principes de réconciliation, de justice et de coopération soient respectés.

Dans une perspective d'unification entre la République Démocratique du Congo et le Rwanda, la question de la redéfinition des frontières internes et externes apparaît comme une opportunité stratégique pour dépasser les tensions héritées de la colonisation. Une telle fusion offrirait un cadre propice à une reconfiguration territoriale fondée sur le consensus, permettant de transformer les zones frontalières en espaces administratifs communs. Ainsi, la ligne de démarcation actuelle entre les deux États pourrait être réinterprétée à travers une nouvelle organisation des unités administratives, tenant compte des réalités ethniques, culturelles et géographiques de chaque région. Ce redécoupage réfléchi permettrait une répartition plus équitable des ressources naturelles et humaines, tout en favorisant une gestion concertée des territoires transfrontaliers. En dépassant les logiques de rivalité territoriale, une telle approche contribuerait à instaurer une gouvernance territoriale partagée, susceptible de renforcer la cohésion régionale et d'apaiser durablement les tensions identitaires et politiques.

Une telle approche donne la possibilité d'enlever le poids des anciennes rivalités liées aux frontières coloniales, pour créer une nouvelle identité nationale commune, plutôt que de maintenir des lignes frontalières strictes héritées du passé. Un gouvernement unifié concentre ses efforts sur la consolidation d'une nouvelle entité politique et géographique. Ce processus est accompagné d'une révision des cartes, de nouveaux accords et de la mise en exergue de comités consultatifs représentant toutes les parties prenantes afin de trouver des solutions acceptées par toutes les communautés. Les différends frontaliers entre la RDC et le Rwanda ont été amplifiés par la concurrence autour des ressources naturelles situées le long des zones de démarcation.

L'Est de la République Démocratique du Congo, riche en minerais stratégiques tels que le coltan, l'or et doté de terres agricoles fertiles, constitue depuis des décennies un foyer de tensions liées à l'exploitation, au contrôle et à la répartition de ces richesses. Dans cette optique, une fusion entre les deux États représenterait une opportunité inédite de mettre en place une gouvernance unifiée et rationnelle des ressources naturelles, permettant une gestion équitable, transparente et durable sous l'autorité d'un même gouvernement. Ce cadre commun pourrait contribuer à désamorcer les conflits liés à la prédation économique, tout en favorisant une redistribution plus juste des bénéfices au profit des populations locales. En réunissant les territoires de la RDC et du Rwanda, il serait possible de créer des zones économiques communes où les ressources naturelles pourraient être partagées équitablement. L'intégration des deux pays sous un gouvernement central permettrait d'éviter les tensions découlant de la gestion unilatérale des ressources.

Il serait nécessaire de mettre en place une structure de gouvernance partagée et transparente pour gérer ces ressources de manière pacifique et d'établir des mécanismes de règlement des conflits qui assurent un partage équitable entre les différentes régions, tout en tenant compte des besoins et des droits des populations locales. Les zones frontalières, en particulier celles situées à l'Est de la République Démocratique du Congo et au Nord-Ouest du Rwanda, ont longtemps constitué des espaces de tension en raison de litiges liés à la souveraineté. Dans le cadre d'un processus de fusion politique entre les deux pays, ces régions sensibles pourraient être reconfigurées en espaces de coopération structurée, dans lesquels les responsabilités administratives, sécuritaires et économiques seraient partagées entre les autorités congolaises et rwandaises. Ce dispositif favoriserait une gouvernance conjointe, soucieuse des équilibres locaux et attentive aux dynamiques communautaires. Les autorités locales y joueraient un rôle central, avec une autonomie renforcée dans la gestion des affaires quotidiennes, permettant d'adapter les politiques publiques aux spécificités sociales, culturelles et économiques propres à chaque territoire.

Une telle approche renforcerait la stabilité et la cohésion dans des zones historiquement fragilisées, en plaçant la proximité et la concertation au cœur de la gouvernance transfrontalière. Cette approche décentralisée de la gouvernance aide à apaiser les tensions pour permettre aux populations locales de participer activement aux décisions concernant leur propre avenir, en réduisant les risques des conflits liés à des politiques imposées depuis le centre du pouvoir. L'un des grands avantages d'une fusion entre la RDC et le Rwanda serait la création d'une nouvelle identité nationale commune, qui pourrait progressivement faire effacer les rivalités nationalistes liées aux frontières héritées de la colonisation.

La fusion de ce deux pays se débarrasse de l'idée que leurs frontières sont des lignes de fracture entre des peuples et des cultures différentes. Une telle fusion peut marquer le début d'un processus de décolonisation des mentalités, pour rétablir des liens humains et historiques au-delà des divisions tracées sur la carte. Les ressentiments historiques liés aux événements traumatiques du passé comme génocide rwandais, rébellions, massacres pourraient être progressivement surmontés grâce à des programmes de réconciliation nationale. Cela ne se ferait cependant qu'à travers des processus de justice transitionnelle et la mise en place de mécanismes de vérité et de réparation, afin que chaque communauté ait l'opportunité de faire face à son passé tout en regardant vers un avenir commun. Une fusion entre la RDC et le Rwanda contribue également à normaliser les relations diplomatiques avec les pays voisins, qui partagent de questionnement lié à la sécurité régionale. Si la RDC et le Rwanda s'unissent et se résolvent pacifiquement leurs différends frontaliers, ils peuvent encourager d'autres Etats de la région des Grands Lacs à adopter des mesures similaires, pour favoriser la coopération transfrontalière et la stabilité régionale.

La résolution des disputes frontalières entre ces deux pays pourrait également ouvrir la voie à une coopération renforcée dans des domaines comme la lutte contre le terrorisme, le trafic d'armes, et le commerce transfrontalier. La fusion entre la RDC et le Rwanda pourrait potentiellement résoudre les disputes frontalières héritées de la colonisation si elle est accompagnée d'une réorganisation géopolitique fondée sur une gouvernance partagée, un traitement équitable des ressources naturelles, et une approche de réconciliation nationale. Cependant, pour que cela soit réalisable, il serait mieux de mettre en place des mécanismes de gouvernance démocratique, de désarmement des groupes armés et d'inclusivité afin d'éviter de nouvelles fractures et de favoriser l'unité nationale. Une telle fusion exigerait une gestion prudente et patiente des sensibilités locales, tout en respectant les droits de chaque groupe ethnique et régional dans ce nouveau cadre politique.

§3. Question des populations à locution rwanophones

Les communautés rwandophones, en particulier les Tutsis et les Hutus établis dans l'Est de la République Démocratique du Congo dans les provinces du Nord-Kivu et du Sud-Kivu occupent une place centrale dans les tensions politiques, sociales et sécuritaires qui opposent la RDC et le Rwanda depuis plusieurs décennies. Ces populations se trouvent souvent dans une position ambiguë, perçues par une partie de l'opinion congolaise comme étrangères, voire comme complices d'agendas extérieurs, elles demeurent pourtant enracinées dans le tissu historique et socioculturel congolais, tout en conservant des liens profonds avec les dynamiques identitaires de la région des Grands Lacs. L'idée d'une fusion entre la RDC et le Rwanda pourrait, dans cette optique, offrir un cadre inédit pour aborder cette question sensible, mais elle nécessiterait une gestion fine des appartenances ethniques, des droits collectifs et de la souveraineté nationale. Parmi ces communautés, les Banyamulenge Tutsis congolais du Sud-Kivu sont particulièrement visibles et médiatisés, bien qu'ils ne soient qu'une composante d'un ensemble rwandophone plus diversifié. Ces populations sont issues de mouvements migratoires anciens, antérieurs à la délimitation coloniale, qui ont ignoré les structures ethniques préexistantes et ont fragmenté des groupes culturellement proches à travers des frontières artificielles.

Cette continuité historique avec le Rwanda, nourrie par des échanges transfrontaliers séculaires, renforce aujourd'hui les soupçons dont elles sont l'objet dans le climat post-conflit. La situation s'est aggravée après le génocide de 1994, lorsque l'afflux massif de réfugiés hutus, dont plusieurs responsables des massacres, a profondément bouleversé l'équilibre ethnique et sécuritaire de l'Est congolais. L'installation de milices comme les Forces Démocratiques de Libération du Rwanda (FDLR), composées en grande partie d'anciens génocidaires hutus, a exacerbé les tensions entre les populations rwandophones et les autres communautés locales, ravivant les antagonismes identitaires et alimentant la méfiance collective. Cette complexité historique impose que toute tentative de réorganisation régionale, y compris sous forme de fédération ou de fusion, prenne en compte la reconnaissance des droits, la protection des minorités, la mémoire des violences passées et la mise en œuvre de mécanismes solides de justice et de réconciliation. Cette situation a engendré des violences, des exodes forcés et des conflits ethniques intensifiant les tensions locales.

Une fusion entre la RDC et le Rwanda théoriquement peut résoudre la question des populations rwandophones en plusieurs étapes précises. Toutefois, cette résolution serait tellement complexe et exigerait des mesures et des orientations concrètes sur le plan politique, social et culturel. Dans le cadre de la fusion, la question rwandophones peut être abordée par rapport à la révision de l'identité nationale des deux pays. Une fusion permettrait de créer un nouveau cadre national commun, dans lequel les populations rwandophones ne seraient plus perçues comme des étrangers ou colonisateurs, mais comme des membres à part entière de la nation. L'intégration de ces populations dans une nouvelle identité nationale, en tenant compte de leurs spécificités culturelles, linguistiques et historiques, pourrait les rendre visibles et légitimes dans un espace politique commun.

La mise en œuvre d'une politique d'inclusion constitue un levier essentiel pour assurer aux populations rwandophones une représentation équitable au sein des institutions politiques et administratives. Elle implique la reconnaissance effective de leurs droits culturels, linguistiques et civiques, dans une logique d'égalité et de respect des diversités. Cette approche inclurait, entre autres, la valorisation du kinyarwanda comme langue officielle ou régionale, au même titre que le français, le lingala ou les autres langues nationales, afin de refléter la réalité sociolinguistique des territoires concernés. Un tel dispositif contribuerait à désamorcer les tensions récurrentes autour des questions d'appartenance ethnique et de légitimité citoyenne, en répondant de manière constructive à des problématiques profondément enracinées dans l'histoire politique et identitaire de la région. L'inclusion active des rwandophones dans les dynamiques institutionnelles permettrait ainsi de reconstruire la confiance, de renforcer la cohésion sociale et de poser les bases d'un vivre-ensemble durable.

Dans le cadre d'une fusion, une réforme administrative vise à renforcer la décentralisation dans son exécution. En effet, les populations rwandophones de l'Est de la RDC, à celles du Kivu, auraient besoin d'une gestion locale et plus proche de leurs réalités, pour réorganiser les territoires frontaliers et créer des entités administratives communes. Les autorités locales peuvent user primordialement un rôle dans la gestion de ces populations, en diminuant le fossé entre elles et les autres communautés. La fusion pourrait également permettre de gérer les migrations internes de manière plus pacifique, en évitant les déplacements forcés qui sont souvent associés aux conflits entre rwandophones et non-rwandophones. Un processus d'enregistrement et de régulation des mouvements de population pourrait être instauré, permettant de créer des statistiques fiables sur les populations présentes dans chaque région, tout en garantissant à chaque individu le droit à la citoyenneté et à l'égalité devant la loi. Un autre aspect fondamental pour répondre le questionnement des populations rwandophones dans le cadre d'une fusion serait la mise en exergue d'une véritable politique de réconciliation nationale.

Après des décennies de conflits ethniques, de divisions intenses et de violences intercommunautaires, la fusion ne réussira sans une réconciliation sincère et un processus de justice transitionnelle. Elle impliquerait des instruments de réparation, de vérité et de justice, pour traiter les infractions commises par toutes les parties, qu'il s'agisse des attaques des milices rwandaises, des abus commis par les autorités congolaises, ou des violences ethniques dans les deux sens.

Le processus de réconciliation intègre aussi la reconnaissance des souffrances des populations rwandophones, des Tutsis et Hutus congolais, en soulignant que la communauté rwandophone fait partie incluante du tissu national. Des programmes éducatifs et des médias de réconciliation peuvent être mis en exergue pour la promotion d'une culture de tolérance et d'unité nationale, afin de dissiper les rancœurs et les divisions. L'une des principales difficultés rencontrées par les populations rwandophones dans l'Est de la RDC est la présence de groupes armés, notamment les FDLR (Forces Démocratiques de Libération du Rwanda), perçus comme des outils de déstabilisation et de violence. La fusion entre la RDC et le Rwanda permet d'aborder ce questionnement de manière plus coordonné et efficace, pour intégrer les forces de sécurité des deux pays sous une même bannière et coordonner les efforts de désarmement et de démobilisation des groupes armés, il est possible de sécuriser la région et de créer un environnement stable pour toutes les populations congolaises, y compris les rwandophones.

Les efforts de désarmer les milices et de rétablir l'ordre sont accompagnés par des politiques qui favorisent la réintégration des anciens combattants dans la société, en leur donnant des opportunités économiques et sociales, pour éviter la reprise des conflits. Les populations congolaises, notamment les communautés non-rwandophones, pourraient avoir des réticences à accepter les rwandophones dans une nouvelle configuration étatique, en raison de la longue histoire de méfiance et de violences. Il serait donc nécessaire d'avoir un discours national fort sur l'unité, la tolérance et la solidarité pour atténuer les divisions. La politique congolaise et rwandaise pourrait également présenter des obstacles à l'intégration des populations rwandophones. Certaines forces politiques pourraient voir une fusion comme une menace à leur pouvoir ou comme un moyen de diminuer leur influence. Un processus de transition politique transparent serait capital pour éviter des manipulations ou des résistances politiques. La fusion entraînerait des interrogations sur la gestion des territoires frontaliers, les questions de citoyenneté, et la protection des droits des différentes communautés dans le cadre d'un projet d'intégration régionale.

La perspective d'une fusion entre la RDC et le Rwanda, envisagée dans une optique de long terme, pourrait constituer une réponse structurelle aux tensions récurrentes autour des populations rwandophones établies dans l'est de la RDC. Toutefois, une telle démarche ne saurait réussir sans l'élaboration et la mise en œuvre d'un ensemble cohérent de réformes inclusives et stratégiques, articulées autour de la reconnaissance pleine et entière des identités ethniques, de la justice sociale et d'un authentique processus de réconciliation nationale.

Il s'agirait de bâtir un cadre politique et sociétal capable de garantir la coexistence harmonieuse des diverses communautés, tout en respectant les spécificités historiques, culturelles et institutionnelles de chaque pays. Ce projet ne pourrait aboutir que s'il renforce simultanément l'intégrité territoriale et la souveraineté des deux États, en les inscrivant dans une logique de complémentarité plutôt que de dilution. La réussite d'une telle initiative supposerait une volonté politique affirmée, un engagement mutuel à long terme et une médiation continue, afin que cette vision d'union régionale serve la paix, la dignité des peuples et la stabilité durable dans la région des Grands Lacs.

§4. Menaces des milices considérées dangereuses pour les deux pays

La question des milices armées, à celles considérées comme des menaces pour la sécurité et la stabilité de la RDC et le Rwanda, représente l'une des difficultés les plus sérieuses dans les relations entre ces deux pays. Depuis plusieurs décennies, des groupes armés opèrent dans les régions frontalières des deux pays, qui ont nourri des conflits, des violences et des déplacements massifs des populations. Ces milices sont perçues comme des menaces tant pour la RDC que pour le Rwanda. En ce sens, une fusion des deux pays pourrait théoriquement offrir une solution pour résoudre ce problème de manière coordonnée et efficace, mais cela nécessite une analyse approfondie des dynamiques sécuritaires et des mécanismes institutionnels susceptibles d'être mis en place. Les milices opérant dans l'est de la RDC, principalement au Nord et au Sud-Kivu, ont longtemps été un facteur de déstabilisation, non seulement pour la RDC, mais aussi pour le Rwanda. Certaines de ces milices ont des liens étroits avec des acteurs régionaux, notamment le Rwanda et l'Ouganda, ce qui complique encore davantage la situation.

Parmi ces groupes armés, les plus notoires sont principalement composées de réfugiés hutus rwandais, cette milice est accusée d'avoir participé au génocide rwandais de 1994 et a continué à mener des attaques contre le Rwanda depuis la RDC. Les FDLR sont considérées comme une menace directe pour la sécurité rwandaise, mais leur présence dans l'est de la RDC déstabilise aussi le Congo, alimentant des conflits internes et contribuant à l'instabilité régionale. Un groupe rebelle ougandais, en grande partie, est responsable des violences dans les zones frontalières entre l'Ouganda et la RDC, et également a des ramifications qui touchent la sécurité rwandaise, du fait que ces milices mènent des attaques transfrontalières et approvisionnent les tensions régionales. Outre les grandes milices transnationales, il existe aussi plusieurs groupes armés locaux qui opèrent à des fins de contrôle territorial, de domination ethnique ou de rétribution, pour le contrôle des ressources naturelles, des terres et des routes commerciales, stimulant une violence qui touche la population civile dans les zones frontalières du Rwanda. Une fusion entre la RDC et le Rwanda offre plusieurs leviers pour résoudre cette menace commune que représentent les milices.

Une telle solution supposerait une intégration sécuritaire, diplomatique et institutionnelle des deux pays dans le but d'éradiquer les menaces posées par ces groupes armés de manière plus efficace et durable. L'une des réussites immédiates d'une fusion entre la RDC et le Rwanda serait la possibilité de mettre une force militaire unifiée chargée de lutter contre les groupes armés transnationaux. Une autre facette importante de la fusion concerne l'intégration des services de renseignement entre la RDC et le Rwanda. Les deux pays actuellement disposent de services de renseignement distincts collectant des données sur bases séparées, ce qui nuit à la coordination des efforts pour la lutte contre des milices transnationales. Une fusion crée aussi une structure de renseignement unifiée, pour faciliter le partage d'informations nécessaires concernant les mouvements des groupes armés, leurs camps d'entraînement, leurs financements et leurs stratégies d'attaques. En renforçant la coopération en matière de sécurité, les deux pays seraient mieux à même de suivre les réseaux de recrutement, d'approvisionnement en armes et de financement de ces milices. Des mécanismes de coopération régionale seraient également renforcés, avec la possibilité de partager les informations de manière plus fluide avec d'autres pays voisins, comme l'Ouganda et le Burundi, dans un cadre de lutte contre le terrorisme et la criminalité transfrontalière.

La solution pour résoudre la menace des milices consiste en un processus de désarmement, démobilisation et réintégration (DDR) des combattants des groupes armés. Une fusion des deux pays offre un cadre politique stable et unifié, pour mettre un programme DDR à l'échelle régionale avec des objectifs communs. Ces milices des FDLR et des ADF sont stimulées par des combattants qui, en grande partie ont été, soit forcés de rejoindre ces groupes, soit motivés par des motifs politiques ou économiques. Une fusion offrirait une meilleure opportunité d'engager ces combattants dans un processus de paix. Cela pourrait inclure des programmes de réintégration sociale et économique, ainsi que des pactes de paix régionaux, qui offriraient des alternatives aux miliciens en démantelant leurs réseaux d'approvisionnement et en leur offrant des opportunités pour réintégrer la société civile. Les milices sont souvent financées par l'exploitation illégale des ressources naturelles, comme les minerais et le coltan, présents en grande quantité dans l'est de la RDC. Une fusion des deux pays pourrait permettre d'établir des politiques régionales communes pour la gestion des ressources naturelles, réduisant ainsi l'une des principales sources de financement des groupes armés.

La sécurisation des zones minières, ainsi qu'un contrôle plus strict sur le commerce des minerais, contribuerait à priver les milices de leurs ressources économiques. La fusion pourrait aussi inclure des efforts pour améliorer la gouvernance locale dans les zones de conflit, en rendant les administrations régionales plus transparentes et responsables. La répartition des ressources et des bénéfices pourrait être gérée de manière plus équitable, de manière à réduire les tensions économiques qui alimentent les conflits et qui poussent des communautés à rejoindre des groupes armés. Une solution durable à la menace des milices passe aussi par une réconciliation régionale entre les populations locales. La fusion des deux pays permettrait de mettre en place des programmes de réconciliation qui adressent les causes profondes des conflits, notamment les tensions ethniques et les injustices historiques, pour renforcer la cohésion sociale et promouvoir un véritable processus d'inclusion des communautés marginalisées, notamment les communautés rwandophones et les populations locales.

§5. Faillite gouvernementales et l'autorité de l'Etat

La République Démocratique du Congo incarne aujourd'hui l'un des terrains les plus emblématiques des interrogations contemporaines sur l'effondrement étatique et la difficulté à reconstituer une autorité publique légitime et opérationnelle. Depuis plusieurs décennies, le pays est confronté à une série de blocages structurels qui compromettent gravement la capacité du pouvoir central à exercer un contrôle effectif sur l'ensemble de son territoire, à garantir la sécurité de ses populations, et à assurer l'accès équitable aux services essentiels. Bien que dotée d'un sous-sol riche en ressources naturelles stratégiques, la RDC demeure enfermée dans une spirale persistante de misère, de prédation institutionnelle, de violences internes et de dysfonctionnements chroniques du système politico-administratif.

Dans ce contexte de fragilisation multidimensionnelle de l'État, certains analystes ont avancé l'hypothèse d'une intégration structurelle avec le Rwanda voisin comme piste radicale de sortie de crise. Une telle perspective ne saurait toutefois être envisagée sans une refondation complète des institutions, un redéploiement stratégique de la gouvernance publique, et la mise en place d'un véritable projet de réconciliation nationale fondé sur la justice, l'inclusion et la mémoire partagée. Car les maux dont souffre l'État congolais ne relèvent pas seulement d'un déficit de moyens, mais traduisent une crise de légitimité, de représentativité et de souveraineté effective, qui exige une réinvention profonde du contrat social et des mécanismes de pilotage politique.

La RDC, aujourd'hui, incarne une faillite étatique polymorphe, dont la résolution passe nécessairement par une transformation systémique, autant politique qu'institutionnelle. Cela intègre l'État congolais à garantir la sécurité sur l'ensemble de son territoire, dans l'est du pays où des groupes armés, des milices ethniques et des conflits interethniques déstabilisent la région. L'armée congolaise (FARDC) est mal équipée, mal formée, et parfois démoralisée. Une fusion entre la RDC et le Rwanda donne des opportunités de restructurer les institutions étatiques dans une optique de gouvernance efficace. Le Rwanda a connu un processus de reconstruction impressionnant après le génocide en 1994, et possède des institutions relativement solides et une gouvernance efficace en comparaison avec la RDC. Le Rwanda a investi dans des réformes économiques et politiques qui ont permis de stimuler son développement, maintenir une certaine stabilité et améliorer la qualité des services publics. En fusionnant avec la RDC, le Rwanda pourrait aider à réorganiser et moderniser l'administration congolaise en introduisant des pratiques de gouvernance éprouvées.

Le système administratif pourrait être réorganisé à travers un modèle fédéral ou décentralisé, où chaque région aurait une certaine autonomie tout en étant soumise à un pouvoir central fort. Une telle organisation garantirait que l'autorité de l'État serait effective à travers le pays, et non concentrée dans certaines zones seulement. Le Rwanda a démontré une capacité remarquable à gérer ses ressources et à développer son économie de manière durable et efficace. En fusionnant avec la RDC, un système économique commun pourrait être mis en place, permettant de mieux exploiter les immenses ressources naturelles de la RDC. Les recettes générées par l'exploitation de ces ressources pourraient être utilisées pour financer des programmes de développement infrastructurel et social. Une gestion partagée des revenus miniers et des secteurs extractifs serait nécessaire. Le Rwanda a su gérer ses ressources, dans le secteur des minerais, et introduit des pratiques transparentes et efficaces dans la gestion des industries minières et énergétiques de la RDC.

De telles réformes seraient importantes pour réduire la corruption systémique et garantir les bénéfices des ressources naturelles qui profitent effectivement aux populations. Une fusion permettrait également de mieux intégrer la RDC dans des circuits économiques régionaux, créant des opportunités d'investissement, de commerce et de développement infrastructurel, qui pourraient générer des revenus pour l'État et restaurer ainsi sa capacité à fournir des services publics. L'un des problèmes majeurs de la RDC est la fragmentation sociale et ethnique, exacerbée par des décennies de guerre civile, de rébellions et de luttes pour le contrôle du pouvoir.

Section 5. Exploitation irrationnelle et illégale des ressources naturelles

L'une des causes profondes de l'instabilité et de la pauvreté dans le pays est l'exploitation irrationnelle et illégale des ressources naturelles en

République Démocratique du Congo. La RDC est dotée d'une richesse incommensurable en ressources naturelles, en minéraux précieux comme le coltan, le cobalt, l'or, le cuivre et d'autres matières premières stratégiques, mais elle souffre d'une exploitation illégale et non durable de ces ressources. Ces activités sont menées par des acteurs étrangers, des groupes armés, ou des entreprises sans scrupules, ce qui mène à des dégradations environnementales, des violations des droits humains, et des conflits armés. Une fusion entre la RDC et le Rwanda donne également une solution structurée et efficace pour mettre fin à cette exploitation illégale et irrationnelle, pour réorganiser la gestion des ressources naturelles, établir une gouvernance économique transparente et introduire des politiques communes de gestion durable.

La République Démocratique du Congo, malgré l'immensité de son patrimoine minéral et sa position stratégique au cœur de l'Afrique, demeure paradoxalement l'un des pays les plus vulnérables face à l'exploitation désordonnée et prédatrice de ses ressources naturelles. Cette situation découle d'un enchevêtrement de facteurs structurels, politiques et sécuritaires qui rendent difficile toute forme de régulation effective. Dans les régions orientales du pays, notamment au Nord-Kivu, au Sud-Kivu et en Ituri, des groupes armés tels que les FDLR, les ADF et d'autres milices locales ou transfrontalières ont érigé un véritable système parallèle de gestion minière, s'appropriant des sites d'extraction qu'ils exploitent de manière clandestine. Les revenus issus de cette économie informelle sont ensuite réinvestis dans l'acquisition d'armements, l'entretien de leurs réseaux logistiques, et le contrôle coercitif de territoires entiers échappant à l'autorité de l'État, nourrissant ainsi un cycle autarcique de violence, d'illégalité et de paupérisation.

À cette dynamique interne s'ajoute l'implication active de réseaux criminels organisés et d'acteurs économiques peu scrupuleux, tant nationaux qu'internationaux, qui s'adonnent à une exploitation opaque et illégale des ressources minières congolaises. Fraude à grande échelle, évasion fiscale, circuits parallèles d'exportation, blanchiment des profits et technologies d'extraction polluantes sont autant de pratiques qui alimentent une économie extractive déconnectée des besoins du peuple congolais et destructrice pour l'environnement. L'autorité de l'État, quant à elle, demeure largement théorique dans ces zones à haute valeur stratégique, où l'absence d'infrastructures, la corruption institutionnalisée et l'insécurité chronique empêchent toute gouvernance effective.

Ce déficit de souveraineté territoriale rend l'État incapable de capter les dividendes de ses propres richesses, aggravant les fractures sociales, les tensions identitaires et le sous-développement. L'absence d'une administration forte et d'un système juridique efficace permet à de tels comportements d'exister sans grandes répercussions. Même en dehors de l'exploitation illégale, les ressources naturelles de la RDC sont souvent exploitées de manière non durable. L'absence d'infrastructure adéquate contribue à l'épuisement rapide des ressources et à la dégradation des écosystèmes. Une fusion entre la RDC et le Rwanda constitue un outil stratégique pour la résolution des problèmes liés à l'exploitation irrationnelle et illégale des ressources naturelles, en amenant des réformes institutionnelles, une meilleure régulation économique, et une gestion transparente et durable des ressources.

La première condition préalable à toute tentative de fusion entre la République Démocratique du Congo et le Rwanda repose sur la construction d'un socle juridique et réglementaire commun, capable d'encadrer rigoureusement la gouvernance des ressources naturelles. Cette étape inaugurale est d'autant plus cruciale que la question minière constitue le nœud stratégique, économique et géopolitique des tensions et des convergences possibles entre les deux États. Tandis que la RDC dispose d'un potentiel minier considérable mais largement sous-exploité ou capté de manière illicite par des acteurs informels et armés, le Rwanda, de son côté, a su mettre en place un dispositif de gestion relativement plus structuré, notamment dans le domaine de la certification, de la traçabilité et de la régulation des flux miniers. La fusion, dans cette optique, représenterait une opportunité stratégique d'harmoniser les cadres normatifs en intégrant les bonnes pratiques déjà opérationnelles au Rwanda avec les réformes structurelles urgentes en RDC.

L'objectif d'un tel alignement juridique ne serait pas uniquement technique, mais fondamentalement politique et éthique : il viserait à instituer une souveraineté partagée sur les ressources, à éliminer les circuits parallèles de prédation, à renforcer la transparence dans les contrats d'exploitation, et à assurer que les bénéfices générés par les richesses minières soient équitablement redistribués. Cette convergence réglementaire suppose la création d'une autorité minière régionale, d'un système intégré d'audit et de contrôle, et d'un mécanisme de résolution des litiges transnationaux, tout en garantissant le respect des normes environnementales, sociales et communautaires. Par cette réforme profonde, la fusion ne serait plus perçue comme une absorption asymétrique, mais comme un pacte institutionnel visant à bâtir une économie extractive équitable, traçable et profitable aux populations des deux pays.

Cette régulation commune inclut plusieurs aspects majeurs comme processus transparent pour l'octroi de permis d'exploitation minière qui serait mis en place. Cet octroi élimine les possibilités de corruption et de manipulation des ressources par des acteurs privés ou des groupes armés. Les deux pays mettent en place un système de traçabilité des minerais à travers l'utilisation de technologies modernes, telles que des bases de données informatiques, des puces RFID ou des certificats d'origine, pour garantir que les ressources extraites soient légales et respectent des normes environnementales. L'extraction artisanale de minerais est l'un des secteurs les plus problématiques dans l'exploitation des ressources naturelles en RDC. La fusion permet d'introduire des politiques communes pour l'organisation et la régulation de ce secteur, en octroyant des licences aux exploitants et en leur fournissant un soutien technique et financier pour améliorer la durabilité de leurs pratiques.

Une autre difficulté majeure de l'exploitation des ressources naturelles en RDC réside dans la mauvaise gestion des revenus générés par les ressources qui est détournée ou mal utilisée. La fusion avec le Rwanda permet de mettre une gestion partagée des revenus issus de l'exploitation minière avec des mécanismes de gouvernance plus transparents et rigoureux. Cette fusion inclut la mise en place d'une autorité commune de gestion des ressources naturelles, supervisée par des représentants de la RDC et le Rwanda. Ces représentants seraient responsable de la distribution des revenus de l'exploitation minière et de l'allocation pour le développement national. L'intégration des économies de ces deux pays permet d'établir des fondations communes de gestion des ressources naturelles, afin de créer des opportunités d'investissements dans des projets durables.

Par exemple, une partie des revenus générés par l'exploitation des ressources est allouée à de préservation de l'environnement, à des programmes de réhabilitation des zones minières et ainsi qu'au financement d'infrastructures publiques et de services sociaux pour les communautés locales. Un autre volet de cette fusion serait le renforcement des capacités de surveillance et de contrôle des activités minières et des exploitations industrielles. Le Rwanda a mis en place un système efficace de surveillance des industries extractives, qui pourrait être étendu à la RDC. Par exemple, les deux pays pourraient travailler ensemble pour établir un système de monitoring environnemental commun pour évaluer l'impact des exploitations minières sur les écosystèmes, et s'assurer que les normes environnementales sont respectées. La fusion pourrait également permettre de renforcer la collaboration des forces de sécurité pour lutter contre les activités illégales, notamment la contrebande de minerais.

Les douanes et la police des deux pays pourraient être mieux formées et équipées pour intercepter les cargaisons illégales et démanteler les réseaux de trafic transfrontaliers. L'une des solutions à l'exploitation irrationnelle des ressources naturelles serait la création de zones protégées et la mise en œuvre d'initiatives écologiques communes entre la RDC et le Rwanda. Les deux pays pourraient établir des zones économiques spéciales ou des parcs industriels où l'exploitation des ressources naturelles serait strictement contrôlée. Ces zones pourraient accueillir des projets d'exploitation minière mais sous des normes strictes en matière d'environnement et de durabilité. Le Rwanda avec son expérience dans la gestion des parcs naturels et la protection de l'environnement, par exemple, la gestion du parc national des volcans, pourrait user une fonction très importante dans la mise en place de ces zones protégées, ce qui permettrait à la fois de préserver l'environnement et de générer des revenus pour les deux pays.

Une fusion entre la RDC et le Rwanda permettrait aussi de renforcer la coopération avec des partenaires internationaux dans le cadre de la lutte contre l'exploitation illégale des ressources naturelles. Les deux pays pourraient travailler ensemble pour négocier des accords internationaux plus équitables avec les entreprises multinationales et les pays consommateurs de minerais, en exigeant des pratiques commerciales responsables et transparentes. Une telle coopération pourrait également inclure le soutien des institutions internationales comme l'Union Européenne, les Nations Unies et la Banque Mondiale pour garantir une gestion équitable des ressources naturelles. Malgré les avantages potentiels d'une telle fusion, plusieurs défis devront être relevés pour que la gestion des ressources naturelles devienne véritablement efficace.

La mise en place de contrôles plus stricts sur l'exploitation des ressources pourrait rencontrer une résistance importante, en particulier de la part de groupes armés, de puissances étrangères et d'entreprises qui bénéficient de l'exploitation illégale. Des tensions pourraient surgir entre les populations locales, dans les zones minières, en raison des différences dans les pratiques de gouvernance, les attentes sociales et les méthodes de gestion des ressources. La fusion entre la RDC et le Rwanda pourrait offrir une solution à l'exploitation irrationnelle et illégale des ressources naturelles en restructurant la gestion des ressources, en introduisant des pratiques de transparence et de durabilité, et en renforçant les capacités de contrôle et de surveillance. Toutefois, pour que cette solution soit réellement effective, il est indispensable que les deux pays mettent en place des réformes profondes, qu'ils garantissent une gouvernance partagée, et qu'ils veillent à une gestion équitable des revenus générés par ces ressources. Cela nécessiterait une coopération étroite entre les autorités locales, les entreprises, les ONG et la communauté internationale.

CONCLUSION

La République Démocratique du Congo se trouve aujourd'hui suspendue entre deux dynamiques géohistoriques profondément antagonistes. D'un côté, la menace rampante de balkanisation, irritée par les logiques de fragmentation, les influences étrangères et les failles internes de l'État ; de l'autre, la provocation géopolitique d'une hypothétique fusion avec le Rwanda, proposition radicale qui, au-delà de sa faisabilité, met à nu l'état de désintégration symbolique du lien national congolais et le désespoir face à l'impuissance de la diplomatie classique. Entre ces deux extrémités éclatement territorial ou absorption identitaire s'esquisse une même réalité, celle d'une souveraineté affaiblie, contestée, instrumentalisée. Ce livre a entrepris d'analyser, avec rigueur critique et sens de la complexité, les trames visibles et invisibles de cette tension existentielle. La balkanisation de la RDC n'est pas un risque futur mais une mécanique déjà à l'œuvre, incarnée dans des décennies de conflits régionaux, d'appropriation illégitime des ressources, de manipulation ethnique et de gouvernance en faillite. Elle prospère dans l'Est du pays comme une normalité subversive, avec des territoires à souveraineté diluée, des économies parallèles militarisées, et des populations prises en étau entre abandon de l'État et mainmise de puissances voisines.

Dans ce contexte, l'idée d'un rattachement du Rwanda à la RDC, aussi choquante qu'elle puisse paraître, surgit comme une hyperbole politique révélant la profondeur des fractures et l'ampleur de la désespérance stratégique. Mais cette impasse géopolitique n'est pas une fatalité. Elle révèle surtout l'urgence de refonder le pacte national congolais sur des bases neuves, non plus héritées du découpage colonial ni dictées par la peur de l'effondrement, mais élaborées dans une perspective de réappropriation territoriale, de justice historique, de redéfinition du vivre-ensemble. La RDC ne peut se sauver par des fusions fictives ni par des frontières figées ; elle doit se reconstruire de l'intérieur, par la régénération de ses institutions, la réinvention de son modèle de gouvernance, et la revalorisation de ses imaginaires unificateurs.

La souveraineté n'est pas un état figé, c'est une lutte continue pour l'intégrité, la dignité, la reconnaissance. Entre la tentation de l'éclatement et le mirage d'une unification imposée, se tient le chemin exigeant mais nécessaire de la souveraineté stratégique, celle qui mobilise l'intelligence territoriale, l'intégration régionale choisie et non subie, la résilience populaire, l'économie endogène et la mémoire collective. Pour refuser la balkanisation, ce n'est pas défendre aveuglément l'existant, c'est œuvrer à la réparation du tissu national. Refuser la fusion, ce n'est pas nier l'interdépendance régionale, c'est rappeler que la coopération doit se faire entre égaux, non par absorption.

La RDC, entre les deux eaux, peut sombrer ou ressurgir. Ce livre prend parti pour la résurgence. Mais une résurgence lucide, qui affronte ses démons, nomme ses ennemis sans faux-fuyants, et renoue avec la puissance d'une nation qui refuse de n'être qu'un territoire disputé. Elle peut devenir, si elle choisit la voie de la souveraineté plurielle et incarnée, un foyer de stabilité régionale, une puissance de paix, un espace de réconciliation postcoloniale. Ce choix ne se fera pas à travers les discours officiels, mais dans les actes : reconstruire l'État, guérir les mémoires, sécuriser les territoires, et surtout redonner au peuple congolais le contrôle de son destin. L'enjeu n'est pas simplement de savoir si la RDC restera une et indivisible. L'enjeu est de savoir si elle redeviendra une nation consciente, debout, et maître de son récit. Entre les eaux troubles de la prédation et les vagues incertaines de la fuite en avant, il est temps d'ériger un pont vers une souveraineté repensée. Non pour s'enfermer, mais pour mieux se projeter. Non pour nier l'altérité, mais pour affirmer la centralité d'un Congo fort, juste et porteur d'un avenir régional fondé sur l'équité et le respect.

La balkanisation de la RDC n'est ni un fantasme conspirationniste, ni une exagération rhétorique. Elle est une dynamique froide, lente, mais efficace, nourrie par des décennies de conflits régionaux récurrents, par la construction d'espaces d'exception où la loi de l'État a été remplacée par des systèmes parallèles de contrôle, telles que chefferies armées, mouvements rebelles, entreprises transnationales, milices communautaires, et par la tolérance internationale à l'occupation fragmentaire d'un territoire pourtant reconnu souverain. Le Kivu, l'Ituri, le Tanganyika, pour ne citer qu'eux, incarnent aujourd'hui non seulement des zones de crise, mais des zones de désétatisation. Là où l'autorité est absente, ce ne sont pas des vides neutres qui s'installent, mais des souverainetés concurrentes, des économies informelles militarisées, des légitimités construites sur la peur, la rente et l'allégeance identitaire.

À l'autre extrémité du spectre, l'idée d'une fusion même théorique avec le Rwanda, pays accusé à maintes reprises d'être impliqué dans les déstabilisations répétées de l'Est congolais, soulève une onde de choc symbolique. Elle réactive les mémoires de guerre, les ressentiments historiques, et les peurs existentielles liées à la dilution identitaire, au rééquilibrage démographique forcé, et à la perte de souveraineté. Pourtant, le simple fait que cette idée soit prononcée, discutée ou relayée dans certaines sphères publiques ou diasporiques démontre à quel point le sentiment d'impuissance est profond, et combien l'État congolais peine à incarner une réponse à la hauteur des attentes sécuritaires, économiques, sociales et existentielles de ses citoyens.

Cette hypothèse, même extrême, fonctionne comme une alerte politique, elle dévoile le vide stratégique laissé par une diplomatie désarticulée, un appareil sécuritaire inopérant, une gouvernance fracturée, et une mémoire nationale en ruines. Ces deux pôles dislocation territoriale ou absorption identitaire ne sont pas seulement opposés, ils sont les deux revers d'une même médaille, celle d'une souveraineté fragilisée, non pas dans son principe formel, mais dans sa réalité concrète. La souveraineté ne se mesure plus uniquement à la reconnaissance internationale ou à l'existence d'institutions nominales. Elle s'évalue à la capacité d'un État à protéger ses populations, à contrôler ses frontières, à organiser ses ressources, à transmettre une mémoire partagée et à projeter une vision collective. Sur ces fronts, la RDC accumule des vulnérabilités structurelles qui la rendent perméable à toutes les formes d'aliénation, spatiale, symbolique, économique, sécuritaire.

Dès lors, la seule issue possible n'est ni la capitulation territoriale, ni la fuite dans un projet de fusion irréaliste, mais une refondation intégrale et volontaire de l'État-nation. Cela suppose de revisiter les fondements de l'État congolais, non pas en répétant les modèles jacobins importés, ni en reproduisant les configurations coloniales, mais en partant de la réalité plurielle, fragmentée, parfois contradictoire, du Congo profond. Il s'agit d'ancrer la souveraineté dans la participation populaire, dans la justice sociale, dans la reconnaissance des diversités sans repli communautariste, dans la consolidation de l'autorité publique comme garante du bien commun. Il s'agit également de réconcilier la mémoire blessée avec un récit national à reconstruire, capable de désarmer les passions ethniques et de transcender les fractures géohistoriques. La paix ne pourra être consolidée qu'en s'attaquant frontalement aux logiques de prédation, de division et de substitution qui gangrènent l'appareil étatique.

Dans cet effort de reconfiguration, la diplomatie congolaise devra se doter d'une doctrine cohérente et offensive, centrée sur la projection de souveraineté, la dénonciation argumentée des ingérences, la maîtrise des flux économiques transfrontaliers, et la mobilisation des alliances stratégiques sur des bases de réciprocité. Le pays ne peut plus se contenter d'être un objet des relations internationales. Il doit devenir un sujet actif, articulant ses intérêts dans une vision régionale panafricaine, et non plus dans une logique défensive ou victimaire. L'intégration régionale, la coopération transfrontalière et la paix dans la région des Grands Lacs ne peuvent être envisagées que dans le respect intégral de la souveraineté de chacun des États, avec comme prérequis le désarmement des groupes rebelles, la vérité sur les crimes passés, et la justice transitionnelle comme socle de toute réconciliation.

Finalement, la métaphore des deux eaux symbolise le moment de bascule où se trouve la RDC, elle peut être emportée par les courants de désintégration, ou bien se hisser au rang de puissance reconstructrice, capable de transformer ses plaies en puissance politique. Entre ces deux eaux, il lui faut désormais choisir non seulement la direction, mais le cap stratégique, le navire institutionnel, et la boussole idéologique. Car une nation ne se maintient pas par simple inertie géographique ou par charte constitutionnelle, mais par la force de son projet, par la vitalité de ses institutions, par la foi de son peuple, et par sa capacité à répondre à ses propres blessures sans se dissoudre dans l'ombre des autres. Le Congo ne peut plus se contenter d'être défini par les forces qui le traversent. Il doit redevenir une force qui façonne l'avenir. La souveraineté ne se mendie pas, elle s'impose. Et elle commence par un choix, ne plus flotter entre les eaux, mais marcher sur la terre ferme d'une refondation.

À la suite de la chute du régime de Mobutu Sese Seko en 1997, la République Démocratique du Congo est entrée dans une phase de turbulence politico-sécuritaire prolongée, marquée par une succession de conflits armés de grande intensité qui ont profondément fragilisé l'autorité de l'État et accentué les tendances centrifuges à l'échelle nationale. Cette période de désagrégation institutionnelle a permis l'émergence et la consolidation de mouvements séparatistes et autonomistes dans l'Est du pays, où l'effritement du contrôle étatique a favorisé la prolifération de revendications territoriales et identitaires. La faiblesse structurelle de l'État congolais, conjuguée à son incapacité chronique à répondre de manière efficace aux tensions ethniques, aux frustrations régionales et aux inégalités d'accès aux ressources, a offert un terrain fertile à la résurgence de discours sécessionnistes. Certaines provinces historiquement sensibles, comme le Katanga, ou hautement stratégiques, comme le Nord-Kivu, le Sud-Kivu et l'Ituri, sont devenues le théâtre de mouvements contestant l'unité nationale, sous couvert de revendications d'autonomie administrative, mais dissimulant parfois des projets plus radicaux d'indépendance. Ces dynamiques sont d'autant plus préoccupantes qu'elles sont fréquemment stimulées par des puissances étrangères aux intérêts géostratégiques bien établis.

En effet, la balkanisation rampante de la RDC trouve une partie de son origine dans l'interventionnisme opportuniste des États voisins, au premier rang desquels figurent le Rwanda, l'Ouganda et le Burundi. Ces pays ont entretenu, armé ou utilisé comme relais des groupes armés actifs sur le territoire congolais, sous prétexte de sécuriser leurs frontières ou de pourchasser des éléments hostiles, mais en réalité dans une logique de contrôle indirect des ressources naturelles, de domination des circuits commerciaux transfrontaliers et d'extension de leur influence régionale.

Le soutien militaire et logistique apporté à ces forces irrégulières a contribué à déstabiliser durablement l'Est congolais, transformant ces zones en espaces de souveraineté disputée, où l'autorité centrale congolaise est marginalisée et où les logiques de fragmentation s'enracinent. Ainsi, les provinces de l'Est sont devenues des épicentres de conflictualité chronique, où l'insécurité est structurellement maintenue par un enchevêtrement d'intérêts locaux, régionaux et internationaux. Dans ces territoires, la dynamique de balkanisation n'est plus seulement une menace théorique, mais une réalité concrète, traduite par la multiplication de groupes politico-militaires, la mise en place d'administrations parallèles, l'économie de guerre, et la substitution progressive de l'État par des acteurs informels ou transnationaux. Dans ce contexte, la souveraineté congolaise apparaît non seulement contestée, mais fragmentée, piégée entre une incapacité à projeter l'autorité publique sur l'ensemble du territoire et une pression géopolitique constante exercée par des puissances voisines désireuses de remodeler à leur avantage l'architecture régionale.

La RDC, pour sortir de cet étau, devra impérativement repenser sa stratégie de stabilisation territoriale, en articulant restauration de l'autorité de l'État, intégration politique inclusive, justice territoriale et diplomatie régionale assertive. Car ce n'est qu'en neutralisant les foyers de contestation armée, en réhabilitant la présence de l'État dans toutes les provinces, et en redéfinissant ses relations avec ses voisins dans un cadre de coopération souveraine, que le pays pourra conjurer durablement le spectre de la balkanisation et consolider une paix ancrée dans la justice, la mémoire et l'équité. Si une telle fusion pourrait théoriquement renforcer la cohésion régionale en réduisant les frontières perçues comme artificielles, elle ne peut masquer les réalités géopolitiques marquées par des décennies de méfiance, de conflit, d'ingérence militaire et d'asymétries de pouvoir. L'une des principales objections à cette hypothèse repose sur la nature même des relations entre la RDC et ses voisins immédiats, en particulier le Rwanda, l'Ouganda et le Burundi dont les interventions récurrentes dans les affaires congolaises ont contribué à une instabilité structurelle.

Le Rwanda, acteur central de cette dynamique, a été explicitement accusé d'ingérence directe dans la deuxième guerre du Congo de 1998-2003, par son appui militaire à divers groupes rebelles, dont le M23. Cette stratégie interprétée par de nombreux analystes comme une politique expansionniste déguisée, visait à sécuriser les frontières rwandaises tout en consolidant une zone d'influence permanente à l'Est de la RDC, sous prétexte de neutraliser des groupes armés hostiles.

Dans les faits, elle a ouvert la voie à une occupation de facto de vastes territoires riches en ressources, sous contrôle militaire ou économique rwandais, au détriment de la souveraineté territoriale congolaise. Cette instrumentalisation des conflits s'est cristallisée autour de la compétition pour les ressources naturelles stratégiques, principalement le coltan, le cobalt, l'or et autres minéraux critiques. Ces matières premières, indispensables aux technologies de pointe comme batteries, télécommunications, armement, aéronautique, ont placé la RDC au centre d'une véritable guerre géoéconomique par procuration, où des États voisins agissent en sous-traitance de puissances globales ou d'intérêts privés transnationaux. L'exploitation illégale de ces ressources, fréquemment orchestrée par des groupes armés bénéficiant d'un soutien extérieur, a engendré des flux financiers illicites échappant à toute forme de contrôle par l'État congolais, tout en alimentant la corruption locale et la prolifération des violences.

Ainsi, loin de constituer un moteur de développement, la richesse minérale du Congo est devenue un facteur catalyseur de conflits, de prédation systémique et de délitement de l'autorité publique. Dans ce contexte, l'idée de fusion avec le Rwanda se présente non seulement comme une aberration stratégique, mais aussi comme une légitimation symbolique de l'érosion de la souveraineté congolaise. Elle sous-entend implicitement, une incapacité de l'État congolais à affirmer seul sa gouvernance sur l'ensemble de son territoire, tout en avalisant l'influence grandissante d'un voisin accusé de porter atteinte à son intégrité territoriale. Une telle solution, au lieu de résoudre les conflits latents, risquerait d'intensifier les tensions identitaires, de déclencher de nouvelles résistances populaires, et d'incarner durablement la défiance entre communautés déjà meurtries par les conflits passés. En cela, elle constitue davantage un symptôme d'épuisement stratégique qu'un véritable projet de paix. Il convient également de souligner la responsabilité ambiguë de certaines puissances occidentales dans la perpétuation de cette instabilité.

Bien que la communauté internationale ait affiché sa volonté de soutenir des processus de paix dans la région, son attitude a fréquemment oscillé entre passivité complice et soutien actif à des acteurs régionaux impliqués dans les conflits. Sous couvert d'accords de coopération, d'aide humanitaire ou de partenariats sécuritaires, les États-Unis, la France, le Royaume-Uni ou d'autres pays européens ont parfois fermé les yeux voire encouragé des dynamiques d'ingérence ou d'exploitation économique, tant que celles-ci garantissaient un accès privilégié aux ressources congolaises ou une stabilité apparente dans une région jugée stratégique.

Cette gestion post-guerre froide des crises africaines, largement guidée par des intérêts économiques et géopolitiques, a contribué à miner les initiatives endogènes de paix et à affaiblir les capacités de reconstruction de l'État congolais. La RDC se retrouve donc prise dans un engrenage où sa richesse constitue à la fois son plus grand atout et sa plus grande vulnérabilité. Tant que cette richesse ne sera pas intégrée dans une stratégie souveraine de développement, ancrée dans la transparence, la justice économique et la protection des intérêts nationaux, elle continuera d'attirer les convoitises, de nourrir les ingérences et de fracturer le pays. Il ne s'agit pas seulement de rejeter une proposition de fusion politiquement irréaliste, mais d'en tirer la leçon profonde, seule une reconstruction intégrale de la souveraineté congolaise politique, territoriale, économique et symbolique permettra de sortir du cycle infernal de la dépendance, de la fragmentation et de la prédation. Cette souveraineté ne peut s'improviser, elle doit se construire à travers une refondation de l'État, une diplomatie offensive, une sécurisation des ressources, et une réhabilitation du contrat social entre le peuple congolais et ses institutions.

Cette économie de la violence repose sur un système opaque d'alliances entre groupes armés, autorités locales corrompues, contrebandiers et multinationales peu scrupuleuses, dont certaines ont été directement accusées de complicité dans le pillage des ressources congolaises, dans la sous-évaluation chronique des minerais à l'exportation, et dans des pratiques de travail en violation flagrante des droits humains fondamentaux. Dans ce contexte d'illégalité normalisée, la suggestion d'un rattachement du Rwanda à la RDC, notamment sous l'angle d'une gestion conjointe ou mutualisée des ressources naturelles, semble relever d'une utopie technocratique plus que d'une perspective politique réaliste.

En théorie, une telle intégration pourrait permettre une meilleure coordination frontalière, une harmonisation des normes d'exploitation et une réduction des conflits transnationaux liés au contrôle des minerais. Toutefois, cette hypothèse suscite des réserves majeures quant à la capacité effective de la RDC à garantir une gestion transparente, équitable et souveraine de ses richesses. La corruption endémique, les déficits de gouvernance, les failles de régulation et l'absence de redevabilité dans la chaîne de valeur minière constituent autant d'obstacles structurels à toute réforme crédible, d'autant plus dans un cadre binational où les rapports de force seraient inévitablement déséquilibrés. Au-delà des considérations économiques, cette proposition de fusion soulève également de vives inquiétudes en matière d'équité sociale et territoriale.

La gestion des ressources ne saurait être dissociée des tensions ethniques, régionales et identitaires qui traversent la société congolaise. À l'Est du pays, les conflits communautaires entre Hutus, Tutsis, Lendus, Ngbandi, Nande, Hema et d'autres groupes sont irrités par des fractures historiques non résolues, par des luttes foncières chroniques, et par les effets des déplacements massifs de populations consécutifs aux conflits dans les pays voisins, notamment le Rwanda et le Burundi. Ces tensions ne relèvent pas uniquement d'antagonismes culturels, mais aussi de dynamiques de domination territoriale, de concurrence pour les ressources, et de manipulation politique orchestrée par des acteurs internes et externes. Dans ce contexte déjà fragile, une intégration politique avec le Rwanda pourrait aggraver les perceptions d'exclusion, d'injustice ou d'hégémonie, si elle n'est pas précédée par un processus sincère de réconciliation intercommunautaire et de clarification des mémoires historiques. Certains voient dans cette hypothèse un outil potentiel de coopération régionale, susceptible d'amorcer une nouvelle ère de gestion partagée des frontières, de codéveloppement transfrontalier et de pacification durable.

Toutefois, une telle démarche ne pourrait réussir qu'à la condition d'un compromis fondé sur des principes stricts comme respect mutuel des souverainetés, reconnaissance équitable des identités nationales, renforcement des mécanismes de justice transitionnelle, et garantie des droits socioéconomiques et politiques de toutes les communautés concernées. Il en résulte que si le projet de rattachement du Rwanda à la RDC est parfois présenté comme une réponse audacieuse aux défis géopolitiques et économiques de la région des Grands Lacs, il ne peut être envisagé que dans une optique hypothétique et conditionnelle. Il ne saurait en aucun cas se substituer à la nécessité impérieuse de restaurer d'abord la souveraineté pleine et entière de l'État congolais, de démanteler les réseaux d'exploitation illégale des ressources, de reconstruire la confiance institutionnelle, et de refonder les relations interethniques sur une base d'équité, de justice et de dignité.

Toute stratégie de stabilisation durable, qu'elle soit nationale ou régionale, doit ainsi se déployer à travers une approche intégrée, telle qu'économique, sociale, sécuritaire, mais aussi profondément politique et mémorielle. La RDC ne pourra sortir du piège de la fragmentation et de la prédation que si elle redevient maîtresse de ses ressources, de son territoire, de son récit et de son destin. Toute hypothèse de solution impliquant une intégration politique ou un rapprochement institutionnel entre la République Démocratique du Congo et le Rwanda soulève inévitablement des interrogations profondes liées à la souveraineté nationale, aux identités ethniques plurielles, et aux intérêts géostratégiques divergents des deux États.

Loin d'être une réponse immédiate à la complexité des conflits régionaux, une telle option renvoie à des problématiques structurelles ancrées dans l'histoire longue des tensions frontalières, des rivalités économiques et des représentations réciproques entre populations. Si l'objectif est la réconciliation durable entre les peuples congolais et rwandais, il ne peut être atteint par une fusion imposée ou une cohabitation institutionnelle hâtive. La véritable issue réside plutôt dans la construction d'un cadre de coopération régionale équitable et souverain, fondé sur la diplomatie de coresponsabilité, la gouvernance inclusive, la transparence dans la gestion des ressources et le respect strict de l'intégrité territoriale de chaque État. Une telle coopération conçue non comme une solution de rechange à la souveraineté mais comme un instrument de stabilisation partagée, pourrait permettre de dépasser les antagonismes historiques en transformant les concurrences en synergies.

Pour cela, des réformes structurelles s'imposent de renforcer des institutions démocratiques, décentralisation équilibrée, mécanismes de contrôle de l'exploitation des ressources, sécurisation des zones frontalières, mais aussi engagement dans des processus sincères de mémoire, de justice et de réparation. La coopération RDC-Rwanda doit être reconfigurée non autour d'objectifs de domination ou de sécurisation unilatérale, mais autour d'un projet commun de développement durable et de paix fondé sur le principe d'égalité souveraine. Ces dynamiques, bien que présentées sous des justifications sécuritaires ou historiques, ont profondément affecté la stabilité de la région des Grands Lacs et affaibli la capacité de la RDC à asseoir son autorité sur ses provinces orientales. Le Rwanda a adopté une stratégie hybride mêlant diplomatie, interventions militaires indirectes et soutien à des groupes armés opérant sur le sol congolais, à l'instar du M23 et, dans certains cas ambigus, des FDLR.

Le cœur de cette tension réside dans la richesse minière exceptionnelle de la RDC. Le pays concentre une proportion considérable des réserves mondiales de minéraux stratégiques environ 60 % du cobalt mondial, élément clé des batteries lithium-ion utilisées dans les véhicules électriques, les smartphones et les technologies renouvelables ; des gisements significatifs de coltan, de cuivre, d'or et d'étain, indispensables à l'économie numérique mondiale. Cette abondance, qui devrait faire du Congo un pilier du développement continental, a paradoxalement nourri l'économie de guerre, l'implantation de réseaux de contrebande, et l'installation de puissances économiques étrangères dans une logique de pillage systématique. L'État, affaibli par les séquelles de la guerre civile, les transitions inachevées, et les corruptions systémiques, n'a pas été en mesure de protéger ses ressources, ni d'en faire le socle d'une économie souveraine.

Les accusations répétées à l'encontre du Rwanda portant sur son implication dans ces dynamiques de déstabilisation, à travers le soutien logistique, militaire et diplomatique à certains mouvements rebelles ne relèvent pas du fantasme, mais d'une documentation rigoureuse, corroborée par des enquêtes des Nations Unies et de nombreuses ONG. Dans cette perspective, toute solution régionale, aussi ambitieuse soit-elle, doit s'ancrer dans une reconnaissance lucide de ces déséquilibres, dans une volonté réelle de démilitarisation de l'économie des conflits, et dans une restructuration profonde des relations bilatérales sur des bases transparentes, éthiques et mutuellement avantageuses. Leur présence ne relève pas de l'anarchie ou du banditisme spontané, mais d'une stratégie structurée, dans laquelle l'exploitation clandestine des ressources devient un instrument de pouvoir, de financement et de domination territoriale.

En apportant un soutien logistique, militaire ou politique à ces milices, le Rwanda consolide de fait un accès direct et non conventionnel aux minerais congolais tout en contribuant à l'érosion de l'autorité de l'État congolais sur des espaces vitaux, dans les provinces riches en cobalt, or, coltan et autres minéraux critiques. L'implication du Rwanda dans ces circuits d'exploitation illégale, régulièrement dénoncée par des rapports des Nations Unies et des ONG internationales, est souvent associée à des réseaux de corruption locale et à des pratiques commerciales opaques, échappant à toute forme de redevabilité. Ces réseaux permettent non seulement de générer des flux financiers parallèles d'une ampleur considérable, mais aussi de maintenir une pression géopolitique constante sur la RDC, en entretenant une instabilité chronique propice à l'affaiblissement de l'État central.

Loin de se limiter à une logique de prédation ponctuelle, la stratégie du Rwanda consiste également à structurer une présence économique pérenne dans les chaînes de valeur extractives congolaises, à travers des partenariats stratégiques, des investissements ciblés et la création ou l'infiltration d'entreprises actives dans le secteur minier congolais. Cette volonté de captation indirecte des ressources de la RDC s'accompagne d'une offensive géoéconomique visant à sécuriser les principales voies de transit des minerais, par exemple les routes commerciales reliant les sites d'extraction de l'Est congolais aux ports de l'océan Indien via l'Ouganda, le Rwanda ou la Tanzanie. Par ailleurs, en s'implantant dans ces espaces de transit, le Rwanda renforce sa capacité d'influence sur les orientations économiques de la RDC, dans les négociations commerciales, les accords de partenariat et les dispositifs de régulation.

Cette stratégie d'influence géoéconomique s'inscrit dans une ambition plus large de sécurisation d'un espace vital notion géopolitique historiquement mobilisée par de nombreux États pour justifier l'expansion territoriale dans des zones voisines jugées stratégiques à leur survie. Pour un pays comme le Rwanda, dont la densité démographique élevée et la superficie restreinte environ 26 000 km² limitent les marges de manœuvre internes, le contrôle indirect de territoires riches et peu régulés devient une option stratégique pour répondre aux contraintes structurelles internes et aux menaces sécuritaires perçues. Cette quête d'espace vital s'est intensifiée à la suite du génocide de 1994, événement traumatique qui continue de structurer la doctrine de sécurité nationale du Rwanda. La mémoire de cette tragédie a façonné une politique extérieure défensive et proactive, reposant sur le principe de protection anticipée.

L'objectif affiché consiste à empêcher que des groupes hostiles en particulier des milices hutu radicales comme les FDLR n'utilisent le territoire congolais comme base arrière pour menacer la stabilité du Rwanda. Dans cette perspective, l'Est de la RDC revêt une importance stratégique particulière, à la fois pour sa richesse minière et pour son rôle géographique de zone tampon. Le contrôle militaire, politique ou économique de cette région, que ce soit par le biais d'une occupation indirecte via des groupes armés ou par l'établissement d'une influence institutionnelle, constitue donc une réponse à la fois à des enjeux sécuritaires et à des impératifs géoéconomiques. En maintenant une emprise sur ces espaces fragiles, où l'autorité congolaise est souvent fragmentaire voire absente, le Rwanda s'assure non seulement une profondeur stratégique qui compense ses limites territoriales, mais aussi un levier d'action dans la gouvernance régionale. Cette présence permet d'agir sur les dynamiques locales, d'orienter les politiques extractives, et de modeler les configurations post-conflit selon ses propres intérêts.

À terme, certains analystes redoutent qu'un contrôle indirect mais durable de ces zones par des groupes armés affiliés à Kigali ouvre la voie à une administration parallèle, une gouvernance de substitution, voire à une normalisation de la dépendance économique et politique de ces territoires à l'égard du Rwanda. Ainsi, la question de l'influence rwandaise dans l'Est de la RDC dépasse le seul cadre des affrontements armés, elle engage des problématiques plus vastes de souveraineté territoriale, de justice économique, de sécurité régionale et de reconfiguration silencieuse des équilibres de puissance dans la région des Grands Lacs. Face à cette réalité, la RDC ne peut se contenter de ripostes militaires isolées ou de dénonciations diplomatiques.

Elle doit reconstruire une souveraineté intégrale, fondée sur la reconquête de ses marges, la sécurisation de ses ressources, la réhabilitation de ses institutions locales, et l'élaboration d'une stratégie régionale de long terme, articulée autour de l'affirmation pacifique mais ferme de ses intérêts vitaux. En ce sens, le Rwanda privilégie la constitution de réseaux de partenariats politiques, militaires et économiques dans les zones frontalières, créant ainsi des espaces d'influence dans lesquels son pouvoir s'exerce sans transgresser formellement les normes du droit international. Ce mode opératoire s'est traduit par une politique d'ingérence à plusieurs niveaux, qui vise à neutraliser les menaces perçues à partir du territoire congolais, à maintenir une présence proactive dans les espaces stratégiques de l'Est de la RDC, et à assurer le contrôle direct ou indirect des ressources extractives critiques. Toutefois, cette politique a eu pour conséquence directe une aggravation de l'instabilité dans les provinces orientales, où les conflits ethniques, les tensions communautaires et la fragmentation de l'autorité étatique se sont intensifiés.

Le soutien rwandais présumé à des groupes armés comme le M23, dont les offensives déstabilisent périodiquement la région, empêche toute avancée prépondérante vers un véritable processus de paix, en cristallisant la méfiance entre les populations locales et en entretenant un cycle de violences récurrent. Ce ressentiment populaire s'est traduit par une détérioration des relations diplomatiques entre Kinshasa et Kigali, et par une radicalisation des postures nationales autour des enjeux de souveraineté, d'identité et de justice historique. Dans le même temps, la faiblesse structurelle de l'État congolais illustrée par son incapacité à sécuriser durablement ses frontières, à exercer une gouvernance effective sur l'ensemble de son territoire, et à encadrer de manière transparente l'exploitation de ses ressources a facilité l'action de puissances extérieures.

Dans ce contexte, la question de la réconciliation entre la RDC et le Rwanda demeure l'un des enjeux géopolitiques majeurs du 21ième siècle dans la région des Grands Lacs. Elle ne saurait être envisagée à travers des mécanismes classiques de coopération bilatérale uniquement, tant les blessures historiques, les antagonismes identitaires et les intérêts divergents sont profonds. Certains analystes ont évoqué la possibilité d'une forme de réunification politique ou géopolitique, comme solution radicale mais potentiellement stabilisatrice. Le génocide rwandais de 1994, au cours duquel environ 800 000 Tutsis et Hutus modérés furent massacrés, a non seulement bouleversé l'architecture politique interne du Rwanda, mais a aussi profondément influencé ses rapports avec ses voisins.

L'exode massif des populations hutu, parmi lesquelles figuraient les responsables du génocide, vers l'ancien Zaïre, actuelle RDC, a provoqué la constitution de groupes armés sur le sol congolais, notamment les Forces Démocratiques de Libération du Rwanda (FDLR), perçues par Kigali comme une menace existentielle. La volonté du Rwanda d'éradiquer ces groupes a conduit à plusieurs interventions militaires en territoire congolais, sous prétexte de sécurité nationale, mais avec des effets collatéraux dévastateurs sur la souveraineté congolaise, la cohésion sociale, et la stabilité régionale. Ainsi, toute solution sérieuse aux conflits persistants dans l'Est de la RDC et à la rivalité RDC-Rwanda doit s'articuler autour d'une triple exigence, la première porte sur la reconnaissance des fautes et des responsabilités historiques, reconstruction d'un dialogue politique sincère entre les deux États, et mise en place d'un mécanisme régional inclusif fondé sur la transparence, la justice transitionnelle, la maîtrise concertée des ressources et le respect mutuel des souverainetés.

La paix dans la région ne pourra émerger d'un rapport de force ou d'une influence imposée. Elle ne peut naître que de la volonté politique partagée de transformer les logiques d'ingérence en dynamiques de co-sécurité, de substituer à la méfiance une architecture de confiance, et de bâtir un avenir commun sur les ruines d'un passé douloureux mais non irréversible. La République Démocratique du Congo, en raison de son immensité territoriale et de l'abondance exceptionnelle de ses ressources naturelles, est devenue l'un des théâtres les plus disputés de la rivalité géopolitique contemporaine en Afrique. Elle permettrait de repenser les fondements de la coexistence entre les deux pays, en les articulant autour d'un projet de gouvernance commune, de pacification durable et de gestion concertée des ressources naturelles. Historiquement, la RDC et le Rwanda partagent des liens sociaux, culturels et ethniques anciens, à travers la présence de communautés rwandophones dans l'Est congolais, tel que les Banyamulenge.

Toutefois, ces populations sont souvent prises en étau entre des accusations de collusion avec Kigali et une marginalisation au sein du tissu national congolais. Une réunification géopolitique ou, à tout le moins, un pacte de coopération renforcée pourrait favoriser l'intégration politique de ces communautés dans un cadre institutionnel où leur citoyenneté serait pleinement reconnue, leur représentativité assurée, et leurs droits protégés dans le respect de la souveraineté des deux États. Ce dispositif pourrait s'appuyer sur une structure fédérative ou sur des formes d'autonomie régionale, permettant aux différentes communautés de gérer leurs affaires locales dans le cadre d'une autorité centrale consolidée, garante de l'unité, de la justice et de la cohésion nationale.

Une telle démarche, si elle était portée par une volonté politique sincère et soutenue par des mécanismes de médiation régionale et internationale crédibles, ouvrirait également la voie à un dialogue structuré sur des questions sensibles longtemps évitées ou instrumentalisées, la question des déplacés et réfugiés, la justice transitionnelle, la répartition équitable des richesses, la sécurisation des zones frontalières et la lutte contre l'impunité. Le soutien présumé du Rwanda à certains groupes rebelles actifs dans l'Est de la RDC, tel que le M23, est justifié par Kigali comme une réponse préventive à la présence de forces hostiles comme les FDLR, considérées comme une menace existentielle. Dans un cadre de coopération stratégique ou de gouvernance conjointe, ces menaces pourraient être désamorcées institutionnellement par des engagements mutuels de désarmement, de démobilisation, et de réintégration des groupes armés dans une architecture de sécurité régionale inclusive. À terme, cette dynamique pourrait aboutir à la création d'une institution régionale bilatérale, dotée de prérogatives spécifiques dans les domaines de la sécurité, de la justice, de l'économie et du développement.

Par exemple, un gouvernement de coalition restreint, chargé exclusivement de l'administration des zones frontalières conflictuelles, pourrait incarner une phase transitoire vers la paix, sous la supervision d'un cadre juridique commun. C'est à ce prix seulement que l'on pourra envisager une sortie durable de la spirale de violences qui ensanglante l'Est de la RDC, et ouvrir la voie à un nouvel horizon géopolitique fondé sur la paix, la justice et la coopération transfrontalière. Un gouvernement transitoire issu d'un partenariat stratégique entre la RDC-Rwanda pourrait jouer un rôle fondamental dans l'édification d'une paix durable, tout en assumant les fonctions centrales d'un processus de justice transitionnelle. Ce cadre institutionnel provisoire permettrait de répondre aux revendications des victimes des conflits armés à travers des mécanismes de réparation, de vérité et de réconciliation, en favorisant le rétablissement du tissu social entre les différentes communautés ethniques et les anciens belligérants.

Dans un espace marqué par une mémoire traumatique et une conflictualité enracinée, l'enjeu de la justice ne peut être contourné ; il constitue au contraire le socle sur lequel bâtir une coexistence pacifique et une réintégration civique inclusive. Pour le Rwanda, bien que disposant d'une forte centralisation étatique et d'un poids géopolitique croissant, il s'agirait de ne pas diluer son autorité ni de compromettre ses acquis économiques et diplomatiques dans une union qui risquerait de lui imposer des contraintes asymétriques.

En outre, des questions délicates émergeraient inévitablement, telles que la protection effective des droits des minorités, la gestion des tensions interethniques historiques et l'intégration politique des communautés rwandophones vivant en RDC, notamment les Banyamulenge. Ces enjeux pourraient susciter des résistances au sein de la population congolaise, alimentées par la peur d'un déséquilibre démographique ou d'une domination politique étrangère. De plus, des risques de fragmentation interne seraient à anticiper dans les deux pays, notamment si des factions hostiles au processus qu'elles soient politiques, militaires ou communautaires venaient à s'opposer frontalement à toute tentative de rapprochement. Les groupes armés comme le M23, par exemple, pourraient instrumentaliser cette transition pour légitimer leur présence ou, au contraire, la rejeter et poursuivre des actions armées qui compromettraient la stabilité recherchée.

Le succès de toute tentative de coopération approfondie dépendrait donc de la qualité de la gouvernance instaurée, une mauvaise gestion du processus, une absence de transparence, ou des déséquilibres dans la répartition du pouvoir pourraient non seulement échouer à désamorcer les tensions, mais les aggraver, créant de nouveaux foyers d'instabilité. À cela s'ajoutent les intérêts géopolitiques internationaux qui, dans un espace aussi riche en ressources naturelles stratégiques que la RDC, complexifient davantage la donne. De puissants acteurs extérieurs États, multinationales ou blocs régionaux pourraient interférer dans le processus de réunification s'ils estiment que leurs intérêts économiques, sécuritaires ou diplomatiques sont menacés. Les ressources minières congolaises, telles que le cobalt, le coltan ou l'or, attisent des convoitises globales qui ne peuvent être ignorées dans l'analyse des rapports de force.

Ce modèle de coopération pourrait inclure des institutions conjointes de veille sécuritaire, des accords commerciaux équilibrés, des comités mixtes de réconciliation communautaire, ainsi que des initiatives de développement transfrontalier qui bénéficient directement aux populations locales. Le véritable enjeu ne réside donc pas dans l'unification des États, mais dans la réconciliation des peuples, la pacification des mémoires et la construction d'un espace régional fondé sur la coexistence pacifique, la solidarité stratégique et le refus des logiques de prédation. Réduire les manipulations extérieures des conflits internes, neutraliser les instrumentalisations ethniques, et instaurer un climat de dialogue authentique entre Kinshasa et Kigali sont des conditions indispensables pour poser les bases d'une stabilité durable dans la région des Grands Lacs.

Enfin, la réussite d'une telle dynamique dépendra de la convergence de trois volontés, la volonté politique ferme des gouvernements, l'engagement actif des populations à la base, et le soutien sincère d'une communauté internationale non plus motivée par la préservation d'intérêts stratégiques, mais par la promotion d'une paix inclusive, juste et équitable. Depuis plusieurs décennies, la région des Grands Lacs se trouve au cœur de tensions géopolitiques récurrentes. Il est temps qu'elle devienne le foyer d'une diplomatie de réconciliation, d'une gouvernance partagée et d'un modèle africain de gestion intelligente de la diversité, de la souveraineté et du développement collectif. La République Démocratique du Congo, située au cœur de la région des Grands Lacs, constitue un épicentre géopolitique majeur dont la stabilité ou l'instabilité a des répercussions directes sur l'ensemble de ses voisins. Cette instabilité ne se limite pas aux frontières congolaises, elle se propage dans les pays voisins comme le Rwanda, l'Ouganda et le Burundi qui, tour à tour, en sont à la fois les acteurs, les victimes et les bénéficiaires.

Face à ce paysage fragmenté, l'exploration d'un nouveau paradigme fondé sur une réunification stratégique qu'elle soit interne à la RDC ou articulée autour d'un cadre de coopération renforcée avec ses voisins se présenta comme une perspective à fort potentiel transformateur. La RDC détient, à cet égard, des atouts considérables mais sous-exploités, un territoire vaste et riche en ressources naturelles stratégiques en cobalt, or, coltan, cuivre, une diversité humaine et culturelle exceptionnelle, et une position géopolitique centrale qui en fait un carrefour naturel entre l'Afrique centrale, orientale et australe. Cependant, la gouvernance de ces potentialités a été entravée par des décennies de crises internes, de mauvaise gestion étatique, de conflits ethno-politiques instrumentalisés, et de pressions extérieures motivées par des intérêts économiques ou sécuritaires. Cette conjonction de facteurs a contribué à maintenir la RDC dans une vulnérabilité prolongée, empêchant toute véritable capitalisation de ses ressources au bénéfice de son peuple et de sa souveraineté.

Un des aspects les plus sensibles de cette dynamique réside dans la présence de communautés rwandophones en RDC, dans le Kivu, telles que les Banyamulenge. Leur intégration dans le cadre national reste l'objet de contestations identitaires récurrentes, alimentées par les mémoires de guerre, les jeux d'alliance transfrontaliers et les suspicions de loyauté partagée. Dans ce contexte, une architecture de coopération renforcée entre la RDC et le Rwanda pourrait offrir un cadre institutionnel propice à la reconnaissance de ces communautés, à la garantie de leurs droits civiques, et à leur pleine inclusion dans la gouvernance locale et nationale, tout en réduisant les risques d'instrumentalisation ou de marginalisation.

Au-delà de la question identitaire, cette coopération stratégique devrait s'articuler autour de plusieurs axes structurants, notamment la démilitarisation des zones frontalières, le désarmement des groupes armés actifs dans l'Est de la RDC, la sécurisation des corridors commerciaux, et la mise en place de mécanismes de gestion partagée des ressources naturelles. Ces mesures permettraient non seulement de restaurer la confiance entre États, mais aussi de tarir les sources d'enrichissement illicite qui alimentent les économies de guerre locales. En construisant un partenariat fondé sur la transparence, la mutualisation des intérêts et le respect des souverainetés respectives, la RDC et ses voisins immédiats pourraient jeter les bases d'un nouveau contrat géopolitique régional, plus équitable, plus intégré et plus résilient.

Elle permettrait aussi de renforcer la souveraineté des États concernés, non pas en les isolant, mais en les insérant dans un projet régional concerté, fondé sur une gouvernance coopérative, une responsabilité partagée et une diplomatie du codéveloppement. La paix durable dans la région des Grands Lacs ne pourra émerger que si les États abandonnent les logiques d'affrontement, d'influence unilatérale et d'instrumentalisation des vulnérabilités frontalières, au profit d'un engagement collectif en faveur d'une sécurité partagée, d'une croissance co-construite et d'une gouvernance inclusive. La RDC, en tant que puissance géostratégique centrale, doit assumer ce rôle d'architecte d'une stabilité nouvelle, en initiant un dialogue politique structuré avec ses voisins, en renforçant ses capacités internes de gouvernance, et en proposant une vision régionale fondée sur l'interdépendance assumée, la justice historique, et la réconciliation durable.

C'est à ce prix que l'on pourra transformer l'espace des Grands Lacs, longtemps perçu comme une zone de conflits, en un laboratoire de coopération africaine du 21ième siècle. Dans le cadre d'un processus global de réconciliation régionale dans l'espace des Grands Lacs, une coopération structurée en matière de sécurité se présente comme un mécanisme indispensable à la pacification durable. Les États voisins, tels que le Rwanda, l'Ouganda et la République Démocratique du Congo, pourraient s'engager dans un accord régional de désarmement et de lutte conjointe contre les groupes armés transfrontaliers, notamment le M23, les Forces Démocratiques de Libération du Rwanda (FDLR), et d'autres milices qui perpétuent l'instabilité en instrumentalisant les tensions ethniques et en exploitant les ressources naturelles. Une telle alliance sécuritaire ne viserait pas seulement la réduction immédiate de la violence, mais permettrait aussi la mise en place de mécanismes durables de prévention des conflits, à travers des dispositifs d'alerte précoce, de médiation communautaire, et de surveillance partagée des zones sensibles.

La création de forces de maintien de la paix conjointes, rassemblant des contingents de la RDC, du Rwanda, de l'Ouganda et d'autres pays de la région, représenterait une avancée majeure vers une architecture de sécurité collective. Ces forces pourraient être déployées prioritairement dans les zones de conflit aigu, afin de protéger les populations civiles, sécuriser les corridors humanitaires, et faciliter le retour des réfugiés et des déplacés internes. Dans ce contexte, un cadre régional intégré de gestion des ressources naturelles permettrait de redéfinir la gouvernance économique de manière équitable, durable et transparente. Ce modèle pourrait s'appuyer sur des réformes institutionnelles ambitieuses, associant des partenariats public-privé régionaux, des mécanismes de certification des minerais, et un système de répartition équitable des revenus issus de l'exploitation des ressources. Chaque pays, y compris ceux qui partagent des frontières ou des bassins hydrologiques avec la RDC, bénéficierait ainsi des retombées économiques tout en contribuant à la protection environnementale.

Une telle gouvernance partagée offrirait aussi une réponse concrète à la question sensible du contrôle des mines dans l'Est de la RDC, qui constitue l'un des foyers principaux d'insécurité et de concurrence armée. Ce partenariat stratégique ne se limiterait pas au secteur minier, il s'inscrirait dans une vision de développement régional cohérent, reposant sur l'intégration des infrastructures, des marchés et des ressources. Les projets énergétiques conjoints, autour du potentiel hydroélectrique de la RDC, permettraient de répondre aux besoins énergétiques croissants de la région, tout en ancrant la coopération dans une gestion durable et inclusive des ressources. Enfin, la réussite d'un processus de réconciliation régionale passe impérativement par la réintégration sociale et économique des communautés affectées par les conflits. La construction de la paix ne peut être purement institutionnelle ou sécuritaire, elle doit être enracinée dans des dynamiques locales de reconstruction des liens sociaux, de restauration de la confiance, et de reconnaissance des souffrances subies.

Cela suppose des politiques spécifiques d'accompagnement psychosocial, de reconstruction communautaire, de dialogue interethnique, et de justice réparatrice. Les programmes de réintégration doivent associer les victimes, les anciens combattants, les déplacés, et les jeunes à des projets de développement local, afin de prévenir la résurgence des violences et de transformer les anciennes lignes de fracture en opportunités de coexistence pacifique. La RDC, par sa position stratégique et son potentiel, peut être le catalyseur de ce renouveau régional, à condition de redéployer une diplomatie de convergence, de refonder sa gouvernance interne, et de s'inscrire pleinement dans une logique de paix constructive et durable.

Le processus de réunification entre la République Démocratique du Congo et le Rwanda, s'il devait être envisagé sous quelque forme que ce soit qu'il s'agisse d'une fusion politique, d'un partenariat stratégique approfondi ou d'un modèle de fédération régionale nécessiterait une transformation en profondeur des logiques institutionnelles, identitaires et géopolitiques qui régissent actuellement les deux États. Une telle approche permettrait d'édifier une identité nationale partagée, ancrée dans la reconnaissance des diversités culturelles et dans la co-construction d'un récit politique inclusif. Elle contribuerait à atténuer les tensions ethniques, souvent attisées par des manipulations politiques internes ou par des interférences extérieures visant à instrumentaliser les clivages pour servir des intérêts stratégiques. Cependant, cet idéal d'inclusion se heurte à plusieurs obstacles majeurs, à commencer par la question de la souveraineté nationale.

Les différends sur la gestion des ressources naturelles, l'approche des réformes institutionnelles, et les alliances géopolitiques régionales rendent complexe toute forme de convergence immédiate. Ces divergences de fond sont irritées par l'implication persistante d'acteurs extérieurs, notamment de puissances occidentales et de multinationales, qui disposent d'intérêts économiques considérables dans les secteurs stratégiques congolais, particulièrement dans l'exploitation minière. Toute réorganisation régionale qui viserait à renforcer la souveraineté des États ou à instaurer une gestion plus équitable et transparente des ressources pourrait être perçue comme une menace directe pour ces intérêts, si elle s'accompagne d'une augmentation de la régulation, d'un renforcement de la fiscalité minière, ou d'un contrôle accru sur les flux économiques transnationaux.

Ainsi, les multinationales actives dans l'Est de la RDC, où les zones minières sont exploitées dans des conditions opaques et non réglementées, pourraient s'opposer à une dynamique d'intégration régionale susceptible de remettre en cause un statu quo profitable. Le poids des intérêts géoéconomiques dans la région constitue donc une variable incontournable dans l'évaluation des perspectives de réunification, et impose une lecture géopolitique lucide de la configuration actuelle des rapports de force. Par ailleurs, les défis sociaux et culturels d'une telle unification sont tout aussi redoutables. Le traumatisme laissé par le génocide rwandais de 1994, et par les conflits armés qui ont suivi, a marqué profondément les sociétés des deux pays, dans les zones frontalières. Les populations locales de l'Est de la RDC, ayant subi les conséquences directes des affrontements, des déplacements, des violations massives des droits humains et de la destruction du tissu communautaire, pourraient exprimer une forte résistance à toute forme d'intégration perçue comme une absorption forcée ou une menace identitaire.

L'unification ne pourra donc être envisagée sans un processus préalable de réconciliation mémorielle, de justice transitionnelle, et de restauration de la confiance à l'échelle locale, régionale et nationale. L'idée d'unir la RDC et le Rwanda qu'il s'agisse d'un projet d'unification politique, d'un modèle fédéral asymétrique ou d'un pacte de coopération renforcée ne peut être appréhendée que dans une perspective à long terme, fondée sur des préalables stricts, tels que reconnaissance mutuelle des souverainetés, transparence dans la gestion des ressources, inclusion des communautés affectées, désarmement des groupes armés, réforme des institutions, et appui international non-intrusif mais constructif. Il s'agit d'un projet complexe, exigeant, et risqué, mais potentiellement porteur de transformation pour l'ensemble de la région des Grands Lacs, à condition qu'il soit pensé non comme une fusion imposée, mais comme une alliance librement consentie, articulée autour de principes de justice, de coresponsabilité, et de développement solidaire.

L'un des prérequis fondamentaux à toute tentative d'unification entre la République Démocratique du Congo et le Rwanda repose sur l'existence d'une volonté politique claire, ferme et concertée de la part des dirigeants des deux États. Cette volonté ne saurait être simplement déclarative ; elle doit se traduire par un engagement stratégique mutuel, fondé sur un accord explicite définissant les objectifs partagés, les modalités opérationnelles et le cadre institutionnel de l'unification envisagée. Les autorités politiques congolaises et rwandaises devront s'accorder sur la nature du futur système de gouvernance qu'il s'agisse d'un modèle fédéral, confédéral ou d'une formule hybride et engager des négociations approfondies sur la répartition des compétences, des ressources naturelles, du pouvoir exécutif, législatif et judiciaire, ainsi que sur les mécanismes de régulation des relations interétatiques ou interrégionales.

Dans cette optique, chaque État devra à la fois affirmer et sauvegarder ses intérêts stratégiques, tout en acceptant de consentir à certains compromis, indispensables à la construction d'un avenir commun. Le Rwanda pourrait ainsi chercher à sécuriser durablement son accès aux ressources congolaises, à préserver certains couloirs logistiques essentiels à son économie et à garantir une représentation institutionnelle équitable de ses intérêts au sein du nouvel édifice politique. De son côté, la RDC pourrait poser comme exigence le renforcement de son autorité sur l'ensemble de son territoire, l'établissement de garde-fous contre toute ingérence future, et la reconnaissance de sa souveraineté symbolique sur les espaces disputés. Ces équilibres politiques devront impérativement être soutenus par les élites politiques, économiques, religieuses et militaires des deux pays, dont l'adhésion et la mobilisation seront déterminantes pour assurer la légitimité, la cohérence et la faisabilité du projet.

En l'absence de ce soutien, le processus risquerait de buter rapidement sur des blocages structurels, des résistances internes ou des sabotages institutionnels. Cependant, la viabilité d'un tel projet ne peut être dissociée du passif historique lourd qui caractérise les relations entre la RDC et le Rwanda. Marquées par des décennies de conflits armés, d'ingérences, de massacres et de rivalités ethno-politiques, notamment dans les provinces orientales congolaises, ces relations appellent un travail profond de mémoire, de justice et de réconciliation. Un autre pilier de cette réconciliation serait la facilitation du retour sécurisé, encadré et digne des réfugiés et déplacés, qu'ils soient congolais ou rwandais. De nombreuses familles vivent encore en exil, parfois depuis plusieurs décennies, en raison des conflits qui ont secoué la région. Leur retour devra être accompagné de programmes de réintégration économique, d'accès à la terre, d'assistance psychosociale, et de dialogue communautaire afin d'éviter les conflits de cohabitation.

Le tissu social, profondément fragmenté par les guerres successives, devra être reconstruit à travers des mécanismes de médiation culturelle, de justice restaurative et de consolidation de la cohésion nationale. Par ailleurs, l'unification ou même une coopération renforcée entre les deux pays ne saurait s'opérer sans une lutte rigoureuse contre les discours de haine, les stéréotypes ethnicistes et les propagandes identitaires, souvent alimentées par des gouvernements, des groupes armés ou certains médias. Enfin, l'unification ne sera envisageable que si elle s'accompagne de réformes institutionnelles profondes dans les deux pays. Il s'agira de garantir que le futur modèle de gouvernance soit à la fois inclusif, démocratique, respectueux de la séparation des pouvoirs, et conforme aux principes de bonne gouvernance, principalement la transparence, la redevabilité, la participation citoyenne, la décentralisation équilibrée, et la professionnalisation de l'administration publique. Ces réformes devront s'appuyer sur un dialogue national inclusif, impliquant les partis politiques, la société civile, les groupes traditionnels et les acteurs économiques.

Seule une architecture institutionnelle partagée, fondée sur des valeurs communes et des règles claires, pourra permettre d'éviter les dérives autoritaires, les monopoles ethniques ou les tentations hégémoniques dans un tel projet d'union. L'unification entre la RDC et le Rwanda, si elle devait être poursuivie, ne pourra être réduite à une simple manœuvre géopolitique ou à un calcul stratégique. Elle devra reposer sur une démarche de transformation collective, orientée vers la réconciliation des mémoires, l'inclusion des différences, la justice historique et la construction d'un nouveau contrat politique régional.

Ce n'est qu'au prix de cette refondation éthique et institutionnelle que pourra émerger un espace commun viable, capable de transcender les logiques de guerre, d'exploitation et de division, au profit d'un horizon partagé de paix, de sécurité et de développement solidaire. Ce schéma permettrait à chacun des deux États, le Rwanda et la RDC de conserver une marge d'autonomie dans la gestion de leurs affaires internes, tout en partageant des institutions centrales communes pour les politiques d'intérêt régional, défense, diplomatie, économie, environnement et infrastructure. Cette architecture institutionnelle nécessiterait l'adoption d'un cadre constitutionnel harmonisé, obtenu par la révision des constitutions respectives, afin de garantir l'alignement des normes fondamentales et l'intégration des principes de souveraineté partagée, de respect mutuel et d'équité territoriale. La création d'un système juridique unifié ou interopérable s'imposerait comme fondement de la nouvelle gouvernance.

Ce système devrait garantir l'indépendance de la justice, la séparation effective des pouvoirs, la protection des droits fondamentaux, la liberté de la presse et la lutte contre la corruption. Il en découlerait de nouvelles structures politiques, comprenant un parlement bicaméral commun ou des assemblées régionales autonomes, capables de représenter les divers peuples, groupes ethniques et régions des deux États dans une dynamique d'inclusion et de co-responsabilité. Un cadre juridique robuste devrait être mis en place pour encadrer leur exploitation, prévenir les pratiques illégales, assurer la traçabilité des flux extractifs et garantir que les revenus issus de ces ressources soient équitablement répartis entre les États partenaires et les populations locales. L'objectif ne serait pas seulement de mutualiser les bénéfices, mais également de construire des chaînes de valeur régionales, créatrices d'emplois et de développement industriel endogène.

Sur le plan des infrastructures, l'unification devrait se traduire par un ambitieux programme de développement transfrontalier, construction et modernisation de routes reliant les bassins économiques, déploiement de lignes ferroviaires intégrées, aménagement de ports fluviaux sur le Congo et le Nil, et interconnexion des réseaux énergétiques. Ces infrastructures sont essentielles à l'intégration effective des économies, à la fluidification des échanges et à l'accès

357

équitable aux marchés intérieurs comme extérieurs. Mais aucun projet d'unification ne saurait aboutir sans une sécurité régionale solide et pérenne. La stabilité de l'espace commun repose sur la neutralisation des groupes armés et des milices qui sévissent encore dans l'Est de la RDC et dans les zones frontalières. Les groupes comme le M23, les ADF, les FDLR ou les Mai-Mai, qui exploitent les failles sécuritaires à des fins politiques, économiques ou idéologiques, constituent des menaces majeures à la paix.

Une telle force, conçue dans un cadre de coopération militaire structurée, permettrait de mutualiser les capacités de renseignement, de sécuriser les frontières communes, de lutter contre le terrorisme et les trafics illicites, et de rétablir la confiance entre populations locales et institutions. Cette coopération sécuritaire doit être encadrée par un mandat politique clair, une supervision conjointe, et un mécanisme d'évaluation indépendant, pour éviter toute instrumentalisation ou dérive autoritaire. Une éventuelle unification entre la RDC et le Rwanda ou tout projet d'intégration politique renforcée suppose bien plus qu'un accord diplomatique, elle nécessite un véritable contrat institutionnel, économique et social. Ce contrat devra être construit sur les principes de parité, de justice historique, de respect des souverainetés, de redistribution équitable des richesses, et de coresponsabilité sécuritaire. Ce n'est qu'à cette condition que l'unification pourrait devenir un levier crédible de stabilisation durable, de développement partagé et de réinvention géopolitique de la région des Grands Lacs.

Dans le cadre d'un processus aussi sensible et ambitieux que celui d'une éventuelle unification entre la République Démocratique du Congo et le Rwanda, le rôle des organisations régionales s'avère déterminant. Des institutions comme la SADC (Communauté de développement de l'Afrique australe), la CIRGL (Conférence internationale sur la région des Grands Lacs) et l'Union africaine (UA) doivent impérativement se positionner en tant que garantes du dialogue régional, stabilisatrices du processus de transition, et accompagnatrices institutionnelles de toute transformation politique majeure dans l'espace des Grands Lacs. Leur implication proactive est importante pour prévenir les risques de polarisation, anticiper les résistances internes, et instaurer un climat de confiance entre les parties prenantes. Ces organisations régionales doivent assurer la médiation diplomatique, fournir un appui technique et juridique, et encadrer la transition sécuritaire afin d'éviter que l'unification ne devienne un vecteur de nouvelles tensions.

Elles sont également en mesure de promouvoir un cadre de négociation légitimé par les États africains eux-mêmes, renforçant ainsi l'appropriation continentale des dynamiques d'intégration politique et de paix durable. Leur mandat pourrait inclure le déploiement d'observateurs civils et militaires, l'accompagnement des processus électoraux, la supervision des réformes institutionnelles communes, ainsi que le soutien à la mise en œuvre des accords bilatéraux sur la sécurité, la gouvernance et les droits humains. Parallèlement, la réussite d'un tel projet dépendra de l'engagement fort, multidimensionnel et cohérent de la communauté internationale.

Celle-ci devra assumer une double responsabilité, d'une part, soutenir politiquement les efforts de rapprochement et de pacification entre les deux États ; d'autre part, appuyer matériellement et financièrement les dispositifs d'intégration et de reconstruction qui accompagneront la transition. Cela suppose une mobilisation concertée des principaux partenaires bilatéraux ou États donateurs, des organisations multilatérales, telles que l'ONU, l'Union européenne, la Banque mondiale, le FMI, ainsi que du secteur privé global, en particulier des entreprises extractives opérant dans la région, qui bénéficient depuis longtemps des ressources naturelles sans toujours contribuer au développement durable local. Un comité de médiation internationale pourrait être institué afin de piloter et superviser les négociations entre Kinshasa et Kigali, en facilitant un dialogue constant, équilibré et fondé sur des principes de transparence, de respect mutuel et de justice.

Ce comité pourrait regrouper des représentants de l'Union africaine, de la CIRGL, de la SADC, mais aussi des Nations Unies, de l'Union européenne et de partenaires stratégiques ayant une expérience avérée dans la résolution de conflits complexes et la gestion de transitions politiques. Son rôle serait d'agir comme garant du processus, de prévenir les blocages, d'assurer la conformité des engagements aux normes internationales, et de veiller à l'inclusion des acteurs non étatiques comme société civile, leaders communautaires, représentants des groupes minoritaires. La communauté internationale devra par ailleurs mobiliser des ressources financières conséquentes pour soutenir les piliers essentiels de l'unification. Cela comprend, en priorité, les projets de reconstruction d'infrastructures régionales comme routes, énergie, communications, les programmes d'assistance humanitaire pour les réfugiés, déplacés internes et populations vulnérables, ainsi que les initiatives de justice transitionnelle et de réconciliation communautaire.

L'investissement international devra être orienté vers des objectifs de développement durable, en veillant à éviter toute reproduction de schémas extractivistes ou néocoloniaux, et en renforçant les capacités des institutions nationales et régionales. La perspective d'une unification entre la RDC et le Rwanda, ou d'une intégration régionale renforcée, ne peut être conçue comme un processus purement bilatéral. Elle doit s'inscrire dans une architecture multiscalaire, reposant sur une gouvernance collaborative entre les acteurs nationaux, régionaux et internationaux. Le soutien externe, pour être légitime et efficace, devra respecter les souverainetés, promouvoir l'équité et l'inclusivité, et s'aligner sur une vision africaine de la paix, de l'unité et du développement partagé.

BIBLIOGRAPHIE

I. Documents officiels

1. CEPGL, *Dix ans après 1976*

2. CONGO : pas de stabilité au Kivu malgré le rapprochement avec le Rwanda, Rapport Afrique, n°°165 du 16 novembre 2010

3. Haut-Commissariat des Nations Unies pour les Réfugiés, « Le génocide rwandais et ses répercussions », Genève, Suisse, 2000

4. Le Groupe de la Banque mondiale, « Déplacements forcés des populations dans la région   des Grands Lacs », Washington, 2015

5. Le processus d'unité et de réconciliation au Rwanda, CNUR, Décembre 2016

6. NGALAMULUME TSHIEBUE, G., Évaluation finale du projet « Paix, Justice, Réconciliation et Reconstruction au Kasaï Central (PAJURR-KC), Rapport final de l'évaluation, 2021

7. Office des nations unies contre la drogue et le crime, Société civile pour le développement, Les possibilités offertes par la Convention des Nations Unies contre la corruption, Vienne, 2020

8. Sénat Belge, La Communauté Economique des Pays des Grands Lacs, 2006.

9. TCHAMI, T., « Manuel sur les Coopératives à l'usage des Organisations de Travailleurs », in Organisation Internationale du Travail, 2004

10. Terre, identité, pouvoir et mouvements de population. L'escalade des conflits dans la région des Grands Lacs, Programme régional pour la paix dans la région des Grands-Lacs, Février 2016

11. UNOPS, « Les infrastructures au service de la consolidation de la paix», in *Danish Institute for international studies*, 2020

II. Ouvrages

1. ABDELMALKI L. & MUNDLER, P., *Économie de l'environnement et du développement durable*, Belgique, Albin Michel, 2010.

2. AUTESSERRE, S., *L'Afrique des Grands Lacs : Penser les Conflits Locaux: L'Echec de l'Intervention Internationale au Congo*, Annuaire 2007-2008, Paris, L'Harmattan, 2008.

3. BISIMWA C., L'identité *ethnique et la politique de la terre à l'Est de la RDC : De la colonisation à la guerre*, Kinshasa, Presses Universitaires du Congo, 2020.

4. BOGUMIL JEWSIEWICKI, La première guerre du Congo-Zaïre (1996-1997) : Récits de soldats AFDL et FAR, Paris, L'Harmattan, 2012.

5. BOSSON, S., *La guerre à l'Est du Congo : D'une instabilité chronique à la balkanisation du pays*, Paris, L'Harmattan, 2016.

6. BOUSQUET, B., *Génocide rwandais, mémoire et répercussions dans la région des Grands Lacs,* Paris, Editions du Seuil, 2019.

7. BOUSQUET, B., *L'État congolais et la gouvernance postcoloniale : Une histoire de dépendance et de faiblesse institutionnelle,* Paris, Editions L'Harmattan, 2023.

8. BRABANT, J., *Qu'on nous laisse combattre, et la guerre finira : avec les combattants du Kivu*, Paris, La Découverte, 2016.

9. BRAECKMAN, C., *L'enjeu congolais : L'Afrique centrale après Mobutu*, Paris. Fayard, 1999.

10. BRASSINE DE LA BUISSIERE, J., *La sécession du Katanga : témoignage (Juillet 1960- Janvier 1963),* Bruxelles, Peter Lang, 2016.

11. BRUNETEAU, B., et al., *L'aventure démocratique.* Rennes, Presses universitaires de Rennes, 2017.

12. CHALEARD J-L & POURTIER, R., *Politiques et dynamiques territoriales dans les pays du Sud*, Paris, éditions de la Sorbonne, 2000.

13. CHARRIER F. P., *Rwanda 1994 : la montée du génocide*, PARIS, éd. L'Harmattan, 2019.

14. CHRETIEN J.-P., *Génocide rwandais et ses répercussions : Le chaos régional dans les Grands Lacs*, Paris, L'Harmattan, 2021.

15.CHRETIEN, J.-P., *La colonisation belge et ses conséquences sur les relations ethniques en République Démocratique du Congo,* Paris, L'Harmattan, 2021.

16.CHRETIEN, J.-P., *Les conséquences humanitaires des guerres dans la région des Grands Lacs : Réfugiés, déplacés et gestion des ressources,* Paris, Karthala, 2019.

17.CHRETIEN, J.-P., *Les Grands Lacs africains : Une géopolitique de la guerre et de la paix*, Paris, L'Harmattan, 2004.

18.CHRETIEN, J.-P., *Les Tutsi, les Hutus et les Banyamulenges : Histoires croisées et tensions ethniques dans les Grands Lacs,* Paris, L'Harmattan, 2021.

19.CHRETIEN, J.P., *Milices ethniques et conflits en République Démocratique du Congo*, Paris, Karthala, 2017.

20.CLARK, J. F., *The Congo: From Leopold to Kabila: A People's History*, New York, Princeton University Press,2002.

21.CLARK, J.-F., *The Democratic Republic of Congo: Between Hope and Despair,* Londres, Zed Books, 2002.

22.COLLIER, P. W., Diplomatie *et gestion des crises : Les répercussions des guerres sur la population civile et l'impact diplomatique régional*, Paris, Seuil, 2022.

23.DE MIJOLLA-MELLOR, S., *La fabrique du génocide : Rwanda 1994,* Paris, La Découverte, 2020.

24.DJONDO, J.-M., RDC : *L'ethnicité comme instrument de pouvoir et de violence*, Paris, Editions de l'Atelier, 2018.

25.DROZ, P. R., *Le génocide rwandais et la guerre du Congo*, Paris, L'Harmattan, 2004.

26.DUFOUR, F., *War and Peace in the Democratic Republic of Congo: From the War of Kinshasa to the Peace Process,* Lydnne Rienner, Boulder, 2009.

27.EMMANUEL, D. M. K., *Le Congo, la guerre et la quête des ressources naturelles*, Paris, L'Harmattan, 2014.

28. FUNGULA KWILU, F., *La Réconciliation comme volonté de vie. Une Proposition socio-anthropologique et éthique pour la reconstruction du vivre ensemble en République Démocratique du Congo*, Bruxelles, Peter Lang, 2019.

29. GALICE G., *Quels médias pour la paix ?*, Paris, L'Harmattan, 2023.

30. GREGOIRE, L., *Réconciliation et reconstruction post-conflit : Le processus de paix en RDC et au-delà*, Bruxelles, Bruylant, 2022.

31. GRIGNON, F., *La RDC et la guerre des ressources : Ingérence étrangère et exploitation des richesses naturelles*, Bruxelles, Complexe, 2018.

32. KAMBALA, A., *Les Banyamulenges et la question des identités ethniques dans l'Est de la République Démocratique du Congo*, Kinshasa, Editions CEDAF, 2020.

33. KAMBALA, L., *L'armée rwandaise et la guerre du Congo : Une étude des intérêts politiques et militaires*, Paris, 2020.

34. KAMBALE MUSAVULI, *La guerre du Congo, 1996-2003 : Le rôle des puissances régionales*, Paris, L'Harmattan, 2007.

35. KAMONGA, J.-P., *La dimension de la corruption et de la gouvernance. Défis et enjeux en RDC*, Université Européenne, 2024.

36. KANKOLONGO, J.-H., *Les Relations Rwanda-RDC : De l'amitié à la guerre*, Paris, Karthala, 2012.

37. KASEREKA BISIKA, F., *De l'intégration régionale de la RDC a la CEPGL - Une bonne diplomatie rend possible la mise en place de mécanismes de rétablissement de la paix*, Université Européenne, 2022.

38. KASEREKA BISIKA, F., De l'intégration régionale de la RDC a la CEPGL - Une bonne diplomatie rend possible la mise en place de mécanismes de rétablissement de la paix, Université Européenne, 2022.

39. KASEREKA PATAYA, C., *jalons pour une théologie du pardon et de la réconciliation en Afrique. Cas de la République Démocratique du Congo (RDC)*, éd. Academia, 2013.

40. KATSHINGU K. R., *Du miracle rwandais au paradoxe congolais. De la pauvreté à l'émergence économique*, Paris, L'Harmattan, 2015.

41. KAZEMBE NGALULA, S., La *résolution des conflits liés aux ressources naturelles en République Démocratique du Congo: La gestion des conflits environnementaux*, éd. Universitaire européenne, 2022.

42. KIBEL'BEL OKA, N., *Les rébellions rwandaises au Kivu (1996-2024). Une stratégie de la balkanisation du Congo*, 2024.

43. KIBEL'BEL OKA, N., *Balkanisation de la RDC : Mythes et réalités*, Bruxelles, Éditions Scribe, 2020.

44. KIMONYO, J.-P., *Le Rwanda et les guerres en République Démocratique du Congo*, L'Harmattan, 2012.

45. KIYIREMBERA R. T., *L'interventionnisme du Rwanda en République Démocratique du Congo Hégémonie ou puissance prédatrice ?*, L'Harmattan, 2024.

46. KOBIANE J.-F. et LANGE M.-F., *L'Etat réhabilité en Afrique. Réinventer les politiques publiques à l'ère néolibérale*, Paris, éd. Karthala, 2018.

47. LAFLEUR, M., *La gestion des crises humanitaires en RDC : Réfugiés, ressources et gouvernance locale*, Paris, L'Harmattan, 2021.

48. LAVIEC, J.-P., *Protection et promotion des investissements*, Graduate Institute Publications, 1985.

49. LE FUR, L., *État fédéral et confédération d'États*, Paris, éditions Panthéon-Assas, 2000.

50. LEMARCHAND, R., *La crise des Grands Lacs : Le Congo, le Rwanda et le Burundi*, Paris, Karthala, 2009.

51. LUGAN, B., *L'Afrique en guerre : Une histoire du XXe siècle*, Paris, Perrin, 2009.

52. LUMBI, P., *Ressources naturelles et conflits en République Démocratique du Congo : Les enjeux géopolitiques de l'ingérence étrangère*, Paris, Karthala, 2020.

53. LUNTUMBUE, M., *RDC : les enjeux du redécoupage territorial. Décentralisation, équilibres des pouvoirs, calculs électoraux et risques sécuritaires*, Grip, 2017.

54. MARCOU, G., *La décentralisation et la démocratie locale dans le monde*, *Cités et Gouvernements Locaux Unis*, 2008.

55. MBATA BETUKUMESU MANGU, A., *Géopolitique de la balkanisation en Afrique centrale*, Paris, Karthala, 2021.

56. MIGUEL DA COSTA, *Géopolitique de la RD Congo. Fragilités, menaces, opportunités et perspectives des relations avec l'Angola*, L'Harmattan, 2021.

57. MINASSIAN, *Zones grises. Quand les États perdent le contrôle*, Paris, CNRS, 2011.

58. MINTER, W.-B., *Unequal Alliances: The United States and the Democratic Republic of Congo*, Trenton, New Jersey, États-Unis, Africa World Press, 1999.

59. MOKOKI NKAYA R. M., *Le Rwanda et les guerres en République Démocratique du Congo: Les larmes du Kivu*, Éditions universitaires européennes, 2015.

60. MULUMBA, E., *République Démocratique du Congo : La gouvernance postcoloniale et les défis de l'État fragile*, Kinshasa, Presses Universitaires du Congo, 2021.

61. MUZALIA, G., and RUKATA, T., *The Balkanization of the Democratic Republic of the Congo : Heated debates and conspiracy theories in greater Kivu area*, Ghent, Ghent University, Belgium, 2022.

62. MVULA, B., Ethnicité *et politique à l'Est de la RDC : Entre manipulations et résistances*, Kinshasa, Editions L'Harmattan, 2022.

63. MVULA, B., *Les guerres en RDC : Réfugiés, ressources naturelles et gestion humanitaire,* Kinshasa, Presses Universitaires du Congo, 2021.

64. NDAYWEL E NZIEM, I., *Le Congo et la guerre des Grands Lacs : géopolitique et stratégie*, Paris, L'Harmattan, 2002.

65. N'DELA, L., *Les cicatrices de la guerre : La RDC face à la déstabilisation et à la reconstruction*, Kinshasa, Presses Universitaires de Kinshasa, 2018.

66. NGANZI, G-S., *La guerre dans l'Est du Congo : Enjeux géopolitiques et perspectives de paix*, Paris, 2012.

67. NGOLET, F., Le Congo et ses voisins : Enjeux géopolitiques et stratégies de balkanisation, Paris, Éditions Karthala, 2021.

68. NGOY, M., *Les rivalités ethniques et la construction de l'identité à l'Est de la République Démocratique du Congo,* Kinshasa, L'Harmattan, 2020.

69. NGUIFFO, E., *Les répercussions géopolitiques du génocide rwandais : Le Rwanda et la région des Grands Lacs*, Paris, L'Harmattan, 2021.

70. NSENGIYUMVA, A. K., D., *RDC : Chronique d'une République en guerre*, Paris, L'Harmattan, 2015.

71. NSHIMIRIMANA, B., *Les répercussions du génocide sur les relations interethniques en RDC et au Burundi,* Kinshasa, Presses Universitaires du Congo, 2022.

72. NTIRANDEKURA, J.-G., *Les guerres du Congo : de la première à la troisième guerre mondiale*, L'Harmattan, 2013.

73. NZONGOLA-NTALAJA., *Les frontières de la République Démocratique du Congo : Histoire et géopolitique*, Paris, L'Harmattan, 2002.

74. OMELENGE, C., *Les guerres à l'est de la RD Congo, entre génocide et statocide*, Paris, L'Harmattan, 2023.

75. ONANA, C., Relations Internationales du Rwanda : de l'isolement à l'intégration régionale, Paris, Afrique-Orient, 2010.

76. PARENT, C., *L'Etat des fédérations. L'unité dans la diversité*, Québec, Presse Universitaire de Québec, 2019.

77. PEAN, P., *L'Empire du Mal : La politique étrangère du Rwanda et ses implications*, Paris, Fayard, 2006.

78. PEAN, P., *Rwanda 1994 : Les répercussions régionales et les enjeux sécuritaires dans les Grands Lacs*, Paris, Fayard, 2021.

79. PEROUSE DE MONTCLOS, M.-A., *Le Rwanda et le génocide de 1994 : Une analyse géopolitique*, Paris, Karthala, 2021.

80. PERROT, S., *L'Ituri entre guerre et paix : Dynamiques d'un conflit en République Démocratique du Congo,* Bordeaux, Presses Universitaires de Bordeaux, 2023.

81. PIDIKA MUKAWA, D., *Les défis de la gouvernance sécuritaire en RDC. Mélanges offerts au professeur Login Mbela Hiza*, Paris, L'Harmattan, 2023.

82. POTTIER, J., *La guerre du Congo : L'histoire des conflits en République Démocratique du Congo*, Paris, Karthala, 2007.

83. PRUNIER G., *Hutu, Tutsi et Banyamulenge : Une histoire de conflits et de migrations dans la région des Grands Lacs*, Paris, Karthala, 2018.

84. ROBERT FRANK, R., *Pour l'histoire des relations internationales*, PUF, 2012.

85. ROLLAND, S., Les *cicatrices du génocide : Mémoires et répercussions dans les Grands Lacs*, Paris, La Découverte, 2022.

86. ROMAIN, J.-P., *Congo: The Mismanagement of a Conflict*, Paris, L'Harmattan, 2012.

87. RONDAS, J.-P., *La guerre des Grands Lacs : Le Congo entre Rwanda, Ouganda et le reste du monde*, Paris, Karthala, 2008.

88. ROSIÈRE S., *Le nettoyage ethnique. Terreur et peuplement*, Paris, Ellipses, 2006.

89. SARY NGOY, B., *La Politique étrangère américaine dans les conflits armés de l'Est de la RDC : de G. Bush à J. Biden,* Belgique, éditions du Pangolin, 2023.

90. SHAMAVU MUDERHWA, G., *Agression, occupation étrangère en R.D. Congo et milicianisation populaire au Sud-Kivu. Causes, acteurs et stratégies 1996-2013*, Paris, L'Harmattan, 2023.

91. SHAW, R., *The Great Lakes of Africa: Two Thousand Years of History*, Oxford, Oxford University Press, 2003.

92. SOSSOU F., *Les résistances ethniques dans la République Démocratique du Congo*, Paris, L'Harmattan, 2022.

93. SUDI, J., *L'Impact Social de l'Appartenance de la RD Congo à la CEPGL: RD Congo et CEPGL*, Éditions universitaires européennes, 2021.

94. TAGOU, C., *Démocratie rotative et élections présidentielles en Afrique. Transcendance et transformation politique des conflits ethno politiques dans les sociétés plurielles*, Paris, L'Harmattan, 2018.

95. TAZI K. Tien-a-be, M.-J., *Aires culturelles de la RDC et Frontières internes de la République Démocratique du Congo. Plaidoyer pour une nouvelle géopolitique des frontières de la RDC*, Paris, Connaissances et Savoirs, 2020.

96. TCHAPMEGNI R., NGNINTEDEM, J.-C., NLÉND G. B.-V, *La gouvernance des ressources naturelles et de l'énergie en Afrique. Quelle perspective pour une gestion durable et une régulation équitable ?*, Independently published, 2020.

97. VAN REYBROUCK, D., *Congo: The Epic History of a People,* New York, Harper Collins, 2010.

98. VANDEWALLE, E., *La République Démocratique du Congo et ses frontières : Un territoire fragmenté*, Paris, Karthala, 2015.

99. VERMEREN, P., *La guerre du Congo : L'histoire d'une déstabilisation en Afrique centrale*, Paris, L'Harmattan, 2016.

100. VERONIQUE T.-M., *Guerre et génocide dans les Grands Lacs africains : Impacts sociaux et politiques en RDC*, Kinshasa, Presses Universitaires du Congo, 2015.

101. VERSCHAVE F.-X., *Guerre mondiale en RDC : Le rôle du Rwanda et ses répercussions dans les Grands Lacs*, Paris, La Découverte, 2021.

102. WAZAL, C., *Le Rwanda et la guerre du Congo : Des acteurs aux desseins multiples*, Paris, L'Harmattan, 2005.

103. WERENFELS, I., *Génocide rwandais et conséquences transfrontalières*, Paris, Karthala, 2021.

104. WILLAME, J.-C., *La guerre de l'Est*, Paris, L'Harmattan, 2002.

105. WILLAME, J-C., *Le Kivu dans la guerre : acteurs et enjeux*, Paris, France, L'Harmattan, 1997.

106. YAHISULE, J., *Gouverner l'Etat en temps de crise, survivre à la mort programmée de l'Etat congolais*, Paris, L'Harmattan, 2024.

III. Articles de revue

1. « Comment rassurer et renforcer la confiance organisationnelle des collaborateurs dans un contexte d'incertitude ? », in *Question(s) de management*, n°45, 2023, pp. 200-254

2. « NOTE sur L'organisation des États fédéraux : démocratie, répartition des compétences, État de droit et efficacité de l'action publique », in *Note LC242-Federations*, n° 407, 2013-2014

3. BALEMBA, P., « Ressources naturelles et conflits : impasse en République Démocratique du Congo et débouchés pour l'Europe », 2022.

4. BARNES, W., « Kivu : l'enlisement dans la violence », in *Etat en voie de privatisation, Politique africaine*, n°73, 1999, pp.123-136

5. BOSSUAT, G. « L'OECE entre la coopération et la fédération européenne ». In *La France, l'aide américaine et la construction européenne*, 1944-1954.

6. BRAECKMAN, C., « Le Rwanda et la République démocratique du Congo » in *Revue internationale et stratégique*, 2014, n° 95, pp. 32-42.

7. BRICE. B., « La fin de la guerre ? Les ambigüités de la paix démocratique : intérêts, passions et idées. Science politique », in *EHESS*, 2015.

8. CESSOU, S., « Transition à haut risque en République Démocratique du Congo : omniprésence des intérêts étrangers », in *Le monde diplomatique*, 2016, p.7

9. CHAHED N., « Le Rwanda et la RDC décident de renforcer leur coopération pour éradiquer l'insécurité », 2021

10. CLARYS, J., « République Démocratique du Congo – Rwanda – Ouganda : Que dit le dernier rapport de l'ONU ? », in *Jeunes IHEDN*, 2024

11. CORM, G., « Entre le mythe et la réalité : La balkanisation du Proche-Orient », in *Le Monde diplomatique*, 1983, pp. 2-3.

12. HESSELBEIN, G., « Essor et déclin de l'état congolais un récit analytique de la construction de l'état », in *Crisis States Research Centre, Documents de travail Crisis States*, n°2, 2007

13.MAGRIN, G., « Ressources africaines face aux acteurs mondiaux », in *Magrin G., voyage en Afrique rentière*, Paris, éditions de la Sorbonne, 2013

14.MANTUBA-NGOMA, « Fédéralisme ou Unitarisme en République démocratique du Congo », in *Publication de la Fondation Konrad Adenauer*, Kinshasa, 2004, pp.12-17.

15.MUTABAZI, N., « Politique d'intégration économique des pays des grands lacs : lecture d'un échec », in *Reconstruction de la République Démocratique du Congo. Le rôle de la société civile, Cahiers des droits de l'homme et de la paix en région des Grands Lacs*, n° 1, 2004, 116-127.

16.POURTIER, R., « Guerre et géographie ». In CHALEARD J-L & POURTIER, R., *Politiques et dynamiques territoriales dans les pays du Sud*, Paris, éditions de la Sorbonne, 2000

17.PRUNIER, G., « L'Ouganda et les guerres congolaises », in *Politique africaine*, n°75, 1999, pp.43 à 59

18.RICHTER, J., « Partenariats public-privé et politique de développement », in Annuaire suisse de politique de développement, n°24, 2005, pp.193-213.

19.SAFARI, G., « Justice Transitionnelle en République Démocratique du Congo : Avancées, Obstacles…et Opportunités ? », in *Great Lakes Dispatches*, n°5, 2017

20.SCHNEIDER, H.-P., « Le débat sur le fédéralisme en Allemagne : avantage et limites du fédéralisme exécutif », in *Notes du Cerfa*, n°11, 2004, pp.1-15

21.SCHÜMPERLI YOUNOSSIAN C., et DOMMEN, E., « Les partenariats public-privé, enjeux et défis pour la coopération au développement », in *Annuaire suisse de politique de développement*, 2005.

22.TANYOBE, E., Alii., « Souveraineté de la République démocratique du Congo à l'épreuve de l'occupation des Uélé par les Mbororo », in *Revue de l'IRSA*, n° 21, 2016.

23.TAZI, M.-J., « De la démocratie belligène à la démocratie rotative », in *Cahiers Congolais d'Etudes des RI*, n°01, Juillet 2011, pp. 20-38

24.TAZI, M.-J., Election démocratique, forces centrifuges et centripèdes en RDC : essaie de revisitation des revendications du mouvement politico-religieux Bundu Dia Kongo, in *Cahiers Congolais d'Etudes des RI,* n°1, 2021, pp. 190-222.

25. TITECA. K., « L'Ouganda et les guerres congolaises », in revue Politique africaine, 1998

26. TSHIBUABUA-KAPY'A KALUBI B.-J., « Le fédéralisme et la gouvernance locale en République Démocratique du Congo », in *Mondes en développement,* n°133, 2006, pp. 45-61

27. VIRCOULON, T., « Ambigüités de l'intervention internationale en République démocratique du Congo », in *Pax africana, Le nouvel interventionnisme libéral, Politique africaine,* n° 98, 2005, pp.79 à 95

28. YADI M., « la communauté économique des pays des grands lacs », in *Studia Diplomatica,* n°6, 1981, pp. 709 751

IV.   Mémoires et Thèses

1. DAOUDA DIA, Les dynamiques de démocratisation en Afrique noire francophone, Thèse de doctorat en Science Politique, Université Jean Moulin, Lyon 3, 2010.

2. KABAMBA, B., Interrégionalité des pays des Grands Lacs africains. Élaboration d'un modèle d'intégration régionale et son application à la région des Grands Lacs africains, Thèse de doctorat en Sciences politiques, Faculté de Droit, Université de Liège, 2000.

3. PREGET, O., Conflits armés intra étatiques et malédiction des ressources en République Démocratique du Congo : le rôle de l'intervention rwandaise, Mémoire de Recherche, Master Affaires Publiques, Université de Lille, 2023-2024.

V.   Netographie

1. « Balkanisation de la RDC : l'UE, jusqu'au-boutiste », in *https://lepotentiel.cd/2024/08/12/balkanisation-de-la-rdc-lue-jusquau-boutiste/,* Consulté le 17/3/2025

2. « Conflit RDC-Rwanda: l'Union européenne hésite sur sa stratégie et les mesures à adopter », in *https://www.rfi.fr/fr/afrique/20250205-conflit-rdc-rwanda-mozambique-ue-union-europ%C3%A9enne-h%C3%A9site-sur-sa-strat%C3%A9gie-mesures,* Publié le 05/02/2025, Consulté le 16/03/2025

3. « Entre la RDC et le Rwanda, la paix encore manquée », in *https://www.courrierinternational.com/article/diplomatie-entre-la-rdc-et-le-rwanda-la-paix-encore-manquee_225738*, consulté le 21/03/2025

4. « Historique de la Coopération Rwanda-RDC », in *https://www.rwandaindrc.gov.rw/diaspora/historique,* Consulté le 22/03/2023

5. ATEMANKE J., « L'ingérence étrangère et l'exploitation des ressources, causes de la crise dans l'est de la RDC: Missionnaire religieux », in *https://www.aciafrique.org/news/13725/lingerence-etrangere-et lexploitation-des-ressources-causes-de-la-crise-dans-lest-de-la-rdc-missionnaire-religieux,* consulté le 17/03/2025

6. BASHI W., « RDC: y a-t-il un réel risque de balkanisation dans l'est? », in *https://www.dw.com/fr/rdc-le-risque-de-balkanisation-est-il-reel/a-64715189*, Consulté le 24/03/2025

7. BLANC, F., « L'Afrique des Grands Lacs balkanisée ? », in *https://www.revueconflits.com/lafrique-des-grands-lacs-balkanisee-fabien-blanc/*, Consulté le 17/03/2025

8. CHATELO, C., « RDC : comment ramener la paix dans l'est du pays ? », in *https://www.lemonde.fr/afrique/article/2023/04/12/rdc-comment-ramener-la-paix-dans-l-est-du-pays_6169245_3212.html*, Consulté le 22/03/2025

9. DIUR NGWEJ, J.-J. et NGOYI KAJAMA, P.-V., « plus du fédéralisme en république démocratique du Congo : les moyens juridiques », in *https://www.nomos-elibrary.de/de/10.5771/2363-6262-2017-2-185.pdf?download_full_pdf=1,* consulté le 15/2/2025

10. DJAMIL AHMAT, « Des puissances occidentales cherchent la balkanisation de la RDC », *https://www.alwihdainfo.com/Des-puissances-*

occidentales-cherchent-la-balkanisation-de-la-RDC%E2%80%8F_a5942.html, Consulté le 18/03/2025

11. Fondation JEAN JAURÈS, « Rwanda : pourquoi son expansion dans les Kivu congolais » in *https://www.jean-jaures.org/publication/rwanda-pourquoi-son-expansion-dans-les-kivu-congolais/?utm_source=chatgpt.com,* consulté le 16/03/2024

12. « La stratégie de contre-insurrection du Rwanda commence par la protection des civils », in *https://adf-magazine.com/fr/,* 11 Mars 2025, Consulté le 16/03/2025

13. « Le plan de Clinton pour balkaniser le Congo n'a pas marché, 30 ans après », in *https://actualite.cd/2024/04/15/le-plan-de-clinton-pour-balkaniser-le-congo-na-pas-marche-30-ans-apres-une-chronique-du#google_vignette,* Consulté le 25/04/2025

14. « Nexus Santé, Les bases d'un partenariat gagnant, *https://en.healthnexus.ca/sites/en.healthnexus.ca/files/u47/les_bases_dun_partenariat_gagnant.pdf,* consulté le 22/2/2025

15. « Nouveau gendarme de l'Afrique, la stratégie du Rwanda pour étendre son influence », in *https://teria-news.com/2024/06/24/nouveau-gendarme-de-lafrique-la-strategie-du-rwanda-pour-etendre-son-influence/, Copyright 2025,* Consulté le 16/03/2025

16. « RDC : Le rôle du Rwanda, l'exploitation des ressources minières et l'expansion du M23 », in *https://www.therwandan.com/fr/rdc-le-role-du-rwanda-lexploitation-des-ressources-minieres-et-lexpansion-du-m23/,* Consulté le 16/03/2025

17. « RDC : l'exploitation des ressources accroit les souffrances de la population. Les conseils de sécurité doit agir de façon décisive pour arrêter le carnage », in *https://www.hrw.org/fr/news/2001/04/20/rdc-lexploitation-des-ressources-accroit-les-souffrances-de-la-population,* Consulté le 17/03/2025

18. KITUTU, S., « RDC, Terre à Partager : Les Enjeux de la Balkanisation », in *https://fatshimetrie.org/blog/2024/10/11/rdc-terre-a-partager-les-enjeux-de-la-balkanisation-explores-par-stephane-kitutu/,* 2024, Consulté le 17/03/2024

19. KOFFI SAWYER, « La Communauté de l'Afrique de l'Est peut-elle stabiliser l'est de la RDC ? », in *https://issafrica.org/fr/iss-today/la-communaute-de-lafrique-de-lest-peut-elle-stabiliser-lest-de-la-rdc,* Consulté le 22/03/2025

20. LIGODI, P., « RDC-Rwanda: des interrogations sur la coopération militaire entre les deux pays », in *https://www.rfi.fr/fr/afrique/20210402-rdc-rwanda-des-interrogations-sur-la-coop%C3%A9ration-militaire-entre-les-deux-pays,* consulté le 20/3/2025

21. MARTIAL, P., « RDC : Une guerre de trente ans », in *https://www.cadtm.org/RDC-Une-guerre-de-trente-ans*, consulté le 22/03/2025

22. MUSABYIMANA G., « Balkanisation de la Rd-Congo ? Mythes et réalités », in *https://blogs.mediapart.fr/gaspard-musabyimana/blog/140920/balkanisation-de-la-rd-congo-mythes-et-realites,* Consulté le 20/03/2025

23. ORDITURO ORNELLA, « RDC. Accès et exploitation des ressources : le cas des entreprises multinationales », in *https://www.jpic-jp.org/fr/a/rdc-acces-et-exploitation-des-ressources-le-cas-des-entreprises-multinationales,* Consulté le 23/03/2025

24. TCHAGNAOU AKIMOU, « La rotation du pouvoir : une alternative contre les crises sociopolitiques en Afrique », in *https://revues.acaref.net/wp-content/uploads/sites/3/2022/07/Akimou-TCHAGNAOU.pdf*, consulté le 19/03/2025

TABLE DES MATIERES